GERHARD WAGNER

Kollektives Umwelthaftungsrecht auf genossenschaftlicher Grundlage

Schriften zum Umweltrecht

Herausgegeben von Prof. Dr. Michael Kloepfer, Trier

Band 16

Kollektives Umwelthaftungsrecht auf genossenschaftlicher Grundlage

Von

Dr. Gerhard Wagner

Duncker & Humblot · Berlin

Dieses Gutachten wurde im Auftrag des Bundesministers für Umwelt, Naturschutz und Reaktorsicherheit im Rahmen des Umweltforschungsplanes — Vorhaben-Nr. 101 06 039 — erstellt und mit Bundesmitteln finanziert.

CIP-Titelaufnahme der Deutschen Bibliothek

Wagner, Gerhard:
Kollektives Umwelthaftungsrecht auf genossenschaftlicher Grundlage / von Gerhard Wagner. — Berlin: Duncker u. Humblot, 1990
(Schriften zum Umweltrecht; Bd. 16)
ISBN 3-428-06857-2
NE: GT

Druck: Alb. Sayffaerth - E. L. Krohn, Berlin 61
Printed in Germany

ISSN 0935-4247
ISBN 3-428-06857-2

Inhalt

Einleitung

Aus umweltpolitischer Sicht rückblickend erscheint das Jahr 1986 als ein ambivalentes Jahr. Die Katastrophen in einem Kernkraftwerk Tschernobyls und bei Sandoz in Basel führten zu schwersten, weiträumigen Umweltschäden. Das umweltbezogene Risikopotential von Industriegesellschaften wurde dadurch Öffentlichkeit und Politik schlaglichtartig deutlich. Obwohl für Schäden, die durch Einwirkung auf ein Gewässer oder durch ionisierende Strahlen verursacht werden, in Gestalt der §§ 22 WHG, 25 ff. AtG fortschrittliche Haftungsregelungen existieren und die Firma Sandoz die gegen sie gerichteten Schadensersatzansprüche in der Folge auch tatsächlich restlos abdeckte, kam das Umwelthaftungsrecht ins Gerede und seine Defizite ans Licht. In einer Regierungserklärung vom 18. 3. 1987 machte der Bundeskanzler Dr. Kohl die Ausdehnung der Gewässer-Gefährdungshaftung auf Beeinträchtigungen der beiden anderen Umweltmedien Luft und Boden sowie die Einführung einer obligatorischen Umweltschadens-Haftpflichtversicherung zum Programm der Bundesregierung[1].

Seither ist von seiten der Rechtswissenschaft intensiv über Möglichkeiten einer Reform des Umwelthaftungsrechts diskutiert worden[2]. Die Länder Hessen und Nordrhein-Westfalen haben über den Bundesrat Gesetzentwürfe zum Umwelthaftungsrecht vorgelegt[3]. Die Bundestagsfraktion der GRÜNEN hat einen Gesetzentwurf zum Umwelthaftungsrecht im Bundestag eingebracht[4]. Eine von der Bundesregierung eingesetzte interministerielle Arbeitsgruppe aus Vertretern des Justiz- und des Umweltministeriums hat sich um die Ausarbeitung eines reformierten Umwelthaftungsrechts bemüht. Das Ergebnis dieser Anstrengungen hat sich in den von den beiden Ministerien jeweils erarbeiteten „Bericht Umwelthaftungsrecht" niedergeschlagen[5]. Darüber hinaus hat das Umweltministerium den Entwurf eines Umwelthaftungsgesetzes vorgelegt[6]. Die Bemühungen der beiden

---

1 Bulletin der Bundesregierung, 1987, Nr. 27, S. 213.

2 Vgl. aus der umfangreichen Diskussion nur: *Diederichsen*, DJT-Referat, S. L 48 ff.; *ders.*, JbUTR 1988, S. 189 ff.; *Diederichsen / Scholz*, WiVerw 1984, S. 23 ff.; *Ganten / Lemke*, UPR 1989, S. 1 ff.; *Hager*, NJW 1986, S. 1961; *Henseler*, JbUTR 1988, S. 205 ff.; *Hübner*, NJW 1988, S. 441 (449 ff.); *Köndgen*, UPR 1983, S. 345 ff.; *Marburger*, DJT-Gutachten, S. C 119 ff.; *Rehbinder*, NuR 1989, S. 149 ff.; *Salje*, ZRP 1989, 153 ff. sowie S. 408 ff.

3 BR-Drucks. 100/87 vom 20. 3. 1987 (Hessen); BR-Drucks. 217/87 vom 20. 5. 1987 (Nordrhein-Westfalen).

4 BT-Drucks. XI/4247 vom 21. 3. 1989.

5 BMJ-Bericht, Maschinenschrift, Stand: 19. 4. 1988; BMU-Bericht, Maschinenschrift, Stand: 30. 9. 1988, ergänzt am 14. 3. 1989.

6 AE-BMU, Maschinenschrift, Stand: 9. 2. 1989.

Ministerien mündeten schließlich in den gemeinsamen Diskussionsentwurf eines Gesetzes über die Haftung für Umweltschäden[7].

Die genannten Reformbemühungen haben jedoch nicht nur die Chancen einer Erweiterung der Haftung für umweltbedingte Schäden, sondern auch die strukturellen Grenzen des zivilen Schadensersatzrechts deutlich werden lassen[8]. Dieser Befund hat den Anstoß zum Nachdenken über kollektive Schadensausgleichssysteme gegeben. Im Mittelpunkt der Betrachtungen steht das Fonds-Modell. Dessen Hauptkennzeichen sind die Verwaltung eines aus Umweltabgaben gespeisten Sondervermögens durch eine anstaltlich organisierte juristische Person öffentlichen Rechts, die die eingenommen Mittel an die Geschädigten verteilt[9].

Nach der anfänglichen Begeisterung für das Fonds-Modell sind später allerdings auch Zweifel an seinen Vorzügen aufgekommen. Vor allem ist in Frage gestellt worden, ob der mit der Errichtung eines Fonds und der Schaffung einer neuen Bürokratie verbundene Aufwand angesichts der reinen Geldverteilungsfunktion dieser Institution lohnt[10].

Wegen dieser Schwäche der Fonds-Lösung ist ein anderes, schon heute sehr erfolgreich arbeitendes kollektives Haftungssystem in das Blickfeld getreten[11]. Der Ausgleich arbeitsbedingter Gesundheitsschäden und ihrer Folgen obliegt in der Bundesrepublik den Unfallversicherungsträgern, vor allem den gewerblichen Berufsgenossenschaften. Letztere sind von den Unternehmen einer Branche selbst verwaltete Körperschaften öffentlichen Rechts. Die Berufsgenossenschaften sind allerdings nicht nur für die Entschädigung arbeitsbedingter Schäden, sondern auch für die Verhinderung ihres Eintritts, für Unfallverhütung, zuständig. Das System der gesetzlichen Unfallversicherung ist auch für die Umweltpolitik attraktiv, weil erstens die Anknüpfung an bestehende Institutionen möglich wäre, also keine neuen Bürokratien geschaffen werden müßten und zweitens, weil die Entscheidung für ein genossenschaftliches kollektives Ausgleichssystem für umweltbedingte Schäden nicht auf die Aufgabe der Beitreibung und Verteilung von Geldern beschränkt wäre, sondern auch auf dem Gebiet der Schadensverhütung

---

[7] BMJ/BMU, Diskussionsentwurf eines Gesetzes über die Haftung für Umweltschäden und zur Änderung des Wasserhaushaltsgesetzes und des Bundes-Immissionsschutzgesetzes, Maschinenschrift, vom 16. 5. 1989.

[8] Vgl. zu diesen sogleich unter B III.

[9] Vgl. zu Fondsmodellen: Entwurf der GRÜNEN zum Umwelthaftungsrecht, BT-Drucks. XI/4247, S. 7 ff.; BMJ-Bericht, S. 352 ff.; *Ebersbach*, NuR 1985, S. 165 (167); *Ganten / Lemke*, UPR 1989, S. 1 (11 f.); *von Hippel*, NJW 1985, S. 30 (32); *ders.*, ZRP 1986, S. 233 (234); *ders.*, NJW 1988, S. 482; *Kinkel*, ZRP 1989, S. 293 (296 ff.); *Knebel*, JbUTR 1988, S. 261 (278 f.); *Ladeur*, DÖV 1986, S. 445 (453 f.); *Lummert / Thiem*, Rechte des Bürgers, S. 209 ff.; *Rehbinder*, NuR 1989, S. 149 (161); *Reiner Schmidt*, ZRP 1987, S. 345 (348 f.).

[10] *Kinkel*, ZRP 1989, S. 293 (297); *Rehbinder*, NuR 1989, S. 149 (161).

[11] BMU-Bericht, Teil F, Stand: 14. 3. 1989; *Bohne*, Umweltgenossenschaften, Maschinenschrift, vom 16. 11. 1987; *Kinkel*, ZRP 1989, S. 293 (295 f.); *Knebel*, JbUTR 1988, S. 261, (279 f.).

aktiv werden könnte. Über die Gewährleistung bloßen Schadensausgleichs hinaus könnte auch etwas für den Schutz der Umwelt getan werden.

In der vorliegenden Arbeit wird es darum gehen, die Übertragbarkeit des unfallversicherungsrechtlichen Modells auf den Umweltbereich zu überprüfen. Dazu werden die Grundzüge eines Systems genossenschaftlicher Umwelthaftung erarbeitet. Abschließend werden die Vorteile des Modells unter Einbeziehung seiner vermutlichen Kosten gewürdigt und auf dieser Grundlage die Frage beantwortet, ob die Einführung einer genossenschaftlichen Haftung für umweltbedingte Schäden lohnt oder nicht.

A. Zur Typologie der Umweltschäden

Umwelthaftungsrecht dient der Restitution von Schäden, die über den Umweltpfad verursacht werden. Ein Schaden wird über den Umweltpfad herbeigeführt, wenn er auf einer anthropogenen Veränderung der physikalischen, chemischen oder biologischen Beschaffenheit von Wasser, Luft oder Boden beruht[1].

Vor der Erörterung der Probleme des Umwelthaftungssrechts soll die Typologie der Schäden, um die es eigentlich geht, aufgehellt werden. In der öffentlichen Diskussion werden Umweltschäden zwar eingehend behandelt, jedoch konzentrieren sich die Erörterungen auf spektakuläre Unfälle wie in Seveso und bei Sandoz oder auf ebenso spektakuläre Schadensszenarien wie das Waldsterben. Demgegenüber ist eine differenziertere und genauere Beurteilung der tatsächlich in der Bundesrepublik auftretenden Umweltschäden geboten. Die Problemkomplexität ist bei den über den Luftpfad möglicherweise verursachten Schäden am größten. Die folgende Darstellung beschränkt sich deshalb exemplarisch auf die durch die Verschmutzung der Luft hervorgerufenen Schäden.

Reine Atemluft besteht zu etwa 78 % aus Stickstoff, 20 % aus Sauerstoff und 2 % aus einem Gemisch von Edelgasen. Die Luft über der Bundesrepublik Deutschland heute ist gegenüber diesem Idealzustand stark verändert. Sie ist durch Spurenkomponenten angereichert, die in gasförmigen oder festen Aggregatzuständen vorliegen und zum Teil aus natürlichen, überwiegend aber aus anthropogenen Quellen stammen. Unter dem Gesichtspunkt der Eignung zur Verursachung von Umweltschäden interessant sind vor allem die Stoffe Schwefeldioxid (SO_2), Stickstoffoxid (NO_x), Kohlenmonoxid (CO), Ozon (O_3), Polyzyklische Aromatische Kohlenwasserstoffe (PAH), Dioxine (PCDD) sowie Schwebstaub mit den darin unter Umständen enthaltenen Schwermetallen Blei (Pb), Cadmium (Cd), Arsen (As) und Quecksilber (Hg). Die genannten Schadstoffe, von denen hier nur die wichtigsten behandelt werden, können sowohl die menschliche Gesundheit als auch Sachgüter wie Bäume und Gebäude bedrohen.

---

1 BMU, Bericht Umwelthaftungsrecht, S. 5 f.; ähnlich *Ganten / Lemke,* UPR 1989, S. 1 (2).

I. Schadensbilder

1. Gesundheitsschäden

Die eben genannten Luftschadstoffe wirken in vielfältiger Weise auf den menschlichen Organismus ein[2]. Schwefeldioxid, Stickstoffoxide, Ozon und Schwermetalle schädigen die Atemwege, also die Bronchien und Lungen. Auslöser umweltbedingter Atemwegserkrankungen ist also ein Schadstoffmix, wobei dem Schwefeldioxid die Hauptrolle zugeschrieben wird[3]. Neben Bronchitis und Lungenerkrankungen kann es auch zu Krebserkrankungen kommen. Bei austauscharmen Wetterlagen und infolgedessen starker Verschmutzung der Luft ist in Verdichtungsräumen ein Anstieg der Mortalität Herzkranker zu verzeichnen[4]. Verantwortlich dafür sind die in Smogsituationen in hoher Konzentration vorhandenen Schadstoffe Schwefeldioxid und Schwebstaub. Beispielsweise hat sich im Jahr 1952 in London eine Smog-Katastrophe ereignet, bei der es zu 3500-4000 Toten pro Tag kam[5]. Derart erschreckend, andererseits aber auch klar und eindeutig, ist die Lage in der Bundesrepublik heute allerdings bei weitem nicht. Eine Massierung von Atemwegserkrankungen in besonders stark belasteten Ballungsräumen ist nicht erkennbar. Vielmehr treten Arbeitsunfähigkeitsfälle infolge von Atemwegserkrankungen im Raum Verden und im Voralpenraum besonders häufig auf[6].

Kohlenmonoxid und Blei führen durch unterschiedliche Wirkungsmechanismen zu einer Mangelversorgung des Körpers mit Sauerstoff und damit zu Konzentrations- und Leistungsabfall[7]. Andere über die Luft aufgenommene Schwermetalle schädigen insbesondere die Stoffwechselorgane Leber und Niere sowie das Nervensystem. Traurige Berühmtheit haben zwei spektakuläre Fälle von Schwermetallvergiftungen in Japan erlangt. Im Bezirk Minamata löste die Aufnahme von Methylquecksilber über den Konsum von Fischen aus einer als Abwasserbekken mißbrauchten Bucht Störungen des Seh-, Hör- und Tastsinns aus, die in vielen Fällen tödlich verliefen [8]. Die Vergiftung der Nachbarschaft eines Bergwerks durch cadmiumhaltige Abwässer führte in der Mitte der 50er Jahre zum

---

[2] Vgl. dazu insgesamt: BMU, Auswirkungen der Luftverunreinigungen auf die menschliche Gesundheit, S. 39 ff.

[3] BMU, Auswirkungen der Luftverunreinigungen auf die menschliche Gesundheit, S. 40.

[4] BMU, Auswirkungen der Luftverunreinigungen auf die menschliche Gesundheit, S. 40.

[5] Rat von Sachverständigen für Umweltfragen, Umweltgutachten 1978, BT-Drucks. VIII/1938, Tz. 18 f.

[6] Vgl.: AOK-Bundesverband, Krankheitsartenstatistik 1987, S. 34, 41.

[7] Rat von Sachverständigen für Umweltfragen, Umweltgutachten 1978, BT-Drucks. VIII/1938, Tz. 181.

[8] Rat von Sachverständigen für Umweltfragen, Umweltgutachten 1978, BT-Drucks. VIII/1938, Tz. 18; *Tsuru / Weidner*, Ein Modell für uns, S. 25 ff.

Ausbruch der sog. „Itai-Itai“-Krankheit, die sich in Knochenverformungen und -brüchen bei leichtester Belastung äußerte[9]

Die extreme Toxizität der Dioxine ist durch die Seveso-Katastrophe drastisch vor Augen geführt worden. Selbst winzigste Dosen genügen, um den Tod herbeizuführen. Aber auch Langzeitwirkungen durch Akkumulation des Schadstoffs im menschlichen Körper sind möglich[10].

2. Sachschäden

Im Mittelpunkt der Diskussion umweltbedingter Sachschäden stehen die Wald- und Gebäudeschäden. Der Rat von Sachverständigen für Umweltfragen hält die Mitverursachung der neuartigen Waldschäden durch die allgemeine Luftverschmutzung für wahrscheinlich[11]. Die Förderung der Korrosion und Verwitterung von Bauwerken durch Luftverunreinigungen gilt als gesichert[12]. Als Hauptverursacher dieser Schäden werden SO_2-Immissionen genannt[13]. Bei den Waldschäden spielen aber auch Stickstoffoxid-Immissionen sowie Einwirkungen von Ozon und anderen Photooxidantien eine große Rolle[14].

II. Die Verursacher der Emissionen

Als Veruracher der Freisetzungen der eben aufgezählten Stoffe kommen stets vier Gruppen in Betracht: Kraftwerke, Industrie, private Haushalte und der KFZ-Verkehr. Die Verursachungsanteile sind jedoch je nach Stoff sehr unterschiedlich. So werden die Schwefeldioxid-Emissionen in der Bundesrepublik zu 62 % von Kraftwerken, zu 12 % von der Industrie und zu 5 % bzw.3 % durch Hausbrand und Individualverkehr verursacht[15]. Stickstoffoxid-Freisetzungen hingegen stammen zu 52 % aus dem Bereich des Straßenverkehrs, zu 25 % aus Kraftwerken, zu 7 % aus industriellen Quellen und zu 8 % aus dem übrigen Verkehrsbereich[16].

---

9 Rat von Sachverständigen für Umweltfragen, Umweltgutachten 1978, BT-Drucks. VIII/1938, Tz. 18; *Tsuru / Weidner*, Ein Modell für uns, S. 29 ff.

10 BMU, Auswirkungen der Luftverunreinigungen auf die menschliche Gesundheit, S. 51 f.

11 Rat von Sachverständigen für Umweltfragen, Sondergutachten Waldschäden und Luftverunreinigungen, BT-Drucks. X/113, Tz. 363 ff.

12 *Isecke*, Einfluß von Luftverunreinigungen auf das Korrosionsverhalten verschiedener Materialien, in: Umweltbundesamt, Kosten der Umweltverschmutzung, S. 67 ff.

13 *Isecke*, Einfluß von Luftverunreinigungen auf das Korrosionsverhalten verschiedener Materialien, in: Umweltbundesamt, Kosten der Umweltverschmutzung, S. 67 (72 f.); Rat von Sachverständigen für Umweltfragen, Sondergutachten Waldschäden und Luftverunreinigungen, BT-Drucks. X/113, Tz. 370.

14 Rat von Sachverständigen für Umweltfragen, Sondergutachten Waldschäden und Luftverunreinigungen, BT-Drucks. X/113, Tz. 371 ff., 381 ff.

15 Umweltbundesamt, Daten zur Umwelt, S. 275.

Der in der Luft enthaltene Staub wird zu 15 % von den Kraftwerken, zu 6 % von Haushalten, 10 % von Kraftfahrzeugen und zu 57 % von gewerblichen Prozessen wie dem Schüttgüterumschlag oder der Stahlproduktion verursacht[17]. Für die Kohlenmonoxid-Emissionen sind zu 70 % der Straßenverkehr und zu 10 % die privaten Haushalte verantwortlich, weitere 10 % fallen bei industriellen Prozessen an[18]. Die in der Luft enthaltenen flüchtigen organischen Verbindungen bzw. Kohlenwasserstoffe entstammen etwa je zur Hälfte dem Straßenverkehr und Prozessen in der chemischen Industrie, etwa in Raffinerien oder Lackierereien[19]. Blei wird zu 66 % von Kraftfahrzeugen freigesetzt, die Restemissionen stammen aus Metallhütten, Kohlekraftwerken und Müllverbrennungsanlagen[20]. Cadmium-Emissionen fallen vor allem bei der Metallverhüttung und bei der Kohleverfeuerung an[21]. Dioxine entstehen bei der Verbrennung oder Deponierung von Kohlenwasserstoffen, insbesondere von PCB[22]. Hauptemmissionsquellen sind deshalb Mülldeponien und -verbrennungsanlagen.

Bei den flüchtigen Luftschadstoffen findet ein reger Austausch über die Landesgrenzen hinweg statt. Regionale Belastungssituationen können daher auch mit oder sogar ausschließlich durch ausländische Emissionsquellen verursacht sein[23]. Insgesamt ist die Import-Export-Bilanz der Bundesrepublik bei den Luftschadstoffen jedoch ausgeglichen[24].

III. Hauptemissions- und Hauptimmissionsgebiete

Immissionen von Luftschadstoffen werden zum Teil durch natürliche Quellen der Luftverunreinigung, in Westeuropa aber ganz überwiegend durch menschliches Verhalten verursacht. Die anthropogenen Emissionsquellen massieren sich in sog. Ballungsräumen[25]. Für die Bundesrepublik Deutschland sind dabei insbesondere der Rhein-Ruhr-Raum, das Rhein-Main-Gebeit, der Saarbrücker und der

---

16 Umweltbundesamt, Daten zur Umwelt, S. 269.

17 Umweltbundesamt, Daten zur Umwelt, S. 277.

18 Umweltbundesamt, Daten zur Umwelt, S. 273.

19 Umweltbundesamt, Daten zur Umwelt, S. 271.

20 BMU, Auswirkungen der Luftverunreinigungen auf die menschliche Gesundheit, S. 57. Die Zahlen stammen von 1980.

21 BMU, Auswirkungen der Luftverunreinigungen auf die menschliche Gesundheit, S. 58.

22 BMU, Auswirkungen der Luftverunreinigungen auf die menschliche Gesundheit, S. 51.

23 Rat von Sachverständigen für Umweltfragen, Sondergutachten Waldschäden und Luftverunreinigungen, BT-Drucks. X/113, Tz. 150.

24 Rat von Sachverständigen für Umweltfragen, Sondergutachten Waldschäden und Luftverunreinigungen, BT-Drucks. X/113, Tz. 147 f., 619; Umweltbundesamt, Daten zur Umwelt, S. 240.

25 Rat von Sachverständigen für Umweltfragen, Umweltgutachten 1987, BT-Durcks. XI/1568, Tz. 659.

Stuttgarter Raum sowie die Großstädte München, Hannover, Hamburg, Bremen und Berlin zu nennen[26].

Emissionen können keine Schäden verursachen; den von Schadstoffwirkungen bedrohten Rechtsgütern können nur Immissionen gefährlich werden. Die Haupteinwirkungsgebiete der Immissionen sind mit den soeben genannten Ballungsräumen nur teilweise identisch. Die Schwebstaub-Immissionen gehen noch überwiegend in den Haupt-Emissionsgebieten nieder[27]. Die Schwefeldioxid- und Stickstoffoxid-Belastung ist aber nicht nur im Rhein-Main- und Rhein-Ruhr-Gebiet besonders hoch, sondern auch in Ostbayern, Osthessen und Südostniedersachsen[28]. Die Belastung der zuletzt genannten Gebiete erklärt sich teilweise durch den Schadstoff-Import aus DDR und CSSR und zum anderen Teil durch den Westwind, der die Emissionen der westlichen Verdichtungsräume der Bundesrepublik nach Osten treibt[29]. Die Konzentration von Photooxidantien in der Luft schließlich ist sogar regelmäßig in ländlichen Gebieten höher als in den Ballungsräumen selbst[30].

Vom Ozon abgesehen, ist die Belastung der Luft mit Schadstoffen in der Nähe der Emittenten jedoch stets größer als in weiterer Entfernung. Der Großteil der Emissionen der Ballungsräume geht also noch vor Ort als Nah-Immissionen nieder[31]. Dies gilt insbesondere für die Schwebstaub-Emissionen und die darin enthaltenen Schwermetalle[32]. Zudem kommen viele Stoffe überhaupt nicht über die engere Nachbarschaft ihrer Quellen hinaus. Dazu zählen etwa Fluorwasserstoff, das schädlich auf Pflanzen wirkt[33], das gesundheitsschädliche Kohlenmonoxid[34] und Blei[35].

---

26 Vgl. die Emissionskataster in: Umweltbundesamt, Daten zur Umwelt, S. 284 ff.

27 Umweltbundesamt, Daten zur Umwelt, S. 222 f.

28 Umweltbundesamt, Daten zur Umwelt, S. 218 f., 220 f.

29 Umweltbundesamt, Daten zur Umwelt, S. 218.

30 Umweltbundesamt, Daten zur Umwelt, S. 224 f. Der Grund für die vergleichsweise niedrige Belastung der Emissionsgebiete ist der Abbau von Ozon durch das dort reichlich anzutreffende Stickstoffmonoxid, an dem es in Reinluftgebieten gerade fehlt, vgl. Rat von Sachverständigen für Umweltfragen, Sondergutachten Waldschäden und Luftverunreinigungen, BT-Drucks. X/113, Tz. 85 f.; ders., Umweltgutachten 1987, BT-Drucks. XI/1568, Tz. 728.

31 Rat von Sachverständigen für Umweltfragen, Umweltgutachten 1987, BT-Drucks. XI/1568, Tz. 1568.

32 BMU, Auswirkungen der Luftverunreinigungen auf die menschliche Gesundheit, S. 55; Rat von Sachverständigen für Umweltfragen, Sondergutachten Waldschäden und Luftverunreinigungen, BT-Drucks. X/113, Tz. 335.

33 Rat von Sachverständigen für Umweltfragen, Sondergutachten Waldschäden und Luftverunreinigungen, BT-Drucks. X/113, Tz. 326 ff. Zu einem praktischen Schadensfall vgl. BGHZ 70, 102 ff.

34 BMU, Auswirkungen der Luftverunreinigungen auf die menschliche Gesundheit, S. 44.

35 BMU, Auswirkungen der Luftverunreinigungen auf die menschliche Gesundheit, S. 57.

IV. Schadensarten

Gingen alle Emissionen in der unmittelbaren Umgebung der Emissionsquellen als Immissionen nieder, könnten nur emittentennahe Umweltschäden eintreten. Die Tatsache, daß heute erhebliche Umweltschäden auch fern von Emissionsquellen festgestellt werden, ist Folge der in den 60er Jahren begonnenen Politik der hohen Schornsteine, die die in den Ballungsräumen anfallenden Schadstoffe über die ganze Bundesrepublik zu verteilen suchte[36]. Eine Entlastung der Verdichtungsräume wurde damit zwar erreicht, leider wurden die Schäden aber lediglich in emittentenferne Gebiete verlagert, wie Ende der 70er Jahre deutlich wurde. Seither kann bei den über den Umweltpfad verursachten Schäden zwischen emittentennahen und emittentenfernen Schäden unterschieden werden.

1. Emittentennahe Schäden

Emittentennahe Schäden sind die im Einwirkungsgebiet von Industrieanlagen auftretenden umweltbedingten Rechtsgutsverletzungen. Dabei macht es keinen Unterschied, ob sie durch Schadstofffreisetzungen einer oder mehrerer Anlagen verursacht wurden. Zu den seit jeher bekannten Umweltschäden im Nahbereich von Emissionsquellen zählen Pflanzen- bzw. Waldschäden, die früher als Rauchschäden bezeichnet wurden[37]. Unter Emittentennahbereich ist dabei der Umkreis um die Schadstoffquellen zu verstehen. Rauchschäden zum Beispiel treten in einem Gebiet von etwa 40 km um die Emittenten auf[38]. Neben Einwirkungen von Fluorwasserstoff, der etwa je zur Hälfte von der Chemieindustrie und Anlagen zur Kohle- und Müllverbrennung freigesetzt wird[39], werden sie vor allem durch Schwefeldioxid-Immissionen allein über den Luftpfad verursacht[40]. In der Bundesrepublik sind sie heute kaum noch zu besichtigen, weil ihrer Entstehung u.a. durch waldbauliche Maßnahmen vorgebeugt wurde. So führte die Luftverschmutzung in Nordrhein-Westfalen zu einer Umstellung des Waldbaus von Nadelbäumen auf bestimmte, besonders schadstoffresistente Laubhölzer, die teilweise aus

---

36 Rat von Sachverständigen für Umweltfragen, Sondergutachten Waldschäden und Luftverunreinigungen, BT-Drucks. X/113, Tz. 18 ff. (21).

37 Rat von Sachverständigen für Umweltfragen, Sondergutachten Waldschäden und Luftverunreinigungen, BT-Drucks. X/113, Tz. 31, 228. Vgl. auch die Beschreibung der Vegetationsschäden durch Chlorwasserstoffgas aus der Sodaproduktion im 19. Jahrhundert bei *Dingle*, „Das schlimmste aller Übel", in: *Sieferle*, Fortschritte der Naturzerstörung, S. 61 ff.

38 Rat von Sachverständigen für Umweltfragen, Sondergutachten Waldschäden und Luftverunreinigungen, BT-Drucks. X/113, Tz. 31.

39 Rat von Sachverständigen für Umweltfragen, Sondergutachten Waldschäden und Luftverunreinigungen, BT-Drucks. X/113, Tz. 57.

40 Rat von Sachverständigen für Umweltfragen, Sondergutachten Waldschäden und Luftverunreinigungen, BT-Drucks. X/113, Tz. 326, 368.

Nordamerika importiert wurden[41]. Dementsprechend kann das die meisten Emissionen verursachende Gebiet der Bundesrepublik, über dem ein Großteil der Emissionen auch wieder als Immissionen niedergeht, mit einer beispielhaften Waldschadensbilanz aufwarten[42].

Zu den emittentennahen Schäden kann auch ein Großteil der Gebäudeschäden gezählt werden. So vervielfacht sich die Korrosionsgeschwindigkeit von feuerverzinkten Stahlkonstruktionen in Industriegebieten um den Faktor 5 gegenüber derjenigen in ländlichen Gebieten[43].

Die Belastung von Menschen durch Schwermetalle steigt in der Nähe von Großemittenten an, so etwa die Bleibelastung in der Nähe von Bleihütten[44]. Epidemiologische Untersuchungen haben schließlich einen Zusammenhang zwischen dem Ausmaß der SO_2-Belastung eines Gebiets und der Häufigkeit von Atemwegserkrankungen hergestellt[45]. Danach sind vor allem die Menschen in Industrie- und Ballungszentren gefährdet. Gleiches gilt für das Verhältnis von Schwefeldioxid bzw. Staubkonzentration und Sterblichkeit[46]. Auch die Kohlenmonoxid-Konzentrationen erreichen allein in Ballungszentren und Industriegebieten gesundheitsschädliche Werte[47].

2. Emittentenferne Schäden

Das Hauptbeispiel für emittentenferne Umweltschäden sind die sog. neuartigen Waldschäden. Ihre Entstehung wird auf einen komplexen, aus verschiedenen Ursachenketten zusammengesetzten Umweltstreß zurückgeführt[48]. Für das Absterben der Wälder in Gebieten fern von den Hauptballungszentren und -emissionsgebieten der Bundesrepublik sind vor allem die Stoffe Schwefeldioxid, Stickstoffoxid und die Gruppe der Photooxidantien, zu der vor allem Ozon zählt, verantwortlich[49].

---

41 Rat von Sachverständigen für Umweltfragen, Sondergutachten Waldschäden und Luftverunreinigungen, BT-Drucks. X/113, Tz. 8, 18.

42 Umweltbundesamt, Daten zur Umwelt, S. 205.

43 *Isecke*, Einfluß von Luftverunreinigungen auf das Korrosionsverhalten verschiedener Materialien, in: Umweltbundesamt, Kosten der Umweltverschmutzung, S. 67 (71 f.).

44 *Wiegand*, Wirkungen von Luftverunreinigungen auf den Menschen, in: Umweltbundesamt, Kosten der Umweltverschmutzung, S. 35 (44); Rat von Sachverständigen für Umweltfragen, Umweltgutachten 1987, BT-Drucks. XI/1568, Tz. 679.

45 BMU, Auswirkungen der Luftverunreinigungen auf die menschliche Gesundheit, S. 40.

46 Rat von Sachverständigen für Umweltfragen, Umweltgutachten 1987, BT-Drucks. XI/1568, Tz. 1750.

47 *Wiegand*, Wirkungen von Luftverunreinigungen auf den Menschen, in: Umweltbundesamt, Kosten der Umweltverschmutzung, S. 35 ff.

48 Vgl.: *Ewers*, Zur Monetarisierung der Waldschäden in der Bundesrepublik, in: Umweltbundesamt, Kosten der Umweltverschmutzung, S. 121 (122).

Die Schadstoffkonzentrationen in sog. Reinluftgebieten der Bundesrepublik erreichen derzeit bei weitem nicht die im Hinblick auf Gesundheitsgefahren festgesetzten Wirkungsschwellen. Die Schwefeldioxid-Immissionen in Reinluftgebieten etwa erreichen nicht Konzentrationen, bei denen mit einem vermehrten Auftreten von Atemwegserkrankungen gerechnet werden muß[50]. Der Eintritt auch emittentenferner Gesundheitsschäden ist gleichwohl denkbar. Dioxine etwa können heute schon in Gebieten fernab von Emissionsquellen nachgewiesen werden[51].

Charakteristisch für die emittentenfernen Schäden ist, daß die Zurechnung der Einbußen selbst zu einer Emittentengruppe nicht möglich ist. Wie oben ausgeführt, werden die für die Waldschäden mitverantwortlichen Schwefeldioxid-Emissionen zu 60 % von Kraftwerken, zu 12 % von der Industrie und zu je etwa 5 % durch Hausbrand und Individualverkehr verursacht[52]. Stickstoffoxid-Freisetzungen stammen zu 50 % aus dem Bereich des Straßenverkehrs, zu 25 % aus Kraftwerken und zu 7 % aus industriellen Quellen[53]. Folgeprodukte der Stickoxide sind die Photooxidantien, sodaß die genannten Verursachungsanteile auch für diese Stoffgruppe gelten können[54]. Wird die Herkunft der genannten drei Stoffgruppen insgesamt betrachtet, läßt sich eine Zurechnung der Waldschäden zu einer Emittentengruppe nicht mehr herstellen. Dazu kommt, daß die Waldschäden nicht allein durch die Schadstoffbelastung der Luft herbeigeführt werden. Der Rat von Sachverständigen für Umweltfragen hält es zwar für sicher, daß es die neuartigen Waldschäden ohne die Luftverschmutzung nicht geben würde, weist aber auch auf die Bedeutung von Vorschädigungen der Bäume hin, die etwa auf Trockenheit, Frost oder schlechter Bodenbeschaffenheit beruhen können[55].

Neben Schwefeldioxid und Stickoxiden kommen noch weitere in die Luft abgegebene Stoffe über den Nahbereich der Emissionsquellen hinaus. Dies gilt etwa für flüchtige Kohlenwasserstoffe, die fernab jeder Emissionsquellen und ubiquitär nachgewiesen werden können[56].

---

49 Rat von Sachverständigen für Umweltfragen, Sondergutachten Waldschäden und Luftverunreinigungen, BT-Drucks. X/113, Tz. 363 ff.

50 Rat von Sachverständigen für Umweltfragen, Umweltgutachten 1987, BT-Drucks. XI/1568, Tz. 661: Monatsmittelwerte zwischen 40 und 60 Mikrogramm. Nach BMU, Auswirkungen der Luftverunreinigungen auf die menschliche Gesundheit, S. 40, treten Atemwegserkrankungen vermehrt bei Konzentrationen ab 150 Mikrogramm auf.

51 BMU, Auswirkungen der Luftverunreinigungen auf die menschliche Gesundheit, S. 51.

52 Umweltbundesamt, Daten zur Umwelt, S. 275.

53 Umweltbundesamt, Daten zur Umwelt, S. 269.

54 Rat von Sachverständigen für Umweltfragen, Sondergutachten Waldschäden und Luftverunreinigungen, BT-Drucks. X/113, Tz. 82 ff.

55 Rat von Sachverständigen für Umweltfragen, Sondergutachten Waldschäden und Luftverunreinigungen, BT-Drucks. X/113, Tz. 363, 394.

3. Summationsschäden und Schäden aus ubiquitärer Verschmutzung

Auch der BMJ-Bericht hat eine Typologie der umweltbedingten Schäden entwickelt[57]. Danach ist zwischen echten Summationsschäden und Schäden aus ubiquitärer Verschmutzung zu differenzieren. Bei der ersten Fallgruppe tritt der Schaden durch Zusammenwirken einer bestimmbaren Mehrzahl von Emissionen im Nahbereich der Emissionsquellen auf[58]. Für Schäden aus ubiquitärer Verschmutzung ist dagegen die Verursachung durch die gebietsübergreifende und daher allgemeine Luftverschmutzung, insbesondere durch die Massenschadstoffe SO_2 und NO_X, kennzeichnend[59]. Es läge nahe, die Gruppe der Summationsschäden mit den hier sog. emittentennahen Schäden und die Schäden aus ubiquitärer Verschmutzung mit der Gruppe der emittentenfernen Schäden zu identifizieren. Tatsächlich wird sich die Terminologie im Regelfall in der dargestellten Weise entsprechen.

Nicht gefolgt werden kann dagegen den haftungsrechtlichen Folgerungen, die der BMJ-Bericht an die genannte Unterscheidung anknüpft. Während die Fallgruppe der Summationsschäden dem Individual-Haftungsrecht zur Lösung zugewiesen wird, soll für die durch die allgemeine Luftverschmutzung verursachten Schäden eine Zurechnung zu einzelnen Verursachern bzw. Verursachergruppen von vornherein ausscheiden[60]. Derartige Schlüsse werden aus der hier vorgenommenen Differenzierung in emittentennahe und emittentenferne Schäden nicht gezogen. Der Umstand, daß ein umweltbedingter Schaden fernab großer Emissionsquellen auftritt allein rechtfertigt nicht den Schluß, er sei durch die „allgemeine" Luftverschmutzung verursacht. Die Zurechnung auch emittentenferner Schäden an einzelne Umweltverschmutzer kann im Einzelfall gelingen, etwa wenn exotische Stoffe oder Stoffkomponenten beteiligt sind. Im übrigen gibt es „die" allgemeine Luftverschmutzung nicht. Zum einen ist die Belastung der Luft mit Schadstoffen in Ballungsräumen immer höher als in ländlichen Gebieten. Aber selbst die dort anzutreffende Schadstoffbelastung der Luft rührt von Menschen her, die sich zwar in der Regel nicht individualisieren, aber doch gruppenmäßig identifizieren lassen[61]. Die definitorische Gleichsetzung emittentenferner mit unzurechenbaren Schäden verstellt die Möglichkeiten zur Herstellung einer Ursache-Wirkung-Beziehung im Einzelfall ebenso wie diejenigen zur Ermittlung von Gruppenverantwortlichkeiten. Um die Auslotung eben dieser Möglichkeiten wird es im folgenden gehen.

---

56 BMU, Auswirkungen der Luftverunreinigungen auf die menschliche Gesundheit, S. 51.

57 BMJ-Bericht, S. 90 ff. Genauso *Ganten / Lemke*, UPR 1989, S. 1 (9), die allerdings auch Angehörige des BMJ sind.

58 BMJ-Bericht, S. 93 f., 97.

59 BMJ-Bericht, S. 95 f.

60 BMJ-Bericht, S. 90 ff., 181, 336; *Ganten / Lemke*, UPR 1989, S. 1 (9).

61 Vgl. etwa: Umweltbundesamt, Daten zur Umwelt, S. 268 ff.

V. Probleme der Erforschung von Umweltschäden

Die oben vorgenommene kurze Aufzählung der wichtigsten in der Bundesrepublik Deutschland auftretenden Umweltschäden suggeriert einen Aufklärungsgrad, der tatsächlich nicht besteht. In Wahrheit ist die Umweltschadensforschung mit Problemen beladen, deren Komplexität einfache und handfeste Aussagen über Ursache-Wirkung-Beziehungen an sich verbieten. Die wichtigsten Punkte, mit denen auch das Umwelthaftungsrecht zu kämpfen hat, sollen hier kurz genannt werden.

1. Wirkungsschwellen

In den seltensten Fällen verursacht jede Konzentration eines bestimmten Stoffes einen Schaden. Praktisch kommt es entscheidend auf die Dosis an. Die Einwirkungsdosis ergibt sich aus der Multiplikation der Faktoren Stoffkonzentration und Einwirkungs- bzw. Expositionszeitraum[62]. Daraus folgt, daß es für die Verursachung von Schäden entscheidend auf das Ausmaß der Immission und die Dauer des Aufenthalts im Immissionsbereich ankommt.

2. Multikausalität

Fast kein einziger der oben aufgezählten Schäden wird durch Einwirkung eines Stoffes allein verursacht. Zur Schadensentstehung tragen praktisch immer mehrere Ursachenreihen bei. Unter den einzelnen Ursachengruppen und -zusammenhängen kann zwischen Mitursachen, die ebenfalls umweltbedingt sind, einerseits und sonstigen Mitursachen andererseits differenziert werden.

So werden Atemwegs- und Herz-Kreislauf-Erkrankungen in der Regel nicht durch Einwirkung eines Schadstoffes, etwa Schwefeldioxid, allein, sondern durch einen in der Luft vorhandenen Schadstoffmix verursacht, zu dem neben Stickstoffoxiden auch Photooxidantien und Staub gehören[63]. Auch die erhöhte Mortalitätsrate in Smog-Situationen ist nicht auf den erhöhten Schadstoffgehalt der Luft allein zurückzuführen. Vielmehr wirkt die erhöhte Luftverschmutzung nur als Auslöser des Todes bei ohnehin stark gefährdeten Personen[64]. Hinzu kommt, daß die in der Luft enthaltenen Schadstoffe auch über die Nahrung aufgenommen

---

62 BMU, Auswirkungen der Luftverunreinigungen auf die menschliche Gesundheit, S. 12; Rat von Sachverständigen für Umweltfragen, Umweltgutachten 1987, BT-Drucks. XI/1568, Tz. 1655 f. Mit Blick auf Gesundheitsgefahren am Arbeitsplatz genauso *Henschler*, in: DFG, Schutz vor Gesundheitsschäden, S. 29 (30).

63 BMU, Auswirkungen der Luftverunreinigungen auf die menschliche Gesundheit, S. 40.

64 *Wiegand*, Wirkungen von Luftverunreinigungen auf den Menschen, in: Umweltbundesamt, Kosten der Umweltverschmutzung, S. 35 (40).

werden und erst im Zusammenwirken die Krankheit verursachen können[65]. Ob eine Krankheit, deren Umweltbedingtheit nachgewiesen ist, den einzelnen auch tatsächlich trifft, ist von einer Fülle von Randbedingungen und inneren Ursachen abhängig. So kommt es auf das Alter, die Rauchgewohnheiten, den überwiegenden Aufenthalt im Freien oder in Innenräumen, die Ernährungsgewohnheiten, die medizinische Betreuung und schließlich auf klimatische und metereologische Faktoren an[66].

Die emittentenfernen Waldschäden werden gleichfalls durch Einwirkung mehrerer Schadstoffe ganz unterschiedlicher Herkunft verursacht, die teilweise über den Luft- und teilweise über den Bodenpfad auf die Bäume einwirken[67]. Dazu kommt ein Bündel natürlicher und waldbaulicher Ursachen wie falsche Baumart- bzw. Standortwahl, der Anbau von Nadelholzmonokulturen und mangelhafte Waldpflege einerseits, Trocken- und Frostschäden sowie Befall durch tierische und pflanzliche Schädlinge andererseits[68]. Der zuletzt genannte Ursachenkomplex ist schon seit jeher für das Auftreten von Waldschäden fernab von Emissionsquellen verantwortlich[69]. Auch bei den seit jeher bekannten emittentenfernen Waldschäden hält der Rat von Sachverständigen für Umweltfragen aber eine wesentliche Mitverursachung durch Luftverunreinigungen für möglich[70]. Seit Mitte der 70er Jahre zeigen sich jedoch zunehmend Schadensbilder, die nicht auf natürliche oder waldbauliche Fehler zurückgeführt werden können. Bei der Verursachung dieser sog. neuartigen emittentenfernen Waldschäden spielt die Schadstoffbelastung der Luft die dominante Rolle[71].

Das gleiche Bild zeigt sich bei den immissionsbedingten Gebäudeschäden. Die Dauer der Resistenz von Stahlkonstruktionen und Stahlbetonbauwerken gegen Umwelteinflüsse ist maßgeblich von der Qualität der Werkstoffe sowie von Art und Ausführung der im Einzelfall angewandten Korrosionsschutzmaßnahmen abhängig[72].

---

65 BMU, Auswirkungen der Luftverunreinigungen auf die menschliche Gesundheit, S. 11.

66 Rat von Sachverständigen für Umweltfragen, Umweltgutachten 1987, BT-Drucks. XI/1568, Tz. 1741.

67 Rat von Sachverständigen für Umweltfragen, Sondergutachten Waldschäden und Luftverunreinigungen, BT-Drucks. X/113, Tz. 368 ff., 381 ff.

68 Rat von Sachverständigen für Umweltfragen, Sondergutachten Waldschäden und Luftverunreinigungen, BT-Drucks. X/113, Tz. 267 ff.

69 Rat von Sachverständigen für Umweltfragen, Sondergutachten Waldschäden und Luftverunreinigungen, BT-Drucks. X/113, Tz. 230, 389.

70 Rat von Sachverständigen für Umweltfragen, Sondergutachten Waldschäden und Luftverunreinigungen, BT-Drucks. X/113, Tz. 389.

71 Rat von Sachverständigen für Umweltfragen, Sondergutachten Waldschäden und Luftverunreinigungen, BT-Drucks. X/113, Tz. 230, 390 ff.

72 *Isecke*, Einfluß von Luftverunreinigungen auf das Korrosionsverhalten verschiedener Materialien, in: Umweltbundesamt, Kosten der Umweltverschmutzung, S. 67 (73, 80).

Für das Umweltschadensrecht kann aus diesem Befund gefolgert werden, daß die Suche nach einem Alleinverursacher für die Anknüpfung der Haftung in der Regel erfolglos sein wird[73]. Eine effektive Umwelthaftung ist auf das Überspringen der Schwierigkeiten im Kausalbereich angewiesen. An dieser Erkenntnis führt auch die Hoffnung auf Fortschritte der Analytik nicht vorbei. Verfeinerte Meßverfahren und erweitertes nomologisches Wissen werden zwar die Kenntnisse über die Verursachung von Umweltschäden vermehren, wahrscheinlich die Komplexität der dann notwendigen Erklärungen aber eher erhöhen als vermindern[74]. Deshalb wird es geboten sein, auch in Fällen, in denen die Mitverursachung des Schadens durch andere Ursachenketten evident oder wahrscheinlich ist, zu einer Zurechnung an einen Ursachenkomplex zu kommen.

---

73 Vgl. dazu: Rat von Sachverständigen für Umweltfragen, Umweltgutachten 1987, BT-Drucks. XI/1568, Tz. 1729 ff.

74 *Assmann,* Kausalitätsnachweis bei Umweltschäden, in: Nicklisch, Prävention, S. 155 (158).

B. Umwelthaftungsrecht de lege lata und Reformbemühungen

I. Die Defizite des geltenden Umwelthaftungsrechts

Das geltende Umwelthaftungsrecht existiert als besonderes Rechtsgebiet noch nicht und ist in den je anwendbaren Regelungen nach Umweltmedien gespalten. Während für Einwirkungen auf Gewässer die Gefährdungshaftung des § 22 WHG gilt, bleibt es für Schäden, die vermittels Beeinträchtigungen von Luft oder Boden verursacht werden, bei der allgemeinen deliktischen Haftung des § 823 Abs.1 BGB [1]. Voraussetzungen einer Schadensersatzpflicht nach dieser Norm sind die Verletzung eines absoluten Rechts oder Rechtsguts durch ein Verhalten des Schädigers, die Rechtswidrigkeit dieses Verhaltens, das Verschulden des Schädigers und das Entstehen eines Schadens aus der Rechtsgutsverletzung. Das Vorliegen sämtlicher eben aufgezählter Tatbestandsmerkmale ist im Zweifelsfall vom Geschädigten zu beweisen [2]. An den in diesen Voraussetzungen enthaltenen Hürden scheitert eine Vielzahl an sich berechtigter Restitutionsbegehren.

Die Rechtsprechung des BGH hat die in den Erfordernissen der Rechtswidrigkeit und des Verschuldens enthaltenen Haftungsbeschränkungen erheblich abgeschliffen. Nach den Grundsätzen der Kupolofen-Entscheidung schließt bei Immissionsschäden die Einhaltung öffentlich-rechtlicher Genehmigungen und in Verwaltungsvorschriften enthaltener Verhaltensstandards die Annahme rechtswidrigen und schuldhaften Verhaltens nicht aus [3]. Damit hat der BGH die Verschuldenshaftung des § 823 Abs.1 BGB für den Bereich der Umwelthaftung dem Standard der Gefährdungshaftung angenähert, wie sie für über das Umweltmedium Wasser verursachte Schäden schon positiv-rechtlich in § 22 WHG angeordnet ist.

Wird von Rechtswidrigkeit und Schuldhaftigkeit des Verhaltens abgesehen, bleibt als zentrale, vom Geschädigten zu beweisende Voraussetzung sowohl des § 823 Abs.1 BGB als auch des § 22 WHG die Kausalität des Verhaltens des Schädigers für den eingetretenen Verletzungserfolg und Schaden. Das Erfordernis des Verursachungsnachweises wird insbesondere bei komplexen Schadensbildern

---

1 Die Haftung wegen Schutzgesetzverletzung nach § 823 Abs. 2 BGB spielt im Umwelthaftungsrecht praktisch keine große Rolle; vgl.: BMJ-Bericht, S. 28; BMU-Bericht, S. 37; *Ganten / Lemke,* UPR 1989, S. 1 (3).

2 MK-*Mertens,* § 823 Rn. 48; *Soergel-Zeuner,* § 823 Rn. 277.

3 BGHZ 92, 143 ff.

zu einer für den Verletzten kaum zu überwindenden Hürde[4], zum „Hauptgrund für das ‚Versagen‘ des Umwelthaftungsrechts“[5], zu seiner „entscheidenden Schwachstelle“[6]. Die Mehrzahl über den Umweltpfad verursachter Schäden ist durch eine Vielzahl von Betroffenen und Umweltbeeinträchtigern verursacht worden. Unternimmt es ein einzelner Geschädigter, seinen Schaden ersetzt zu verlangen, scheitert dieses Vorhaben oft schon an der mangelnden Individualisierbarkeit eines oder mehrerer Verursacher[7]. In diesen Fällen verhindert schon die Unmöglichkeit der Abfassung einer Klageschrift die Geltendmachung des Schadens. In einer anderen Konstellation ist zwar der Kreis der Verursacher bekannt, aber viel zu groß, um in einem Prozeß gemeinschaftlich auf Schadensausgleich in Anspruch genommen werden zu können[8]. Jeder einzelne hat nur einen kleinen, für sich unschädlichen Verursachungsbeitrag geleistet. Erst die Summation der Beiträge überschreitet die Schädlichkeitsgrenze, wobei additive, synergistische und potenzierende Effekte auftreten können[9]. Weiterhin gibt es Fallgruppen, in denen die Verursachung statistisch feststeht, also sicher ist, daß ein oder mehrere Verursacher Schäden der geltend gemachten Art zu einem bestimmten Anteil verursacht haben, die individualisierende Zuordnung eines Geschädigten zu einem Schädiger aber fehlschlägt[10]. Schließlich scheitert die Zurechnung über den Umweltpfad verursachter Schäden vielfach deshalb, weil es sich um Langzeitschäden handelt, die durch jahrelang weilende Prozesse entstanden sind[11]. Die Suche nach individuellen Verursachern, die noch existieren und noch solvent sind, ist dann oft vergeblich.

In allen Fällen kommt erschwerend hinzu, daß schon die Eignung eines emittierten Stoffs, den geltend gemachten Schaden zu verursachen, naturwissenschaftlich ungeklärt sein kann. In diesem Bereich werden oft nur Wahrscheinlichkeitsaussagen möglich sein[12]. Schließlich ist das Verhältnis umweltbedingter Ursachen zu den vom Geschädigten selbst zu verantwortenden Umständen, unter denen die von anderen gesetzten Ursachen erst virulent werden, unsicher[13].

---

4 *Assmann*, Kausalitätsnachweis bei Umweltschäden, in: Nicklisch, Prävention, S. 155 ff.; *Brüggemeier*, Deliktsrecht, Rn. 772; *Diederichsen*, BB 1973, S. 485 (486); *ders.*, DJT-Referat, S. L 97 ff.; *Diederichsen / Scholz*, WiVerw 1984, S. 23 (24); *Ganten / Lemke*, UPR 1989, S. 1 (5); *Hager*, NJW 1986, S. 1961 (1962); *Hübner*, NJW 1988, S. 441 (449); *Köndgen*, UPR 1983, S. 345; *Marburger*, DJT-Gutachten, S. C 123.

5 *Diederichsen*, DJT-Referat, S. L 79.

6 *Assmann*, Kausalitätsnachweis bei Umweltschäden, in: Nicklisch, Prävention, S. 158.

7 *Ganten / Lemke*, UPR 1989, S. 1 (6).

8 *Diederichsen*, DJT-Referat, S. L 81 f.

9 *Diederichsen*, FS Reimer Schmidt, S. 1 (15 f.); *Marburger*, DJT-Gutachten, S. C 124 f.; *Schäfer*, Soziale Schäden, S. 129 f.

10 Vgl. zu diesen Fällen „alternativer Opferschaft“ *Bodewig*, AcP 185, S. 505 ff.

11 *Adams*, ZZP 99, S. 129 (146); *Assmann*, Kausalitätsnachweis bei Umweltschäden, in: Nicklisch, Prävention, S. 158; *Hager*, NJW 1986, S. 1961 (1966).

12 *Adams*, ZZP 99, 129 (146); *Diederichsen*, DJT-Referat, S. L 80 f.; *Ganten / Lemke*, UPR 1989, S. 1 (5); *Hager*, NJW 1986, 1962 (1967 f.).

Zusammenfassend ist festzustellen, daß der Kausalitätsnachweis im Umwelthaftungsrecht in vielen Fällen deshalb scheitern muß, weil es sich um Fälle von Multikausalität handelt, in denen es nicht um eine unmittelbar-direkte Schädigung in einem überschaubaren Zwei-Personen-Zusammenhang geht. Der Schädigungsvorgang ist oft zeitlich gestreckt, naturwissenschaftlich ungeklärt, die Verursachungsbeiträge entstammen heterogenen Quellen und eine etwaige Selbstbeteiligung des Geschädigten bleibt diffus.

Zu den vorstehend genannten Schwierigkeiten, die das materielle Recht des Schadensausgleichs dem Geschädigten bereitet, kommen Rechtsdurchsetzungsprobleme, insbesondere prozessualer Art, hinzu. Umweltrelevante Schadensersatzklagen sind selten [14]. Zu der allgemeinen Hemmung, einen kostspieligen, in seinem Ausgang ungewissen Prozeß anzustrengen, kommen umweltschadensrechtsspezifische Hindernisse hinzu. Die Individualisierung des Verursachers oder des Verursacherkollektivs ist nicht nur schwierig, sondern führt oft zu dem Resultat, daß ein oder mehrere Großunternehmen zu verklagen wären. Eine David-gegen-Goliath-Konstellation im Prozeß ist dann abzusehen [15]. Die daraus resultierende Waffenungleichheit ist besonders schwerwiegend, wenn, wie hier, Beweisschwierigkeiten des Klägers bestehen. Mit Sachverstand und wirtschaftlichen Mitteln gut ausgestattete Beklagte lassen die Anspruchsdurchsetzung dann noch unsicherer erscheinen, als sie es nach materiellem Recht ohnehin schon ist. Diese Ungewißheiten können gerade bei großen Schäden mit entsprechend hohem Streitwert prohibitiv wirken [16].

Hat der Geschädigte schließlich doch ein Schadensersatz zusprechendes Urteil erreicht, trägt er immer noch das Risiko der Insolvenz des Schuldners. Der Prozeß war dann umsonst.

II. Ansätze zur Reform des Individual-Umwelthaftungsrechts

In der Reformdiskussion ist versucht worden, Konzepte zur Beseitigung oder Milderung der soeben angesprochenen Defizite des geltenden Umwelthaftungsrechts zu entwickeln. Dabei hat sich ein weitgehender Konsens dahingehend herausgebildet, daß die Gefährdungshaftung einheitlich für die Beeinträchtigung aller drei Umweltmedien gelten und nicht nur störfallbedingte Einwirkungen, sondern grundsätzlich auch Schäden infolge des Normalbetriebs von Anlagen erfassen sollte [17]. Weiterhin sollen die Betreiber besonders umweltgefährlicher

---

13 *Assmann*, Kausalitätsnachweis bei Umweltschäden, in: Nicklisch, Prävention, S. 158.

14 *Gessner*, RabelsZ 40, S. 430 (440 f.); *Diederichsen / Scholz*, WiVerw 1984, S. 23; *Ganten / Lemke*, UPR 1989, S. 1 (3); *Köndgen*, UPR 1983, S. 345.

15 *Diederichsen / Scholz*, WiVerw 1984, S. 23 (24); *Gessner*, RabelsZ 40, S. 430 (442); *Köndgen*, UPR 1983, S. 345; *Roth*, NJW 1972, S. 921 (925).

16 *Rehbinder*, Verursacherprinzip, S. 166.

Anlagen gesetzlich verpflichtet werden, durch Abschluß einer Haftpflichtversicherung oder dem entsprechende Maßnahmen die tatsächliche Deckung nach dem reformierten Umwelthaftungsrecht erhobener Ansprüche sicherzustellen[18].

Den Forderungen nach Ausdehnung der Gefährdungshaftung auf Beeinträchtigungen von Luft und Boden und nach Einführung einer Pflicht zur Deckungsvorsorge entspricht der Diskussionsentwurf des BMJ und des BMU eines Gesetzes über die Haftung für Umweltschäden in seinen §§ 1, 2, 7 – 9 und 21. Den oben als Haupthindernis effektiver Umwelthaftung bezeichneten Beweisnotstand des Geschädigten hinsichtlich des Nachweises der Ursächlichkeit eines umweltbezogenen Verhaltens für den erlittenen Schaden versucht der Entwurf durch die Regelungen seiner §§ 7 – 9 zu mildern. Danach ist zwischen Beeinträchtigungen von Luft und Boden einerseits und Einwirkungen auf das Wasser andererseits sowie danach zu differenzieren, ob der in Anspruch Genommene gegen öffentlich-rechtliche Umweltschutzvorschriften verstoßen hat oder nicht[19]. Handelt der potentielle Verursacher in diesem Sinne rechtswidrig oder liegt ein Störfall vor, wird die Ursächlichkeit des Betriebs der umweltgefährlichen Anlage für den eingetretenen Schaden gemäß § 7 des Diskussionsentwurfs vermutet, wenn der Verschmutzungsbeitrag allein oder im Zusammenwirken mit anderen Beiträgen geeignet war, den entstandenen Schaden zu verursachen. Trifft diese Kausalitätsvermutung auf mehrere zu, haften sie gemäß §§ 8 Abs.2, 9 Abs.1 des Diskussionsentwurfs als Gesamtschuldner. Eine gesamtschuldnerische Verantwortlichkeit besteht nach der allgemeinen deliktischen Norm des § 830 Abs.1 S. 2 BGB auch bei verwaltungsrechtmäßigem Verhalten der Umweltnutzer für die Fälle alternativer Kausalität, in denen jeder Verursachungsbeitrag geeignet ist, den ganzen Schaden allein zu verursachen. Bezüglich Einwirkungen auf das Umweltmedium Wasser verschärfen §§ 7 Abs.2, 9 Abs.2 des Diskussionsentwurfs die Haftung von Umweltnutzern insoweit, als es für die Kausalitätsvermutung wie für die gesamtschuldnerische Haftung auf einen Verstoß gegen öffentlich-rechtliche Vorschriften nicht ankommt. Der für einen über den Wasserpfad Geschädigten günstige Standard der Hühnergülle-Entscheidung des BGH bleibt damit gewahrt[20]. Gegenüber dem Betreiber einer umweltgefährlichen Anlage sowie den zuständigen Genehmigungs- und Überwachungsbehörden hat der Geschädigte überdies die Auskunfts- und Einsichtsrechte der §§ 10, 11 des Diskussionsent-

---

17 BMJ / BMU, Diskussionsentwurf, Maschinenschrift, Bonn 1989, § 6; BMJ-Bericht, S. 380 ff.; BMU-Bericht, S. 53 ff.; *Rehbinder,* NuR 1989, S. 149 (155 f.); a. A. nur *Diederichsen,* JbUTR 1988, S. 189 (198), der die Gefährdungshaftung auf die Auswirkungen von Störfällen begrenzen will.

18 BMU-Bericht S. 89, § 19 des Arbeitsentwurfs des BMU zum Umwelthaftungsrecht; dagegen noch BMJ-Bericht, S. 406 ff. Das BMJ hat seine ablehnende Haltung später aufgegeben, vgl. § 21 des Diskussionsentwurfs von BMJ und BMU, Maschinenschrift, Stand: 16. 5. 1989.

19 Vgl. auch die inhaltlich ähnlichen Vorschriften der §§ 12, 13 AE-BMU.

20 Vgl. BGHZ 57, 257 ff.

wurfs. Schließlich verpflichtet § 21 des Entwurfs die Betreiber von Anlagen, die dem Regime der Störfallverordnung unterstehen, zur Absicherung potentieller Schadensersatzansprüche durch Abschluß einer Haftpflichtversicherung oder durch Beibringung einer Freistellungsverpflichtung eines Kreditinstituts.

III. Verbleibende Defizite des Individual-Umwelthaftungsrechts

Durch eine Reform des Individual-Umwelthaftungsrechts in Richtung auf Gefährdungshaftung, Beweiserleichterungen beim Kausalitätsnachweis und eine obligatorische Deckungsvorsorge ließen sich ohne Zweifel einige der oben angesprochenen Mängel des gegenwärtig geltenden Rechts beseitigen.

Bei der Diskussion über die Neuordnung der Haftung für umweltbedingte Schäden sind andererseits auch die strukturbedingten Grenzen des Individual-Haftungsrechts deutlich zu Tage getreten. Die für zivilrechtliche Rechtsbehelfe stets notwendige Zuordnung individuell erlittener Schäden zu individuellen Verursachern ist im Bereich der Umweltschäden nur sehr begrenzt herstellbar. Das Zivilrecht weist im Bereich der Restitution von Umweltschäden immer dann strukturelle Mängel auf, wenn Schädiger einerseits, Geschädigte andererseits nur gruppenweise identifizierbar, aber nicht weiter individualisierbar sind[21].

Mit Erleichterungen des Kausalitätsnachweises allein ist diesen Problemen nicht beizukommen. So besteht etwa nach dem Diskussionsentwurf von BMJ und BMU keine gesamtschuldnerische Haftung für Schäden aus der rechtmäßigen Inanspruchnahme von Luft und Boden[22]. Entschädigungslücken bestehen danach im Bereich der emittentennahen Schäden, wenn die Rechtsgutsverletzung durch Zusammenwirken rechtmäßiger Inanspruchnahmen von Luft und Boden verursacht wurde. Würde die Kausalitätsvermutung einschließlich gesamtschuldnerischer Haftung bei bloßer Schadenseignung der Umweltbeeinträchtigung ohne Rücksicht auf Verstoß gegen verwaltungsrechtliche Pflichten eintreten, wäre diese Lücke zwar geschlossen, der Vorwurf bloßer Verdachtshaftung aber gerechtfertigt[23]. Erleichterungen beim Kausalitätsnachweis schwanken also immer zwischen der Scylla einer ungenügenden Schadensersatzpflicht und der Charybdis einer Übermaßhaftung[24].

Auch im Wege einer Reform des Individual-Haftungsrechts praktisch nicht erfaßbar ist der Bereich der emittentenfernen Schäden, soweit nicht die Zurech-

---

21 *Assmann*, Kausalitätsnachweis bei Umweltschäden, in: Nicklisch, Prävention, S. 159; *Brüggemeier*, Deliktsrecht, Rn. 772; *Diederichsen*, DJT-Referat, S. L 88 f.; *Ganten / Lemke*, UPR 1989, S. 1 (9); *Rehbinder*, Verursacherprinzip, S. 166.

22 Vgl. §§ 7 Abs. 2, 9 Abs. 1 S. 1 des Entwurfs.

23 So schon *Westermann*, Welche gesetzlichen Maßnahmen zur Luftreinhaltung und zur Verbesserung des Nachbarrechts sind erforderlich?, S. 65 f. Genauso *Rehbinder*, NuR 1989, S. 149 (159, 161): Haftung nur für wesentliche Schadensbeiträg

24 So besonders deutlich *Adams*, ZZP 99, S. 129 (151).

nung an einzelne Verursacher oder eine kleine Verursachergruppe im Einzelfall gelingt[25]. Insbesondere aber die neuartigen Waldschäden, die durch einen aus unterschiedlichsten Quellen stammenden Schadstoffmix herbeigeführt werden, blieben unreguliert. Gleich ob in der Umgebung von Großemittenten oder emittentenfern auftretend, machen die sog. Langzeitschäden, die durch je für sich unschädliche, aber über Jahre hinweg angreifende Schadstoffkonzentrationen verursacht werden, besondere Schwierigkeiten[26]. Schließlich wird durch Beweiserleichterungen das Prozeßrisiko des Geschädigten zwar vermindert, jedoch keineswegs ausgeräumt. Gleiches gilt für Auskunfts- und Einsichtsrechte, die die Waffenungleichheit zwischen Kläger und Beklagtem eines Umwelthaftungsprozesses nicht völlig kompensieren können. Insgesamt weist das auf den Zwei-Personen-Konflikt zugeschnittene zivile Schadensersatz- und Prozeßrecht bei der Regulierung multikausaler Massen- und Langzeitschäden also strukturbedingte und daher unbehebbare Mängel auf[27].

Angesichts der geschilderten Grenzen des Individual-Haftungsrechts, über die auch ein reformiertes Umwelthaftungsrecht nicht hinauskäme, drängt sich die Frage nach den Möglichkeiten kollektiver Ausgleichssysteme auf. Zu prüfen wäre, ob ein kollektives Restitutionsmodell dem Umweltschadensrecht über die Grenzen individual-rechtlicher Haftungsregelungen hinweg helfen könnte.

---

25 BMJ-Bericht, S. 96 f.; 336; BMU-Bericht, S. 63 f.; *Rehbinder*, NuR 1989, S. 149 (162).

26 *Rehbinder*, Verursacherprinzip, S. 166;

27 *Assmann*, Kausalitätsnachweis bei Umweltschäden, in: Nicklisch, Prävention, S. 159; *Diederichsen*, DJT-Referat, S. L 48 f., 70 und 89; *ders.*, JbUTR 1988, S. 189 (198); *Rehbinder*, Verursacherprinzip, S. 166.

C. Funktionen des Umwelthaftungsrechts

Die Lücken des Individual-Haftungsrechts sind soeben dargestellt worden. Aus dieser Diagnose allein folgt noch nicht, daß ihre Schließung im Wege einer erweiterten Haftung für umweltbedingte Schäden geboten ist. Im folgenden sind deshalb die Funktionen zu erläutern, die ein kollektives Umwelthaftungsrecht wahrnehmen könnte[1]. Die dabei erarbeiteten Zwecksetzungen dienen jedoch nicht nur der Rechtfertigung eines kollektiven Haftungssystems im Umweltschutz, sondern wären auch für die Einzelheiten seiner Ausgestaltung verbindlich und zu beachten.

I. Die Gewährleistung gerechten Schadensausgleichs

In der rechtswissenschaftlichen Literatur wird als Hauptregelungszweck des Schadensersatzrechts die Gewährleistung gerechten Schadensausgleichs genannt[2]. Das Haftungsrecht soll also Einbußen an Rechtsgütern anderer ausgleichen. Dies geschieht durch Begründung eines Anspruchs des Geschädigten gegen den Schädiger. Das Schadensersatzrecht der §§ 249 ff. BGB verpflichtet den Verantwortlichen zur Wiederherstellung des verletzten Rechtsguts bzw. zum Ersatz des vernichteten Wertes.

Das Individual-Haftungsrecht weist Schutzlücken insbesondere im Bereich von Summations- und emittentenfernen Schäden auf. Unter dem Gesichtspunkt der Notwendigkeit einer gerechten Schadensausgleichsregelung ist allerdings zwischen Personen- und Sachschäden zu differenzieren. Gesundheitsschäden sind zwar ein stärkeres soziales Problem als Vermögensschäden. Die Restitution von Gesundheitsschäden wird aber schon de lege lata durch ein funktionierendes kollektives Ausgleichssystem, die gesetzliche Krankenversicherung, sichergestellt. Ein Bedürfnis nach einer erweiterten Ersatzmöglichkeit für über den Umweltpfad verursachte Gesundheitsschäden besteht daher nur, wenn der Akzent nicht auf den irgendwie bewirkten Schadensausgleich, sondern auf die Gerechtigkeit der Schadensüberwälzung gelegt wird. Die durch Arbeitgeber und Arbeitnehmer finanzierte Krankenversicherung ist für umweltbedingte Gesundheitsschäden nicht verantwortlich und deshalb für ihre Restitution materiell nicht zuständig[3].

---

[1] Vgl. zum folgenden: BMU-Bericht, S. 18 ff.; *Rehbinder*, NuR 1989, S. 149 (150 ff.).

[2] *Deutsch*, HftgsR, S. 68 f., 75, 77 f.; *Erman-Drees*, § 823 Rn. 46 f.; *Hübner*, AT, Rn. 271; MK-Mertens, Vor § 823 Rn. 41.

[3] *Rehbinder*, NuR 1989, S. 149 (151).

Anders ist die Situation, soweit es um den Ausgleich individualrechtlich nicht erfaßter Sachschäden geht. Ein soziales Sicherungssystem besteht hier nicht, der Geschädigte bleibt auf seinem Schaden sitzen. In dem Urteil, durch das die Klage eines Waldeigentümers auf Ersatz der ihm infolge der neuartigen emittentenfernen Waldschäden entstandenen Einbußen durch den Staat abgewiesen wurde, betonte der BGH trotz des für den Kläger negativen Entscheidungsergebnisses die „Entschädigungswürdigkeit" und „Entschädigungsbedürftigkeit" der geltend gemachten Verluste[4]. Die Ausgleichsbedürftigkeit auch von Schäden, die nicht individuell zurechenbar sind, ergibt sich darüber hinaus auch aus dem Verfassungsrecht. Nach der ständigen Rechtsprechung des BVerfG besteht eine Verpflichtung des Staates zum Schutz von Leben, Gesundheit und Eigentum des einzelnen vor rechtswidrigen Eingriffen Dritter[5]. Aus dieser grundrechtlichen Schutzpflicht könnte sich die Erforderlichkeit gesetzgeberischer Maßnahmen zur Verhütung umweltbedingter Schäden und, soweit dies nicht, bzw. nicht mehr gelingt, zur Schaffung einer praktikablen und wirksamen Ersatzmöglichkeit ergeben[6]. Das BVerfG wird in Kürze die Gelegenheit erhalten, auf die Verfassungsbeschwerde des vor dem BGH gescheiterten Waldeigentümers zu antworten und dabei zu der Frage eines verfassungsrechtlichen Gebots zur Schaffung einer gesetzlichen Entschädigungsregelung für emittentenferne, im Wege des Individual-Haftungsrechts nicht restituierbare Schäden Stellung zu nehmen. Würde die Handlungsverpflichtung des Gesetzgebers bejaht, wäre die Erweiterung und Verbesserung der Haftungsregelungen des Umweltrechts zum Zweck der Gewährleistung gerechten Ausgleichs von Sachschäden nicht nur gerechtfertigt, sondern verfassungsrechtlich gefordert.

II. Umweltvorsorge

Der Einsatz des Haftungsrechts im Umweltschutz sollte nicht auf den Zweck des Ausgleichs schon eingetretener Schäden begrenzt werden. Umweltpolitisch besonders wünschenswert wäre der Einsatz eines kollektiven Haftungssystems zum Schutz der Umwelt und zur Verhinderung von Schäden. Ob Haftungsrecht geeignet ist, der Schadensprävention zu dienen, ist indessen umstritten.

---

[4] BGHZ 105, 350 (362 f.).

[5] BVerfGE 39, 1 (41) (Fristenlösung); 46, 160 (164) (Schleyer); 49, 89 (141 f.) (Kalkar); 53, 30 (57) (Mühlheim-Kärlich); 56, 54 (73) (Fluglärm).

[6] Dafür: *von Hippel,* NJW 1985, S. 30 (32); mit allerdings abweichenden Begründungen genauso: *Ebersbach,* NuR 1985, S. 165 (167 ff.) (Herleitung aus dem Sozialstaatsprinzip); *Ladeur,* DÖV 1986, S. 445 (453 f.) (Herleitung aus der Institutsgarantie des Eigentums; vgl. ebenda, S. 451 f.).

1. Der Streitstand

Eine Meinung spricht Haftungsregelungen, die, wie die Gefährdungshaftung, die Pflicht zur Schadensabnahme nicht an ein Verschulden des Schädigers knüpfen, die Geeignetheit zur Prävention gänzlich ab[7]. Einem kollektiven Haftungssystem für Umweltschäden, das die Schadensersatzpflicht sicher nicht an ein Verschulden irgendeines individuellen Schädigers knüpfen könnte, käme danach keine Präventionsfunktion, sondern allein die Aufgabe des gerechten Ausgleichs bereits eingetretener Schäden zu[8]. Eine Verbesserung des Umweltschutzes wäre von ihm nicht zu erwarten.

Die in der Rechtswissenschaft herrschende Meinung hält die Präventionswirkung von Haftungsregeln immerhin für einen ihrer Nebeneffekte[9]. Die Auslegung und Handhabung des Schadensersatzrechts soll zwar weiter auf den Zweck der Schadensabnahme konzentriert bleiben. Von der Haftungsandrohung ausgehende Präventionsanreize werden aber nicht geleugnet, sondern begrüßt. Umweltschutz durch Haftungsrecht wäre danach immerhin möglich.

Im Gegensatz zu diesen vorsichtigen Stellungnahmen der Rechtswissenschaft, stellt die ökonomische Theorie des Schadensersatzrechts die Präventionswirkung von Haftungsregeln ganz in den Vordergrund[10]. Ihre primäre Aufgabe ist es deshalb, die volkswirtschaftlichen Gesamtkosten gefährlichen Verhaltens möglichst gering zu halten[11]. Dieser Zweck wiederum geht in dem umfassenden Ziel auf, Anreize zu einem Verhalten von Schädiger und Geschädigtem zu vermitteln, bei denen der Nutzen aus ihren Aktivitäten abzüglich der Gesamtkosten maximiert wird[12]. Da die ökonomische Theorie die Steuerungswirkung des Haftungsrechts betont, wäre auch eine umweltpolitische Instrumentalisierung grundsätzlich möglich[13].

---

7 *Esser*, Gefährdungshaftung, S. 74, Fßn 3: „das Verlangen eines Kampfes mit dem Zufall ist ein Widerspruch in sich".

8 So schon *Rehbinder*, Verursacherprinzip, S. 166.

9 *Deutsch*, Haftungsrecht, S. 71, 73; *Larenz*, NJW 1959, S. 865 f.; *ders.*, SR AT, § 27 I, S. 423 f.; MK-*Mertens*, Vor § 823 Rn. 44.

10 *Adams*, ZZP 99, S. 129 (135 ff.); *ders.*, Ökonomische Analyse der Gefährdungs- und Verschuldenshaftung, S. 17 ff.; *Calabresi*, Die Entscheidung für oder gegen Unfälle, in: Assmann / Kirchner / Schanze, Ökonomische Analyse des Rechts, S. 259 ff. (262 ff.); *ders.*, The Costs of Accidents, S. 26 ff.; *Schäfer / Ott*, Ökonomische Analyse des Zivilrechts, S. 85. Auch ein Rechtswissenschaftler hat diese Ansicht bereits 1963 formuliert, vgl. *Marton*, AcP 162, S. 1 ff. (37 ff.), der die Dominanz des Präventionszwecks mit dem „Utilitätsprinzip" begründet. Dies entspricht vollkommen dem Ausgangspunkt der modernen Ökonomischen Analyse des Schadensersatzrechts.

11 So noch der Ausgangspunkt von *Calabresi*, Die Entscheidung für oder gegen Unfälle, in: Assmann / Kirchner / Schanze, Ökonomische Analyse des Rechts, S. 259 ff. (262 ff.); *ders.*, The Costs of Accidents, S. 26 ff.

12 So das erweiterte Konzept von *Adams*, Ökonomische Analyse der Gefährdungs- und Verschuldenshaftung, S. 21 f., 42.

13 In diesem Sinne BMU-Bericht, S. 18 ff.

2. Die Steuerungswirkung von Haftungsrecht

a) Der Wirkungsmechanismus einer Haftungsandrohung

Die Tauglichkeit des Haftungsrechts zum Umweltschutz überhaupt hängt entscheidend von der Entscheidung des eben dargestellten Streitstands ab. Zu klären ist, ob die Androhung einer Schadensersatzpflicht das Verhalten psychischer und sozialer Systeme steuern kann oder nicht. Der Hypothese, Haftungsrecht diene der Schadensverhütung, liegt die Annahme zugrunde, daß die Menschen unter mehreren möglichen Verhaltensweisen diejenige wählen, die ihren Nutzen maximiert [14]. Sind sich die Beteiligten der haftungsrechtlichen Folgen ihres Verhaltens bewußt, werden sie ihr Verhalten so einrichten, daß sie eine Verpflichtung zum Schadensersatz vermeiden. Diesem Ziel dienen zwei unterschiedliche Reaktionsmöglichkeiten [15]. Derjenige, dem eine Schadensersatzpflicht angedroht wird, kann seinen Sorgfaltsaufwand steigern oder den Umfang gefährlicher Tätigkeiten einschränken. Ein Emittent könnte etwa einen Filter einbauen, der in der Abluft enthaltene Schadstoffe zurückhält oder die Emissionsmenge durch Verkleinerung der Produktion vermindern. In beiden Fällen erbäben sich Entlastungseffekte für die Umwelt. Eine Verlagerung des Schadens auf das Opfer, die dem Satz „casum sentit dominus" entspricht, führt umgekehrt zur Unterlassung jeder Anstrengung um Schadensverhütung und zur bedenkenlosen Ausweitung des Aktivitätsumfangs [16]. Entsprechende Folgen treten ein, wenn nicht alle Schadensarten dem Schädiger angelastet und restituiert werden [17].

Zum völligen Ausfall der Steuerungswirkungen des Haftungsrechts kommt es schließlich, wenn die Pflicht zum Ausgleich des Schadens vollständig und ohne flankierende Maßnahmen auf Dritte verlagert wird [18]. Dann bestehen keinerlei Anreize zu sorgfältigem und umweltschonendem Verhalten mehr. Das Ergebnis der unterschiedlichen Beurteilung der Personen- und Vermögensschäden unter dem Ausgleichsaspekt kehrt sich damit für die umweltpolitische Bewertung um. Das Bedürfnis nach einem erweiterten Umwelthaftungsrecht ist im Bereich der Personenschäden noch größer als im Bereich der Vermögensschäden. Während die Überwälzung eines umweltbedingten Vermögensschadens auf den Verursacher noch in engen Grenzen gelingt [19], werden mit den Kosten der Gesundheits-

---

[14] Sog. REM-Hypothese, vgl.: *Schäfer / Ott*, Ökonomische Analyse des Zivilrechts, S. 46.

[15] *Adams*, Ökonomische Analyse der Gefährdungs- und Verschuldenshaftung, S. 44.

[16] *Adams*, Ökonomische Analyse der Gefährdungs- und Verschuldenshaftung, S. 48 ff.

[17] *Adams*, Ökonomische Analyse der Gefährdungs- und Verschuldenshaftung, S. 174 ff.; *Schäfer / Ott*, Ökonomische Analyse des Zivilrechts, S. 104 ff.

[18] *Adams*, Ökonomische Analyse der Gefährdungs- und Verschuldenshaftung, S. 84 ff. Zu Möglichkeiten der Erhaltung der Anreizwirkungen des Haftungsrechts trotz Überwälzung der Schadensausgleichspflicht auf ein Kollektiv vgl. sogleich unter 4.

schäden endgültig die Krankenkassen belastet, die von der ihnen aufgrund des § 116 SGB X zustehenden Regreßmöglichkeit offenbar keinen Gebrauch machen. Dadurch kommt es zu dem paradoxen Resultat, daß das geltende Haftungsrecht, wenn auch in eingeschränktem Umfang, noch Anreize zur Vermeidung von Vermögensschäden gibt, Anstrengungen zur Verhinderung von Personenschäden jedoch ökonomisch irrational wären. Die Mängel des gegenwärtigen Individual-Umwelthaftungsrechts haben insgesamt also die Einschränkung der Bemühungen der Wirtschaftssubjekte um umweltschonendes Verhalten zur Folge.

Träfen die Annahme, Wirtschaftssubjekte handelten stets rational im Sinne einer Maximierung ihres persönlichen Nutzens und die eben dargestellten Folgerungen zu, könnte von einer Erweiterung des Haftungsrechts die Verbesserung des Umweltschutzes erwartet werden. Für Umweltverschmutzer bestünden wirtschaftliche Anreize, ihren Vermeidungsaufwand zu erhöhen und ihr Aktivitätsniveau zu senken.

b) Überprüfung der Hypothese von der Steuerungswirkung des Haftungsrechts

Fraglich ist aber, ob die Annahme, Menschen handelten stets ökonomisch rational, zutrifft. Die Möglichkeiten der Motivierung oder Modifizierung des Verhaltens psychischer oder sozialer Systeme durch die Androhung von Haftung sind sehr komplex und voraussetzungsvoll[20]. Menschen verhalten sich nicht immer ökonomisch rational und können es auch nicht. Die Androhung von Haftung kann nur dann verhaltensmotivierend wirken, wenn das Risiko der Haftpflicht im Einzelfall erkennbar ist sowie die Struktur des Entscheidungssubjekts und die Umstände der Entscheidungssituation eine rationale Entscheidung unter Berücksichtigung der Haftungserwartung erlauben[21]. Mit einer Berücksichtigung des Haftungsrisikos im Entscheidungsprozeß ist also nur zu rechnen, wenn das Entscheidungssubjekt die Verletzungsgefahr, die möglichen Verhaltensalternativen zur Vermeidung der Verletzung und das Risiko, tatsächlich für den Schaden in Anspruch genommen zu werden, erkennt[22]. Sind diese Voraus-

---

19 Vgl. zum Beispiel: BGHZ 57, 257 ff.; 66, 70 ff.; 70, 102 ff.; 90, 255 ff.; 92, 143 ff. sowie den in BGHZ 102, 350 ff. gescheiterten Versuch zur Erlangung einer Entschädigung für das Waldsterben. Die zuletzt genannte Entscheidung ist umweltpolitisch nicht zu bedauern, weil von einer Staatshaftung für das Waldsterben ebensowenig Anreize zur Schonung der Umwelt ausgegangen wären wie von einer Opferhaftung.

20 Vgl. die Darstellung von *Weyers*, Unfallschäden, S. 456 ff.

21 *Weyers*, Unfallschäden, S. 464-468.

22 *Ogus / Richardson*, The Role of Private Law in the Protection of Pollution Victims, RabelsZ 40, S. 449 (467 f.); *Weyers*, Unfallschäden, S. 464 f.; im Ergebnis genauso *Schäfer / Ott*, Ökonomische Analyse des Zivilrechts, S. 213 ff., die Steuerungswirkungen einer Haftung für unvorhersehbare Schäden verneinen. Die Voraussetzung der Informiertheit über das eingegangene Risiko mag in bezug auf die Androhung strafrechtlicher

setzungen gegeben, ist doch mit einer das Haftungsrisiko berücksichtigenden und deshalb rationalen Entscheidung nur zu rechnen, wenn es um planende, kalkulierende Entscheidungen zweckrational organisierter sozialer Systeme innerhalb eines Zeitspielraums geht[23]. Sie sind praktisch nur von Unternehmungen und Verwaltungskörpern zu erwarten, deren Entscheidungsträger die Zeit, die Informationsmöglichkeiten und den Zwang zur abgewogenen, rationalen Entscheidung haben. Das Verhalten von Individuen, die ad hoc, ohne vorherige Planung, aufgrund mangelhafter Informationen und unter Zeitdruck handeln müssen, ist durch das Bestehen oder Nichtbestehen von Haftungsrisiken praktisch nur wenig zu beeinflussen[24]. Danach ist im Umweltschadensrecht rationales, die bestehenden Haftungsrisiken berücksichtigendes Verhalten vor allem von Wirtschaftsunternehmungen zu erwarten, die ihre Entscheidungen an dem Kriterium wirtschaftlicher Vernunft ausrichten, also Maximierung ihrer Einnahmen bei gleichzeitiger Minimierung der Kosten anstreben. Besonders günstig dürften die Aussichten auf in diesem Sinne rationales Verhalten bei Planungen, d.h. langfristigen, weitgehend irreversiblen Entscheidungen, etwa über die Auslegung von Anlagen, sein. Damit bleibt immerhin ein gerade für das Umweltschadensrecht wichtiger Bereich den Anreizen des Haftungsrechts zugänglich.

3. Abschätzung der Chancen zur Steuerung umweltbezogenen Verhaltens

a) Die für eine Steuerung umweltbezogenen Verhaltens relevanten Größen

Fraglich bleibt, in welchem Ausmaß das Verhalten industrieller Umweltnutzer durch Kostenanlastungen via Haftungsrecht gesteuert werden kann. Unter Zugrundelegung der REM-Hypothese kann dieses Problem nur durch Abschätzung der anzulastenden Schadenskosten einerseits und der Kosten von Umweltschutzmaßnahmen andererseits geklärt werden. Aus dem Bereich der Versicherungsbranche ist geltend gemacht worden, die Kosten für Umweltschutzmaßnahmen seien so hoch, daß von den vergleichsweise niedrigen Prämien einer obligatorischen Umwelthaftpflichtversicherung kaum Anreize zu umweltschonendem Verhalten ausgehen könnten[25]. Die Richtigkeit dieser Einschätzung hängt entschei-

---

Sanktionen jedenfalls im Bereich des Kernstrafrechts unproblematisch sein. Die optimistische Beurteilung der Wirkung der negativen Generalprävention im Wege der Strafandrohung, -verfolgung und -verhängung durch die von *Vanberg*, Recht und Staat 509, dargestellte ökonomische Theorie der Kriminalität ist deshalb mit der hier vertretenen, skeptischeren Meinung vereinbar.

23 *Weyers*, Unfallschäden, S. 467; zustimmend *Rehbinder*, Verursacherprinzip, S. 164.

24 *Weyers*, Unfallschäden, S. 468; *Rehbinder*, Verursacherprinzip, S. 164. Damit ist nicht gesagt, daß diese Entscheidungen irrational sind. Das Haftungsrisiko kann mangels ausreichender Informationen und wegen des Zeitdrucks gar nicht angemessen berücksichtigt werden.

25 *Grell*, VersW 1987, S. 1511 (1512).

dend von den in den Vergleich eingesetzten Zahlen ab. Zu den Aufwendungen der Industrie für den Umweltschutz liegen Zahlen vor[26]. Danach wurden 1987 von seiten des produzierenden Gewerbes 7,89 Milliarden DM in Anlagen zur Verminderung der Umweltbelastung investiert[27]. Das Bruttoanlagevermögen der Industrie für Umweltschutz hatte 1987 einen Wert von 52,18 Milliarden DM, dasjenige des Staates einen Wert von 169,6 Milliarden DM[28]. Die laufenden Ausgaben der Industrie für Umweltschutz betrugen im selben Jahr 9 Milliarden DM, die entsprechenden Aufwendungen des Staates hatten einen Wert von 7,58 Milliarden DM[29]. Eine zuverlässige Quantifizierung und Monetarisierung sämtlicher in der Bundesrepublik verursachten Umweltschäden liegt noch nicht vor. Schätzungen kommen auf etwa 100 Milliarden DM pro Jahr[30]. Die Höhe des Schadens, der allein der Forstwirtschaft durch das Waldsterben entsteht, wird auf 1,7 bis 4,8 Milliarden DM pro Jahr geschätzt, der volkswirtschaftliche Gesamtschaden auf 4,3 bis 11,4 Milliarden DM pro Jahr[31]. Diesen Angaben liegt jedoch schon die Annahme einer forcierten Luftreinhaltepolitik zugrunde. Bleiben Maßnahmen zur Reduktion der Luftschadstoffe aus, wird der Schaden noch wesentlich größer sein[32]. Der Rat von Sachverständigen für Umweltfragen geht davon aus, daß die Kosten der gegenwärtig über den Umweltpfad verursachten Schäden wesentlich höher liegen als die jeweiligen Vermeidungskosten[33]. Die Anreizwirkung eines erweiterten Umwelthaftungsrechts in Richtung auf umweltschonenderes Verhalten kann angesichts dieser Zahlen optimistisch beurteilt werden.

---

26 Rat von Sachverständigen für Umweltfragen, Umweltgutachten 1987, BT-Drucks. XI/1568, Tz. 229 ff.; Statistisches Bundesamt, Statistisches Jahrbuch 1989 für die Bundesrepublik Deutschland, S. 585 ff.; dies., Aktualisierte Ergebnisse zum Anlagevermögen und zu Ausgaben für Umweltschutz 1975 - 1988, Maschinenschrift, Wiesbaden 1989.

27 Statistisches Bundesamt, Statistisches Jahrbuch 1989 für die Bundesrepublik Deutschland, S. 587.

28 Statistisches Bundesamt, Statistisches Jahrbuch 1989 für die Bundesrepublik Deutschland, S. 585.

29 Statistisches Bundesamt, Aktualisierte Ergebnisse zum Anlagevermögen und zu Ausgaben für Umweltschutz 1975 - 1988, Maschinenschrift, Wiesbaden 1989, Tabelle 5.

30 *Schulz / Wicke,* ZfU 1987, S. 109 (151); *Wicke,* Die ökologischen Milliarden, S. 123; *ders.,* Umweltökonomie, S. 96. Diese Zahl beruht überwiegend auf den Ergebnissen einer Tagung zu den Kosten der Umweltverschmutzung, vgl.: Umweltbundesamt, Kosten der Umweltverschmutzung.

31 *Ewers,* Zur Monetarisierung der Waldschäden in der Bundesrepublik, in: Umweltbundesamt, Kosten der Umweltverschmutzung, S. 121 (133, 141).

32 *Ewers,* Zur Monetarisierung der Waldschäden in der Bundesrepublik, in: Umweltbundesamt, Kosten der Umweltverschmutzung, S. 121 (133, 141).

33 Rat von Sachverständigen für Umweltfragen, Umweltgutachten 1987, BT-Drucks. XI/1568, Tz. 229.

b) Eignung des Haftungsrechts zum Umweltschutz

Aus der Tauglichkeit des Haftungsrechts zur Verhütung von Schäden folgt noch nicht seine Eignung zum Umweltschutz. Die Androhung einer Schadensersatzpflicht vermittelt nach dem Gesagten Anreize zur Vermeidung allein derjenigen Schäden, für die andernfalls gehaftet werden müßte.

Das Haftungsrecht ist bisher auf individuell erlittene Rechtsgutsverletzungen zugeschnitten. Daran würde auch die Ersetzung des Haftungssubjekts Individuum durch ein Kollektiv nichts ändern. Die Kosten der Ausrottung von Arten, die Einbußen am Erholungswert der Natur, die Verminderung des Wohlbefindens durch die ständig fortschreitende tiefgreifende Veränderung der Landschaft zum Zweck ihrer (agrar-)industriellen Nutzung sind auch Kosten der Umweltbelastung, werden von haftungsrechtlichen Regelungen bisher aber nicht erfaßt. An diesem Punkt ist überlegt worden, die Schadensersatzpflichten auch auf die Verletzung kollektiver Rechts- bzw. Umweltgüter auszudehnen[34]. Beispielsweise könnte eine Ersatzpflicht für die Tötung wilder, nicht-jagdbarer Tiere oder für Maßnahmen zur Wiederherstellung gestörter Ökosysteme geschaffen werden[35]. Zur Einbeziehung aller eben genannten anthropogenen Umweltrisiken und -veränderungen in den Mechanismus des Haftungsrechts ist jedoch auch die Ausdehnung der Ersatzpflicht auf sog. ökologische Schäden nicht in der Lage. Mag auch von der Voraussetzung eines Individualschadens durch die Konstruktion einer Ersatzberechtigung des Staates für Einbußen an kollektiven Gütern abgerückt werden, so bleibt Haftungsrecht auch in seiner äußersten Dehnung auf die Restitution zu Rechtsgutsverletzungen auskristallisierter Beeinträchtigungen zugeschnitten. Daraus folgt, daß zahlreiche an sich zu berücksichtigende Nutzeneinbußen schadensrechtlich nicht erfaßt werden können.

Eine andere Wirkungsgrenze des Haftungsrechts ist die Voraussetzung der Zurechenbarkeit des Schadens. Globalphänomene wie die Klimaveränderung oder internationale Probleme wie die Meeresverschmutzung können nicht Individuen oder Gruppen einer Gesellschaft zugerechnet werden. Präventivwirkungen von Haftungsrecht entfallen. Insgesamt hat haftungsrechtlicher Umweltschutz also nur einen begrenzten Ansatzpunkt und Anwendungsbereich[36].

Der limitierte Wirkungsumfang hat eine reduzierte Steuerungswirkung zur Folge. Die oben beschriebene Anreizwirkung des Haftungsrechts, den Vermeidungsaufwand zu erhöhen und den Umfang gefährlicher Aktivitäten einzuschränken, wird vermindert, wenn nicht alle tatsächlich eintretenden Nutzeneinbußen

---

34 *Gassner*, NuR 1987, S. 370 ff.; *Knopp*, ZfW 1988, S. 261 ff.; *Rehbinder*, NuR 1988, S. 105 ff.; *ders.*, NuR 1989, S. 149 (161 ff.); *Schulte*, JZ 1988, S. 278 ff.

35 *Ladeur*, NJW 1987, S. 1236 ff. im Hinblick auf die durch den Sandoz-Unfall bewirkte Vernichtung von Kleinlebewesen im Rhein.

36 *Diederichsen*, DJT-Referat, S. L 48 f.; *Rehbinder*, NuR 1989, S. 149 (151).

auch erfaßt und angelastet werden[37]. So berücksichtigt das Konzept zur Monetarisierung der Waldschäden nicht etwa nur die Sach- und Vermögensschäden der Forstwirtschaft, sondern auch sämtliche materiellen und immateriellen Drittschäden, so die Nutzenausfälle bei Freizeit- und Erholungsaktivitäten der Bevölkerung, die Vermögenseinbußen des Fremdenverkehrsgewerbes, die Kosten des erhöhten jährlichen Wasserabflusses, wie Wildbachverbauung, Lawinen- und Bodenerorsionsschutz, sowie der Nutzenentgang durch die Verschlechterung der Wasserqualität[38]. Während die Einbußen der Forstwirtschaft haftungsrechtlich erfaßt werden können, entziehen sich die anderen Schadensposten einem rechtlichen Ausgleich. Die Schätzungen letzterer sind aber zwei bis drei Mal so hoch wie die geschätzten Einbußen der Forstwirtschaft[39]. In dem Umfang, in dem Schäden haftungsrechtlich nicht angelastet werden können, findet eine Steuerung umweltbezogenen Verhaltens nicht statt. Entsprechend sind die Erwartungen an die Wirkung des Haftungsrechts in Richtung Umweltvorsorge zu reduzieren.

Schließlich führt die Internalisierung der sozialen Zusatzkosten der Umweltverschmutzung nur dann auch zu tatsächlichen Verhaltensänderungen, wenn die Kosten des Vermeidungsaufwands geringer sind als die Höhe der aufzubringenden Kompensationszahlungen[40]. Der Schädiger wird seinen Sorgfaltsaufwand nur solange erhöhen bzw. seinen Aktivitätsumfang nur soweit einschränken, bis die Grenzkosten des damit verbundenen Nutzenausfalls gleich dem Grenzschaden sind. Ist die Erbringung von Kompensationsleistungen billiger als die Schadensvermeidung, wird der Schädiger mit der Umweltverschmutzung fortfahren.

Diese einzuräumenden Wirkungsgrenzen sprechen hingegen nicht für eine umweltpolitische Untauglichkeit des Haftungsrechts[41]. Das Umwelthaftungsrecht hat es mit Schäden an individuellen, u.U. auch kollektiven, Rechtsgütern zu tun, die über den Umweltpfad verursacht werden. Ein rational handelndes Subjekt, das auf die Umweltmedien Luft, Wasser und Boden einwirkt, wird sein Verhalten so einrichten, daß keine Verpflichtung zum Ersatz von Schäden entsteht, soweit die Schadenskosten größer als die Vermeidungskosten sind. Dies ist jedenfalls dann zu erwarten, wenn nicht mehr auf die Unzulänglichkeiten und Lücken des geltenden Individual-Haftungsrechts vertraut werden kann. Ein erhöhter Aufwand zur Vermeidung von Schäden wird sich auch in einer Verminderung der Umweltbelastung niederschlagen. Der Entlastungseffekt für die Umwelt kann sogar über

---

37 Vgl. oben, Anm. 17.

38 *Ewers*, Zur Monetarisierung der Waldschäden, in: Umweltbundesamt, Kosten der Umweltverschmutzung, S. 121 (131 ff.).

39 Vgl. die vorherige Anmerkung.

40 *Adams*, Ökonomische Analyse der Gefährdungs- und Verschuldenshaftung, S. 42 ff.; *Schäfer / Ott*, Ökonomische Analyse des Zivilrechts, S. 118 f. Aus umweltpolitischer Sicht wegen dieser Einschränkungen kritisch: *Rehbinder*, Verursacherprinzip, S. 64 ff. (66 f.).

41 Rat von Sachverständigen für Umweltfragen, Umweltgutachten 1987, BT-Drucks. XI/1568, Tz. 166.

das im Modell prognostizierte Maß hinausgehen. Rechnet ein Emittent besipielsweise mit einer Haftpflicht für Gesundheitsschäden an der Bevölkerung, wird er seine Anstrengungen zur Vermeidung dieser Schäden erhöhen. Ökonomisch rational wäre es, wenn der Emittent versuchte, seinen Vermeidungsaufwand nur soweit zu erhöhen, daß die Gesundheitsschäden ausbleiben. Oft wird eine derartige Feinabstufung der Vermeidungsaktivitäten aber nicht möglich sein. Ein Schadstoffilter etwa, der der Abluft einen bestimmten gefährlichen Stoff entzieht, wird oft nicht auf die Vermeidung allein einer gesundheitsgefährlichen Dosis einzustellen sein, sondern den Stoff in größerem Umfang zurückhalten. In diesem Fall führen technologische Randbedingungen zu einem surplus an Umweltschutz.

Aber auch abgesehen von dieser speziellen Konstellation dürfte die Anlastung jedenfalls der Kosten von Schäden an Rechtsgütern anderer nicht nur exakt im Umfang der angelasteten Kosten zur Entlastung der Umwelt führen, sondern umweltfreundliche Effekte darüber hinaus zeitigen. Das produzierende Gewerbe ist der Hauptadressat des reformierten Umwelthaftungsrechts[42]. Der Wettbewerb um die Nachfrage, also um die Käuferpräferenzen, wird nicht nur über den Preis geführt. Vielmehr sind die Marktchancen eines Produkts auch von seinem Ruf sowie vom Image des Produzenten abhängig. Wegen der mittlerweile erheblichen Sensibilität der Öffentlichkeit für Umweltprobleme, insbesondere für solche, die den einzelnen unmittelbar betreffen, ist zu erwarten, daß Anbieter publikumswirksame Schadensszenarien und langwierige Haftungsprozesse über umweltbedingte Schäden zu vermeiden suchen werden. Wegen dieses Zusammenhangs wäre von einem erweiterten Umwelthaftungsrecht ein stärkerer Impuls in Richtung Umweltschutz zu erwarten, als ein die negative Publizität der Verursachung von Schäden ausklammerndes Kosten-Nutzen-Kalkül erwarten läßt.

Aus diesen Überlegungen folgt, daß eine erhebliche umweltentlastende Wirkung erweiterter Ersatzmöglichkeiten für umweltbedingte Schäden auch dann zu erwarten ist, wenn lediglich zu Schäden an Rechtsgütern geronnene Einbußen erfaßt und restituiert werden. Nach allem ist das Umwelthaftungsrecht also auch geeignet, dem Umweltschutz zu dienen.

4. Gefahren eines kollektiven Haftungssystems im Umweltschutz

In der vorliegenden Arbeit geht es um die Entwicklung eines kollektiven Haftungssystems für über den Umweltpfad verursachte Schäden. Die Steuerungswirkung einer erweiterten Umwelthaftung in Richtung auf mehr Umweltvorsorge ist eben untersucht und optimistisch beurteilt worden. Diese Überlegungen bezogen sich auf die durch die Androhung einer Einstandspflicht bei einem Wirtschaftssubjekt ausgelösten Verhaltensänderungen. Hier geht es indessen um die

---

42 Vgl. dazu soeben, unter 2 b.

Entwicklung eines Modells, in dem ein Kollektiv den entstandenen Schaden ausgleicht.

Wie oben schon gesagt, führt die Verlagerung der Haftung auf einen Dritten zum völligen Ausfall der Steuerungswirkungen von Haftungsrecht. Für einen Umweltnutzer bestehen keine Anreize zu sorgfältigem bzw. im Umfang reduziertem Verhalten mehr, weil ein Dritter mit der Ersatzpflicht belastet wird[43]. Dieses sog. moral-hazard-Problem stellt sich grundsätzlich auch bei der Haftungsverlagerung auf eine Versichertengemeinschaft[44]. Die Beeinträchtigung der Anreizwirkung des Haftungsrechts durch eine Versicherung muß deshalb durch zusätzliche Maßnahmen kompensiert werden. Untersuchungen zur Effizienz von Versicherungen haben gezeigt, daß bei risikogerechter Staffelung der Prämien und bei Eindämmung des moral hazard durch flankierende Maßnahmen wie Selbstbehalte und Bonus-Malus-Regelungen die Anreize des Hafungsrechts weitgehend erhalten bleiben[45]. Die völlige Beseitigung des moral hazard, d.h. die volle Wiederherstellung der Anreizwirkungen des Haftungsrechts, ist damit jedoch nicht zu erreichen[46].

5. Sonstige Instrumente des Umweltschutzes

Aus dem Vorstehenden sind auch die Grenzen eines haftungsrechtlichen Umweltschutzes deutlich geworden. Erstens ist die Einbeziehung der Haftungsandrohung in die Entscheidung eines Wirtschaftssubjekts über die Auswahl aus seinen Handlungsalternativen voraussetzungsvoll und nicht selbstverständlich. Zweitens wird ein rational handelndes System auch bei Berücksichtigung des Haftungsrisikos nur dann versuchen, den Schadenseintritt durch erhöhten Sorgfaltsaufwand oder Reduktion des Aktivitätsumfangs zu verhindern, wenn die Vermeidungskosten unter den Schadenskosten liegen. Dabei ist drittens zu berücksichtigen, daß nur ein Teil der sozialen Zusatzkosten der Umweltverschmutzung mit haftungsrechtlichen Instrumenten zu erfassen und internalisierbar ist. Viertens haben kollektive Haftungssysteme mit dem moral-hazard-Problem zu kämpfen.

In dieser Lage könnte die Zusammenfassung von Umweltnutzern in Gruppen, die ein kollektives Umwelthaftungsrecht anstrebt, Ansatzpunkte und Möglichkeiten zum Einsatz weiterer Instrumente der Umweltpolitik bieten[47]. Die Stimulie-

---

43 Vgl. oben, bei Anm. 18.

44 *Schäfer / Ott*, Ökonomische Analyse des Zivilrechts, S. 103.

45 *Adams*, Ökonomische Analyse der Gefährdungs- und Verschuldenshaftung, S. 225 ff.; *Schäfer / Ott*, Ökonomische Analyse des Zivilrechts, S. 101 ff.

46 *Adams*, Ökonomische Analyse der Gefährdungs- und Verschuldenshaftung, S. 225 ff.; *Rehbinder*, NuR 1989, S. 149 (151).

47 Zu den Instrumenten der Umweltpolititk vgl.: Rat von Sachverständigen für Umweltfragen, Umweltgutachten 1987, BT-Drucks. XI/1568, Tz. 145 ff.; *Rehbinder*, Verursacherprinzip, S. 121 ff.

rung umweltfreundlichen Verhaltens wäre dann nicht allein auf ökonomische Anreize durch Anlastung von Schadenskosten angewiesen. Vielmehr könnten weitere Möglichkeiten der Verhaltenssteuerung genutzt werden. In Betracht kommt eine Palette von Instrumenten, die von der informellen, auf sozialen Mechanismen beruhenden Beeinflussung bis zur direkten Verhaltenssteuerung durch Ordnungsrecht reicht. Anders als das Individual-Haftungsrecht bietet ein System kollektiver Umwelthaftung also Möglichkeiten zum Einsatz weiterer Mittel der Umweltpolitik. Strukturelle Unzulänglichkeiten des Haftungsrechts im Umweltschutz könnten damit ausgeglichen bzw. gemildert werden. Für eine Nutzung dieser Möglichkeiten spricht, daß die Umweltpolitik sowieso auf den Einsatz einer Kombination von Maßnahmen und Instrumenten angewiesen ist[48].

III. Allokationseffizienz

Die Steuerungsmöglichkeiten von Haftungsrecht sind bereits Gegenstand der Erörterungen des vorherigen Abschnitts gewesen. Dort ging es um die Instrumentalisierung des Haftungsrechts für den Umweltschutz. Dieses Politikziel ist jedoch nicht das einzige, das durch den richtigen Einsatz von Schadensersatzregelungen gefördert werden kann. Die ökonomische Analyse des Rechts versucht den Einsatz von Haftungsrecht im Interesse der Nutzenmaximierung. Paradigma der Wohlfahrtsökonomie ist das Pareto- oder Wohlfahrtsoptimum, d.h. eine optimale Allokation der in einer Volkswirtschaft verfügbaren Ressourcen[49]. Das Wohlfahrtsoptimum ist erreicht, wenn die Güterproduktion und -verteilung so organisiert ist, daß dieser Zustand nicht mehr verändert werden kann, ohne Einbußen am Wohlstand der Gesellschaft hinnehmen zu müssen[50]. Von diesem Ausgangspunkt aus werden auch die Umweltprobleme angegangen.

1. Das Umweltproblem aus ökonomischer Sicht

Aus der Sicht der Umweltökonomie handelt es sich bei den gegenwärtigen Umweltproblemen um einen Fall von Marktversagen[51]. In einer Marktwirtschaft kommt dem Markt die Aufgabe der Steuerung der Wirtschaft zu. Die Art der hergestellten Güter, der Umfang der Produktion, das Herstellungsverfahren, der

---

[48] Rat von Sachverständigen für Umweltfragen, Umweltgutachten 1987, BT-Drucks. XI/1568, Tz. 176; *Rehbinder*, Verursacherprinzip, S. 176; *Siebert*, Verhaltensanreize, in: Nicklisch, Prävention, S. 111 (130 f.).

[49] *Schäfer / Ott*, Ökonomische Analyse des Zivilrechts, S. 24 ff.

[50] Vgl. die vorherige Anmerkung.

[51] *Magoulas*, Staatseingriffe bei externen Effekten, S. 69 f.; *Meßerschmidt*, Umweltabgaben, S. 55 f.; *Rehbinder*, Verursacherprinzip, S. 53 f.; *Schäfer / Ott*, Ökonomische Analyse des Zivilrechts, S. 75 ff.; *Siebert*, Ökonomische Theorie der Umwelt, S. 19 ff. (22). Damit ist nicht gesagt, daß Umweltprobleme für martkwirtschaftliche Systeme spezifisch sind oder durch das marktwirtschaftliche System bedingt sind.

Einsatz der Ressourcen und die Verteilung der Produkte werden über Angebot und Nachfrage, vermittelt durch das Preissystem, bestimmt. Umweltgüter wie Luft und Wasser sind öffentliche Güter, die im Gegensatz zu privaten Gütern von mehreren gleichzeitig genutzt werden können, ohne daß ein Ausschluß Dritter von der Benutzung möglich wäre[52]. Da Umweltgüter keinen Preis haben, werden sie übermäßig genutzt, d.h. die Kosten ihrer Beanspruchung können den daraus resultierenden Nutzen übersteigen. Im Preis einer Ware sind nicht alle Kosten enthalten, die in Gestalt von Schäden bei ihrer Produktion anfallen. Waren, deren Herstellung zu einer starken Umweltbelastung führt, sind deshalb zu billig; umweltschonend hergestellte Waren vergleichsweise zu teuer. Gleiches gilt entsprechend für sonstige Güter. Da der Markt den Umfang der Güterproduktion durch Preis und Nachfrage steuert, werden zu viele Ressourcen in umweltbelastende Produktionsverfahren und Aktivitäten geleitet und zuwenig in umweltschonende. Ökonomische Folge des Versagens der marktmäßigen Steuerung der Umweltnutzung ist die Abweichung des Zustands der Volkswirtschaft vom Pareto-Optimum, einem Zustand, von dem aus keine Verbesserung der gesellschaftlichen Wohlfahrt mehr möglich ist[53]. Die volkswirtschaftlich gebotene Korrektur dieses Marktversagens besteht in der Belastung des Umweltnutzers mit den in seiner Kalkulation nicht berücksichtigten Kosten der Umweltbelastung[54]. Umweltgüter wären in das preisvermittelte Steuerungssystem des Marktes einzubeziehen, indem sie selbst monetärer Bewertung unterworfen würden[55]. Dadurch würden die externen Kosten umweltbelastender Aktivitäten in ihren Preis einbezogen. Die darauf folgende Reallokation der Ressourcen würde zu einem Rückgang umweltbelastender und zu einer Ausdehnung umweltschonender Aktivitäten führen.

2. Der Beitrag des Haftungsrechts zur Förderung der Effektivität der Ressourcenalloktion

Eine umfassende Ausdifferenzierung und Privatisierung von Umweltgütern zum Zweck ihrer Einbeziehung in den marktlichen Allokationsmechanismus hat sich in der Praxis jedoch als unmöglich herausgestellt[56]. Die klassische Lehre

---

52 Vgl. zu den sog. Nichtrivalitäts- und Nichtausschließlichkeitsbedingungen: *Bonus*, RabelsZ 40, S. 409 (413 ff.); *Frey*, Umweltökonomie, S. 49; *Meßerschmidt*, Umweltabgaben, S. 56; *Siebert*, Ökonomische Theorie der Umwelt, S. 9; *Wicke*, Umweltökonomie, S. 41.

53 Vgl. *Schäfer / Ott*, Ökonomische Analyse des Zivilrechts, S. 23 ff.

54 *Lepperdinger*, Umweltsteuer, S. 100 ff.; *Meßerschmidt*, Umweltabgaben, S. 56; *Nowotny*, ZGesStW 128, S. 673 (677); *Rehbinder*, Verursacherprinzip, S. 23 ff.; *Siebert*, Ökonomische Theorie der Umwelt, S. 22; *Wicke*, Umweltökonomie, S. 45 f.

55 *Frey*, Umweltökonomie, S. 22; *Lepperdinger*, Umweltsteuer, S. 113 f.; *Meßerschmidt*, Umweltabgaben, S. 57; *Nowotny*, ZGesStW 128, S. 673 (682); Rat von Sachverständigen für Umweltfragen, Umweltgutachten 1978, BT-Drucks. VIII/1938, Tz. 1691.

56 Vgl. dazu: *Hansmeyer / Schneider*, Zur Fortentwicklung der Umweltpolitik unter marktsteuernden Aspekten, 1989, S. 10 f.

der Wohlfahrtsökonomie empfiehlt eine Kosteninternalisierung beim Verursacher von Umweltbelastungen durch staatlich auferlegte Geldleistungspflichten, sog. Pigou-Steuern[57]. Aber auch dieses Konzept scheitert in der Realität, nämlich an der Unbestimmbarkeit der Kosten der Umweltverschmutzung und vor allem an der Unmöglichkeit der Zurechnung von Kosten zu einzelnen Umweltnutzern[58].

Hier könnte das Haftungsrecht weiterhelfen. Die haftungsrechtliche Lösung hätte den Vorteil, daß die Bestimmung der Höhe der Schäden dezentral, von den Betroffenen selbst vorgenommen werden könnte. Hohe Informations-, Verwaltungs- und Kontrollkosten, die Maßnahmen der Kostenanlastung durch staatliche Abgabensysteme oder Zertifikatlösungen verursachen würden, entfallen daher[59].

Eine Instrumentalisierung des Haftungsrechts zum Zweck der Annährung an eine effiziente Ressourcenallokation ist möglich[60]. Die endgültige Belastung des Opfers mit den externen Kosten umweltschädlichen Verhaltens ist nicht nur umweltpolitisch unerwünscht, sondern führt auch zu Fehlallokationen[61]. Zu Wohlfahrtsverlusten kommt es weiterhin dann, wenn nicht alle Schadensarten geltend gemacht werden können[62]. Unter dem Allokationsaspekt ist die Haftung des Verursachers für den Schaden als die optimale Haftungsregel identifziert worden[63]. Damit sprechen nicht nur umweltpolitische, sondern auch ökonomische Gründe für eine Ausweitung der Haftung für Umweltschäden. Jenseits der Grenzen des Individual-Haftungsrechts ist dies jedoch nur durch ein kollektives Entschädigungssystem leistbar.

Wie oben ausgeführt, ist das Schadensersatzrecht zur umfassenden Internalisierung aller externen Kosten umweltbelastenden Verhaltens nicht geeignet. Haftungsrechtliche Reaktionsmöglichkeiten bestehen immer erst nach Eintritt eines Schadens an einem konkreten Rechtsgut. Kollektivgüter, für die auch keine nationale Zuständigkeit mehr besteht, wie etwa das Klima und die Meere, können haftungsrechtlich nicht geschützt werden. Die Überwälzung eines Schadens auf einen anderen ist weiterhin nur möglich, wenn zumindest eine Gruppe als Verursa-

---

57 Vgl. dazu: *Lepperdinger*, Umweltsteuer, S. 117 ff.; *Nowotny*, ZGesStW 128, S. 673 (681); *Schäfer / Ott*, Ökonomische Analyse des Zivilrechts, S. 111 f.

58 *Lepperdinger*, Umweltsteuer, S. 59 f., 143 f.; *Meßerschmidt*, Umweltabgaben, S. 62 f.; Rat von Sachverständigen für Umweltfragen, Umweltgutachten 1978, BT-Drucks. VIII/1938, Tz. 1773 f.; *Rehbinder*, Verursacherprinzip, S. 140 f.

59 Vgl. zu den Informationskosten: Rat von Sachverständigen für Umweltfragen, Umweltgutachten 1978, BT-Drucks. VIII/1938, Tz. 1693; zu den Verwaltungs- und Kontrollkosten: *Hansmeyer / Schneider*, Zur Fortentwicklung der Umweltpolitik unter marktsteuernden Aspekten, S. 51.

60 Vgl.: *Adams*, Ökonomische Analyse der Gefährdungs- und Verschuldenshaftung, S. 17 ff., 42 ff.; *Schäfer / Ott*, Ökonomische Analyse des Zivilrechts, S. 85 ff.

61 *Adams*, Ökonomische Analyse der Gefährdungs- und Verschuldenshaftung, S. 48 ff.

62 Vgl. oben, Anm. 17.

63 *Adams*, Ökonomische Analyse der Gefährdungs- und Verschuldenshaftung, S. 56 ff.; *Schäfer / Ott*, Ökonomische Analyse des Zivilrechts, S. 107 ff.

cher identifiziert werden kann. Die umfassende Erfassung, Zurechnung und Internalisierung der sozialen Zusatzkosten umweltrelevanter Aktivitäten liegt also jenseits der Wirkungsgrenzen auch einer kollektiven Variante des Haftungsrechts[64].

Zu Fehlallokationen im Zusammenhang mit der Nutzung der Umwelt kommt es aber nicht allein deshalb, weil die Umweltgüter selbst der marktlichen Bewertung und Allokation entzogen sind. Eine Teilursache der ökonomisch nachteiligen Übernutzung von Umweltgütern ist der Umstand, daß ein großer Teil derjenigen Schäden, die über den Umweltpfad an Rechtsgütern Dritter oder der Allgemeinheit verursacht werden, unentschädigt bleibt. Diese negativen externen Effekte des Wirtschaftsverhaltens verfälschen ebenfalls die Kostenrechnung des Umweltnutzers und führen desgleichen zur Inkongruenz von rational-egoistischem Verhalten der Wirtschaftssubjekte und dem im Interesse gesamtgesellschaftlicher Wohlfahrt gebotenen Verhalten. Beides kann wiederum nur zur Deckung gebracht werden, wenn die sozialen Zusatzkosten der Umweltnutzung in der Form von Schädigungen Dritter dem Verursacher angelastet werden.

In dem Bereich individuell erlittener Schäden infolge von Umweltnutzungen ist der Einsatz des Haftungsrechts zur Kosteninternalisierung daher ökonomisch geboten, möglich und sinnvoll[65]. Gegenüber ordnungsrechtlichen Instrumenten spricht für den Einsatz des Haftungsrechts seine Marktkonformität. Abgaben- oder Zertifikatlösungen ist es vorzuziehen, weil letztere genaue Informationen über die Höhe der externen Kosten voraussetzen. Das Haftungsrecht kann sich hier auf das Eigeninteresse der Geschädigten verlassen, die die von ihnen erlittenen Einbußen geltend machen werden, wenn eine Ersatzmöglichkeit besteht. Das Versagen des gegenwärtigen und auch eines reformierten Individual-Haftungsrechts bei der Restituierung eines großen Teils der Umweltschäden ist also auch aus ökonomischer Perspektive ein Mißstand, der behoben oder gemildert werden sollte.

IV. Minimierung von Transaktionskosten

Bei der Entwicklung eines neuen Haftungsmodells ist zusätzlich zu den eben erörterten drei Funktionen des Umwelthaftungsrechts auch die Kostenfrage im Auge zu behalten. Aller Aufwand, den ein System kollektiver Umwelthaftung verursacht, geht der Volkswirtschaft verloren und kann nicht mehr für andere Zwecke eingesetzt werden. Die Minimierung der sog. tertiären Schadenskosten oder Transaktionskosten ist deshalb anzustreben[66].

---

64 *Hansmeyer / Schneider*, Zur Fortentwicklung der Umweltpolitik unter marktsteuernden Aspekten, S. 54, 56.

65 *Hansmeyer / Schneider*, Zur Fortentwicklung der Umweltpolitik unter marktsteuernden Aspekten, S. 54 ff.

66 *Calabresi*, The Costs of Accidents, S. 28; *Schäfer / Ott*, Ökonomische Analyse des Zivilrechts, S. 92. Vgl. auch *Weyers*, Unfallschäden, S. 604 ff., der die Kosten eines

Dabei wäre zuerst der Aufwand zu berücksichtigen, den die Installation eines kollektiven Haftungssystems verursacht. Weiter sind alle Aufwendungen, die bei der Abwicklung eines Schadensfalles entstehen, in Betracht zu ziehen. Dazu zählen etwa die Verwaltungskosten des haftenden Kollektivs, die bei der Prüfung der Haftungsvoraussetzungen und der Durchführung der Restitutionsmaßnahmen entstehen. Schließlich ist zu überlegen, daß ein kollektives Haftungssystem im Umweltschutz nicht auf eine tabula-rasa-Situation träfe. Wie auch immer seine Ausgestaltung im einzelnen aussehen soll, stets wird sich die Aufgabe der Koordination und Abstimmung mit bestehenden Schadensersatzsystemen stellen. Auch in dieser Hinsicht sind die Kosten im Auge zu behalten. Eine Parallelität mehrerer Systeme sollte nicht zu einer Vervielfältigung der Kosten führen.

V. Ergebnis

Nach allem ist die Erweiterung der Haftung für umweltbedingte Schäden geboten, um den Umweltschutz zu fördern, die Ressourcenallokation zu verbessern und damit den Wohlstand der bundesrepublikanischen Gesellschaft zu vermehren und schließlich um den Ausgleich individuell nicht zurechenbarer Sachschäden zu gewährleisten. Diese drei Gesichtspunkte sprechen aber nicht nur für Überlegungen zum kollektiven Umwelthaftungsrecht überhaupt, sondern sind auch für die Ausgestaltung eines solchen Systems im einzelnen verbindlich. In der vorliegenden Arbeit wird die Optimierung der drei Ziele Schadensausgleich, Umweltvorsorge und Effizienz der Ressourcenallokation durch die Entwicklung eines Systems genossenschaftlicher Umwelthaftung versucht. Begrenzend wirkt dabei stets der Gesichtspunkt der Transaktionskosten. Die Verwirklichung der drei Funktionen des Umwelthaftungsrechts kann nicht um jeden Preis geschehen. Im Einzelfall sind den Vorteilen eines bestimmten Arrangements deshalb seine Kosten gegenüberzustellen. Nur wenn die Vorteile deutlich überwiegen, ist die scheinbar optimale Lösung auch tatsächlich die beste.

Systems sozialversicherungsrechtlicher Abwicklung von Verkehrsunfällen denjenigen des geltenden Modells der Kombination von Individual-Haftungsrecht und Privatversicherung gegenüberstellt.

D. Das Vorsorge- und Entschädigungssystem der gesetzlichen Unfallversicherung

Als Hauptschwachstellen des geltenden Umwelthaftungsrechts sind bereits oben die Erfordernisse des Rechtswidrigkeits- und Verschuldensnachweises, vor allem aber die Voraussetzung des Beweises der Ursächlichkeit des Verhaltens einer oder mehrerer Schädiger für den eingetretenen Schaden identifiziert worden. Die Wahrscheinlichkeit, für einen verursachten Schaden auch tatsächlich aufkommen zu müssen, wird weiter dadurch vermindert, daß der Geschädigte den kostspieligen und in seinem Ausgang überaus unsicheren Zivilrechtsweg beschreiten muß. Die Waffengleichheit der Parteien im Zivilprozeß ist wegen der oft erheblichen Informationsprobleme des in seinen Rechtsgütern Verletzten nicht gewährleistet. Schließlich ist der Kläger auch im Falle seines Obsiegens im Prozeß vor dessen Vergeblichkeit wegen Insolvenz des Schädigers nicht geschützt.

Wie sogleich gezeigt werden soll, reagierte der historische Gesetzgeber vor mehr als 100 Jahren auf eine ganz ähnliche Lage in einem anderen Gegenstandsbereich des Haftungsrechts, nämlich im Bereich der Haftung für die Folgen von Arbeitsunfällen, mit der Einführung einer öffentlich-rechtlichen Versicherung der Geschädigten auf Kosten der Gruppe der Schädiger.

I. Der historische Hintergrund der Einführung der gesetzlichen Unfallversicherung

Den historischen Hintergrund für die Einführung der gesetzlichen Unfallversicherung am 6. 7. 1884 unter der Kanzlerschaft Bismarcks und der Regentschaft Wilhelms des Ersten bildet die Industrialierung und ihre Folgen[1]. Durch die fortschreitende Mechanisierung und Maschinisierung der Arbeit sowie dem damit verbundenen hohen Energieeinsatz wuchsen die Gefahren der Arbeit gegenüber der vorindustriellen Zeit sprunghaft an[2]. Sie wurden durch die Monotonisierung der Tätigkeiten und die extrem langen Arbeitszeiten nochmals vergrößert[3]. Die Konzentration der Produktion in Fabriken, Großbetrieben und schließlich industriellen Ballungszentren verschlimmerte noch die Folgen von lokalen Unfällen,

---

1 *Barta*, Kausalität im Sozialrecht, S. 54 ff.; *Esser*, Gefährdungshaftung, S. 49; *Lauterbach-Watermann*, UV, Geschichtliche Entwicklung, S. 42; *Kötz*, Deliktsrecht, Rn. 576.

2 *Esser*, Gefährdungshaftung, S. 49; *Gitter*, Schadensausgleich, S. 5 f.; *Lauterbach-Watermann*, UV, Geschichtliche Entwicklung, S. 43; *Wannagat*, Sozialversicherungsrecht, S. 53.

3 *Wannagat*, Sozialversicherungsrecht, S. 53.

indem auch zunächst unbeteiligt Gebliebene in Mitleidenschaft gezogen werden konnten. Auf der einen Seite vergrößerten sich also die Gefahren des Arbeitslebens buchstäblich explosionsartig, auf der anderen Seite schwanden mit der und durch die Industrialisierung auch die bestehenden, in der Regel vorrechtlichen, Systeme sozialer Sicherung bei Arbeitsunfällen[4]. Die Abfederung der Realisierung von Lebensrisiken durch den Verband der Großfamilie verschwand ebenso wie die im Handwerk übliche Absicherung der Angestellten durch die Zünfte und Gesellenbruderschaften. Für die Zeit der Industrialisierung wurde der verarmte, vereinzelte, in einer Kleinfamilie lebende Arbeiter kennzeichnend.

Ganz ähnliche Auswirkungen wie auf die Gefahren der Arbeit hatte die Industrialisierung auch auf die anthropogenen Risiken, die dem Menschen aus seiner Umwelt drohen, auch wenn sie erst mit zeitlicher Verzögerung und in ungleich komplexeren Erscheinungsformen sichtbar geworden sind. Die Industrialisierung stellt auch aus der Sicht der historischen Umweltforschung einen entscheidenden Einschnitt dar. Der Zugriff auf die Lagerstätten fossiler Brennstoffe und damit auf die in Jahrmillionen gespeicherte Energie vergangener erdgeschichtlicher Epochen verschaffte dem Menschen ganz neue und sonst nicht denkbare Handlungsmöglichkeiten[5]. Die Folgen der damit verbundenen Entfesselung des Menschen in bezug auf die Natur mit der noch die sprunghafte Ausweitung der menschlichen Population einherging, sind heute allenthalben spür- und meßbar. Das Entweichenlassen von Schadstoffen in die Luft, die Nutzung der Umweltmedien Wasser und Boden als Auffang- und Lagerstätten für unerwünschte Koppelprodukte der industriellen Produktion belasten aber nicht nur die Natur selbst, sondern führen auch zu Beeinträchtigungen individueller Rechtsgüter.

Die heutige Lage im Umweltrecht ist mit der Lage im Arbeitsschutzrecht vor über 100 Jahren aber nicht nur hinsichtlich der sozial-ökonomischen Grundlagen, sondern auch in bezug auf die Ausgestaltung der Rechtsordnung vergleichbar. Vor Erlaß des Reichshaftpflichtgesetzes im Jahr 1871 haftete der Arbeitgeber den von ihm beschäftigten Arbeitern im Falle eines Arbeitsunfalls nur bei eigenem Verschulden[6]. Für ein Verschulden seiner Angestellten, die tatsächlich mit der Leitung des Betriebes betraut waren, haftete der Unternehmer im rechtsrheinischen Deutschland nur bei Nachweis einer culpa in eligendo[7]. Allein nach dem in Süd-West-Deutschland geltenden französischen code civil hatte der Arbeitgeber auch für ein Verschulden seiner Angestellten einzustehen[8]. Die Chancen

---

[4] *Barta*, Kausalität im Sozialrecht, S. 59 ff.; *Gitter*, Schadensausgleich, S. 5 f.; *Lauterbach-Watermann*, UV, Geschichtliche Einführung, S. 42; *Peters*, Geschichte der Sozialversicherung, S. 25.

[5] *Sieferle*, in: *ders* Fortschritte der Naturzerstörung, S. 323 f., 324 ff.

[6] *Gitter*, Schadensausgleich, S. 6 f.; *Lauterbach-Watermann*, UV, Geschichtliche Einführung, S. 42 f.

[7] *Gitter*, Schadensausgleich, S. 11; *Lauterbach-Watermann*, UV, Geschichtliche Einführung, S. 43 f.; *Schrader*, FS Krohn, S. 260.

[8] Art. 1384 code civil.

eines Arbeiters, aufgrund dieser Haftungstatbestände Ersatz der infolge eines Arbeitsunfalls entstandenen Schäden zu erhalten, waren denkbar schlecht. Der Beweis des Verschuldens des Unternehmers gelang nur in den seltensten Fällen[9], vor allem auch deshalb, weil der Zeugenbeweis wegen der Sorge der Augenzeugen, nämlich der Arbeitskollegen, um den Verlust des Arbeitsplatzes wenig Erfolg versprechend war[10]. Ähnliche Schwierigkeiten bestanden auch beim Versuch des Kausalitätsnachweises, weil an der Entstehung eines Unfalls oft mehrere Ursachen zu nur schwer aufklärbaren Anteilen mitwirkten, insbesondere technisches Gerät, das Verhalten von Leitungspersonal und Arbeitskollegen und das Verhalten des Verletzten selbst[11]. Besonders drückend wurden diese Beweisprobleme noch durch die für den damaligen Zivilprozeß geltende formale Beweistheorie[12]. Dazu kamen prozessuale und soziale Hindernisse wie die Kostenbelastung durch einen Prozeß sowie die Macht-, Bildungs- und Informationsgefälle zwischen Arbeiter und Unternehmer[13]. Ein Prozeß gegen einen leitenden Angestellten des Unternehmers war zwar leichter zu gewinnen, wegen der Vermögenslosigkeit der Beklagten aber sinnlos[14].

Die eben geschilderte hilflose Lage der Opfer von Arbeitsunfällen vor über 100 Jahren läßt sich mit derjenigen der Opfer von Umweltschäden heute kaum vergleichen. Wegen des gestiegenen Lebensstandards und der umfassenden Kompensation von Personenschäden durch die Sozialversicherung haben die Probleme im Umweltschadensrecht keine auch nur annähernd ähnliche soziale Dimension und Sprengkraft. Rein theoretisch, und damit abgesehen vom fehlenden Problemdruck, ist die Rechtslage im Umwelthaftungsrecht heute mit derjenigen im Arbeitsschutzrecht 1870 aber durchaus vergleichbar.

Genauso wie heute, wurde auch im vorigen Jahrhundert über die Möglichkeiten, die geschilderten Haftungsdefizite abzubauen, nachgedacht. Der Staat reagierte zunächst durch eine Verschärfung des zivilrechtlichen Individual-Haftungsrechts. § 2 des RHPflG vom 7. 6. 1871 begründete eine Haftpflicht der Leiter bestimmter, aufgezählter Betriebe für von Angestellten verschuldete Arbeitsunfälle[15]. Angesichts der geschilderten zahlreichen Hindernisse einer effekti-

---

[9] *Esser*, Gefährdungshaftung, S. 49; *Gitter*, Schadensausgleich, S. 12 f.; *Lauterbach-Watermann*, UV, Geschichtliche Einführung, S. 43; *Schrader*, FS Krohn, S. 260.

[10] *Gitter*, Schadensausgleich, S. 13.

[11] *Esser*, Gefährdungshaftung, S. 49, *Lauterbach-Watermann*, UV, Geschichtliche Einführung, S. 47.

[12] *Gitter*, Schadensausgleich, S. 13. Zur formalen Beweistheorie vgl. *Rosenberg-Schwab*, Zivilprozeßrecht, S. 691.

[13] *Gitter*, Schadensausgleich, S. 12 f.; *Lauterbach-Watermann*, UV, Geschichtliche Einführung, S. 43 f., 47.

[14] *Gitter*, Schadensausgleich, S. 14; *Lauterbach-Watermann*, UV, Geschichtliche Einführung, S. 44.

[15] Vgl. dazu: *Barta*, Kausalität im Sozialrecht, S. 93 ff.; *Gitter*, Schadensausgleich, S. 14 ff.; *Kötz*, Deliktsrecht, Rn. 577; *Lauterbach-Watermann*, UV, Geschichtliche Einführung, S. 45.

ven Haftung für Arbeitsunfälle, konnte diesem halbherzigen Reformversuch kein Erfolg beschieden sein[16]. Als Reaktion darauf wäre eine weitere Ausdehnung der zivilrechtlichen Unternehmerhaftung denkbar gewesen. Letztlich wurde dieser Weg aber nicht gegangen, weil eine Dehnung der zivilrechtlichen Haftung bis an ihre äußerste Grenze die Gefahr einer Übermaßhaftung heraufbeschworen, überdies die Probleme nicht wirklich beseitigt sowie bei Großunfällen die wirtschaftliche Leistungsfähigkeit einzelner Unternehmen überstiegen hätte[17]. Diese Erwägungen treffen uneingeschränkt auch für das Umwelthaftungsrecht zu.

Gegenüber einer Haftungsverschärfung wurde Ende des 19. Jahrhunderts der Ersetzung der zivilrechtlichen Verantwortlichkeit der Unternehmer durch eine von diesen finanzierte öffentlich-rechtliche Versicherung der Arbeiter der Vorzug gegeben. An die Stelle des Schädigers als Einzelschuldner trat ein Kollektiv. Ziel der Einführung der sozialen Unfallversicherung war es, dem Verletzten schnell und ohne langwierigen Prozeß Hilfe zu gewähren, den Unternehmern die wirtschaftliche Last der Folgen von Arbeitsunfällen ohne Rücksicht auf ein Verschulden ihrer selbst oder ihrer Angestellten aufzubürden und die Erfüllung begründeteter Ersatzansprüche zu sichern[18]. Die Abkehr vom Individual-Haftungsrecht sollte überdies dem Betriebsfrieden dienen.

Die an die Einführung der Unfallversicherung geknüpften Erwartungen haben sich insgesamt erfüllt. Das Modell der Haftungsersetzung durch Versicherungsschutz hat sich auch international als das geeignete Instrument zur Lösung der Problematik der Haftung für Arbeitsunfälle durchgesetzt[19]. Die Übertragung der Prinzipien der sozialen Unfallversicherung, der Haftungsersetzung durch Versicherungsschutz, auf andere Bereiche des Haftungsrechts ist vehement gefordert worden[20]. In dieser Arbeit wird es um die Chancen der Übertragung auf das Umweltschadensrecht gehen. Zunächst ist das System der gesetzlichen Unfallversicherung jedoch zu erläutern.

II. Die Ausgestaltung der gesetzlichen Unfallversicherung

Die beiden Hauptstrukturprinzipien der gesetzlichen Unfallversicherung lassen sich in der Formel von der Haftungsersetzung durch Versicherungsschutz zusammenfassen[21]. Die Unfallversicherung ist Surrogat der gesetzlich durch § 636

16 *Barta,* Kausalität im Sozialrecht, S. 101 ff.; *Gitter,* Schadensausgleich, S. 18 ff.; *Kötz,* Deliktsrecht, Rn. 577; *Lauterbach-Watermann,* UV, Geschichtliche Einführung, S. 46 ff.

17 *Barta,* Kausalität im Sozialrecht, S. 141 ff.; *Gitter,* Schadensausgleich, S. 36 ff.; *Lauterbach-Watermann,* UV, Geschichtliche Einführung, S. 49.

18 *Lauterbach-Watermann,* UV, Geschichtliche Einführung, S. 51.

19 *Barta,* Kausalität im Sozialrecht, S. 183 ff.

20 So für Verkehrsunfälle: *Eike von Hippel,* Schadensausgleich, S. 60 ff.

21 So der Titel eines Aufsatzes von *Sieg* in ZHR 113, 95 ff., der allerdings ein ganz anderes Thema behandelt. Im Blick auf die Unfallversicherung verwenden die Formel:

RVO ausgeschlossenen zivilrechtlichen Haftung des Unternehmers für Arbeitsunfälle. Gegenüber letzterer bezweckt sie den sozialen Schutz der Arbeitnehmer vor Arbeitsunfällen und ihren Folgen.

1. Voraussetzungen der Entschädigungsleistungen der gesetzlichen Unfallversicherung

Die gesetzliche Unfallversicherung leistet Entschädigung für drei unterschiedliche Schädigungstypen, nämlich für die Folgen von Arbeitsunfällen, Wegeunfällen und Berufskrankheiten[22].

a) Die Tatbestandsmerkmale der Versicherungsfälle

Der in § 548 RVO definierte Grundfall des Versicherungsfalls der Unfallversicherung, der Arbeitsunfall, besteht aus drei Elementen, die miteinander ursächlich verknüpft sein müssen. Der Anspruch gegen einen Träger der Unfallversicherung setzt einen Unfall des Geschädigten infolge einer versicherten Tätigkeit voraus, der seinerseits einen Körper- oder Gesundheitsschaden bzw. den Tod verursacht[23].

§ 548 RVO umschreibt das erste Glied dieser Kausalkette als eine der in §§ 539, 540, 543-545 RVO aufgezählten Tätigkeiten eines Versicherten. Die in den genannten Vorschriften aufgeführten Personengruppen sind allerdings nicht umfassend gegen die Folgen von Unfällen geschützt, sondern nur soweit sie einer betrieblichen Tätigkeit nachgehen[24]. Eine solche liegt vor, wenn sie auf den Betrieb bezogen ist, mit diesem in einem inneren Zusammenhang steht[25]. Nicht versichert sind damit Unfälle, die ein Arbeiter bei privatwirtschaftlichen Tätigkeiten erleidet.

Zweites Glied im Tatbestand des Arbeitsunfalls ist das Unfallereignis, bei dem es sich um ein von außen kommendes, zeitlich begrenztes Geschehen handeln muß[26]. Unter der Voraussetzung, daß sie die Dauer einer Arbeitsschicht nicht

---

Gitter, Schadensausgleich, S. 38; *ders.*, Sozialrecht, S. 85; *Jantz*, FS Lauterbach, S. 15 f.; *Kötz*, Deliktsrecht, Rn. 579; *Krohn*, FS Lauterbach, S. 28 f.; *Möller*, JuS 1961, S. 10; *Watermann*, Ordnungsfunktion, S. 53.

22 Vgl. die Darstellung der Versicherungsfälle bei: *Bley*, Sozialrecht, S. 205 ff.; *Brackmann*, Hdb. der Sozialversicherung, S. 479 ff.; *Gitter*, Sozialrecht, S. 98 ff.; *Schulin*, Sozialversicherungsrecht, Rn. 271 ff.

23 *Bley*, Sozialrecht, S. 206; *Gitter*, Sozialrecht, S. 98; *Plagemann / Plagemann*, Unfallversicherung, Rn. 86; *Schulin*, Sozialversicherungsrecht, Rn. 273.

24 *Bley*, Sozialrecht, S. 207; *Brackmann*, Hdb. der Sozialversicherung, S. 480 m II; *Gitter*, Sozialrecht, S. 98 f.; *Schulin*, Sozialversicherungsrecht, Rn. 279.

25 Vgl. die vorherige Anmerkung.

26 BSGE 23, 139 (141); *Bley*, Sozialrecht, S. 211; *Brackmann*, Hdb. der Sozialversicherung, S. 479; *Gitter*, Sozialrecht, S. 102; *Plagemann / Plagemann*, Unfallversicherung, Rn. 87.

übersteigen, können aber auch summierte Einwirkungen ein Unfall sein[27]. Wegen des Erfordernisses einer exogenen Schädigung liegt jedoch kein Unfall vor, wenn es zum Ausbruch von Krankheiten aus innerer Ursache kommt[28]. Erleidet ein Arbeiter während der Arbeitszeit einen Leistenbruch liegt danach kein Arbeitsunfall vor, wenn bei vorhandener Bruchanlage die Krankheit bloß zufällig während der Arbeit ausbrach. Ein Versicherungsfall ist dagegen gegeben, wenn ein Arbeiter schweren körperlichen Belastungen ausgesetzt ist und dabei einen Leistenbruch erleidet[29].

Wie sich aus § 548 Abs. 2 RVO ergibt, liegt ein Versicherungsfall der Unfallversicherung nur vor, wenn es durch das schädigende Ereignis zu einem Körper- oder Gesundheitsschaden bzw. dem Tod kommt[30]. Sachschäden, auch wenn sie zusammen mit einem Personenschaden verursacht werden, sind nicht entschädigungsfähig[31].

Der in § 550 RVO umschriebene Wegeunfall weist gegenüber dem Arbeitsunfall die Besonderheit auf, daß nicht ein Unfall infolge einer versicherten Tätigkeit vorausgesetzt wird. Vielmehr werden auch Unfälle bei der An- und Abfahrt zu und von der versicherten Tätigkeit in den Versicherungsschutz einbezogen[32].

Der Versicherungsfall der Berufskrankheit weitet den Schutzbereich der Unfallversicherung über die Folgen von Unfällen hinweg aus[33]. Es werden alle Einwirkungen erfaßt, die die Dauer einer Arbeitsschicht übersteigen, ohne daß plötzlich verursachte Krankheiten aus dem Begriff der Berufskrankheit ausgeschlossen wären[34]. § 551 Abs. 1 RVO modifiziert aber auch das Tatbestandsmerkmal der Körper- oder Gesundheitsverletzung, indem der Versicherungsschutz auf die in einer Rechtsverordnung aufgezählten Krankheiten beschränkt wird[35]. Wird die Identifikation eines Leidens als Berufskrankheit dem Verordnungsgeber erst nach der letzten Novellierung der Berufskrankheiten-Verordnung bekannt, ist aufgrund des Auffangtatbestandes des § 551 Abs. 2 RVO Ersatz zu leisten[36].

---

27 BSGE 15, 112 (113); *Bley*, Sozialrecht, S. 211; *Brackmann*, Hdb. der Sozialversicherung, S. 479 f., 479 h.

28 *Bley*, Sozialrecht, S. 211; *Brackmann*, Hdb. der Sozialversicherung, S. 479 b f.; *Plagemann / Plagemann*, Unfallversicherung, Rn. 88.

29 Vgl. zu den Leistenbruchfällen bereits RVA AN 1912, 930 ff.

30 *Bley*, Sozialrecht, S. 211 f.; *Gitter*, Sozialrecht, S. 103.

31 *Bley*, Sozialrecht, S. 211 f.

32 Vgl. zum Wegeunfall: *Bley*, Sozialrecht, S. 217 ff.; *Gitter*, Sozialrecht, S. 104 ff.; *Plagemann / Plagemann*, Unfallversicherung, Rn. 122 ff.

33 Vgl. zu den Berufskrankheiten: *Bley*, Sozialrecht, S. 223 ff.; *Gitter*, Sozialrecht, S. 107 ff.; *Plagemann / Plagemann*, Unfallversicherung, Rn. 143 ff.

34 *Bley*, Sozialrecht, S. 223; *Brackmann*, Hdb. der Sozialversicherung, S. 490 m.

35 *Bley*, Sozialrecht, S. 224; *Gitter*, Sozialrecht, S. 107; *Schulin*, Sozialversicherungsrecht, Rn. 325.

36 BSGE 21, 296 (298); 44, 90 (93); *Bley*, Sozialrecht, S. 224 f.; *Gitter*, Sozialrecht, S. 107.

Das Listenprinzip des § 551 Abs. 1 RVO wird mit den Schwierigkeiten des Kausalitätsnachweises bei Krankheiten begründet[37]. Diese werden praktisch immer multifaktoriell verursacht, wobei sowohl endogene Faktoren als auch nichtbetriebliche Einflüsse und das Freizeitverhalten des Verletzten selbst eine Rolle spielen können[38]. Eine Prüfung der generellen Arbeitsbedingtheit eines bestimmten Leidens in jedem Einzelfall wäre zu schwierig, aufwendig und teuer[39]. In dieser Situation bewirkt das Listenprinzip eine Vorklärung der Kausalfrage durch den Verordnungsgeber, wobei, anders als bei der Prüfung eines einzelnen Entschädigungsbegehrens, auch epidemiologische Unteruchungen verwertet werden können[40]. Dabei dürfen nur solche Krankheiten in die Liste aufgenommen werden, die auf der Exposition gegenüber besonderen, die allgemeine Belastung übersteigenden Einwirkungen beruhen[41]. Im Einzelfall ist dann nur noch die konkrete Ursache-Wirkung-Beziehung zu klären, wobei aber auch dieser Nachweis erleichtert wird. Leidet der Verletzte an einer Listenkrankheit, sprechen unterschiedlich starke Vermutungen für das Vorliegen eines Versicherungsfalles[42].

b) Insbesondere: Die Kausalitätsnorm

Ein Versicherungsfall der Unfallversicherung liegt nicht schon dann vor, wenn die drei erläuterten Tatbestandsmerkmale erfüllt sind. Zur Anspruchsbegründung muß ein ursächlicher Zusammenhang zwischen der versicherten Tätigkeit, dem Unfall und dem Gesundheitsschaden hinzukommen[43]. Zwischen dem Verhalten des Verletzten und der betrieblichen Tätigkeit muß ein innerer Zusammenhang bestehen, was insbesondere bei Wegeunfällen praktisch bedeutsam werden kann. Der Ursachenzusammenhang zwischen versicherter Tätigkeit und Unfall wird haftungsbegründende Kausalität, derjenige zwischen Unfall und Gesundheitsschaden haftungsausfüllende Kausalität genannt[44]. Bei den drei Fragen nach dem

---

[37] BT-Drucks. IV/120, S. 55; *Brackmann,* Hdb. der Sozialversicherung, S. 490 a; GK-*Gitter,* § 551 Anm. 1; *Krasney,* System der Sozialversicherung, in: Nicklisch, Prävention, S. 233 (244).

[38] BT-Drucks. IV/120, S. 55; GK-*Gitter,* § 551 Anm. 1; *Krasney,* System der Sozialversicherung, in: Nicklisch, Prävention, S. 233 (244).

[39] *Krasney,* System der Sozialversicherung, in: Nicklisch, Prävention, S. 233 (244).

[40] GK-*Gitter,* § 551 Anm. 1 b.

[41] *Bley,* Sozialrecht, S. 224; *Krasney,* System der Sozialversicherung, in: Nicklisch, Prävention, S. 233 (245); *Podzun,* UV, S. 42.

[42] *Erlenkämper,* Sozialrecht, S. 357; GK-*Gitter,* § 551 Anm. 1 b; *Lauterbach-Watermann,* UV, § 551 Anm. 10 c.

[43] BSGE 48, 224 (226); *Bley,* Sozialrecht, S. 212 ff.; *Gitter,* Sozialrecht, S. 100 ff.; *Lauterbach-Watermann,* UV, § 548 Anm. 5.

[44] BSGE 58, 76 (77); *Brackmann,* Hdb. der Sozialversicherung, S. 479 h f.; *Erlenkämper,* Sozialrecht, S. 72; *Gitter,* Sozialrecht, S. 100 ff.; *Lauterbach-Watermann,* UV, § 548 Anm. 5.

Bley, Sozialrecht, S. 212 weist dagegen zutreffend darauf hin, daß der Eintritt einer Körper- oder Gesundheitsverletzung den unfallversicherungsrechtlichen Anspruch erst inneren Zusammenhang zwischen dem Verhalten des Verletzten und der versicherten Tätigkeit, dieser und dem Unfall, letzterem und dem Schaden geht es in den seltensten Fällen um den Nachweis logischer Kausalität. Die Funktion des Kausalprinzips im Recht der Unfallversicherung ist vielmehr die normative Bestimmung der Reichweite des Versicherungsschutzes[45]. Die Unfallversicherung bezweckt die Absicherung nur derjenigen Risiken, die Betriebsangehörigen aus dem betrieblichen Gefahrenbereich drohen[46]. Dabei braucht es sich aber nicht um betriebsspezifische Risiken zu handeln, auch die Verwirklichung allgemeiner Lebensrisiken löst den Versicherungsschutz aus[47]. Begründet wird diese Extension mit dem Zweck der Unfallversicherung, die den Schutz der Arbeiter gegen sämtliche durch die Arbeit drohenden Risiken bezwecke[48]. Zu diesen gehörten auch allgemeine Gefahren, ausgeschlossen seien nur Gemeingefahren, die sich bloß zufällig am Arbeitsplatz realisierten[49].

Die unfallversicherungsrechtliche Kausalitätstheorie trägt damit also die Last der Abgrenzung arbeitsbedingter von sonstigen Risiken. Diese Aufgabe wiegt umso schwerer, als weitere die Zurechnung und Haftung begrenzende Kriterien, wie etwa Rechtswidrigkeit und Verschulden, im Unfallversicherungsrecht fehlen. Auch Mitverschulden des Arbeiters schließt den Anspruch nicht aus, gemäß §§ 548 Abs. 3, 553 RVO besteht Versicherungsschutz selbst bei verbotswidrigem Handeln, ausgeschlossen ist er erst bei absichtlicher Herbeiführung des Unfalls durch den Arbeiter. Im übrigen gilt das Alles-oder-Nichts-Prinzip, nach dem eine Minderung des Leistungsumfangs je nach Mitverschuldensanteil des Verletzten nicht möglich ist. Würde unter diesen Umständen jede Beteiligung betrieblicher Umstände an dem Eintritt des Unfalls ausreichen, käme es praktisch zu einer Haftung für alle Unfälle bei dem Betrieb bzw. während der Arbeitszeit. Um dieses Resultat zu vermeiden, sind solche Schäden von der Ausgleichspflicht

---

begründet, der Zusammenhang zwischen Unfall und Schaden also ebenfalls zur Haftungsbegründung zählt. Ein haftungsausfüllender Zusammenhang besteht nur zwischen dem eingetretenen Verletzungserfolg und den daraus entstehenden Folgeschäden. Anders als § 823 Abs. 1 BGB, der eine Rechtsgutsverletzung zwischen Verhalten und Schaden schaltet, führt § 548 Abs. 1 RVO den Unfall als Zwischenglied in die Kausalkette ein. Im Gegensatz zu einer Rechtsgutsverletzung, die immer auch schon ein Schaden ist, begründet der Eintritt eines Unfalls noch nicht die Haftung, etwa dann nicht, wenn nur ein Sachschaden entsteht.

45 BSGE 58, 76 (77); *Brackmann*, Hdb. der Sozialversicherung, S. 480 c; *Gitter*, Sozialrecht, S. 100; *Klingmüller*, Kausalitätsbegriff, in: Rechtsschutz im Sozialrecht, S. 131; *Schulin*, Sozialversicherungsrecht, Rn. 277; *Wallerath*, NJW 1971, S. 228 f.; *Watermann*, Ordnungsfunktion, S. 158 f.

46 *Barta*, Kausalität im Sozialrecht, S. 688, 696 f.; *Gitter*, Sozialrecht, S. 100; *Schulin*, Sozialversicherungsrecht, Rn. 286; *Wallerath*, NJW 1971, S. 228 (230); *Wannagat*, Sozialversicherungsrecht, S. 329; *Weißhäupl*, Kausalität, S. 88 f.

47 RVA AN 1914, 411 (412 ff., 414); *Barta*, Kausalität im Sozialrecht, S. 696 f.; *Brackmann*, Hdb. der Sozialversicherung, S. 480 n II f.; *Erlenkämper*, Sozialrecht, S. 129; *Schulin*, Sozialversicherungsrecht, Rn. 302; *Watermann*, FS *Lauterbach*, S. 139 f.

48 RVA AN 1914, 41 (414); BSGE 6, 164 (169); *Watermann*, FS *Lauterbach*, S. 139 f.

49 RVA AN 1914, 411 (414); *Brackmann*, Hdb. der Sozialversicherung, S. 480 o f.

auszunehmen, die überwiegend auf nichtbetrieblichen Ursachen wie etwa Schadensanlagen des Geschädigten, eigenem Fehlverhalten oder Einwirkungen betriebsexterner Dritter beruhen.

Das Kausalkonzept, das die eben geschilderte Aufgabe der Begrenzung der Haftung der Unfallversicherungsträger auf Schadensfälle, in denen sich das versicherte Risiko realisiert hat, bewältigen soll, heißt Theorie der wesentlichen Bedingung. Ein unfallversicherungsrechtlicher Anspruch besteht nur, wenn der Unfall wesentlich auf der versicherten Tätigkeit, d.h. der betrieblichen Risikosphäre, und der Gesundheitsschaden wesentlich auf dem Unfall beruht[50]. Eine Ursache ist dann wesentlich, wenn sie im Verhältnis zu anderen Bedingungen des Erfolgs zu dessen Eintritt wesentlich beigetragen hat, in einer besonderen inneren Beziehung zum Erfolg steht[51]. Die Bedeutung einer Ursache ist durch Abwägung aller Umstände des Einzelfalls zu ermitteln[52]. Resultat dieser Abwägung kann sowohl die Wesentlichkeit einer als auch die Relevanz mehrerer Ursachen sein[53]. Der Tatbestand des Arbeitsunfalls ist erfüllt, wenn mindestens eine der in diesem Sinne wesentlichen Ursachen der betrieblichen Sphäre zuzurechnen ist[54].

c) Anforderungen an den Nachweis der Versicherungsfälle

Macht ein Geschädigter einen Schaden unmittelbar gegenüber einem Träger der Unfallversicherung oder in einem Prozeß geltend, so muß er die seinen Anspruch begründenden Tatsachen beweisen, um Erfolg zu haben[55]. Wie im Zivilprozeß ist auch in einem Verfahren vor den Sozialgerichten der Beweis erst erbracht, wenn an dem Vorliegen der maßgeblichen Tatsachen kein vernünftiger Zweifel mehr besteht[56]. Dieser sog. Vollbeweis erfordert zwar nicht daß Vorliegen einer absoluten, über alle denkbaren Unsicherheiten erhabenen Gewißheit, begnügt sich aber auch nicht mit bloßen Wahrscheinlichkeiten[57].

---

50 RVA AN 1912, 930 (931); BSGE 1, 72 (76); 1, 150 (156 f.); 11, 50 (52 ff.); 13, 40 (41 f.); 16, 216 (217 f.); 54, 184 ff.; *Brackmann*, Hdb. der Sozialversicherung, S. 480 ff.; *Bley*, Sozialrecht, S. 213 ff.; *Gitter*, Sozialrecht, S. 100; *Klingmüller*, Kausalitätsbegriff, in: Rechtsschutz im Sozialrecht, S. 134; *Schulin*, Sozialversicherungsrecht, Rn. 285 ff.

51 Vgl. die vorherige Anmerkung.

52 BSGE 11, 50 (53); *Brackmann*, Hdb. der Sozialversicherung, S. 480 g I f.

53 BSGE 16, 216 (218); *Bley*, Sozialrecht, S. 214; *Brackmann*, Hdb. der Sozialversicherung, S. 480 k f.; *Erlenkämper*, Sozialrecht, S. 79.

54 *Bley*, Sozialrecht, S. 214; *Erlenkämper*, Sozialrecht, S. 80; *Gitter*, Sozialrecht, S. 101.

55 BSGE 30, 278 (281); 32, 203 (209); *Brackmann*, Hdb. der Sozialversicherung, S. 244 l; *Erlenkämper*, Sozialrecht, S. 96; *Plagemann / Plagemann*, Unfallversicherung, Rn. 357; *Schulin*, Sozialversicherungsrecht, Rn. 198, 305.

56 BSGE 32, 203 (207); *Brackmann*, Hdb. der Sozialversicherung, S. 244 l; *Erlenkämper*, Sozialrecht, S. 98.

57 *Erlenkämper*, S. 98.

Im Unfallversicherungsrecht hat der Geschädigte den Vollbeweis in diesem Sinne für das Vorliegen der Tatbestandsmerkmale des Arbeitsunfalls, also versicherte Tätigkeit, Unfall und Körper- oder Gesundheitsschaden, zu erbringen. Abweichendes gilt allein für den Beweis des Kausalzusammenhangs zwischen den drei Tatbestandsmerkmalen. Die Verursachung des Unfalls durch die versicherte Tätigkeit und die Herbeiführung des Schadens durch den Unfall muß nicht zur vollen Überzeugung des Richters nachgewiesen werden. Der Beweis des Kausalzusammenhangs ist schon erbracht, wenn mehr Gründe für als gegen die Annahme einer Ursache-Wirkung-Beziehung sprechen[58]. Die überwiegende Wahrscheinlichkeit der Verursachung genügt für den Beweis; die Möglichkeit, es könnte anders gewesen sein, schließt die Bejahung des Anspruchs nicht aus. Diese Beweiserleichterung bezieht sich sowohl auf die Frage, ob zwischen einer versicherten Tätigkeit und einem Unfall überhaupt eine Ursache-Wirkung-Beziehung besteht als auch auf die zur Bestimmung der Wesentlichkeit der betrieblichen Risiken vorzunehmende Abwägung[59].

Diese Herabsetzung der Beweisanforderungen bezüglich der Kausalität ist für das soziale Entschädigungsrecht in § 1 Abs. 3 S. 1 BVG ausdrücklich normiert und im Unfallversicherungsrecht auch ohne positiv-rechtliche Grundlage allgemein anerkannt[60]. Begründet wird die Beweiserleichterung mit dem Zweck der Unfallversicherung. Wegen der Grenzen des menschlichen Erkenntnisvermögens bei der Aufklärung historischer Ursache-Wirkung-Beziehungen, sei ein Nachweis der Verursachung zur vollen richterlichen Überzeugung oft nicht möglich[61]. Ein Festhalten am Erfordernis des Vollbeweises würde viele Fälle unentschädigt lassen, die nach dem Willen des historischen Gesetzgebers und dem objektiven Zweck der Unfallversicherung gerade erfaßt werden sollen[62].

2. Die Verpflichtung mehrerer Unfallversicherungsträger

Die Verantwortlichkeit mehrerer für einen Verletzungserfolg spielt im Arbeitsschutzrecht keine große Rolle[63]. Gemäß § 647 RVO gehört ein Unternehmen

---

58 BSGE 32, 203 (209); 45, 285 (286); 58, 76 (78 f.); *Bley*, Sozialrecht, S. 216; *Brackmann*, Hdb. der Sozialversicherung, S. 480 m; *Klingmüller*, Kausalitätsbegriff, in: Rechtsschutz im Sozialrecht, S. 142; *Schulin*, Sozialversicherungsrecht, Rn. 306; *Wannagat*, Sozialversicherungsrecht, S. 330.

59 *Bley*, Sozialrecht, S. 216; *Klingmüller*, Kausalitätsbegriff, in: Rechtsschutz im Sozialrecht, S. 127 (142); *Schulin*, Sozialversicherungsrecht, Rn. 306.

60 § 1 Abs. 3 S. 1 BVG lautet: „Zur Anerkennung einer Gesundheitsstörung als Folge einer Schädigung genügt die Wahrscheinlichkeit des ursächlichen Zusammenhangs".

61 BSGE 32, 203 (209); 45, 285 (286); *Bley*, Sozialrecht, S. 216; *Erlenkämper*, Sozialrecht, S. 96. Die Begründung geht auf das RVA zurück, vgl.: RVA-FS, S. 105.

62 *Bley*, Sozialrecht, S. 216; *Klingmüller*, Kausalitätsbegriff, in: Rechtsschutz im Sozialrecht, S. 142.

63 Zur Gliederung und Organisation der Unfallversicherungsträger vgl. unten, unter 6.

stets nur einer Berufsgenossenschaft an. Diese haftet gemäß § 648 RVO auch für Arbeitsunfälle in einem ihr nicht zugehörigen Unternehmen, wenn einer ihrer Mitgliedsunternehmer den Verletzten mit der Tätigkeit beauftragt und den Lohn dafür gezahlt hat. Damit ist in der ganz überwiegenden Mehrzahl der Fälle sichergestellt, daß nur ein Unfallversicherungsträger für die Folgen eines Arbeitsunfalls einzustehen hat.

Denkbar ist die Verantwortlichkeit mehrerer Unfallversicherungsträger gleichwohl. So kann es vorkommen, daß die Tätigkeit, bei der sich der Unfall ereignete, gleichzeitig für mehrere Unternehmen verschiedener Berufsgenossenschaften ausgeübt wurde. Möglich ist auch, daß der Verletzte nacheinander mehrere Arbeiten für eine Mehrzahl von Unternehmen, die jeweils verschiedenen Berufsgenossenschaften angehören, verrichtet hat. War jede der Tätigkeiten wesentliche Bedingung für den Unfall, kommt die Verantwortlichkeit mehrerer Versicherungsträger in Betracht. Die Leistungspflicht mehrerer Unfallversicherungsträger in bezug auf einen Versicherungsfall kann aber vor allem bei Berufskrankheiten vorkommen. Oft hat der Erkrankte während seines Arbeitslebens dieselbe oder eine ähnlich gefährliche Tätigkeit in verschiedenen Unternehmen unterschiedlicher Branchen ausgeübt. Dann steht die Leistungspflicht aller zuständigen Berufsgenossenschaften in Frage.

Sämtliche eben aufgezählten Fälle werfen drei Fragen auf. An sich ist zunächst die Leistungspflicht der Unfallversicherungsträger überhaupt fraglich. Liegen die Voraussetzungen der §§ 548, 550, 551 RVO vor, handelt es sich also um einen Arbeits- oder Wegeunfall bzw. um eine Berufskrankheit, besteht an der Haftung der Unfallversicherungsträger jedoch kein Zweifel. Zweitens bedarf es einer Bestimmung des gegenüber dem Verletzten leistungspflichtigen Unfallversicherungsträgers. Hier bestimmt § 1735 RVO, daß der zuerst um Entschädigung angegangene Versicherungsträger dem Verletzten vorläufige Versicherungsleistungen nach § 43 SGB I zu erbringen und dies dem zuständigen Versicherungsträger mitzuteilen hat, der dann die weiteren Maßnahmen trifft. Bei Verantwortlichkeit mehrerer Träger ist aber gerade problematisch, wer im Außenverhältnis gegenüber dem Geschädigten zur Leistung verpflichtet sein soll. Schließlich stellt sich die Frage, wie die von dem nach außen haftenden Versicherungsträger aufgewandten Mittel auf die anderen beteiligten Versicherungsträger zu verteilen sind. Diesen beiden Problemen soll im folgenden nachgegangen werden, wobei zwischen der Entschädigung von Arbeits- und Wegeunfällen einerseits, derjenigen von Berufskrankheiten andererseits zu differenzieren ist.

a) Verantwortlichkeit mehrerer Versicherungsträger für Arbeits- und Wegeunfälle

Im Außenverhältnis gegenüber dem Geschädigten ist stets ein Unfallversicherungsträger leistungspflichtig[64]. Die ausschließliche Zuständigkeit nur eines Versicherungsträgers ist aus praktischen Gründen geboten. Nur eine Stelle kann das Verwaltungsverfahren durchführen und über das Bestehen des Entschädigungsanspruchs entscheiden. Ferner bedarf es einer Bestimmung des im Einzelfall anzuwendenden Satzungsrechts, dessen Regelungen für den Umfang der zu erbringenden Leistungen wichtig werden können. Die Konzentration des Entschädigungsverfahrens auf nur einen Versicherungsträger ist deshalb geboten[65]. Zuständig ist in der Regel diejenige Berufsgenossenschaft, der der Arbeitgeber des Geschädigten angehört[66].

Hat ein Versicherungsträger Leistungen infolge eines Arbeitsunfalls erbracht, der sich bei einer Tätigkeit für mehrere Unternehmen verschiedener Träger ereignet hat, können die beteiligten Berufsgenossenschaften und Eigenunfallversicherungsträger gemäß § 1739 RVO die Entschädigungslast unter sich verteilen. Diese Regelung wird entsprechend auf die Entschädigung solcher Unfälle angewandt, die wesentlich auf mehreren nacheinander ausgeübten Tätigkeiten für verschiedene Unternehmen beruhen[67]. § 1739 RVO ermächtigt in diesen Fällen zum Lastenausgleich unter den beteiligten Versicherungsträgern. Nach einhelliger Auffassung hat der im Außenverhältnis in Anspruch genommene Versicherungsträger aber auch einen Anspruch auf Ersatz eines Teils seiner Aufwendungen durch die anderen Versicherungsträger[68]. Damit besteht ein echter Regreßanspruch des primär leistungspflichtigen Versicherungsträgers.

b) Lastenausgleich unter den beteiligten Versicherungsträgern bei Berufskrankheiten

War der Versicherte im Zuständigkeitsbereich mehrerer Unfallversicherungsträger gesundheitsgefährdenden Einwirkungen ausgesetzt, gelten keine positivrechtlichen Besonderheiten. Die durch die Verantwortlichkeit mehrerer Berufsgenossenschaften für die Folgen einer Berufskrankheit aufgeworfenen Probleme sind jedoch in einer in Konkretisierung des § 1739 RVO ergangenen Vereinbarung der gewerblichen Berufsgenossenschaften sowie der See-Berufsgenossenschaft untereinander geregelt worden[69]. Dieser sind die landwirtschafltichen Berufsgenossenschaften, die Gemeinde-Unfallversicherungsverbände und die Aus-

---

64 BSGE 5, 168 (175); 24, 216 (218); GK-Schroeter, § 1739 Anm. 2.

65 Vgl. die vorherige Anmerkung.

66 BSGE 5, 168 (175); 24, 216 (218).

67 BSGE 24, 216 (219 f.); GK-*Schroeter*, § 1739 Anm. 1.

68 BSGE 12, 65 ff.; 24, 216 (217); GK-*Schroeter*, § 1739 Anm. 3.

69 Vereinbarung über die Zuständigkeit und Lastenverteilung bei Berufskrankheiten vom 9. 5. 1969, in der Fassung vom 16. 10. 1984, bekannt gemacht durch Rundschreiben des Hauptverbandes der gewerblichen Berufsgenossenschaften e.V. VB 101/84. Vgl. dazu BSGE 24, 216 (219 f.); *Lauterbach-Watermann*, UV, § 551 Anm. 10 e und Anhang Nr. 3.

führungsbehörden des Bundes, der Bundesbahn und der Bundespost beigetreten[70]. Für das Verhältnis der Länder als Eigenunfallversicherungsträger zu den Berufsgenossenschaften und anderen Trägern der Unfallversicherung gilt weiter unmittelbar § 1739 RVO. Die Vereinbarung dient der Vereinfachung des Verwaltungsverfahrens und der Vermeidung von Streitigkeiten und gerichtlichen Auseinandersetzungen unter den Trägern der Unfallversicherung[71].

§ 3 des Abkommens entspricht der Regelung des § 1735 RVO. Die vom Verletzten um Entschädigung angegangene Berufsgenossenschaft hat vorläufige Leistungen zu erbringen. Weiter obliegt ihr die Ermittlung derjenigen Genossenschaften, in deren Bereich der Versicherte eine gesundheitsgefährdende Tätigkeit ausgeübt hat. An eine dieser Genossenschaften gibt sie den Fall zur weiteren Bearbeitung ab. Diese wiederum weist aufgrund von § 4 Abs. 2 des Abkommens die Angelegenheit derjenigen Berufsgenossenschaft zu, in deren Zuständigkeitsbereich der Erkrankte zuletzt einer gefährdenden Beschäftigung nachgegangen ist. An die von dieser Berufsgenossenschaft getroffenen Entscheidungen über das Vorliegen eines Versicherungsfalles bindet § 14 Abs. 1 auch die übrigen beteiligten Versicherungsträger. Gemäß § 4 Abs. 1 des Abkommens ist die Berufsgenossenschaft, in deren Zuständigkeitsbereich der Geschädigte zuletzt gefährlichen Einwirkungen ausgesetzt war, im Außenverhältnis zu diesem zur Erbringung von Leistungen verpflichtet.

§ 6 der Vereinbarung begründet Ausgleichsansprüche der zur Entschädigung des Verletzten verpflichteten Berufsgenossenschaft gegen die übrigen Versicherungsträger, auf die ebenfalls Zeiten gefährdender Beschäftigung entfallen. Den Umfang des Anspruchs gegen eine andere Berufsgenossenschaft setzt § 8 Abs. 1 der Vereinbarung auf den Anteil fest, den die gefährdende Tätigkeit in Mitgliedsunternehmen dieser Berufsgenossenschaft an der Gesamtdauer gefährdender Beschäftigung hat. Anteile einer Berufsgenossenschaft unterhalb von 1/7 bleiben dabei unberücksichtigt. Um die regionale Untergliederung der Berufsgenossenschaften einiger Gewerbezweige nicht zu belohnen, bestimmt § 9 Abs. 1 des Abkommens, daß Anteile regionaler Berufsgenossenschaften, die je für sich unterhalb von 1/7 liegen, zusammen diese Grenze aber überschreiten, bei der Lastenverteilung zu berücksichtigen sind.

Zentrale Voraussetzung der Entschädigungspflicht im Außenverhältnis wie auch der Regreßverpflichtung im Innenverhältnis unter den Berufsgenossenschaften ist die gefährdende Beschäftigung in einem der Mitgliedsunternehmen. Als gefährdende Beschäftigung definiert § 2 S. 1 der Vereinbarung jede Arbeit, die ihrer Art nach geeignet ist, die Krankheit zu verursachen. Nach S. 2 kann die danach leistungs- oder zahlungspflichtige Berufsgenossenschaft sich nicht mit Hinweisen auf besondere Schutzmaßnahmen in dem jeweiligen Betrieb verteidi-

---

[70] *Lauterbach-Watermann*, UV, § 551 Anm. 10 e.

[71] *Lauterbach-Watermann*, UV, § 551 Anm. 10 e.

gen. Für die Beteiligung einer Berufsgenossenschaft am Berufskrankheiten-Lastenausgleichsverfahren kommt es demnach allein auf die abstrakte Gefährdung der Gesundheit des Arbeiters durch die Tätigkeit in einem Mitgliedsunternehmen an. Wie aus § 2 S. 2 hervorgeht, darf diese Frage allein nach objektiven, generellen Kriterien entschieden werden; auf die konkrete Gefährdung des Arbeiters bei einer bestimmten Beschäftigung kommt es nicht an und darf es auch nicht ankommen[72]. Der Grund für die völlige Objektivierung und Generalisierung der Leistungs- und Ausgleichspflichten ist die dadurch bewirkte Minimierung der bei der Durchführung des Ausgleichsverfahrens anfallenden Verwaltungskosten[73]. Bei Streitigkeiten im Zusammenhang mit dem Berufskrankheiten-Lastenausgleichsverfahren wären an sich die Sozialgerichte zuständig[74]. Gemäß § 15 der Vereinbarung sind sie jedoch vor einem Schlichtungsausschuß auszutragen, dem der Geschäftsführer des Hauptverbandes der gewerblichen Berufsgenossenschaften vorsitzt. Die Inanspruchnahme der Gerichte wird damit vermieden.

3. Die Leistungen der Unfallversicherung nach Eintritt eines Versicherungsfalles

Die Leistungspflichten der Träger der Unfallversicherung werden durch den Eintritt eines Arbeits- oder Wegeunfalls bzw. die Feststellung einer Berufskrankheit ausgelöst. Der Umfang der dann zu erbringenden Leistungen ist in §§ 547 ff. RVO geregelt.

Tatbestandsmerkmal aller drei Versicherungsfälle ist ein Körper- oder Gesundheitsschaden bzw. der Tod. Dementsprechend bestehen auch nur Ansprüche auf Ausgleich dieser Schadensarten. Sachschäden fallen, mit Ausnahme größerer orthopädischer Hilfsmittel im Sinne des § 548 Abs. 2 RVO, aus dem Leistungsrahmen der Unfallversicherung heraus. Der Heilung immaterieller Einbußen an den Rechtsgütern Körper und Gesundheit dienen die Restitutionsleistungen der Unfallversicherung. Ansprüche auf Ausgleich immaterieller Schäden durch Barleistungen bestehen nicht. Geldleistungen werden vielmehr nur zum Ausgleich der in Folge der Verletzung von Körper und Gesundheit eintretenden Vermögensschäden als sog. Kompensationsleistungen gewährt.

Die im folgenden dargestellten Leistungen der gesetzlichen Unfallversicherung kosten die Träger, soweit sie gewerbliche Berufsgenossenschaften sind, 8,2 Milliarden DM pro Jahr[75].

---

72 Vgl. Nr. 1 der Arbeitshinweise zu § 2 der Vereinbarung bei *Lauterbach-Watermann*, UV, Anhang Nr. 3.

73 Vorwort von *Watermann* zu der Vereinbarung, *Lauterbach-Watermann*, UV, Anhang Nr. 3.

74 GK-*Schroeter*, § 1739 Anm. 4.

a) Restitutionsleistungen

Zu den Restitutionsleistungen zählen die Gewährung von Heilbehandlung, Pflege und Berufshilfe[76]. Zweck aller drei Arten von Maßnahmen soll gemäß § 556 Abs. 1 RVO die Beseitigung der Gesundheitsstörungen und die Wiedereingliederung des Verletzten in das Arbeitsleben sein.

aa) Heilbehandlung

Den Umfang der Heilbehandlung bestimmt § 557 RVO entsprechend den krankenversicherungsrechtlichen Regelungen des früheren § 182 RVO und der neuen §§ 11 Abs. 1 Nr. 4, 27 Abs. 1 SGB V. Entsprechend gilt auch in der Unfallversicherung das Sachleistungsprinzip[77].

Wird eine gesundheitliche Störung durch einen Arbeitsunfall oder eine Berufskrankheit verursacht, steht auch die Leistungspflicht eines Trägers der gesetzlichen Krankenversicherung in Frage. Grundsätzlich besteht ein Anspruch auf Versicherungsleistungen der Krankenkassen, weil es für die Leistungspflicht der Krankenversicherungsträger nicht auf die Ursache der Erkrankung ankommt[78]. Damit stellt sich das Problem der Konkurrenz zweier sozialer Sicherungssysteme. Verschiedene Lösungswege sind hier denkbar und vom Gesetzgeber auch beschritten worden. Das Gesundheits-Reform-Gesetz hat mit Wirkung vom 1. 1. 1989 bzw. 1. 1. 1991 das Verhältnis von Kranken- und Unfallversicherung zueinander neu gestaltet[79]. Um die Regelungsalternativen aufzuzeigen, wird im folgenden jedoch nicht nur die neue Rechtslage, sondern auch die alte Lösung der RVO dargestellt.

aaa) Die Regelung der RVO

Die RVO sieht in den §§ 565, 1504 keine strikte Trennung von Kranken- und Unfallversicherung, sondern eine partielle Überlappung vor. Ist der Verletzte in der gesetzlichen Krankenversicherung versichert, ist der Unfallversicherungsträger gemäß § 565 Abs. 1 RVO nicht zur Durchführung der Heilbehandlung verpflichtet, gemäß § 565 Abs. 2 aber dazu berechtigt. Der Grund für den Vorrang

---

75 Hauptverband der gewerblichen Berufsgenossenschaften e. V., Übersicht über die Geschäfts- und Rechnungsergebnisse der gewerblichen Berufsgenossenschaften im Jahre 1987, S. 79.

76 *Bley*, Sozialrecht, S. 279 ff.; *Gitter*, Sozialrecht, S. 108 f.; *Schulin*, Sozialversicherungsrecht, Rn. 338 ff.

77 *Bley*, Sozialrecht, S. 279; *Brackmann*, Hdb. der Sozialversicherung, S. 558 q; *Schulin*, Sozialversicherungsrecht, Rn. 342.

78 BSGE 13, 240 (241); *Bley*, Sozialrecht, S. 184; *Nicolay / Knieps*, SRH, 14, Rn. 54.

79 Gesundheits-Reformgesetz (GRG) vom 20. 12. 1989, BGBl I, S. 2477.

der Leistungsverpflichtung der Krankenversicherung ist der Schutz des Verletzten, der sich sofort an die ihm näherstehende Krankenkasse soll wenden dürfen, ohne daß es auf die Prüfung des Nichtvorliegens eines Arbeitsunfalls ankommt[80]. Die Krankenkasse ist überdies zu sofortiger medizinischer Versorgung imstande.

Zu einem sog. berufsgenossenschaftlichen Heilverfahren kommt es nur, wenn eine unfallmedizinische Versorgung durch ausgebildete Spezialisten im Interesse des Verletzten und zur Minimierung der Folgekosten der Unfälle erforderlich ist[81]. Die Entscheidung darüber obliegt in der Praxis den sog. Durchgangsärzten, denen die von § 557 Abs. 2 RVO geforderte sofortige unfallmedizinische Versorgung des Verletzten kraft Vertrages mit den Unfallversicherungsträgern obliegt[82]. Der Durchgangsarzt entscheidet nicht nur über die Einleitung eines berufsgenossenschaftlichen Heilverfahrens überhaupt, sondern auch über die dazu einzuleitenden Maßnahmen. Der Verletzte kann bestimmten Fachärzten und Krankenhäusern, mit denen die Unfallversicherungsträger entsprechende Verträge geschlossen haben, sowie eigenen berufsgenossenschaftlichen Unfallkliniken verbindlich zugeteilt werden[83]. Freiheit der Arztwahl besteht insofern nicht[84]. Die Versorgung des Versicherten mit Medikamenten wird durch einen Vertrag der Unfallversicherungsträger mit dem Verband der Apotheker sichergestellt[85]. Insgesamt besteht damit ein lückenloses System berufsgenossenschaftlicher Krankenversorgung. Die entsprechenden Maßnahmen werden entweder von den Berufsgenossenschaften selbst in eigenen Einrichtungen durchgeführt oder von vertraglich dazu verpflichteten Apotheken, Ärzten und Krankenhäusern erbracht[86]. Praktisch ist ein berufsgenossenschaftliches Heilverfahren aber die Ausnahme.

Führt die Krankenkasse die Heilbehandlung durch, trägt sie zunächst auch die dabei anfallenden Kosten. § 1504 RVO begründete einen Regreßanspruch der Krankenkasse gegen den zuständigen Unfallversicherungsträger, der allerdings in seinem Umfang auf die Kosten der Krankenhauspflege und der nach dem 18. Tag nach dem Unfall erbrachten Barleistungen beschränkt war. Dagegen ist geltend gemacht worden, die endgültige Belastung der Krankenkassen mit den Kosten von Arbeitsunfällen verstoße gegen das Verursacherprinzip und bürde den Beitragspflichtigen der Krankenversicherung fremde Lasten auf, von denen die Unfallversicherungsträger ungerechtfertigterweise befreit würden[87]. Für die

---

80 So die Begründung zu § 565 RVO in BT-Drucks. IV/938, S. 10.

81 *Lauterbach-Watermann*, UV, § 565 Anm. 5 a; *Plagemann / Plagemann*, UV, Rn. 171; *Podzun*, UV, S. 56.

82 *Bley*, Sozialrecht, S. 279; *Lauterbach-Watermann*, UV, § 557 Anm. 4 b; *Podzun*, UV, S. 56, 58 ff.

83 *Lauterbach-Watermann*, UV, § 557 Anm. 4 b, 13.

84 *Lauterbach-Watermann*, UV, § 557 Anm. 4 b; *Plagemann / Plagemann*, UV, Rn. 174; *Schulin*, Sozialversicherungsrecht, Rn. 341.

85 *Lauterbach-Watermann*, UV, § 557 Anm. 5.

86 *Hopf*, BG 1978, S. 395 (399).

Regelung des § 1504 RVO kann angeführt werden, die Unfallversicherung decke auch Risiken, die nicht den Unternehmern zuzurechnen seien[88]. Vor allem aber sei die Regreßnahme bei jedem einzelnen Arbeitsunfall ineffizient, sodaß irgendeine pauschalierende Regelung nach der Art des § 1504 RVO erforderlich sei[89].

bbb) Die Neuregelung des GRG

Die durch das GRG erfolgte Neuregelung des Verhältnisses der Kranken- zur Unfallversicherung folgt dem Trennungsprinzip. Gemäß Art. 5 Nr. 20, 79 Abs. 4 GRG tritt § 565 RVO am 1. 1. 1991 außer Kraft. Von da an obliegt die Versorgung der durch Arbeits- oder Wegeunfall bzw. Berufskrankheit Erkrankten ausschließlich den Trägern der Unfallversicherung[90]. Einer Regelung des Regreßrechts der Träger der Krankenversicherung bedarf es dann naturgemäß nicht mehr.

Auch für den Zeitraum vom 1. 1. 1989, dem Zeitpunkt des Inkrafttretens des GRG[91], bis zum 1. 1. 1991 gilt die bisherige Regelung der RVO nicht fort. Zwar besteht wegen § 565 RVO weiterhin keine Verpflichtung der Unfallversicherungsträger zur Durchführung der Heilbehandlung in Eigenregie. Der Regreß der Krankenversicherungsträger ist jedoch schon mit Wirkung vom 1. 1. 1989 in Art. 63 GRG neu geregelt worden. Art. 5 Nr. 36 GRG hat § 1504 RVO bereits zu diesem Zeitpunkt außer Kraft gesetzt[92]. Art. 63 Abs. 1 GRG verpflichtet die Träger der Unfallversicherung für die Übergangszeit bis zum 31. 12. 1990 zum Ersatz aller den Krankenkassen entstehenden Kosten der Behandlung solcher Leiden, die eine Berufskrankheit oder Folge eines Arbeitsunfalls sind. Die Beschränkungen des Regreßanspruchs, die § 1504 RVO enthielt, entfallen damit. Nur bei Krankheiten infolge von Wegeunfällen tragen die erforderlichen Aufwendungen endgültig die Krankenkassen. Diese Ausnahme ist wohl darin begründet, daß die gesetzliche Zurechnung der Gefahren des Straßenverkehrs auf dem Weg von und zur Arbeit zum betrieblichen Risikobereich sowieso höchst zweifelhaft ist[93]. Die Gefahren des Straßenverkehrs bestehen allgemein und sind vom Unternehmer nicht zu kontrollieren. Art. 63 GRG erweitert aber nicht nur den Umfang des Regreßrechts der Krankenkassen, sondern ändert auch das Verfahren zur Durchführung des Rückgriffs. Nach Art. 63 Abs. 2 GRG können die Spitzenverbände der gesetzlichen Unfallversicherung mit denjenigen der Krankenkassen

---

87 Vgl. *Brackmann,* Hdb. der Sozialversicherung, S. 981 c; *Lauterbach-Watermann,* UV, § 1504 Anm. 1 II c.

88 So die Begründung in BT-Drucks. IV/120, S. 78.

89 *Brackmann,* Hdb. der Sozialversicherung, S. 981 c.

90 Begründung der Fraktionen von CDU/CSU und FDP zum GRG-Entwurf (dort noch Art. 5 Nr. 17), BT-Drucks. XI/2237 S. 241.

91 Vgl. Art. 79 Abs. 1 GRG.

92 Vgl. Art. 79 Abs. 1 GRG.

93 *Kötz,* Deliktsrecht, Rn. 583; *Schulin,* Sozialversicherungsrecht, Rn. 241.

Vereinbarungen über die Abwicklung des Regresses treffen. Abs. 2 Nr. 1 ermöglicht dabei die Vereinbarung einer Fallpauschale. Weitergehend sieht Abs. 2 Nr. 2 die Festlegung einer sich auf ein oder zwei Jahre beziehenden Gesamtpauschale vor, mit der die Unfallversicherungsträger die Rückgriffsansprüche der Krankenkassen abgelten können. Die dazu erforderlichen Mittel sind von den einzelnen Unfallversicherungsträgern aufzubringen und auf die Träger der Krankenversicherung zu verteilen. Für die Aufbringung der Mittel gilt der Teilungsschlüssel des Art. 63 Abs. 2 S. 2 GRG, nach dem sich der Anteil eines Unfallversicherungsträgers nach dem Anteil der bei ihm gemeldeten Arbeitsunfälle an der Gesamtzahl der Arbeitsunfälle in einem Jahr richtet. Maßstab für die Verteilung der Gelder auf die Träger der gesetzlichen Krankenversicherung ist gemäß Art. 63 Abs. 2 S. 3 GRG die Mitgliederzahl der jeweiligen Krankenkasse.

bb) Berufshilfe

Im Gegensatz zur Heilbehandlung, die, wie soeben dargestellt, bisher überwiegend der Krankenversicherung oblag, ist die Berufshilfe eine originäre Aufgabe der Unfallversicherung, die auch in Wirklichkeit seit jeher allein von den Unfallversicherungsträgern durchgeführt wird[94]. Ihr Zweck ist gemäß § 556 Abs. 1 Nr. 2 RVO die dauerhafte Wiedereingliederung des Verletzten in das Berufsleben. Als Maßnahmen kommen insbesondere die in § 567 Abs. 1 RVO genannten Hilfen zur Erlangung eines Arbeitsplatzes, zur Anpassung sowie zur Weiterbildung in Betracht.

b) Kompensationsleistungen

Zur Kompensation der in Folge von Arbeitsunfällen eintretenden Vermögensschäden gewährt die Unfallversicherung Verletztengeld und Verletztenrente[95].

Verletztengeld wird aufgrund von § 560 RVO für die Dauer der Arbeitsunfähigkeit zum Ausgleich des krankheitsbedingten Lohnausfalls gezahlt und entspricht in seiner Funktion und Ausgestaltung dem Krankengeld nach §§ 182 Abs. 1 Nr. 2 RVO a. F., 44 Abs. 1 SGB V n. F.[96]. Auch beim Krankengeld ist bis zum 1. 1. 1991 die Krankenkasse gemäß § 565 Abs. 1 RVO primär leistungspflichtig. Der Anspruch auf Verletztengeld erlangt außer bei Durchführung eines berufsgenossenschaftlichen Heilverfahrens nur dann Bedeutung, wenn die Höhe des Krankengeldes hinter dem Verletztengeld zurückbleibt, was wegen der starren 80 %-

---

[94] Vgl. zur Berufshilfe: *Bley*, Sozialrecht, S. 280 f.; *Erlenkämper*, Sozialrecht, S. 367 f.; *Gitter*, Sozialrecht, S. 108; *Schulin*, Sozialversicherungsrecht, Rn. 347 ff.

[95] Vgl. zu den Kompensationsleistungen: *Bley*, Sozialrecht, S. 281 ff.; *Gitter*, Sozialrecht, S. 109 ff.; *Schulin*, Sozialversicherungsrecht, Rn. 344, 350 ff.

[96] *Bley*, Sozialrecht, S. 282; *Gitter*, Sozialrecht, S. 108.

Grenze der §§ 182 Abs. 2 RVO a. F., 47 Abs. 1 SGB V n. F. möglich ist[97]. Ab dem 1. 1. 1991 wird die Verpflichtung der Unfallversicherungsträger zur Zahlung von Verletztengeld wegen Art. 5 Nr. 20, 79 Abs. 4 GRG umfassende praktische Bedeutung erlangen. Noch vor Kranken- und Unfallversicherung ist jedoch der Arbeitgeber des Verletzten gemäß § 1 LFZG für die Dauer von 6 Wochen zur Weiterzahlung des Lohns verpflichtet (§§ 189 Abs. 1 S. 1 RVO a. F., 49 Abs. 1 SGB V n. F.).

Zweck der Verletztenrente ist es, die unfallbedingte Einbuße an Erwerbsfähigkeit auszugleichen. Ein Anspruch auf Verletztenrente besteht gemäß § 580 RVO, wenn die unfallbedingte Minderung der Erwerbsfähigkeit über die 13. Woche nach dem Unfall andauert und mindestens 20 % beträgt. Die damit in Bezug genommene Größe der Erwerbsfähigkeit ist die Fähigkeit, auf dem gesamten Arbeistsmarkt Einkommen zu erzielen[98]. Auf den vom Verletzten ausgeübten Beruf kommt es außer in den Fällen der Härteklausel des § 581 Abs. 2 RVO nicht an[99]. Die Höhe der Verletztenrente richtet sich nach dem Bruttojahresarbeitsverdienst des Verletzten, der nach Maßgabe der §§ 570 ff. RVO zu ermitteln ist und gemäß § 575 Abs. 2 RVO oberhalb einer Höhe von 3000 DM pro Monat unberücksichtigt bleibt. Eine Minderung der Erwerbsfähigkeit um 100 % führt gemäß § 581 Abs. 1 Nr. 1 RVO zur steuer- und sozialversicherungsbeitragsfreien Vollrente in Höhe von zwei Dritteln des Bruttojahresarbeitsverdienstes. Geringere Minderungen der Erwerbsfähigkeit führen zu entsprechend niedrigeren Teilrenten. Eine Minderung der Erwerbsfähigkeit von unter 20 % bleibt gemäß § 581 Abs. 1 Nr. 2, Abs. 3 RVO außer Ansatz.

Die Berechnung der Verletztenrente unterscheidet sich von der im Zivilrecht geläufigen Methode der konkreten Schadensberechnung grundlegend. Der Umfang eines zivilrechtlichen Schadensersatzanspruchs ist nach der Differenzhypothese zu bestimmen, d.h. die Vermögenslage des Verletzten nach dem Schadensereignis ist mit derjenigen zu vergleichen, die bei Nichteintritt des Schadens bestünde[100]. Ist die tatsächliche Vermögenslage des Geschädigten schlechter als die hypothetische, liegt ein auszugleichender Schaden vor. Eine Minderung der Erwerbsfähigkeit führt damit nicht automatisch zu einem auszugleichenden Schaden[101]. Voraussetzung dafür ist, daß der Geschädigte auch tatsächlich einen Verdienstausfall erleidet[102]. Zu ersetzen ist in diesem Fall der dem Verletzten

---

97 *Gitter*, SRH, 15, Rn. 109.

98 BSGE 21, 63 (67); *Bley*, Sozialrecht, S. 284; *Gitter*, Sozialrecht, S. 109; *Plagemann / Plagemann*, UV, Rn. 226.

99 BSGE 23, 253 (255); 39, 31 (32 f.); *Bley*, Sozialrecht, S. 284 f.; *Plagemann / Plagemann*, UV, Rn. 226; *Podzun*, UV, S. 77 f.

100 *Palandt-Heinrichs*, Vor § 249 Anm. 2 b; *Soergel-Mertens*, Vor § 249 Rn. 41.

101 BGHZ 54, 45 (50); 67, 119 (128); *Palandt-Heinrichs*, Vor § 249 Anm. 3 e; *Staudinger-Medicus*, § 252 Rn. 29 ff.

102 *Palandt-Heinrichs*, Vor § 249 Anm. 3 i.

konkret entgangene Gewinn, der allerdings gemäß § 252 S. 2 BGB durch Verweis auf den gewöhnlichen Lauf der Dinge dargelegt und bewiesen werden kann[103].

Von dieser individuellen Schadensberechnung im Einzelfall weicht die Regelung der RVO in zwei Richtungen ab. Zum einen kommt es in den Grenzen des § 581 Abs. 2 RVO nicht auf den Verdienstausfall in dem tatsächlich vor dem Unfall ausgeübten Beruf an, solange die Erwerbsfähigkeit in bezug auf den allgemeinen Arbeitsmarkt nicht gemindert ist. Gegenüber der zivilrechtlichen Schadensberechnung wird der Verletzte dadurch benachteiligt. Umgekehrt ist es dagegen mit der anderen Seite der abstrakten Schadensberechnung im Unfallversicherungsrecht: Der Anspruch auf Verletztenrente setzt nicht voraus, daß dem Verletzten tatsächlich ein Verdienstausfall in Höhe der Rente entsteht. Ist dies nicht der Fall, bezieht der Verletzte Einkommen und Rente. Gemäß § 1278 Abs. 1 RVO wird die Verletztenrente überdies auch auf Leistungen der Rentenversicherung nur teilweise angerechnet[104].

Die abstrakte Schadensberechnung im Unfallversicherungsrecht wird durch den Hinweis auf die bei konkreter Schadensberechnung entstehenden hohen Verwaltungskosten[105] sowie mit der Funktion der Verletztenrente, auch den im Leistungsrecht der Unfallversicherung sonst unberücksichtigten immateriellen Schaden auszugleichen[106], gerechtfertigt. Das Schmerzensgeld kennt der Leistungskatalog der Unfallversicherung dementsprechend nicht.

Im Falle des Todes des Verletzten durch Arbeitsunfall oder Berufskrankheit haben die Hinterbliebenen Ansprüche auf Sterbegeld und Ersatz der Überführungskosten aus § 589 Abs. 1 RVO. Der überlebende Ehegatte, die unterhaltsberechtigten früheren Ehegatten des Verstorbenen sowie seine minderjährigen oder in Ausbildung befindlichen Kinder haben aus §§ 590 ff. RVO Ansprüche auf Zahlung von Hinterbliebenenrenten, die den von dem Verstorbenen geleisteten Unterhalt teilweise ersetzen sollen[107]. Die Höhe der Rente beträgt zwischen 30 und 40 Prozent des Bruttojahresarbeitsverdienstes des Getöteten, dürfen zusammen aber 80 % dieser Größe nicht übersteigen.

---

[103] *Palandt-Heinrichs*, § 252 Anm. 1 b.

[104] *Bley*, Sozialrecht, S. 288; *Gitter*, Schadensausgleich, S. 183 ff.; *Plagemann / Plagemann*, UV, Rn. 299.

[105] *Brackmann*, Hdb. der Sozialversicherung, S. 567 c; *Gitter*, Schadensausgleich, S. 283.

[106] *Bley*, Sozialrecht, S. 283; *Brackmann*, Hdb. der Sozialversicherung, S. 567 c; *Schulin*, Sozialversicherungsrecht, Rn. 353.
Dagegen mit Recht *Gitter*, Schadensausgleich, S. 167: Bei schwersten Schäden entfalle jede Schmerzensgeldfunktion der Rente, weil eine Erwerbstätigkeit dann nicht mehr möglich sei. Gerade dann sei Schmerzensgeld aber am dringensten geboten.

[107] *Bley*, Sozialrecht, S. 289 f.; *Gitter*, Sozialrecht, S. 112; *Schulin*, Sozialversicherungsrecht, Rn. 332.

4. Verhältnis des Unfallversicherungssystems zum zivilrechtlichen Haftungsrecht

Schuldhaftes Handeln des Unternehmers ist, wie sich aus den obigen Ausführungen ergibt, keine Voraussetzung für Leistungen der gesetzlichen Unfallversicherung. Andererseits werden unfallversicherungsrechtliche Ansprüche durch ein Verschulden des Unternehmers oder seiner leitenden Angestellten auch nicht ausgeschlossen. In diesen Fällen steht die Haftpflicht des Unternehmers aus §§ 823 Abs. 1 BGB, 3 RHPflG zur Debatte. Ein privatrechtlicher Schadensersatzanspruch gegen den Unternehmer könnte für den Verletzten durchaus interessant sein, weil die Leistungen der Unfallversicherung in einigen Punkten hinter dem, was das Schadensersatzrecht des BGB gewährt, zurückbleiben. So wird die Verletztenrente nicht an dem tatsächlich ausfallenden Einkommen orientiert, weil sie eine Minderung der abstrakten Erwerbsfähigkeit, bezogen auf den allgemeinen Arbeitsmarkt, voraussetzt. Einkommensverluste, die durch Beeinträchtigungen der Fähigkeit zur Ausübung des konkreten Berufs bedingt sind, bleiben außer Ansatz. Gleiches gilt für Minderungen der Erwerbsfähigkeit unterhalb von 20 %. Anders als das Zivilrecht gewährt die RVO dem Verletzten auch kein Schmerzensgeld. Generell unkompensiert bleiben schließlich Sachschäden. In den genannten Fällen könnte der Verletzte bei Verschulden des Unternehmers oder seiner Leute den Restschaden im Wege des privatrechtlichen Haftungsrechts liquidieren.

a) Der Ausschluß der Haftung aufgrund Privatrechts

Die Haftpflicht des Unternehmers und seiner Leute gegenüber dem Geschädigten beschränken die §§ 636, 637 RVO. Nach dem sog. Ablöseprinzip wird die Haftung für Personenschäden ausgeschlossen, es sei denn, der Schaden wurde vorsätzlich oder bei der Teilnahme am allgemeinen Verkehr verursacht[108]. In diesem Rahmen werden Ansprüche sämtlicher Haftungsgründe des Zivilrechts, insbesondere solche aus Vertrag, Delikt und Gefährdungshaftung ausgeschlossen[109].

Nach allgemeiner Meinung wird die zivilrechtliche Haftung für Sachschäden von §§ 636 f. RVO nicht erfaßt[110]. Einigkeit besteht weiter darin, daß die Haftung nach bürgerlichem Recht auch dann ausgeschlossen ist, wenn zwar ein Versiche-

---

108 Vgl. zum Ablöseprinzip: BVerfGE 34, 118 (129); BGHZ 63, 313 (315); 52, 115 (122); *Elleser,* FS Lauterbach, S. 173 f.; *Jäger,* Sozialversicherungsrecht, S. 162; *Plagemann / Plagemann,* UV, Rn. 404.

109 *Erman-Drees,* Vor § 823 Rn. 37; GK-*Gitter,* § 636 Anm. 2; *Plagemann / Plagemann,* UV, Rn. 407; *Schmalzl,* NJW 1963, S. 1706.

110 GK-*Gitter,* § 636 Anm. 10; *Hartung,* 25 Jahre Karlsruher Forum, S. 105 (106); *Plagemann / Plagemann,* UV, Rn. 407; *Podzun,* UV, S. 110.

rungsfall vorliegt, aber kein Anspruch gegen einen Versicherungsträger besteht, etwa weil die Minderung der Erwerbsfähigkeit die maßgebliche Grenze von 20 % nicht erreicht[111].

Umstritten ist dagegen die Frage, ob §§ 636 f. RVO auch Ansprüche auf Schmerzensgeld aufgrund der §§ 823, 847 BGB ausschließen[112]. Die h.M. bejaht den Haftungsausschluß auch für Schmerzensgeldansprüche[113]. Das BVerfG hat einen Verstoß gegen Art. 3 Abs. 1 GG zu Lasten der Opfer von Arbeitsunfällen beim Ausschluß von Schmerzensgeldansprüchen durch §§ 636 f. RVO verneint[114]. Der dort angeordnete Haftungsausschluß sei Korrelat der unfallversicherungsrechtlichen Finanzierungsregelung, die allein den Unternehmern die wirtschaftliche Last der Versicherungsleistungen auferlege[115]. Darüberhinaus dienten die §§ 636 f. RVO dem Betriebsfrieden[116]. Die Unfallversicherung sei gerade auch zur Vermeidung von Schadensersatzprozessen der verletzten Arbeiter gegen Unternehmer und Leitungspersonal geschaffen worden; dieser sozialpolitische Zweck dürfe nicht durch Zulassung von Schmerzensgeldklagen unterlaufen werden. Gegenüber dem Geschädigten wird die Versagung des Ausgleichs des immateriellen Schadens mit dem Argument der Vorteilsausgleichung gerechtfertigt[117]. Das System der gesetzlichen Unfallversicherung begünstige den Geschädigten in vielfältiger Weise gegenüber seiner Rechtsstellung im privaten Haftungsrecht. Insbesondere sei die Gewährung einer Verletztenrente vom Nachweis eines konkreten Verdienstausfalls unabhängig. Sei die tatsächliche Einkommenseinbuße geringer als die Verletztenrente, kompensiere diese auch den immateriellen Schaden.

---

[111] *Gitter*, SRH, 15, Rn. 141; *Plagemann / Plagemann*, UV, Rn. 406; *Podzun*, UV, S. 110; *Soergel-Zeuner*, Vor § 823 Rn. 44.

[112] Dagegen: *Hanau*, JurA 1970, S. 112 ff.; *Knieper*, ZRP 1974, S. 137 (139); *Kötz*, Deliktsrecht, Rn. 598. Vgl. auch *Gitter*, Schadensausgleich, S. 238 ff. (247 f.), der die Bedenken der Gegenmeinung teilt, im Interesse des Betriebsfriedens aber nicht die Zulassung zivilrechtlicher Schadensersatzansprüche, sondern die Ausweitung des Leistungsumfangs der Unfallversicherung befürwortet.

[113] BGHZ 3, 298 (302); *Erman-Drees*, Vor § 823 Rn. 36; *Gitter*, SRH, 15, Rn. 141; *Plagemann / Plagemann*, UV, Rn. 404; *Podzun*, UV, S. 110; *Schmalzl*, NJW 1963, S. 1706 f.

[114] BVerfGE 34, 118 (128 ff.).

[115] BVerfGE 34, 118 (132); BGHZ 3, 298 (302); 19, 114 (121 f.); *Plagemann / Plagemann*, UV, Rn. 404; *Podzun*, UV, S. 109. Vgl. allgemein zur Begründung des § 636 Abs. 1 S. 1 RVO *Gitter*, Schadensausgleich, S. 238 ff.; *Hartung*, 25 Jahre Karlsruher Forum, S. 105 (106).

[116] BVerfGE 34, 118 (132); BGHZ 3, 298 (303); 8, 330 (338); 19, 114 (121); *Plagemann / Plagemann*, UV, Rn. 404; *Podzun*, UV, S. 109.

[117] BVerfGE 34, 118 (132); BGHZ 3, 298 (302); *Gitter*, SRH, 15, Rn. 141; *Podzun*, UV, S. 110.

b) Ausnahmen vom Haftungsausschluß

Der Haftungsausschluß nach §§ 636 f. RVO kennt zwei Ausnahmen, bei denen zivilrechtliche Schadensersatzansprüche des Geschädigten bestehen bleiben, ohne daß umgekehrt unfallversicherungsrechtliche Ansprüche ausgeschlossen wären. Um eine Doppelentschädigung in diesen Fällen zu verhindern, sind die von einem Träger der Unfallversicherung gewährten Leistungen gemäß § 636 Abs. 1 S. 2 RVO auf den zivilrechtlichen Schadensersatzanspruch anzurechnen. Im Zivilprozeß geht es daher auch bei den Ausnahmen des § 636 Abs. 1 RVO praktisch nur noch um die Kompensation der Schadensspitzen[118].

Die erste Ausnahme vom Ausschluß der Unternehmerhaftung ist die vorsätzliche Herbeiführung des Arbeitsunfalls durch diesen, weil die zivilrechtliche Haftung wegen des Unrechtsgehalts der Tat gerechtfertigt sei[119]. Da sich der Vorsatz nicht nur auf die Pflichtwidrigkeit, sondern auch auf den Eintritt des Verletzungserfolgs erstrecken muß[120], kommt dieser Klausel praktisch keine Bedeutung zu.

Nicht mit dem Präventionszweck, sondern mit der Einbeziehung von Wegeunfällen in den Schutzbereich der Unfallversicherung wird das Bestehenbleiben individual-rechtlicher Ansprüche bei Eintritt des Arbeitsunfalls im allgemeinen Verkehr gerechtfertigt[121]. Um eine Teilnahme am allgemeinen Verkehr handelt es sich dementsprechend nur, wenn kein innerbetrieblicher Vorgang zum Unfall geführt hat, sondern sich Arbeiter und Unternehmer wie gleichberechtigte Privatpersonen gegenüber stehen[122]. Da der Betriebsfrieden bei Verkehrsunfällen nicht geschützt werden muß, setzt sich der Grundsatz der Gleichbehandlung aller Verkehrsteilnehmer gegenüber dem den Verletzten benachteiligenden unfallversicherungsrechtlichen Haftungsausschluß durch[123].

---

118 *Hartung*, 25 Jahre Karlsruher Forum, S. 105 (108).

119 *Podzun*, UV, S. 110.

120 BGHZ 75, 328 (330 ff.); *Gitter*, SRH, 15, Rn. 139; *Lauterbach-Watermann*, UV, § 636 Anm. 32; *Plagemann / Plagemann*, UV, Rn. 417.

121 *Podzun*, UV, S. 110 f.

122 BGHZ 19, 114 (119); *Kötz*, Deliktsrecht, Rn. 598; *Lauterbach-Watermann*, UV, § 636 Anm. 34. Ausführlich und mit umfangreicher Auswertung der Rechtsprechung *Hartung*, 25 Jahre Karlsruher Forum, S. 105 (108 f., 110 ff.).

123 BGHZ 19, 114 (119); 63, 313 (316); *Elleser*, FS Lauterbach, S. 174; *Gitter*, SRH, 15, Rn. 139; *Hartung*, 25 Jahre Karlsruher Forum, S. 105 (110); *Plagemann / Plagemann*, UV, Rn. 419.
Diese Erwägung, die Schlechterstellung des Verletzten gegenüber dem privaten Haftpflichtrecht sei nicht gerechtfertigt, verträgt sich nur schlecht mit der von denselben Autoren gegebenen Begründung des Ausschlusses von Schmerzensgeldansprüchen durch § 636 RVO. Nach dieser findet eine Schlechterstellung des Geschädigten gar nicht statt.

5. Regreßansprüche der Träger der Unfallversicherung

Den Trägern der Unfallversicherung stehen zwei Wege offen, um die Kosten der infolge eines Arbeitsunfalls erbrachten Leistungen im Wege des Regresses auf den oder die individuellen Verursacher abzuwälzen: § 640 RVO begründet einen Rückgriffsanspruch gegen den für den Schaden verantwortlichen Unternehmer und § 116 SGB X ordnet den Übergang zivilrechtlicher Schadensersatzansprüche des Verletzten auf den Unfallversicherungsträger an.

a) Der Anspruch aus § 640 RVO

Nach h. M. handelt es sich bei § 640 RVO um einen originären, gesetzlichen Schadensersatzanspruch, der, obwohl durch die RVO begründet, dem Zivilrecht zugehört[124]. Nach § 640 RVO regreßpflichtig können allein Personen sein, die gemäß §§ 636 f. RVO von der Haftung befreit sind, also der Unternehmer und die Arbeitskollegen des Verletzten. Da auch bei vorsätzlichem Handeln oder Eintritt des Unfalls bei der Teilnahme am allgemeinen Verkehr die Haftung der genannten Personen noch gemäß § 636 Abs. 1 S. 2 RVO im Sinne von § 640 RVO „beschränkt" ist, sind Rückgriffsansprüche auch bei Vorliegen der Ausnahmetatbestände des § 636 Abs. 1 RVO möglich[125].

Zentrale Voraussetzung dafür ist die schuldhafte, d.h. hier grob fahrlässige oder vorsätzliche, Verursachung des Arbeitsunfalls durch den Unternehmer oder Arbeitskollegen. In beiden Fällen muß sich das Verschulden auch auf den Eintritt der Schadensfolgen beziehen[126]. Der Begriff der groben Fahrlässigkeit verweist auf den entsprechenden Begriff des Zivilrechts und ist wie dieser auszulegen[127]. Danach ist grobe Fahrlässigkeit eine besonders schwere Verletzung der Sorgfaltspflichten, bei der einfachste Überlegungen nicht angestellt wurden und unbeachtet geblieben ist, was jedem hätte einleuchten müssen[128]. Dabei wird auch ein subjektives Verschulden vorausgesetzt[129]. Ein Verstoß gegen Unfallverhütungsvorschriften begründet deshalb nicht immer die Annahme grober Fahrlässigkeit[130].

---

124 BGHZ 57, 96 (100 f.); BGH VersR 1957, 180; *Gitter*, SRH, 15, Rn. 148; *Lauterbach-Watermann*, UV, § 640 Anm. 23; *Wussow*-Schloen, Unfallhaftpflichtrecht, Tz. 1558; a. A. *Plagemann / Plagemann*, UV, Rn. 458 m. w. N. der Mindermeinung.

125 BGHZ 63, 313 (316 f.); GK-*Gitter*, § 640 Anm. 4; *Lauterbach-Watermann*, UV, § 640 Anm. 24; *Plagemann / Plagemann*, UV, Rn. 442.

126 Vgl. BGHZ 75, 328 (330) sowie oben, Anm. 120

127 *Gitter*, SRH, 15, Rn. 145; *Lauterbach-Watermann*, UV, § 640 Anm. 12; *Wussow*-Schloen, Unfallhaftpflichtrecht, Tz. 1558 a.

128 *Gitter*, SRH, 15, Rn. 145; *Lauterbach-Watermann*, UV, § 640 Anm. 12; *Palandt-Heinrichs*, § 277 Anm. 2 a.

129 *Lauterbach-Watermann*, UV, § 640 Anm. 12; *Palandt-Heinrichs*, § 277 Anm. 2 a.

130 BGH VersR 1969, 39; 1981, 75; GK-*Gitter*, § 640 Anm. 6 b; *Lauterbach-Watermann*, UV, § 640 Anm. 13.

Stets muß es sich um ein eigenes Verschulden des Unternehmers bzw. Arbeitskollegen handeln, eine Zurechnung fremden Verschuldens nach §§ 831 BGB, 3 RHPflG löst keine Rückgriffsansprüche aus § 640 RVO aus[131]. Juristische Personen und Handelsgesellschaften haften jedoch für ein Verschulden ihrer Organe nach § 641 RVO.

Der Umfang der Haftung erstreckt sich auf die gesamten gesetzmäßigen, von Trägern der Sozialversicherung erbrachten Leistungen. Neben solchen der Unfallversicherung sind damit insbesondere auch die Träger der Krankenversicherung hinsichtlich der Kosten der aufgrund von §§ 565 Abs. 1 RVO, 11 Abs. 1 SGB V gewährten Heilbehandlung regreßberechtigt. Aus der Fassung des § 640 RVO folgt, daß der Umfang des Regreßanspruchs nicht auf denjenigen des durch §§ 636 f. RVO ausgeschlossenen zivilrechtlichen Schadensersatzanspruchs beschränkt ist[132]. Dementsprechend wird ein Mitverschulden des Verletzten nicht haftungsmindernd berücksichtigt[133]. Schließlich können die Sozialversicherungsträger über § 640 RVO auch ihre Verwaltungskosten liquidieren[134].

Damit kann der Rückgriff nach § 640 RVO zu erheblichen finanziellen Belastungen des Schädigers führen. Bedroht der Rückgriff allerdings die wirtschaftliche Existenz des Verursachers, können die Sozialversicherungsträger aufgrund von § 640 Abs. 2 RVO nach — justiziablem — Ermessen auf die Geltendmachung des Anspruchs verzichten[135].

Die Regelung des § 640 RVO wird mit versicherungswirtschaftlichen und Präventionserwägungen gerechtfertigt. Die endgültige wirtschaftliche Belastung der Unfallversicherungsträger als Solidargemeinschaften der Unternehmer sei bei schwerem Verschulden eines Mitglieds nicht mehr gerechtfertigt[136]. Weiterhin soll der Rückgriff der Unfallverhütung dienen, indem sorgloses Verhalten sanktioniert wird[137].

b) Der Anspruch aus § 116 SGB X

Anders als § 640 RVO begründet § 116 Abs. 1 SGB X keine Ansprüche von Sozialversicherungsträgern, sondern bestimmt, wie die Vorgängerregelung des § 1542 RVO, den Übergang von Schadensersatzansprüchen des Leistungsemp-

---

131 GK-*Gitter*, § 640 Anm. 6 d; *Wussow-Schloen*, Unfallhaftpflichtrecht, Tz. 1560.

132 GK-*Gitter*, § 640 Anm. 7; *Lauterbach-Watermann*, UV, § 640 Anm. 33 f.; *Wussow-Schloen*, Unfallhaftpflichtrecht, Tz. 1561 f.

133 BGHZ 57, 314 (317 ff.); BGH VersR 72, 171; 73, 818 (820); *Wussow-Schloen*, Unfallhaftpflichtrecht, Tz. 1561.

134 RGZ 96, 332; GK-*Gitter*, § 640 Anm. 7; *Lauterbach-Watermann*, UV, § 640 Anm. 33.

135 BGHZ 57, 96 (98 f.); *Lauterbach-Watermann*, UV, § 640 Anm. 45.

136 BGHZ 75, 328 (330 f.).

137 BT-Drucks. IV/938, S. 18; BGHZ 75, 328 (331).

fängers gegen Dritte auf die Sozialversicherungsträger[138]. Die Legalzession des § 116 SGB X unterliegt einer mehrfachen Zwecksetzung. Um dem Verletzten schnelle Hilfe zu gewähren, ist die Anspruchsberechtigung im Sozialversicherungsrecht nicht von dem Bestehen von Schadensersatzansprüchen gegen Dritte abhängig[139]. Dadurch sollen Drittschädiger jdoch nicht entlastet werden. Aber auch eine Doppelentschädigung des Verletzten durch Sozialleistungen und Schadensersatzleistungen Dritter ist nicht gerechtfertigt[140]. Zur Gewährleistung eines gerechten Schadens- und Lastenausgleichs und zur Erhaltung der Präventionsanreize des privaten Haftpflichtrechts ordnet § 116 SGB X den Übergang von Schadensersatzansprüchen auf den Sozialversicherungsträger an[141].

Nach dieser Norm übergangsfähig sind Schadensersatz- und Entschädigungsansprüche sämtlicher Zurechnungsgründe des Zivilrechts. Eine Voraussetzung dieser Ansprüche, ein Schaden im Sinne der Differenztheorie, liegt zwar im Umfang der gewährten Sozialleistungen nicht mehr vor, aus § 116 SGB X folgt jedoch die Unbeachtlichkeit dieses Umstands für die Legalzession [142]. Der Rückgriff gegen Drittschädiger ist auf die Kosten zeitlich und sachlich kongruenter Leistungen beschränt, also solcher, die der Behebung eines Schadens der gleichen Art dienen und sich auf den gleichen Zeitraum wie der vom Schädiger zu leistende Schadensersatz beziehen[143]. Die Unfallversicherungsträger können demnach nicht auf Ansprüche des Verletzten auf Ersatz von Sachschäden oder immaterieller Personenschäden zugreifen[144].

§ 116 Abs. 2, 3 SGB X behandeln die problematischen Fälle, in denen die Sozialleistungen nicht den gesamten Schaden des Verletzten abdecken, aber auch der Schadensersatzanspruch gegen den Schädiger wegen des Bestehens von Haftungshöchstsummen oder Mitverschuldens des Geschädigten zur vollen Schadensdeckung nicht ausreicht. Zu entscheiden ist dann, ob der so begrenzte Schadensersatzanspruch zuerst dem Geschädigten zur Abgeltung seines Restschadens oder vorrangig dem Sozialversicherungsträger zum Regreß zugewiesen werden soll[145]. Bei Begrenzung der Haftung des Drittschädigers durch Höchstsummen

---

138 *Bley*, Sozialrecht, S. 96; *Wussow-Schloen*, Unfallhaftpflichtrecht, Tz. 1568.

139 *Plagemann*, SRH, 10, Rn. 1.

140 BGHZ 67, 138 (150); 79, 26 (33); 80, 332 (343); 92, 270 (272); *Bley*, Sozialrecht, S. 96; *Plagemann*, SRH, 10, Rn. 1.

141 BGHZ 67, 138 (150); 79, 26 (33); 80, 332 (343); 92, 270 (272); *Bley*, Sozialrecht, S. 96; *Plagemann*, SRH, 10, Rn. 1.

142 BGHZ 42, 76 (82); 43, 378 (381): *Bley*, Sozialrecht, S. 98; *Palandt-Heinrichs*, Vor § 249 Anm. 7 C c.

143 *Bley*, Sozialrecht, S. 100; *Palandt-Heinrichs*, Vor § 249 Anm. E 2 b; *Plagemann*, SRH, 10, Rn. 7 ff.

144 BGHZ 12, 278 (281); BGH VersR 1984, 864; *Bley*, Sozialrecht, S. 100; *Plagemann*, SRH, 10, Rn. 10.

145 Vgl. dazu: *Bley*, Sozialrecht, S. 102 ff.; *Palandt-Heinrichs*, Vor § 249 Anm. E 3 b, c; *Plagemann*, SRH, 10, Rn. 12 ff.

räumt § 116 Abs. 2 SGB X dem Geschädigten das sog. Quotenvorrecht ein, wenn dieser den Schaden nicht mitverursacht hat. Im anderen Fall verteilt § 116 Abs. 3 SGB X den Haftungsausfall anteilig auf den Geschädigten und die Sozialversicherungsträger.

c) Das Verhältnis der §§ 640 RVO, 116 SGB X zueinander

Die beiden Regreßnormen der §§ 640 RVO, 116 SGB X können gegenüber einer Person nicht gleichzeitig vorliegen, stehen zueinander also im Verhältnis der Exklusivität[146]. Während § 116 SGB X das Bestehen zivilrechtlicher Schadensersatzansprüche gerade voraussetzt, betrifft § 640 RVO Konstellationen, in denen Schadensersatzansprüche des Verletzten gegen den Schädiger an §§ 636 f. RVO scheitern. Eine Überschneidung der Anwendungsbereiche der beiden Normen wäre deshalb allenfalls bei den beiden Ausnahmen vom Haftungsausschluß der §§ 636 f. RVO denkbar. Auch dann bleibt die Haftung des Unternehmers aber beschränkt, da § 636 Abs. 1 S. 2 RVO die Anrechnung der Sozialleistungen auf den Schadensersatzanspruch des Verletzten vorschreibt. Im Umfang dieser Leistungen, derentwegen ein Regreß des Unfallversicherungsträgers nur in Betracht kommt, besteht kein Anspruch mehr, der gemäß § 116 SGB X übergehen könnte[147]. Im übrigen ist § 640 RVO eine abschließende Regelung der Regreßpflicht des Unternehmers[148]. Betriebsexterne Dritte haften dagegen allein nach § 116 SGB X.

Problematisch bleibt nur noch der Fall, in dem sowohl ein Regreßanspruch gegen den Unternehmer aus § 640 RVO als auch ein nach § 116 SGB X übergegangener Schadensersatzanspruch gegen einen externen Dritten besteht. Die h.M. verneint eine Gesamtschuld mangels innerer Verbundenheit der beiden Forderungen des Sozialversicherungsträgers[149]. Trotzdem wird dessen doppelte Befriedigung durch entsprechende Anwendung des § 422 Abs. 1 BGB verhindert[150]. Die Regulierung des Innenverhältnisses zwischen dem Träger der Unfallversicherung und dem Drittschädiger durch § 426 BGB wird dagegen abgelehnt und ein freies, auch keinen Ermessensbindungen unterliegendes Wahlrecht des Unfallversicherungsträgers über die Inanspruchnahme des einen oder anderen Rückgriffsschuldners befürwortet[151]. Allerdings darf der Drittschuldner aufgrund von § 116 SGB

---

146 *Gitter,* SRH, 15, Rn. 149; *Lauterbach-Watermann,* UV, § 640 Anm. 37; *Plagemann / Plagemann,* UV, Rn. 441; *Wussow-Schloen,* Unfallhaftpflichtrecht, Tz. 1570.

147 *Bley,* Sozialrecht, S. 10; GK-*Gitter,* § 640 Anm. 3; *Wussow-Schloen,* Unfallhaftpflichtrecht, Tz. 1570.

148 BGHZ 63, 313 (316 f.).

149 BGHZ 19, 114 (123 f.); 51, 37 (39); GK-*Gitter,* § 640 Anm. 3; *Lauterbach-Watermann,* UV, § 640 Anm. 37; *Wussow-Schloen,* Unfallhaftpflichtrecht, Tz. 1568.

150 *Lauterbach-Watermann,* UV, § 640 Anm. 37; *Wussow-Schloen,* Unfallhaftpflichtrecht, Tz. 1568.

X nicht auf eine höhere Schadensquote in Anspruch genommen werden, als er ohne den Haftungsausschluß des § 636 RVO gemäß §§ 840, 426 BGB im Verhältnis zum Unternehmer zu tragen hätte[152].

d) Bedeutung der Regreßansprüche

Zu den eben deutlich gewordenen Problemen der Regreßansprüche steht ihre tatsächliche Bedeutung völlig außer Verhältnis. Einer Gesamt-Umlageforderung von 9 Milliarden DM der gewerblichen Berufsgenossenschaften im Jahr 1987 stehen Einnahmen aus Regreßansprüchen in Höhe von 312 Millionen DM gegenüber[153].

6. Organisation, Gliederung und Verfassung der Träger der Unfallversicherung

Das die Gliederung, Organisation und Verfassung der Unfallversicherungsträger regelnde Recht findet sich wegen der erst teilweise vorangekommenen Bemühungen um die Kodifikation des Sozialrechts in einem Sozialgesetzbuch verstreut über das vierte Buch des Sozialgesetzbuchs (SGB IV) und das dritte Buch der RVO. Die §§ 29 ff. SGB IV enthalten allgemeine Vorschriften über die Rechtsstellung und Verfassung der Träger der Sozialversicherung. Gliederung und Organisation der Unfallversicherungsträger sind in §§ 646 ff. RVO geregelt.

a) Gliederung der Unfallversicherung

Die Unfallversicherung insgesamt gliedert sich gemäß § 538 RVO in drei Bereiche: die allgemeine Unfallversicherung (§§ 643 ff. RVO), die landwirtschaftliche Unfallversicherung (§§ 776 ff. RVO) und die See-Unfallversicherung (§§ 835 ff. RVO). Die allgemeine Unfallversicherung umfaßt alle gewerblichen Unternehmen außer denjenigen der Land- und Forstwirtschaft sowie der Seeschiffahrt, für die die eben genannten Sonderbereiche der Unfallversicherung bestehen.

---

151 BGH VersR 1972, 171; GK-*Gitter*, § 640 Anm. 3; *Lauterbach-Watermann*, § 640 Anm. 37; *Wussow-Schloen*, Unfallhaftpflichtrecht, Tz. 1560, 1569; a.A *Plagemann / Plagemann*, UV, Rn. 458 m.w.N.

152 BGHZ 51, 37 (40 f.); 61, 53; *Palandt-Heinrichs*, § 426 Anm. 5 b.

153 Hauptverband der gewerblichen Berufsgenossenschaften e. V., Übersicht über die Geschäfts- und Rechnungsergebnisse der gewerblichen Berufsgenossenschafen im Jahre 1987, S. 64, 69.

b) Die Träger der Unfallversicherung

Gemäß § 646 Abs. 1 RVO sind die in der Anlage zu dieser Vorschrift aufgeführten Berufsgenossenschaften sowie die in §§ 653-656 RVO aufgeführten Unfallversicherungsträger der Gebietskörperschaften die Träger der allgemeinen Unfallversicherung. Entsprechendes gilt gemäß § 790 RVO für die landwirtschaftliche Unfallversicherung während für die Angehörigen der Seeschiffahrt nach § 850 Abs. 1 RVO nur eine einzige Berufsgenossenschaft zuständig ist.

c) Gliederung der Unfallversicherungsträger

Für die allgemeine Unfallversicherung folgen § 646 Abs. 1 RVO und die dazu ergangene Anlage vorwiegend dem Prinzip der fachlichen Gliederung. In den einzelnen Berufsgenossenschaften sind also jeweils die Unternehmen eines bestimmten Gewerbezweiges zusammengefaßt. Zwar sind 13 der 34 gewerblichen Berufsgenossenschaften nur für Teilgebiete der Bundesrepublik zuständig, jedoch bleibt die fachliche Gliederung vorgängig, d.h. eine Zusammenfassung der Unternehmen unterschiedlicher Gewerbezweige in einer regionalen Genossenschaft kommt nicht vor. Die weitere regionale Untergliederung einer gewerblichen Berufsgenossenschaft in Sektionen oder Bezirksverwaltungen ist weithin üblich[154]. Leztere werden dadurch aber nicht selbständige Träger der Unfallversicherung, sondern bilden bloße Verwaltungsstellen der jeweiligen Berufsgenossenschaft[155].

Im Gegensatz dazu sind in der landwirtschaftlichen Unfallversicherung jeweils die Unternehmen einer Region zu einer Genossenschaft zusammengefaßt und die See-Unfallversicherung kennt überhaupt keine Gliederung.

Die fachliche Gliederung der Berufsgenossenschaften wird mit zwei Argumenten begründet. Mit dem Präventionsargument wird geltend gemacht, nur eine Organisation nach Gewerbezweigen gewährleiste eine wirksame Unfallverhütung[156]. Die Produktionsabläufe und folglich auch die Betriebsgefahren seien in den verschiedenen Gewerbezweigen so unterschiedlich, daß eine wirksame Unfallverhütung nur fachspezifisch möglich sei. Zweitens ermögliche die Gliederung der Berufsgenossenschaften nach Gewerbezweigen eine risikogerechte Verteilung der Kosten der Leistungen auf die Unternehmen[157]. Die Zusammenfassung in bezug auf das jeweilige Risikopotential ganz heterogener Unternehmen in

---

154 *Brackmann*, Hdb. der Sozialversicherung, S. 511.

155 *Brackmann*, Hdb. der Sozialversicherung, S. 511.

156 BT-Drucks. IV/938, S. 19; *Brackmann*, Hdb. der Sozialversicherung, S. 503; *Lauterbach-Watermann*, UV, § 646 Anm. 19.

157 *Brackmann*, Hdb. der Sozialversicherung, S. 503; *Lauterbach-Watermann*, UV, § 646 Anm. 19.

einer Genossenschaft würde ein gerechtes Finanzierungssystem verhindern. Allein in der landwirtschaftlichen Unfallversicherung sei das Risikopotential der Unternehmen im wesentlichen ähnlich, die regionale Gliederung daher die richtige Organisationsform[158]. Der Verzicht auf jede Untergliederung in der See-Unfallversicherung kann danach wohl auf die Dominanz des Risikofaktors See gegenüber allen technischen und menschlichen Gefahrenquellen zurückgeführt werden.

In sämtlichen Bereichen der Unfallversicherung sind die Gebietskörperschaften Träger der Unfallversicherung für die in ihren Unternehmen und Verwaltungseinrichtungen Beschäftigten (§§ 653-655, 657, 790 Abs. 2, 850 Abs. 3 RVO). Überdies sind sie Träger der sog. unechten Unfallversicherung für Nothelfer, Schüler und Studenten (§§ 653 Abs. 1 Nr. 3-7, 655 Abs. 1, 2 Nr. 1-6 RVO). Die gesonderte Organisation der Unfallversicherung für Angehörige des öffentlichen Dienstes und andere Bevölkerungsgruppen ist mit den Unterschieden zwischen staatlichen Einrichutungen und gewerblichen Unternehmen begründet worden, die eine Zusammenfassung in einer Organisation verhindern sollen[159]. Vor allem fehle den Gebeitskörperschaften die Absicht zur Gewinnerzielung.

d) Rechtsstellung der Träger der Unfallversicherung

Für die Beurteilung der Rechtsstellung der Unfallversicherungsträger ist die Differenzierung in Berufsgenossenschaften und Eigenunfallversicherungsträger bzw. Gebietskörperschaften konstitutiv. § 29 Abs. 1 SGB IV erklärt alle Träger der Sozialversicherung zu rechtsfähigen Körperschaften des öffentlichen Rechts. Davon werden durch § 29 Abs. 4 SGB IV allerdings die Eigenunfallversicherungsträger ausgenommen. Für diese bestimmen gemäß § 766 RVO die Gebietskörperschaften jeweils Ausführungsbehörden, die für die Unfallversicherung der bei Bund, Ländern und Gemeinden Beschäftigten zuständig sind. Versicherungsträger bleibt aber auch in diesem Fall die Gebietskörperschaft, in deren Verwaltung die Ausführungsbehörden eingegliedert sind[160].

e) Verfassung der Unfallversicherungsträger

Die Differenzierung zwischen Berufsgenossenschaften und Eigenunfallversicherungsträgern betrifft nicht nur die Rechtsstellung der beiden Typen, sondern

---

[158] *Brackmann*, Hdb. der Sozialversicherung, S. 533.

[159] *Brackmann*, Hdb. der Sozialversicherung, S. 522 a f.; *Etmer-Schulz*, UV, § 653 Anm. 2.

[160] *Brackmann*, Hdb. der Sozialversicherung, S. 527 a; GemKom-*Krause*, § 32 Rn. 22; *Lauterbach-Watermann*, UV, § 766 Anm. 4.

auch die Art ihrer Verfassung, also die Regelungen über die Mitgliedschaft, Organe und ihre Kompetenzen sowie über die Selbstverwaltung.

aa) Mitgliedschaft

Gemäß § 658 Abs. 1 RVO sind Mitglieder der Berufsgenossenschaften allein die Unternehmen mit Sitz im örtlichen Zuständigkeitsbereich der sachlich zuständigen Berufsgenossenschaft. Der Ausschluß der Versicherten von der Mitgliedschaft wird mit der alleinigen Heranziehung der Unternehmer zur Finanzierung der Unfallversicherung und der damit verbundenen Haftungsablösung begründet[161]. Gemäß § 659 RVO beginnt die Mitgliedschaft ohne weiteres mit der Aufnahme der Unternehmenstätigkeit, auf einen entsprechenden Willen des Unternehmers kommt es nicht an[162]. Die Berufsgenossenschaften sind also öffentlich-rechtliche Zwangsgenossenschaften der Unternehmen der gewerblichen Wirtschaft. Unternehmen, die Betriebe verschiedener Gewerbezweige in sich vereinen, werden durch § 647 Abs. 1 RVO nur einer Berufsgenossenschaft zugewiesen. Dadurch soll die Mitgliedschaft eines Unternehmens in mehreren Genossenschaften wegen der damit verbundenen Ungleichbehandlung der Beschäftigten und den verwaltungstechnischen Schwierigkeiten vermieden werden[163]. Allerdings werden durch § 647 RVO nicht alle Unternehmen eines Unternehmers der Zuständigkeit einer Genossenschaft unterstellt. Zentrale Voraussetzung dafür ist das Vorhandensein eines Hauptbetriebes, dem ein oder mehrere Nebenbetriebe zugeordnet sind[164]. Die näherere Konkretisierung dieser Begriffe lehnt sich an die sachenrechtlichen Differenzierungen der §§ 93 ff. BGB an[165]. Ein Gesamtunternehmen liegt nur vor, wenn die einzelnen Bestandteile einer einheitlichen Leitung und Verfügungsmacht unterliegen und in einem wirtschaftlichen, betriebstechnischen, räumlichen und personellen Zusammenhang stehen[166]. Liegen diese Voraussetzungen nicht vor, handelt es sich um mehrere selbständige Unternehmen, für die jeweils die fachlich einschlägige Berufsgenossenschaft zuständig ist[167].

Eine Mitgliedschaft bei den Eigenunfallversicherungsträgern gibt es naturgemäß nicht.

---

[161] Begründung zum UVNG, BT-Drucks. IV/938, S. 20; *Lauterbach-Watermann*, UV, § 658 Anm. 1.

[162] *Brackmann*, Hdb. der Sozialversicherung, S. 511 b.

[163] *Brackmann*, Hdb. der Sozialversicherung, S. 508 b.

[164] *Brackmann*, Hdb. der Sozialversicherung, S. 508 b; *Podzun*, UV, S. 48.

[165] *Brackmann*, Hdb. der Sozialversicherung, S. 508 b f.; *Lauterbach-Watermann*, UV, § 645 Anm. 4.

[166] BSGE 39, 112 (118); *Brackmann*, Hdb. der Sozialversicherung, S. 509; *Lauterbach-Watermann*, UV, § 645 Anm. 4.

[167] *Podzun*, UV, S. 48.

bb) Organe und Kompetenzen

Die innere Verfassung der Berufsgenossenschaften regeln die §§ 31 ff. SGB IV. Danach hat eine Genossenschaft drei Organe: die Vertreterversammlung, den Vorstand und einen Geschäftsführer.

§ 44 Abs. 1 Nr. 1 SGB IV ordnet die paritätische Besetzung von Vorstand und Vertreterversammlung mit Vertretern der Versicherten und der Unternehmer an, die in dem Verfahren der nach den §§ 45 ff. SGB IV abzuwickelnden sog. Sozialwahlen gewählt werden. Dabei besetzt jede Gruppe in getrennten Wahlen die ihr zustehenden Sitze. Die derart zusammengesetzte Vertreterversammlung wählt dann wiederum Gruppenvertreter in den Vorstand (§ 52 SGB IV). Ferner wählt die Vertreterversammlung den Geschäftsführer (§ 36 Abs. 2 SGB IV), der vom Vorstand vorzuschlagen ist und diesem mit beratender Stimme angehört (§ 31 Abs. 1 S.2 SGB IV).

Die Vertreterversammlung ist das Legislativorgan des Versicherungsträgers, ihr obliegt gemäß § 33 Abs. 1 SGB IV die Setzung autonomen Verbandsrechts, insbesondere der Satzung, und der Erlaß von Unfallverhütungsvorschriften aufgrund von § 708 Abs. 1 S.2 RVO. Vorstand und Geschäftsführer sind die beiden Verwaltungs- und Vertretungsorgane eines Unfallversicherungsträgers. Der Geschäftsführer ist für die laufenden Verwaltungsgeschäfte zuständig und vertritt den Versicherungsträger auch insoweit (§ 36 Abs. 1 SGB IV). Dem Vorstand obliegt die übrige Verwaltung und Vertretung sowie die Anleitung der Arbeit des Geschäftsführers durch Verwaltungsrichtlinien (§ 35 SGB IV).

Obwohl der unmittelbaren Staatsverwaltung eingegliedert, sind gemäß § 31 Abs. 4 SGB IV auch bei den Ausführungsbehörden von Bund und Ländern den drei genannten Organen entsprechende Einrichtungen zu bilden. Eine Befugnis zur Setzung von Verbandsrecht hat die Vertreterversammlung wegen § 767 Abs. 2 Nr. 2 RVO aber nicht[168]. Insbesondere steht die Kompetenz zum Erlaß von Unfallverhütungsvorschriften aufgrund von § 767 Abs. 2 Nr. 5 RVO dem jeweiligen Eigenunfallversicherungsträger selbst zu.

cc) Staatsaufsicht über die Unfallversicherungsträger

Die Träger der Unfallversicherung unterliegen der Staatsaufsicht nach Maßgabe der §§ 87 ff. SGB IV. Allgemein kann bei der Staatsaufsicht, im Hinblick auf die Intensität der Kontrolle, Rechts- und Fachaufsicht unterschieden werden.

§ 87 Abs. 1 SGB IV unterwirft die Unfallversicherungsträger der Rechtsaufsicht, indem die staatliche Kontrolle auf die Überprüfung der Beachtung von

---

168 *Brackmann*, Hdb. der Sozialversicherung, S. 527 a; GemKom-*Krause*, § 31 Rn. 22.

Gesetz und sonstigem Recht begrenzt wird[169]. Durch den Verweis auf „sonstiges Recht“ werden die Satzung und nach h.M. auch die gesetzeskonkretisierenden Verwaltungsvorschriften zu Prüfungsmaßstäben erhoben[170]. Darüber hinaus erstreckt § 87 Abs. 2 SGB IV die Aufsicht in den Bereichen Unfallverhütung und Erste Hilfe auf den Umfang und die Zweckmäßigkeit der Maßnahmen, ordnet also Fachaufsicht an[171]. Schließlich untersteht die Setzung von Verbandsrecht, insbesondere auch der Erlaß von Unfallverhütungsvorschriften, einem staatlichen Genehmigungsvorbehalt (§§ 34 Abs. 1 S.2 SGB IV, 709 RVO). Die Erteilung der Genehmigung kann dabei nicht nur von der Vereinbarkeit mit höherrangigem Recht, sondern auch von Zweckmäßigkeits- und Wirtschaftlichkeitserwägungen abhängig gemacht werden[172]. Zweck der verstärkten Aufsicht im Bereich der Unfallverhütung ist es, die Berufsgenossenschaften zu stärksten Anstrengungen in diesem Bereich zu veranlassen[173]. Eine Kontrolle der Präventionsmaßnahmen ohne die Prüfung ihrer Zweckmäßigkeit sei unmöglich[174].

Für Rechts- und Fachaufsicht enthält der Katalog des § 89 SGB IV die zulässigen Aufsichtsmittel, die nach Maßgabe des Verhältnismäßigkeitsprinzips anzuwenden sind[175].

Die §§ 87 ff. SGB IV gelten grundsätzlich auch für die Ausführungsbehörden der Eigenunfallversicherungsträger[176]. Wegen ihrer Eingliederung in die unmittelbare Staatsverwaltung unterliegen sie jedoch auch der Dienstaufsicht[177]. Durch die Gewährleistung einer den Berufsgenossenschaften entsprechenden Verfassung in § 31 Abs. 5 SGB IV wird die Dienstaufsicht über die Ausführungsbehörden der Eigenunfallversicherungsträger aber beschränkt[178].

dd) Selbstverwaltung

§ 29 Abs. 1 SGB IV verleiht den Trägern der Sozialversicherung das Recht auf Selbstverwaltung[179]. Der Begriff der Selbstverwaltung kann in zwei Richtun-

---

169 *Brackmann,* Hdb. der Sozialversicherung, S. 224 ff.; *Lauterbach-Watermann,* UV, § 87 Anm. b; *Leopold,* Selbstverwaltung, S. 156 ff.

170 *Brackmann,* Hdb. der Sozialversicherung, S. 225 f.; *Lauterbach-Watermann,* UV, § 87 Anm. b; *Leopold,* Selbstverwaltung, S. 158 f.

171 *Brackmann,* Hdb. der Sozialversicherung, S. 228 b; *Lauterbach-Watermann,* UV, § 87 Anm. c; *Leopold,* Selbstverwaltung, S. 164.

172 BSGE 23, 206 (209); *Lauterbach-Watermann,* UV, § 87 Anm. d aa; *Brackmann,* Hdb. der Sozialversicherung, S. 153 c; a.A. *Hendler,* SRH, 6, Rn. 30.

173 *Lauterbach-Watermann,* UV, § 87 Anm. c

174 GK-*Schroeter,* § 87 Anm. 8.

175 *Brackmann,* Hdb. der Sozialversicherung, S. 225 b; GemKom-*Meydam,* § 89 Rn. 4.

176 GemKom-*Krause,* § 29 Rn. 48.

177 *Brackmann,* Hdb. der Sozialversicherung, S. 527 b; GemKom-*Krause,* § 29 Rn. 47, § 32 Rn. 22.

178 BSGE 36, 111 (114); *Brackmann,* Hdb. der Sozialversicherung, S. 527 b.

gen entfaltet werden. Zu unterscheiden sind polititsche und rechtliche Selbstverwaltung. Unter politischer Selbstverwaltung wird die ehrenamtliche Beteiligung der Betroffenen an der Verwaltung ihrer Angelegenheiten verstanden[180]. Diesem Gedanken entspricht es, wenn § 29 Abs. 2 SGB IV die Verwaltung der Versicherungsträger den Arbeitgebern und den Versicherten überträgt. Die Ausgestaltung der politischen Selbstverwaltung ist soeben erläutert worden[181]. Rechtliche Selbstverwaltung meint dagegen die selbständige, weisungsfreie Wahrnehmung öffentlicher Aufgaben durch nichtstaatliche Träger öffentlicher Verwaltung im eigenen Namen[182]. Dieser Bedeutungsgehalt kommt in § 29 Abs. 1, 3 SGB IV zum Ausdruck, der die Sozialversicherungsträger zu rechtsfähigen Körperschaften des öffentlichen Rechts erklärt, die im Rahmen von Gesetz und Recht ihre Aufgaben in eigener Verantwortung wahrnehmen.

Eine wirkliche Eigenverantwortlichkeit der Aufgabenerfüllung wäre indessen nur gegeben, wenn die Sozialversicherungsträger die volle Kontrolle über Art, Umfang und Höhe ihrer Einnahmen und Ausgaben hätten. Angesichts der detaillierten Regelung des Sozialversicherungsrechts kann von einer solchen Freiheit jedoch keine Rede sein[183]. § 40 Abs. 1 SGB I stellt die Ansprüche auf Sozialleistungen unter den Vorbehalt einer gesetzlichen Grundlage in einer Vorschrift des besonderen Teils des SGB. Für die Unfallversicherung sind insoweit die §§ 539 ff. RVO maßgebend. Die Grundsätze der Beitragserhebung sind in §§ 20 ff. SGB IV geregelt. Auch insoweit besteht ein Gesetzesvorbehalt. Maßstäbe für die Beitragshöhe ergeben sich aus §§ 21 SGB IV, 725 ff. RVO. Immer haben die Unfallversicherungsträger gemäß § 69 Abs. 2 SGB IV die Grundsätze der Wirtschaftlichkeit und Sparsamkeit zu beachten, über deren Einhaltung die Staatsaufsicht wacht[184]. Die Rechtsaufsicht erstreckt sich zudem noch auf die Kontrolle der Einhaltung von Verwaltungsvorschriften.

Spielraum zu eigenverantwortlichem Handeln verbleibt demnach nur noch im Bereich der Organisation, des Personalwesens, der Finanzwirtschaft, der politischen Interessenwahrnehmung und der Öffentlichkeitsarbeit[185]. Speziell im Bereich der Unfallversicherung findet sich Selbstverantwortung noch in den Bereichen Prävention und Rehabilitation[186]. Den Unfallversicherungsträgern obliegt

---

179 Vgl. zum folgenden: *Hendler*, Selbstverwaltung, S. 218 ff.

180 *Brackmann*, Hdb. der Sozialversicherung, S. 80 u II, GemKom-*Krause*, § 29 Rn. 27; *Hendler*, SRH, 6, Rn. 12; *Leopold*, Selbstverwaltung, S. 33.

181 Vgl. soeben, unter bb.

182 *Brackmann*, Hdb. der Sozialversicherung, S. 80 u II; GemKom-*Krause*, § 29 Rn. 28; *Hendler*, SRH, 6, Rn. 11; *Leopold*, Selbstverwaltung, S. 33; *Wolff / Bachof*, VerwR II, § 89 IV b.

183 BVerfGE 39, 302 (313 f.); *Brackmann*, Hdb. der Sozialversicherung, S. 153 m; GemKom-*Krause*, § 29 Rn. 30; *Hendler*, SRH, 6, Rn. 35.

184 BSG SGb 1985, S. 78 ff.; *Hendler*, SRH, 6, Rn. 31.

185 *Brackmann*, Hdb. der Sozialversicherung, S. 153 n; GemKom-*Krause*, § 29 Rn. 30.

gemäß § 708 Abs. 1 RVO der Erlaß von Unfallverhütungsvorschriften und die Entscheidung über sonstige Präventionsmaßnahmen. § 546 Abs. 1 RVO verpflichtet sie darüber hinaus zum Einsatz aller geeigneten Präventionsmittel. Gestaltungsspielraum bei den Rehabilitationsleistungen besteht zum einen bei der Entscheidung zwischen krankenversicherungsrechtlichem oder berufsgenossenschaftlichem Heilverfahren und zum anderen bei der Auswahl und Ausgestaltung von Maßnahmen der Berufshilfe[187].

f) Verwaltungskosten

Die Verwaltungskosten der gewerblichen Berufsgenossenschaften beliefen sich im Jahr 1987 auf 846 Millionen DM[188]. Dies macht etwa 10 % der Kosten der Entschädigungsleistungen aus, die im selben Jahr 8,2 Milliarden DM betrugen[189].

7. Finanzierung der Unfallversicherung

Bei der Darstellung der Finanzierung der Unfallversicherung ist nochmals zwischen Berufsgenossenschaften einerseits, Bund und Ländern mit ihren Ausführungsbehörden andererseits zu unterscheiden. Letztere sind Teil der unmittelbaren Staatsverwaltung und werden aus allgemeinen Steuermitteln finanziert[190]. Die Finanzierung der Berufsgenossenschaften regeln die §§ 723 ff. RVO.

a) Der Kreis der Beitragspflichtigen

Abweichend von den übrigen Zweigen der Sozialversicherung wird die Unfallversicherung gemäß § 723 Abs. 1 RVO allein durch Beiträge der Unternehmer finanziert. Die Freistellung der Versicherten, also der Arbeiter, von jeder Beitragspflicht wird mit dem unfallversicherungsrechtlichen Haftungsausschluß des § 636 RVO begründet. Die Haftungsersetzungsfunktion der Unfallversicherung recht-

---

186 *Brackmann*, Hdb. der Sozialversicherung, S. 153 m f.; GemKom-*Krause*, § 29 Rn. 30; *Hendler*, SRH, 6, Rn. 35; *Hopf*, BG 1978, S. 395; *Lauer*, Prävention und genossenschaftliche Haftung, in: Nicklisch, Prävention, S. 249 (253).

187 *Hopf*, BG 1978, S. 395 (399).

188 Hauptverband der gewerblichen Berufsgenossenschaften e. V., Übersicht über die Geschäfts- und Rechnungsergebnisse der gewerblichen Berufsgenossenschaften im Jahre 1987, S. 32, 83 f.

189 Hauptverband der gewerblichen Berufsgenossenschaften e. V., Übersicht über die Geschäfts- und Rechnungsergebnisse der gewerblichen Berufsgenossenschaften im Jahre 1987, S. 79.

190 *Brackmann*, Hdb. der Sozialversicherung, S. 539; *Podzun*, UV, S. 95.

fertige die Belastung der Unternehmer mit allen Kosten[191]. Soweit auch Arbeitsunfälle entschädigt werden, für die eine zivilrechtliche Haftpflicht des Unternehmers nicht in Betracht käme, wird die diesbezügliche Finanzierungsobliegenheit mit der Fürsorgepflicht des Arbeitgebers begründet[192].

b) Der Finanzierungsbedarf

Bezugsgröße für die Höhe der Beiträge ist der Bedarf des abgelaufenen Geschäftsjahres. § 724 Abs. 1 RVO positiviert das Umlageverfahren zur nachträglichen Bedarfsdeckung. Die laufenden Leistungen und Verwaltungskosten werden aus nach § 735 RVO erhobenen Beitragsvorschüssen, Kapitalerträgen, angesammelten Beiträgen und Krediten gedeckt[193]. Nach §§ 724 Abs. 1, 740 RVO ist der „Bedarf" des abgelaufenen Geschäftsjahres einschließlich der zur Ansammlung der Rücklage nötigen Beträge auf das Kollektiv der Unternehmer umzulegen.

Bedarf ist der Saldo zwischen Ausgaben und Einnahmen eines Geschäftsjahres[194]. Bei den Ausgaben kann zwischen den Kosten der Entschädigungsleistungen, Betriebsmittel- und Rücklagezuführungen einerseits, den Verwaltungskosten und Aufwendungen für Unfallverhütung andererseits unterschieden werden[195]. Davon sind die nicht in Beiträgen bestehenden Einnahmen wie Kapitalerträge, Zuflüsse aus Regressen und Geldbußen abzusetzen. Der danach verbleibende Betrag ist das Umlagesoll, das durch Beiträge der Mitgliedsunternehmen abzudekken ist[196]. Das Umlagesoll der gewerblichen Berufsgenossenschaften betrug im Jahr 1987 9 Milliarden DM[197].

c) Grundsätze der Beitragsbemessung

Für die Bemessung des von einem Unternehmen zu entrichtenden Jahresbeitrags nennt § 725 Abs. 1 RVO zwei Kriterien: die Lohnsumme und den Gefahrtarif. Die Lohnsumme wird als Bestimmungsfaktor der Beitragshöhe herangezogen,

---

191 *Brackmann*, Hdb. der Sozialversicherung, S. 540 a; *Lauterbach-Watermann*, UV, § 723 Anm. 3; *Podzun*, UV, S. 95; *Schulz*, Gefahrtarif und Risikoausgleich, S. 49.

192 *Brackmann*, Hdb. der Sozialversicherung, S. 540 a; *Lauterbach-Watermann*, UV, § 723 Anm. 3.

193 *Brackmann*, Hdb. der Sozialversicherung, S. 540 c.

194 *Brackmann*, Hdb. der Sozialversicherung, S. 540 e.

195 *Brackmann*, Hdb. der Sozialversicherung, S. 540 e; *Lauterbach-Watermann*, UV, § 723 Anm. 2 c; *Schulz*, Gefahrtarif und Risikoausgleich, S. 43 f.

196 *Brackmann*, Hdb. der Sozialversicherung, S. 540 e; *Lauterbach-Watermann*, UV, § 723 Anm. 2 c; *Podzun*, UV, S. 95; *Schulz*, Gefahrtarif und Risikoausgleich, S. 43 f.

197 Hauptverband der gewerblichen Berufsgenossenschaften e. V., Übersicht über die Geschäfts- und Rechnungsergebnisse der gewerblichen Berufsgenossenschaften im Jahre 1987, S. 64.

weil die von einem Unternehmen für die Genossenschaft verursachten Kosten durch diese Größe entscheidend mitbestimmt werden[198]. In der Lohnsumme drückt sich sowohl die Anzahl der in einem Unternehmen Beschäftigten als auch die Höhe des den Versicherten gezahlten Entgelts aus, von der wiederum der Umfang unfallversicherungsrechtlicher Entschädigungsleistungen weitgehend abhängt. Die Berechnung der Lohnsumme regeln die §§ 726-729 RVO.

Der Gefahrtarif dient gemäß §§ 730, 725 Abs. 1 RVO der Abstufung des Beitrags nach dem Grad der Unfallgefahr in dem jeweiligen Unternehmen. Die Beitragsbemessung nach dem Grad der Unfallgefahr soll die möglichst gerechte Verteilung der Kosten der Unfallversicherung auf die Beitragspflichtigen ermöglichen[199]. Die Höhe des von einem Unternehmen zu entrichtenden Beitrags soll sich nach seinem Risikopotential richten[200]. Eine völlige Individualisierung der Beitragshöhe wird andererseits nicht angestrebt[201]. Der genossenschaftliche Gedanke gemeinsamer Lastentragung und das Versicherungsprinzip stehe der individuellen Zurechnung von Unfallfolgelasten entgegen[202]. Den danach notwendigen Kompromiß zwischen individueller Verantwortung und genossenschaftlicher Solidarhaftung verwirklicht das Instrument des Gefahrtarifs. Dieser ist autonomes Recht der jeweiligen Berufsgenossenschaft und enthält die Gefahrklassen, von denen die Höhe der von den Mitgliedsunternehmen zu leistenden Beiträge abhängt[203]. Die Festlegung der Gefahrklassen wirft eine Vielzahl schwieriger Fragen auf. Unter anderem ist zu klären, nach welchem Prinzip die einzelnen Risikogemeinschaften zusammengesetzt werden und wie groß sie sein sollen, welche Werte für die Ermittlung des Grades der Unfallgefahr maßgeblich sein können und welche Länge des dabei zugrunde zu legenden Beobachtungszeitraums angemessen ist[204]. Die Tarifstellen eines Gefahrtarifs können grundsätzlich nach zwei unterschiedlichen Prinzipien gebildet werden, dem sog. Gewerbszweigprinzip und dem sog. Tätigkeitsprinzip[205]. Beim Gewerbszweigtarif erfolgt die Einteilung des Gefahrtarifs nach Gewerbezweigen, indem Unternehmen, die nach ihrer technologischen Ähnlichkeit einen Gewerbezweig bilden, zu einer Tarifstelle zusammengesetzt werden. Für ein Unternehmen gilt dann nur eine Gefahrklasse. Nach dem Grundsatz des Tätigkeitstarifs werden Gefahrklassen für bestimmte

---

198 *Brackmann*, Hdb. der Sozialversicherung, S. 540 f.; *Podzun*, UV, S. 95; *Rengert*, FS Lauterbach, S. 95 (101); *Schulz*, Gefahrtarif und Risikoausgleich, S. 50.

199 *Schulz*, Gefahrtarif und Risikoausgleich, S. 53 f.

200 *Brackmann*, Hdb. der Sozialversicherung, S. 542 b.

201 *Schulz*, Gefahrtarif und Risikoausgleich, S. 58 f., 264.

202 *Lauterbach-Watermann*, UV, § 730 Anm. 3, 5; *Podzun*, UV, S. 95.

203 *Schulz*, Gefahrtarif und Risikoausgleich, S. 58, 62.

204 Vgl. dazu die grundlegenden Arbeiten von *Schulz*, Gefahrtarif und Risikoausgleich, S. 63 ff.; Grundfragen, S. 15 ff.; Tarifstellengliederung in den Gefahrtarifen, FS Lauterbach, Bd. 2, S. 323 ff.

205 *Schulz*, Gefahrtarif und Risikoausgleich, S. 85 ff.; *ders.*, FS Lauterbach, Bd. 2, S. 323 (326 f.).

Tätigkeiten gebildet und ein Unternehmen je nach der Art der in seinen Betrieben verrichteten Tätigkeiten zu mehreren verschiedenen Gefahrklassen veranlagt. Der Tätigkeitstarif verspricht mehr Tiefenschärfe und folglich eine genauere Veranlagung , verursacht aber viel Verwaltungsaufwand und eröffnet zahlreiche Manipulations- und Mißbrauchsmöglichkeiten. Die Gefahrtarife der gewerblichen Berufsgenossenschaften gehen deshalb ganz überwiegend vom Gewerbszweigsprinzip aus[206]. Dem Zweck einer risikogerechten Beitragsbemessung dient allerdings nicht erst der Gefahrtarif; eine Vorselektion durch Bildung relativ homogener Risikogemeinschaften findet bereits durch die fachliche Gliederung der Berufsgenossenschaften statt[207]. Der Grundgedanke des Tätigkeitsprinzips wird jedoch mitberücksichtigt, indem die Zusammensetzung eines Gewerbezweigs auch mit Rücksicht auf die Art der in den Unternehmen verrichteten Tätigkeiten bestimmt wird, vor allem aber dadurch, daß für den Verwaltungsapparat aller Unternehmen, den sog. Büroteil, eine eigene Gefahrtarifstelle festgestetzt wird[208]. Insgesamt wird damit eine möglichst homogene Zusammensetzung der Gefahrklassen angestrebt. Für die Beitragsgerechtigkeit optimal wäre dabei natürlich eine möglichst differenzierte Zuschneidung möglichst kleiner Gefahrklassen. Um den erforderlichen Risikoausgleich innerhalb der Tarifstellen nicht zu gefährden, sind diese jedoch ausreichend groß zu dimensionieren[209]. Für die Bestimmung des Grades der Unfallgefahr in den so konturierten Tarifstellen wird dann die Kostenbelastung der Berufsgenossenschaft durch Entschädigungsleistungen für Arbeitsunfälle in dem jeweiligen Gewerbezweig herangezogen[210]. Die Unfallhäufigkeit in einem einzelnen Unternehmen ist also nicht maßgebend. Der Grundkonflikt zwischen den Prinzipien risikogerechter Lastenverteilung und solidarischer Lastentragung tritt wieder bei der Frage der Länge des Beurteilungszeitraums zu Tage[211]. Für einen langen, im Grenzfall auch alle von einem Gewerbezweig zu verantwortenden Altlasten berücksichtigenden Zeitraum spricht das Ziel risikogerechter Beitragsbemessung, für die solidarische Tragung aller Altlasten einer Berufsgenossenschaft durch alle Mitglieder das Genossenschaftsprinzip. Üblich ist heute ein Beobachtungszeitraum von 5 Jahren[212].

Nach allem zielen die Grundsätze der berufsgenossenschaftlichen Beitragsbemessung auf die Bildung relativ kleiner, homogener Risikogemeinschaften ab

---

206 *Lauterbach-Watermann*, UV, § 730 Anm. 4 f.; *Schulz*, Gefahrtarif und Risikoausgleich, S. 79 f., 88.

207 *Brackmann*, Hdb. der Sozialversicherung, S. 542 b; *Podzun*, UV, S. 95.

208 *Schulz*, Gefahrtarif und Risikoausgleich, S. 88; *ders.*, FS Lauterbach, Bd. 2, S. 323 (327).

209 BSGE 27, 237; *Lauterbach-Watermann*, UV, § 730 Anm. 5; *Schulz*, Gefahrtarif und Risikoausgleich, S. 122; *ders.*, Grundfragen, S. 57 ff.

210 Zum sog. Belastungsverfahren vgl. *Schulz*, Gefahrtarif und Risikoausgleich, S. 184 ff.

211 Vgl. zur Länge des Beobachtungszeitraums: *Schulz*, Gefahrtarif und Risikoausgleich, S. 129 ff.

212 *Schulz*, Gefahrtarif und Risikoausgleich, S. 80.

und nicht auf die Veranlagung jedes Einzelunternehmens je nach dem individuellen Grad der Unfallgefahr[213]. Rücksichten im Einzelfall durch Zuweisung unterschiedlicher Betriebsteile zu verschiedenen Gefahrklassen sowie durch Modifizierung der einem Unternehmen zugewiesenen Gefahrklasse nach dem individuellen Grad der Unfallgefahr sind jedoch möglich[214]. Gebräuchlich sind sie nicht[215].

Um die bei der Veranlagung insbesondere von Kleinunternehmen anfallenden Verwaltungskosten niedrig zu halten, gestattet schließlich § 728 RVO die Erhebung einheitlicher Mindestbeiträge sowie die Ersetzung des Faktors der Lohnsumme durch den der Anzahl der Versicherten[216].

Die Unfallhäufigkeit in einem Einzelunternehmen spielt somit für die Beitragsbemessung unmittelbar keine Rolle. Um das Fehlen von beitragsvermittelten Präventionsanreizen auszugleichen, also um das Eigeninteresse der Unternehmer an wirksamer Unfallverhütung zu stärken, ist das Zuschlag-Nachlass-Verfahren des § 725 Abs. 2 RVO eingeführt worden, das die Gewährung von Prämien und Beitragsnachlässen bzw. die Erhebung von Beitragszuschlägen je nach der Unfallhäufigkeit in einem einzelnen Unternehmen vorsieht[217]. Ein solcher Beitragsausgleich ist vorzunehmen, wenn die Belastung der Genossenschaft durch einen Betrieb nach Zahl, Schwere und Kosten der aufgetretenen Unfälle von der durch ein Durchschnitts-Mitgliedsunternehmen verursachten Kostenbelastung abweicht[218]. Bei dieser Gegenüberstellung sind gemäß § 725 Abs. 2 S. 2 Wegeunfälle ebenso auszunehmen wie Berufskrankheiten und Unfälle infolge höherer Gewalt oder Drittverschulden. Ratio aller dieser Ausnahmen ist, den Maßstab der Unfallhäufigkeit von Faktoren rein zu halten, die sich einer Steuerung durch den Unternehmer entziehen[219]. Präventionsanreize sind in diesen Fällen von vornherein sinnlos. Einzelheiten der Ausgestaltung des Beitragsausgleichsverfahrens nach § 725 Abs. 2 RVO sind von der Berufsgenossenschaft im Rahmen ihres Selbstverwaltungsrechts festzulegen. Im Interesse der Unfallverhütung muß jedoch irgendein Ausgleichsverfahren durchgeführt werden. Die dabei gewährten Nachlässe und Prämien bzw. die erhobenen Zuschläge sollen der Höhe nach eine spürbare wirtschaftliche Belastung darstellen, ohne das Prinzip genossenschaftlicher Lastentragung der nach Gewerbezweigen zu Gefahrklassen veranlagten Unternehmen auszuhebeln[220]. 1987 wurden Beitragszuschläge und -nachlässe

---

213 *Schulz*, Gefahrtarif und Risikoausgleich, S. 58 f., 85 f., 243.

214 BSGE 27, 237 (240); *Brackmann*, Hdb. der Sozialversicherung, S. 542 c; *Lauterbach-Watermann*, UV, § 730 Anm. 3.

215 *Schulz*, Gefahrtarif und Risikoausgleich, S. 253; *ders.*, Grundfragen, S. 141.

216 BT-Drucks. IV/120, S. 67; GK-*Gitter*, § 728 Anm. 1.

217 *Brackmann*, Hdb. der Sozialversicherung, S. 542 f.; *Lauterbach-Watermann*, UV, § 725 Anm. 10 a; *Podzun*, UV, S. 99 f.; *Schulz*, Gefahrtarif und Risikoausgleich, S. 258.

218 GK-*Gitter*, § 725 Anm. 10; *Podzun*, UV, S. 99.

219 *Lauterbach-Watermann*, UV, § 725 Anm. 12, 15, 16.

220 GK-*Gitter*, § 725 Anm. 10; *Podzun*, UV, S. 99 f.

sowie Prämien in Höhe von insgesamt 547 Millionen DM erhoben bzw. gewährt[221].

Insgesamt stellen die in § 725 Abs. 1 und 2 RVO enthaltenen Grundsätze der Beitragsberechnung ein Spannungsverhältnis zwischen den Prinzipien solidarischer Lastentragung und individuell gerechter Kostenanlastung her[222]. Trotz kollektiver Haftung soll auf die Anreizwirkung risikogerechter Kostenzurechnungen im Hinblick auf die Prävention nicht verzichtet werden.

d) Rücklage

Die Beitragseinnahmen einer Berufsgenossenschaft müssen gemäß § 21 Nr. 2 SGB IV nicht nur ausreichen, um die laufenden Ausgaben zu bestreiten, sondern auch dazu, die Bereithaltung der gesetzlichen Rücklage zu garantieren. Letztere dient zur Sicherstellung der Leistungsfähigkeit des Unfallversicherungsträgers in Fällen von Einnahme- und Ausgabeschwankungen, also bei Einnahmeausfällen und / oder Ausgabesteigerungen. Ein weiterer Zweck der Rücklage ist die Herbeiführung eines längerfristigen Beitragsausgleichs, indem die Unternehmen, die hohe Folgelasten für die Berufsgenossenschaft verursachen, zur Finanzierung der von ihnen zu verantwortenden zukünftigen Entschädigungsleistungen herangezogen werden[223]. Die Höhe der Rücklage der Unfallversicherungsträger setzt § 755 RVO auf das Dreifache der in einem Geschäftsjahr gezahlten Rentensumme fest. Die Rücklage ist ein Sondervermögen, das von den übrigen Betriebsmitteln getrennt zu halten und nach Maßgabe des § 83 SGB IV sicher anzulegen ist[224].

e) Regionalisierung der Lastentragung

Gemäß § 736 RVO kann eine Berufsgenossenschaft die Belastung durch Entschädigungsleistungen regionalisieren, indem sie diese mit eigenen Organen ausgestatteten Untergliederungen bis zur Höhe von zwei Dritteln auferlegt. Möglich ist damit die Verteilung der Kosten auf Sektionen, Bezirksverwaltungen oder Gebietsverwaltungen[225]. Die Bildung von Selbstverwaltungsorganen auch auf dieser Organisationsstufe ermöglicht § 31 Abs. 4 SGB IV, sie kommt aber in

---

[221] Hauptverband der gewerblichen Berufsgenossenschaften e. V., Übersicht über die Geschäfts- und Rechnungsergebnisse der gewerblichen Berufsgenossenschaften im Jahre 1987, S. 67, 81.

[222] *Lauterbach-Watermann*, UV, § 725 Anm. 1 b, § 730 Anm. 3; *Schulz*, Gefahrtarif und Risikoausgleich, S. 264; *ders.*, FS Lauterbach, Bd. 2, S. 323 (332).

[223] *Schulz*, Gefahrtarif und Risikoausgleich, S. 47.

[224] *Lauterbach-Watermann*, UV, § 754 RVO, § 82 SGB IV Anm. 2 a, g.

[225] *Brackmann*, Hdb. der Sozialversicherung, S. 549 a; *Lauterbach-Watermann*, UV, § 736 Anm. 4.

der Praxis kaum vor. Dementsprechend hat von der Befugnis zur Regionalisierung der Lastentragung bisher nur die Bergbau-Berufsgenossenschaft Gebrauch gemacht[226].

f) Lastenausgleich

Zu einem Finanzausgleich unter mehreren Genossenschaften führen drei verschiedene gesetzliche Wege: die freiwillige Zusammenlegung der Last gemäß § 737 RVO, die Anordnung eines zeitlich befristeten Lastenausgleichs unter mehreren Berufsgenossenschaften durch den BMA gemäß § 738 RVO und die Durchführung eines Verfahrens nach Art. 3, §§ 1-6 Unfallversicherungs-Neuregelungsgesetz[227].

§ 737 RVO ermächtigt die Berufsgenossenschaften, im Rahmen ihres Selbstverwaltungsrechts nach freiem Ermessen zu beschließen, die von ihnen getragenen Entschädigungslasten ganz oder auch nur teilweise gemeinsam zu tragen. Ein freiwilliger Beschluß auf der Grundlage des § 737 RVO ist bisher aber nur zur Verteilung von Kriegsfolgelasten ergangen[228].

Die Anordnung gemeinsamer Lastentragung durch den BMA nach § 738 RVO ohne oder gegen den Willen der beteiligten Genossenschaften setzt die Gefährdung der Leistungsfähigkeit einer Genossenschaft voraus. Die Vorschrift enthält eine restriktiv zu handhabende Ausnahmekompetenz, weil durch die Anordnung gemeinsamer Lastentragung intensiv in das Selbstverwaltungsrecht der Berufsgenossenschaften eingegriffen und der Grundsatz risikogerechter Verteilung der Finanzierungslast durchbrochen wird[229]. Im Hinblick auf diesen ultima-ratio-Charakter sind an die zentrale Voraussetzung des § 738 RVO, die Gefährdung der Leistungsfähigkeit einer Genossenschaft, hohe Anforderungen zu stellen. Es muß sich um eine dauerhafte, durch Kreditaufnahmen nicht zu bewältigende Mittelverknappung handeln, die die Erfüllung der gesetzlichen Verpflichtungen der Genossenschaft in Frage stellt[230]. Aber auch in diesem Fall ist die Zusammenlegung der Last nur für die Dauer eines Geschäftsjahres möglich.

Gegenüber der Ausnahmevorschrift des § 738 RVO enthält Art. 3 UVNG eine allgemeine Regelung des Finanzausgleichs unter den gewerblichen Berufsgenossenschaften einschließlich der See-Berufsgenossenschaft. Die Regelung beruht auf einem Vorschlag des Hauptverbandes der gewerblichen Berufsgenossenschaf-

---

226 *Brackmann*, Hdb. der Sozialversicherung, S. 549 a; *Lauterbach-Watermann*, UV, § 736 Anm. 4, 8.

227 UVNG vom 21.12 1967, BGBl I, S. 1259, 1276; Art. 3 UVNG abgedruckt bei *Lauterbach-Watermann*, UV, Anhang, Nr. 29.

228 *Lauterbach-Watermann*, UV, § 737 Anm. 2 c.

229 *Brackmann*, Hdb. der Sozialversicherung, S. 549 b; *Lauterbach*, FS Jantz, S. 107 (110); *Lauterbach-Watermann*, UV, § 738 Anm. 2 f.

230 *Lauterbach-Watermann*, UV, § 738 Anm. 2.

ten e. V.[231]. Danach soll eine Genossenschaft ihre Entschädigungslasten nur noch bis zu einer in Art. 3, § 1 Abs. 1, 2 UVNG bestimmten Belastungsgrenze tragen, die erreicht ist, wenn die jährlichen Leistungspflichten einer Genossenschaft das Vier- bis Fünffache der durchschnittlichen Verpflichtungen der übrigen Genossenschaften übersteigen. In diesem Fall werden die Belastungsspitzen auf die übrigen Berufsgenossenschaften verteilt[232]. Die übrigen Berufsgenossenschaften sind gemäß § 3 Abs. 2 des Art. 3 UVNG im Verhältnis ihrer Lohnsummen ausgleichsverpflichtet. Gemäß § 4 des Art. 3 UVNG richtet sich die Verteilung der von einer Berufsgenossenschaft zu tragenden Ausgleichslast auf ihre Mitgliedsunternehmen ebenfalls nach dem Anteil des einzelnen Unternehmens an der Gesamtlohnsumme der Berufsgenossenschaft. Die Durchführung des Finanzausgleichsverfahrens nach Art. 3 UVNG obliegt gemäß § 6 dem Hauptverband der gewerblichen Berufsgenossenschaften e.V., der insoweit hoheitlich tätig wird[233]. Die einzelnen Berufsgenossenschaften haben dem Hauptverband die für die Berechnung ihres Anteils an der Ausgleichslast erforderlichen Daten mitzuteilen. Dieser legt die Ausgleichssumme dann auf die ausgleichspflichtigen Berufsgenossenschaften um.

Anlaß für die Regelung des Finanzausgleichs in Art. 3 UVNG war die Notlage der Bergbau-Berufsgenossenschaft, die während der Strukturkrise im Bergbau hohe Entschädigungs-Altlasten zu bedienen hatte, die aus Boomzeiten im Bergbau mit hohem Beschäftigungsstand und niedrigem Sicherheitsniveau stammen[234]. Der Umfang der Transferleistungen der gewerblichen Berufsgenossenschaften an die Bergbau-Berufsgenossenschaft betrug im Jahre 1987 894 Millionen DM[235]. Die Belastung der übrigen Genossenschaften mit den Kosten der Leistungspflichten einer anderen Genossenschaft wird mit der Verantwortung und Solidarität der Wirtschaft insgesamt begründet[236]. Die gewerbliche Wirtschaft sei hinsichtlich der mit Arbeitsunfällen und Berufskrankheiten verknüpften Kosten eine große Risikogemeinschaft, die aktualisiert werde, wenn ein hochgradig homogener Gewerbezweig durch Änderungen der Wirtschaftsstruktur in Schwierigkeiten gerate[237]. Die mit dem Finanzausgleichsverfahren nach Art. 3 UVNG durchbrochene fachliche Gliederung der Unfallversicherung habe demgegenüber keinen Verfassungsrang und sei daher partiell negierbar[238].

---

[231] Lauterbach, FS Jantz, S. 107 (111); *Wohlberedt*, FS Lauterbach, Bd. 2, S. 315 (316).

[232] *Wohlberedt*, FS Lauterbach, Bd. 2, S. 315 (317).

[233] *Lauterbach-Watermann*, UV, § 738 Anm. 10 a.

[234] Vgl. die Darstellungen des Hintergrunds von Art. 3 UVNG in BVerfGE 36, 383 (395) und bei *Schulz*, Gefahrtarif und Risikoausgleich, S. 246.

[235] Hauptverband der gewerblichen Berufsgenossenschaften e. V., Übersicht über die Geschäfts- und Rechnungsergebnisse der gewerblichen Berufsgenossenschaften im Jahre 1987, S. 33.

[236] BVerfGE 36, 383 (396, 398 f.); *Lauterbach*, FS Jantz, S. 107 (110).

[237] *Schulz*, Gefahrtarif und Risikoausgleich, S. 250.

[238] BVerfGE 36, 383 (393).

8. Unfallverhütung

An die Spitze des Abschnitts über die Leistungen der Unfallversicherung stellt § 546 Abs. 1 RVO die Pflichten der Unfallversicherungsträger zur Verhütung von Unfällen und zur Gewährleistung wirksamer Erster Hilfe. Während letztere systematisch zu den Rehabilitationsleistungen gehört, wird durch § 546 Abs. 1 RVO vor allem die Bedeutung des zweiten Aufgabenkreises der Berufsgenossenschaften, neben demjenigen des Ausgleichs der Folgen von Arbeistunfällen und Berufskrankheiten, betont. Die mit Arbeitsunfällen verbundenen menschlichen und wirtschaftlichen Kosten sollen durch Unfallverhütung soweit wie möglich vermieden werden. Der Gesetzgeber hat den hohen Stellenwert, den er der Aufgabe der Unfallverhütung zumißt, durch die herausgehobene Stellung des § 546 Abs. 1 RVO sowie durch die Formulierung, die Berufsgenossenschaften hätten „mit allen geeigneten Mitteln" für Unfallverhütung zu sorgen, zum Ausdruck gebracht[239]. Wie sich aus dem Verweis in § 546 Abs. 1 RVO auf die §§ 708 ff. RVO und die entsprechenden Vorschriften für die Eigenunfallversicherungsträger, die landwirtschaftliche und die See-Unfallversicherung ergibt, soll der Erlaß von Unfallverhütungsvorschriften das zentrale Instrument der Versicherungsträger zur Förderung von Präventionsmaßnahmen sein. Das einzige Mittel effektiver Unfallverhütung sind die Unfallverhütungsvorschriften indessen nicht; vielmehr sind die Unfallversicherungsträger aufgrund des § 546 Abs. 1 RVO zum Einsatz aller denkbaren Instrumente verpflichtet[240].

a) Der Erlaß von Unfallverhütungsvorschriften

Die Unfallverhütungsvorschriften sind autonomes Verbandsrecht der Berufsgenossenschaften (§ 708 RVO)[241]. Sie enthalten sowohl Verhaltensrichtlinien für den Unternehmer über die Bereitstellung von Einrichtungen und Anordnung von Maßnahmen zur Unfallverhütung (§ 708 Abs. 1 Nr. 1 RVO) als auch Normen über das von den Versicherten zu beobachtende Verhalten (§ 708 Abs. 1 Nr. 2 RVO). Dementsprechend sind sie nicht nur für die Mitglieder der Berufsgenossenschaften, also die Unternehmer, verbindlich, sondern verpflichten unmittelbar auch die Versicherten[242]. Unfallverhütungsvorschriften können sowohl die Einrichtung des Betriebes und der Arbeitsplätze als auch Einzelheiten des Arbeitsverfahrens reglementieren[243]. Zur Steigerung der Unfallsicherheit können dem Unter-

---

239 *Lauterbach-Watermann,* UV, § 546 Anm.1 f.

240 *Lauterbach-Watermann,* UV, § 546 Anm. 5.

241 *Brackmann,* Hdb. der Sozialversicherung, S. 551; Bundesanstalt für Arbeitsschutz und Unfallforschung, Arbeitsschutzsystem, Bd. 1, S. 95; *von Chossy,* FS Lauterbach, S. 253 (256); *Lauterbach-Watermann,* UV, § 708 Anm. 4.

242 *Brackmann,* Hdb. der Sozialversicherung, S. 551; Bundesanstalt für Arbeitsschutz und Unfallforschung, Arbeitsschutzsystem, Bd. 1, S. 96; *Lauterbach-Watermann,* UV, § 708 Anm. 4, § 658 Anm. 2; *Podzun,* UV, S. 53.

nehmer die Ausführung baulicher und technischer Einrichtungen, die Verwendung bestimmter Arbeitsmittel und Geräte, die Anordnung von Sicherheitsvorkehrungen usw. aufgegeben werden[244].

§ 708 Abs. 1 S.2 RVO weist den Vertreterversammlungen der Berufsgenossenschaften die Kompetenz zum Erlaß von Unfallverhütungsvorschriften zu. Würde jede Berufsgenossenschaft für sich selbst Unfallverhütungsvorschriften erarbeiten, wäre, zumal bei den regional gegliederten Berufsgenossenschaften, eine starke Zersplitterung und Uneinheitlichkeit des für ein Sachgebiet geltenden Unfallverhütungsrechts zu befürchten[245]. In der Praxis werden die Unfallverhütungsvorschriften deshalb von den Vertreterversammlungen der Berufsgenossenschaften zwar beschlossen, nicht aber erarbeitet. Diese Aufgabe ist auf die Ebene der berufsgenossenschaftlichen Spitzenverbände verlagert worden. Der 1920 beim Hauptverband der gewerblichen Berufsgenossenschaften e.V. gegründeten Zentralstelle für Unfallverhütung und Arbeitsmedizin obliegt die Bündelung und Koordinierung der berufsgenossenschaftlichen Anstrengungen im Bereich der Arbeitssicherheit[246]. Entsprechende Einrichtungen bestehen auch im Bereich der landwirtschaftlichen Unfallversicherung[247].

Die Unfallverhütungsvorschriften werden von Fachausschüssen erarbeitet, die bei der Zentralstelle gebildetet wurden[248]. Gleiches gilt für die mit Verwaltungsvorschriften vergleichbaren Durchführungsanweisungen zu den Unfallverhütungsvorschriften[249]. Den Fachausschüssen gehören Vertreter des technischen Aufsichtsdienstes der fachlich kompetenten Berufsgenossenschaften, des BMA, der staatlichen Gewerbeaufsicht, der Arbeitgeberverbände und Gewerkschaften, der Maschinen- und Gerätehersteller sowie unabhängige Sicherheitsexperten an[250]. Auch die Verbindung zum Deutschen Institut für Normung (DIN) ist hergestellt[251]. Nach der Diskussion der von diesen Gremien erarbeiteten Entwürfe

---

243 *Von Chossy*, FS Lauterbach, S. 253 (256).

244 *Von Chossy*, FS Lauterbach, S. 253 (254); *Lauterbach-Watermann*, UV, § 708 Anm. 5, 6, 7.

245 Bundesanstalt für Arbeitsschutz und Unfallforschung, Arbeitsschutzsystem, Bd. 1, S. 97.

246 *Von Chossy*, FS Lauterbach, S. 253 (266).

247 Bundesanstalt für Arbeitsschutz und Unfallforschung, Arbeitsschutzsystem, Bd. 1, S. 97.

248 *Von Chossy*, FS Lauterbach, S. 253 (256); *Lauterbach-Watermann*, UV, § 708 Anm. 4 b.

249 Bundesanstalt für Arbeitsschutz und Unfallforschung, Arbeitsschutzsystem, Bd. 1, S. 103.

250 Bundesanstalt für Arbeitsschutz und Unfallforschung, Arbeitsschutzsystem, Bd. 1, S. 98 f.; *von Chossy*, FS Lauterbach, S. 253 (256); Hauptverband der gewerblichen Berufsgenossenschaften, Praxisgerechte Arbeitssicherheit, S. 12; *Lauterbach-Watermann*, UV, § 708 Anm. 4 b.

251 Hauptverband der gewerblichen Berufsgenossenschaften, Praxisgerechte Arbeitssicherheit, S. 12.

mit den interessierten Berufsgenossenschaften werden die beschlußreifen Fassungen der Unfallverhütungsvorschriften dem BMA zur grundsätzlichen Zustimmung vorgelegt[252]. Die Vertreterversammlungen der einzelnen Berufsgenossenschaften können dann nur noch über die Übernahme des gesamten Entwurfs einer Unfallverhütungsvorschrift entscheiden. Änderungen an einem Musterentwurf werden vom BMA nicht zugelassen und scheitern deshalb an dem Genehmigungsvorbehalt des § 709 RVO[253].

Momentan gibt es weit über 100 Unfallverhütungsvorschriften[254].

b) Der berufsgenossenschaftliche technische Aufsichtsdienst

Gemäß § 712 Abs. 1 S.1 RVO obliegt den technischen Aufsichtsbeamten der Berufsgenossenschaften die Überwachung und Beratung der Mitgliedsunternehmen bei der Durchführung der Maßnahmen der Unfallverhütung.

Zur Wahrnehmung seiner Kontrollaufgaben stehen dem technischen Aufsichtsdienst der Berufsgenossenschaften die Betretungs- und Informationsrechte des § 714 Abs. 1 RVO zu. Die Beamten haben das Recht, die Mitgliedsunternehmen während der Arbeitszeit zu besichtigen, Auskünfte über Einrichtungen, Arbeitsverfahren und Arbeitsstoffe zu verlangen und Proben von Arbeitstoffen zu nehmen. In der Regel folgt auf eine solche Betriebsbesichtigung ein sog. Revisionsschreiben, also eine rechtlich unverbindliche Niederschrift des Ergebnisses der Betriebsbesichtigung[255]. Es kann aber auch ein Ersuchen an den Unternehmer enthalten, die festgestellten Mängel innerhalb einer bestimmten Frist zu beseitigen. Kommt der Unternehmer diesem Ersuchen nicht nach und auch unabhängig von einem Revisionsschreiben kann die Berufsgenossenschaft verbindliche Anordnungen zur Durchführung von Unfallverhütungsvorschriften oder zur Abwendung besonderer Unfall- oder Gesundheitsgefahren, die von Unfallverhütungsvorschriften nicht geregelt werden, aufgrund von § 712 Abs. 1 S.2 RVO erlassen[256]. Werden bei der Besichtigung eines Unternehmens Unfallgefahren erkannt, ist der technische Aufsichtsdienst aufgrund von § 714 Abs. 1 S.5 RVO ermächtigt, bei Gefahr im Verzug auch sofort und an Ort und Stelle vollziehbare Anordnungen

---

252 Zu den Einzelheiten des Verfahrens der Erstellung von Unfallverhütungsvorschriften vgl.: Bundesanstalt für Arbeitsschutz und Unfallforschung, Arbeitsschutzsystem, Bd. 1, S. 99 ff.

253 Bundesanstalt für Arbeitsschutz und Unfallforschung, Arbeitsschutzsystem, Bd. 1, S. 101.

254 Hauptverband der gewerblichen Berufsgenossenschaften, Verzeichnis der Einzel-Unfallverhütungsvorschriften, Stand 4/1989.

255 Bundesanstalt für Arbeitsschutz und Unfallforschung, Arbeitsschutzsystem, Bd. 2, S. 423, 411 f.

256 Bundesanstalt für Arbeitsschutz und Unfallforschung, Arbeitsschutzsystem, Bd. 2., S. 423 f.

zu treffen. Wird auch eine vollziehbare Anordnung nicht befolgt, können die Berufsgenossenschaften sie mit Zwangsmitteln nach den Bundes- oder Landesgesetzen über die Verwaltungsvollstreckung durchsetzen[257]. Zusätzlich kann aufgrund der §§ 710, 717 a RVO ein Bußgeldverfahren eingeleitet werden. Verweigert ein Unternehmer dem technischen Aufsichtsbeamten das Zutrittsrecht oder werden Anordnungen des technischen Aufsichtsdienstes nicht befolgt, besteht gemäß § 717 a Abs. 1 Nr. 1-3 RVO die Möglichkeit zur Verhängung einer Geldbuße, die wegen § 717 a Abs. 2 RVO die Höhe von 20 000.— DM nicht übersteigen darf. Gleiches gilt gemäß § 710 RVO auch ohne vorgängige Anordnung des technischen Aufsichtsbeamten bei vorsätzlichen oder fahrlässigen Verstößen eines Unternehmers oder eines Versicherten gegen eine Unfallverhütungsvorschrift, die auf § 710 RVO verweist. Diese zusätzliche Voraussetzung erfüllen praktisch alle Unfallverhütungsvorschriften[258]. Zuständig für die Verhängung der Geldbuße ist gemäß §§ 36 Abs. 1 Nr. 1 OWiG, 96 Abs. 1 S.1 SGB IV der Versicherungsträger, also die jeweiligen Berufsgenossenschaft. Deren Haushalt vereinnahmt gemäß § 96 Abs. 2 SGB IV die Geldbuße auch.

Wegen des im Ordnungswidrigkeitenrecht geltenden Opportunitätsprinzips ist die Genossenschaft allerdings zur Verhängung einer Geldbuße nicht verpflichtet[259]. In der Praxis wird von der Möglichkeit zur Verhängung von Geldbußen kaum Gebrauch gemacht. Eine Untersuchung im Jahre 1978 hat ergeben, daß auf 309.000 Revisionsschreiben der Berufsgenossenschaften lediglich 34.000 Bußgeldverfahren kamen und nur 2.600 Geldbußen tatsächlich verhängt wurden[260].

Diesem Befund entspricht das Selbstverständnis des technischen Aufsichtsdienstes, der sich primär als Berater der Unternehmen versteht[261]. Nach dem Urteil von Praktikern führt die Beratung und Information der Unternehmer schneller und sicherer zum Erfolg als die Androhung von Bußgeld[262]. Dazu kommt, daß das Bußgeldverfahren langwierig und schwerfällig ist. § 712 Abs. 1 S.1 RVO hebt die beratende Seite der Aufgabe des technischen Aufsichtsdienstes besonders hervor. Nach eigenen Angaben befragter technischer Aufsichtsbeamter lag der

---

257 Bundesanstalt für Arbeitsschutz und Unfallforschung, Arbeitsschutzsystem, Bd. 2., S. 425.

258 Bundesanstalt für Arbeitsschutz und Unfallforschung, Arbeitsschutzsystem, Bd. 2., S. 426.

259 *Lauterbach-Watermann*, UV, § 710 Anm. 9 a. Zu den zivil-, arbeits- und strafrechtlichen Folgen eines Verstoßes gegen Unfallverhütungsvorschriften vgl. *Lauterbach-Watermann*, UV, § 708 Anm. 4 c.

260 Bundesanstalt für Arbeitsschutz und Unfallforschung, Arbeitsschutzsystem, Bd. 2., S. 609, 639 f.

261 Bundesanstalt für Arbeitsschutz und Unfallforschung, Arbeitsschutzsystem, Bd. 2., S. 578 ff.

262 Vgl. die Stellungnahmen in: Bundesanstalt für Arbeitsschutz und Unfallforschung, Arbeitsschutzsystem, Bd. 2., S. 645 ff.

Anteil der Beratungszeit an der Gesamtarbeitszeit bei 37,8 %[263]. Gegenständlich bezieht sich die Beratung durch die technischen Aufsichtsbeamten vor allem auf Fragen der Arbeitsorganisation und der Technik[264]. Bei der Beratung größerer Unternehmen hat der technische Aufsichtsbeamte überdies einen ständigen Ansprechpartner, den aufgrund von § 719 RVO zu bestellenden Sicherheitsbeauftragten, der den Unternehmer im Bereich der Unfallverhütung zu unterstützen und die Beachtung der Unfallverhütungsvorschriften zu überwachen hat. Das Amt des technischen Aufsichtsbeamten wird dadurch zu einer wichtigen Stelle für die Ansammlung von Wissen und Erfahrung im Bereich des Arbeitsschutzes sowie zur Weitergabe dieser Informationen an andere Unternehmen[265]. Newcomern erleichtert die berufsgenossenschaftliche Beratung den Einstieg, indem die negativen Folgen sicherheitstechnischer Unerfahrenheit, also das Lernen aus folgenschweren Fehlern, vermieden werden[266].

Aus der Dominanz der Beratungsaufgabe darf dagegen nicht auf einen allzu rücksichtsvollen Umgang der technischen Aufsichtsbeamten mit den Mitgliedsunternehmen einer Berufsgenossenschaft geschlossen werden. Zum einen unterscheidet sich das Selbstverständnis der technischen Aufsichtsbeamten der Berufsgenossenschaften nur unwesentlich von demjenigen der Gewerbeaufsichtsbeamten, die sich ebenfalls primär als Berater der Unternehmen sehen[267]. Zum anderen richtet der technische Aufsichtsdienst im Vergleich zur Gewerbeaufsicht sehr viele Forderungen an die Mitgliedsunternehmen[268]. Nach Aussagen von Angestellten der staatlichen Gewerbeaufsicht wie von technischen Aufsichtsbeamten der Berufsgenossenschaften werden 70-80 % der Beanstandungen durch die Unternehmen auch tatsächlich behoben[269].

Wie im Vorstehenden schon deutlich geworden ist, bestehen im Bereich des Arbeitsschutzes Kontroll- und Überwachungszuständigkeiten zweier Institutionen, nämlich der Gewerbeaufsicht und der Berufsgenossenschaften. Das Zusammenwirken beider Stellen regelt eine vom BMA aufgrund von § 717 Nr. 1 RVO erlassene Verwaltungsvorschrift. § 2 der Vorschrift verpflichtet Gewerbeaufsicht und Berufsgenossenschaften zur engen Zusammenarbeit bei den Anstrengungen um Unfallverhütung und Erste Hilfe[270]. Dazu sollen gemeinsame Betriebsbesich-

---

263 Bundesanstalt für Arbeitsschutz und Unfallforschung, Arbeitsschutzsystem, Bd. 2., S. 581 f.

264 Bundesanstalt für Arbeitsschutz und Unfallforschung, Arbeitsschutzsystem, Bd. 2., S. 585.

265 *Von Chossy*, FS Lauterbach, S. 253 (258 f.).

266 *Von Chossy*, FS Lauterbach, S. 253 (258 f.).

267 Bundesanstalt für Arbeitsschutz und Unfallforschung, Arbeitsschutzsystem, Bd. 2., S. 581 ff., 645 ff.

268 Bundesanstalt für Arbeitsschutz und Unfallforschung, Arbeitsschutzsystem, Bd. 2., S. 595 f., 609 f.

269 Bundesanstalt für Arbeitsschutz und Unfallforschung, Arbeitsschutzsystem, Bd. 2., S. 630.

tigungen, gegenseitige Anhörungen und Unterrichtungen veranstaltet werden; Gewerbeaufsicht und Berufsgenossenschaften sollen sich wechselseitig an Ausbildungsaktivitäten beteiligen und der Erfahrungsaustausch soll gewährleistet werden[271]. Tatsächlich klappt die Zusammenarbeit nicht so gut, wie diese Grundsätze erhoffen lassen[272]. In der Praxis hängen die Möglichkeiten des Zusammenwirkens und der gegenseitigen Bereicherung zum großen Teil von den beteiligten Personen und ihrem Umgangsstil ab[273]. Generell ist die Bereitschaft zur Zusammenarbeit aber vorhanden und auch ihre Notwendigkeit wird gesehen[274]. Vor allem aber findet in großem Umfang ohnehin keine Doppelarbeit statt. Die Beamten der Gewerbeaufsicht sind mehr auf die Kontrolle der Unternehmen, insbesondere im Arbeitsstättenrecht und in Fragen der Betriebshygiene sowie im sozialen Arbeitsschutz, also in den Bereichen Jugendarbeitsschutz, Frauenarbeitsschutz, Arbeitszeit und Ladenschluß, konzentriert[275]. Der technische Aufsichtsdienst der Berufsgenossenschaften befaßt sich dagegen vor allem mit der Beratung bei technischen und organisatorischen Fragen[276]. In praktisch-technischen Fragen ist der technische Aufsichtsdienst den Gewerbeaufsichtsämtern auch weit überlegen. Die Beamten der Berufsgenossenschaften sind durchschnittlich wesentlich besser ausgebildet als diejenigen der staatlichen Gewerbeaufsicht[277]. Zu über zwei Dritteln besteht der technische Aufsichtsdienst aus Hochschulabsolventen und graduierten Ingenieuren[278]. Diese verbringen 64,6 % ihrer Arbeitszeit im Außendienst, also in den Betrieben der Mitgliedsunternehmen[279]. Zu einer ineffektiven Doppelarbeit der Techniker von Gewerbeaufsichtsamt und Berufsgenossenschaften kommt es also nicht[280].

---

270 Bundesanstalt für Arbeitsschutz und Unfallforschung, Arbeitsschutzsystem, Bd. 2., S. 432 f., 656 ff.

271 Bundesanstalt für Arbeitsschutz und Unfallforschung, Arbeitsschutzsystem, Bd. 2., S. 432 f.

272 Bundesanstalt für Arbeitsschutz und Unfallforschung, Arbeitsschutzsystem, Bd. 2., S. 657 ff.

273 Bundesanstalt für Arbeitsschutz und Unfallforschung, Arbeitsschutzsystem, Bd. 2., S. 663, 668.

274 Bundesanstalt für Arbeitsschutz und Unfallforschung, Arbeitsschutzsystem, Bd. 2., S. 672.

275 Bundesanstalt für Arbeitsschutz und Unfallforschung, Arbeitsschutzsystem, Bd. 2., S. 501, 491 f.

276 Bundesanstalt für Arbeitsschutz und Unfallforschung, Arbeitsschutzsystem, Bd. 2., S. 545.

277 Bundesanstalt für Arbeitsschutz und Unfallforschung, Arbeitsschutzsystem, Bd. 2., S. 471.

278 Bundesanstalt für Arbeitsschutz und Unfallforschung, Arbeitsschutzsystem, Bd. 2., S. 473.

279 Bundesanstalt für Arbeitsschutz und Unfallforschung, Arbeitsschutzsystem, Bd. 2., S. 552.

280 Bundesanstalt für Arbeitsschutz und Unfallforschung, Arbeitsschutzsystem, Bd. 2., S. 661.

c) Sonstige Maßnahmen der Unfallverhütung

Neben den polizeilichen Instrumenten der Verhaltensregulierung durch Erlaß von Rechtsnormen und Androhung von Strafsanktionen und zusätzlich zu der Beratung der Unternehmen im Hinblick auf optimalen Arbeitsschutz besteht noch eine ganze Palette sonstiger Möglichkeiten der Berufsgenossenschaften, auf ein Höchstmaß an Prävention hinzuwirken[281].

Ergänzend zum technischen Aufsichtsdienst der einzelnen Berufsgenossenschaften ist auf branchenübergreifender Ebene 1975 der Berufsgenossenschaftliche Arbeitsmedizinische Dienst geschaffen worden[282]. Er beschäftigt 270 arbeitsmedizinisch geschulte Betriebsärzte in 110 stationären Einrichtungen in der Bundesrepublik. Seine Hauptaufgabe ist die Unterstützung vor allem kleinerer Unternehmen bei der Umsetzung des Arbeitssicherheitsgesetzes. Die Unternehmen werden bei der Planung und Ausführung von Anlagen sowie bei der Beschaffung von technischen Arbeitsmitteln und gefährlichen Arbeitsstoffen beraten. Weiter werden die Ursachen für arbeitsbedingte Erkrankungen und Unfälle erforscht, die Arbeitsplätze im Hinblick auf gesundheitsgefährdende Umwelteinflüsse überprüft und den Unternehmen Wege zur Beseitigung von Gesundheitsgefahren und zur Einhaltung der Unfallverhütungsvorschriften aufgezeigt. Schließlich werden die Arbeitnehmer in regelmäßigen Abständen untersucht. Insgesamt zeigt die Existenz und das Funktionieren des Berufsgenossenschaftlichen Arbeitsmedizinischen Dienstes die Möglichkeiten der berufsgenossenschaftlichen Selbstverwaltung, neue Probleme und Aufgaben anzugehen und dabei gemeinsame und deshalb kostengünstige, effiziente Lösungen zu entwickeln.

Eine Beratungs- und Erfahrungsaustauschfunktion nimmt auf übergenossenschaftlicher Ebene die schon erwähnte Zentralstelle für Unfallverhütung und Arbeitsmedizin wahr[283]. Die bei ihr eingerichteten Fachausschüsse haben sich zu ständigen Einrichtungen entwickelt und auch organisatorisch verfestigt[284]. Sie erarbeiten Richtlinien für die sicherheitsgerechte Ausstattung von Arbeitsmitteln und pflegen den Kontakt zu den Herstellern von Maschinen, Geräten und Ausrüstungen, um frühzeitig auf die sachgerechte sicherheitstechnische Auslegung und Ausrüstung der Arbeitsmittel hinwirken zu können[285]. Ihnen obliegt auch die Sicherheitsprüfung von Arbeitsmitteln nach dem Gerätesicherheitsgesetz[286].

---

281 Vgl. *Hopf,* BG 1978, S. 395 (397 f.).

282 Vgl. zum folgenden: Berufsgenossenschaftlicher Arbeitsmedzinischer Dienst, 1985.

283 *Von Chossy,* FS Lauterbach, S. 253 (266 f.).

284 Hauptverband der gewerblichen Berufsgenossenschaften, Praxisgerechte Arbeitssicherheit, S. 13 f.

285 *Von Chossy,* FS Lauterbach, S. 253 (266 f.); *Gitter,* SRH, 15, Rn. 63; Hauptverband der gewerblichen Berufsgenossenschaften, Praxisgerechte Arbeitssicherheit, S. 48, 53.

286 Hauptverband der gewerblichen Berufsgenossenschaften, Praxisgerecht Arbeitssicherheit, S. 45 ff.

1980 ist beim Hauptverband der gewerblichen Berufsgenossenschaften das Berufsgenossenschaftliche Institut für Arbeitssicherheit errichtet worden, das die schon vorher bestehenden berufsgenossenschaftlichen Forschungseinrichtungen in sich aufnahm und wesentlich erweiterte[287]. Seine Aufgabe ist die Erforschung der mit gefährlichen Arbeitsstoffen, technischen Arbeitsmitteln, Lärm und Vibrationen verbundenen Unfall- und Krankheitsgefahren und die Entwicklung entsprechender Schutzeinrichtungen. Daneben werden die einzelnen Berufsgenossenschaften bei der Lösung von Einzelproblemen und die Fachausschüsse bei der Erarbeitung oder Überarbeitung von Unfallverhütungsvorschriften beraten[288]. Ferner werden Prüfungen von Arbeitsmitteln nach dem Gerätesicherheitsgesetz durchgeführt[289].

Weiter wurde auf der Ebene der Spitzenverbände der Unfallversicherungsträger das Zentrale Informationssystem in der gesetzlichen Unfallversicherung (ZIGUV) geschaffen, das sämtliche für die Arbeitssicherheit relevanten Informationen sammeln und verarbeiten soll[290]. Ergänzend zu dem Informationsangebot der Bundesanstalt für Arbeitsschutz und Unfallforschung und des Deutschen Instituts für Normung soll ZIGUV den Unfallversicherungsträgern die für eine wirksame Unfallverhütung notwendigen Informationen zugänglich machen. Die gefährlichen Arbeitsstoffe und Arbeitsmittel sollen erfaßt, die vorhandenen Kenntnisse gesammelt und den Berufsgenossenschaften zugänglich gemacht werden[291].

Schließlich werden alle Mittel zur psychologischen Einwirkung auf die Beteiligten, also Unternehmer und Arbeiter, durch Werbung und Ausbildung genutzt, um sie für Gefahren zu sensibilisieren und zu vorsichtigem, sorgfältigem Verhalten anzuhalten[292]. § 720 RVO verpflichtet die Berufsgenossenschaften in diesem Zusammenhang zur Organisation von Ausbildungslehrgängen[293]. Dabei werden alle Mittel der modernen Erwachsenenbildung eingesetzt. Die Ausbildung findet überwiegend in genossenschaftseigenen Schulungsheimen statt. Die Hauptzielgruppe der berufsgenossenschaftlichen Ausbildungsaktivitäten sind die aufgrund des § 719 RVO bestellten Sicherheitsbeauftragten[294]. Im Jahr 1979 etwa wurden 29.300 dieser Funktionsträger geschult. Als Lehrer werden überwiegend die technischen Aufsichtsbeamten der Berufsgenossenschaften eingesetzt[295], in deren

---

[287] *Schütz*, Forschungen und Prüfungen des Berufsgenossenschaftlichen Instituts für Arbeitssicherheit, FS Lauterbach, Bd. 2, S. 172 ff.

[288] *Schütz*, FS Lauterbach, Bd. 2, S. 172 (173).

[289] *Schütz*, FS Lauterbach, Bd. 2, S. 172 (181 f.).

[290] Vgl. dazu: *Greiner*, FS Lauterbach, Bd. 2, S. 205 ff.

[291] *Greiner*, FS Lauterbach, Bd. 2, S. 205 (211).

[292] *Brackmann*, Hdb. der Sozialversicherung, S. 550; *von Chossy*, FS Lauterbach, S. 253 (262 f.); *Lauterbach-Watermann*, UV, § 546 Anm. 5; *Podzun*, UV, S. 54 f.

[293] Vgl. dazu *Römer*, Ausbildungsaktivitäten der gewerblichen Berufsgenossenschaften im Bereich der Arbeitssicherheit, FS Lauterbach, Bd. 2, S. 187 ff.

[294] *Römer*, FS Lauterbach, Bd. 2, S. 187 (189).

[295] *Römer*, FS Lauterbach, Bd. 2, S. 187 (190).

Arbeitszeiteinteilung die Schulungsaktivitäten eine zunehmend große Rolle spielen[296].

d) Würdigung der Leistungen der Berufsgenossenschaften im Bereich der Unfallverhütung

Die Leistungen der Berufsgenossenschaften im Bereich der Prävention werden allenthalben gelobt[297]. Diese Wertung läßt sich empirisch bestätigen. Die Zahl der angezeigten Arbeitsunfälle je 1000 Vollarbeiter ist von 118 im Jahr 1961 auf 55 im Jahr 1986 zurückgegangen[298]. Entsprechend kamen im Jahr 1961 auf 24 Millionen versicherte Vollarbeiter noch 7306 Fälle erstmalig entschädigter Berufskrankheiten, 1986 betrug die Relation nur noch 3779 Fälle auf 28 Millionen Vollarbeiter[299].

Diese Erfolge werden mit den Grundprinzipien des Systems der gesetzlichen Unfallversicherung erklärt[300]: Die Beitragspflicht der Unternehmer sowie das Zuschlag-Nachlass-Verfahren nach § 725 Abs. 2 RVO schaffen wirtschaftliche Anreize zur Unfallverhütung. Auf wirtschaftliche Präventionsanreize, die nur mittelbar Anstrengungen im Bereich der Unfallverhütung stimulieren können, ist das System der gesetzlichen Unfallversicherung aber nicht beschränkt[301]. Die Organisation der Berufsgenossenschaften als selbständige Körperschaften mit dem Recht der Selbstverwaltung ermöglicht den Einsatz zahlreicher nicht-wirtschaftlicher Instrumente zur Gewährleistung eines Höchstmaßes an Unfallverhütung. Diese sind soeben dargestellt worden. Sie reichen von der direkten, unmittelbaren Verhaltenssteuerung durch strafbewehrte Rechtsnormen, über die Beratung der Unternehmen durch einen hochqualifizierten technischen Aufsichtsdienst und einen arbeitsmedizinischen Dienst bis zu gemeinsamen Forschungs- und Schulungseinrichtungen. Die fachliche Gliederung der Berufsgenossenschaften bewirkt eine Konzentration und Operationalisierung von Spezialwissen über Arbeitssicherheit in den einzelnen Gewerbezweigen. Die von den Berufsgenossenschaften unterhaltene Zentralstelle für Unfallverhütung und Arbeitsmedizin schließlich koordiniert know-how auf gesamtwirtschaftlicher Ebene und dient so dem Wissens- und Erfahrungsaustausch unter den Berufsgenossenschaften.

Die besondere Wirksamkeit der gesetzlichen Unfallversicherung im Bereich der Unfallverhütung erklärt sich insgesamt aus der kombinierten Zuständigkeit

296 Bundesanstalt für Arbeitsschutz und Unfallforschung, Arbeitsschutzsystem, Bd. 2., S. 545.

297 *Von Chossy*, FS Lauterbach, S. 269 f.; *Krasney*, System der Sozialversicherung, in: Nicklisch, Prävention, S. 233 (238); *Podzun*, UV, S. 55.

298 BMA, Arbeitssicherheit 1987, S. 52.

299 BMA, Arbeitssicherheit 1987, S. 55.

300 *Bogs*, Sozialversicherung, S. 473; *von Chossy*, FS Lauterbach, S. 253; *Podzun*, UV, S. 55.

301 *Lauer*, Prävention und genossenschaftliche Haftung, in: Nicklisch, Prävention, S. 249 (253 ff.).

der Unfallversicherungsträger für Prävention und Rehabilitation[302]. Die Verpflichtung der Unternehmen zur Finanzierung der Entschädigungsleistungen schafft Anreize zu effektiver Unfallverhütung[303]. Dieser Mechanismus stimuliert erst den Einsatz aller sonstigen Präventionsinstrumente der Berufsgenossenschaften, die umgekehrt wieder auf die Unternehmen einwirken. Deren Bereitschaft, den Forderungen und Empfehlungen der Unfallversicherungsträger Folge zu leisten ist gegeben, weil sie selbst in die paritätisch mit Arbeitgeber- und Arbeitnehmervertretern besetzten Organe der Berufsgenossenschaften eingebunden sind und die wirtschaftliche Last unzureichenden Arbeitsschutzes zu tragen haben.

Weiter bewirkt die Verpflichtung der Unfallversicherungsträger zur Prüfung der Entschädigungsbegehren und zur Aufklärung der Unfallursachen die Akkumulation von Wissen um die Herkunft, Ursachen und Randbedingungen von Arbeitsunfällen und Berufskrankheiten. Erst die Verfügbarkeit dieses Wissens ermöglicht den sinnvollen Einsatz von Präventionsinstrumenten und damit eine effektive Unfallverhütungsarbeit[304]. Insofern erweisen sich Prävention und Rehabilitation als interdependent und zusammengehörig, als Integral der berufsgenossenschaftlichen Aufgabe[305].

Neben den Erfolgen der berufsgenossenschaftlichen Anstrengungen um die Verhütung von Arbeitsunfällen soll auch der dazugehörige Aufwand nicht verschwiegen werden. Die Kosten der Unfallverhütungsmaßnahmen sämtlicher Berufsgenossenschaften belaufen sich auf 500 Millionen DM, wovon 276 Millionen auf den technischen Aufsichtsdienst entfallen[306]. In Relation zu dem für Entschädigungsleistungen aufgewendeten Betrag von 8,2 Milliarden DM[307] erscheint Unfallverhütung als vergleichsweise billig.

---

302 *Hopf*, BG 1978, S. 395 (399 f.); *Noell*, BG 1979, S. 508 (511 f.).

303 *Hopf*, BG 1978, S. 395 (399).

304 *Noell*, BG 1979, S. 508 (512).

305 *Hopf*, BG 1978, S. 395 (400); *Noell*, BG 1979, S. 508 (511).

306 Hauptverband der gewerblichen Berufsgenossenschaften e. V., Übersicht über die Geschäfts- und Rechnungsergebnisse der gewerblichen Berufsgenossenschaften im Jahre 1987, S. 79.

307 Hauptverband der gewerblichen Berufsgenossenschaften e. V., Übersicht über die Geschäfts- und Rechnungsergebnisse der gewerblichen Berufsgenossenschaften im Jahre 1987, S. 79.

E. Ein System genossenschaftlicher Umwelthaftung

Im folgenden soll versucht werden, die Grundzüge eines Modells genossenschaftlicher Umwelthaftung zu entwickeln. Dabei wird das eben skizzierte System der gesetzlichen Unfallversicherung als Referenzmodell dienen. Ähnlich dem Aufbau der Darstellung der gesetzlichen Unfallversicherung soll die Entscheidung über die Ausgestaltung des kollektiven Umwelthaftungsrechts in die Fragenkomplexe Haftungssubjekt, Haftungstatbestand, Entschädigungsumfang, Verhältnis der genossenschaftlichen Umwelthaftung zum Individual-Haftungsrecht, Regreßfragen, Organisations- und Finanzierungsprobleme und den Komplex der Instrumente zur Schadensverhütung aufgegliedert werden. Schließlich wird eine Möglichkeit zur Ausgleichung auch derjenigen Schäden aufgezeigt, die von einem System genossenschaftlicher Umwelthaftung zunächst nicht erfaßt werden. Vorab ist jedoch eine Grundentscheidung zu treffen, die auf alle Teilprobleme ausstrahlt und deshalb zuerst und gesondert behandelt werden muß.

I. Die Reichweite genossenschaftlicher Umwelthaftung

1. Die Lösungsalternativen

Voraussetzungen und Umfang der von einem Kollektiv zu gewährenden Entschädigung für über den Umweltpfad verursachte Schäden[1], aber auch Organisations- und Finanzierungsregelungen eines kollektiven Haftungssystems hängen entscheidend von dem Kreis der einbezogenen Verursachergruppen ab. Für ein kollektives Umwelthaftungsrecht stellen sich hier zwei Alternativen.

Ein Modell würde sämtliche Emittentengruppen in ein kollektives Umwelthaftungsrecht einbeziehen. Neben der Industrie wären damit auch die Betreiber von Hausfeuerungsanlagen und die Benutzer von privaten Kraftfahrzeugen, die die Umwelt verschmutzen, mit den externen Kosten ihrer Aktivitäten zu belasten. Das zur Entschädigung verpflichtete Kollektiv bestünde aus allen Personen, die Emissionen verursachen, und könnte diese zur Finanzierung heranziehen. Entsprechend weit könnte der Anspruchstatbestand ausgestaltet werden, der grundsätzlich alle Umweltschäden erfassen und einem Ausgleich zuführen könnte. Zu der gebietsübergreifenden Luftverschmutzung tragen die Bereiche Hausbrand und Kraftfahrzeugverkehr beim Schwefeldioxid zu 10 %, bei Stickoxiden und ihren Folgeprodukten, also vor allem den Photooxidantien, zu 52 % bei. Selbst

[1] Zu den Begriffen des Umweltschadens und des Umweltpfades vgl. oben, unter A.

Abschläge für die aus dem Ausland in das Bundesgebiet kommenden und hier zu Schäden führenden Emissionen wären nicht notwendig, da die Import-Export-Bilanz der Bundesrepublik bei Luftschadstoffen ausgeglichen ist[2]. Mit Hilfe eines die Emissionen von Hausfeuerungsanlagen und Kraftfahrzeugen einbeziehenden kollektiven Haftungssystems könnten also nicht nur die emittentennahen Schäden, sondern auch die emittentenfernen, durch die gebietsübergreifende Luftverschmutzung verursachten Schäden erfaßt werden.

Die Alternative zu diesem weitreichenden System wäre eine konsequente Übertragung der Grundgedanken der gesetzlichen Unfallversicherung auf das Umweltschadensrecht. Wie oben dargestellt, haften für die Folgen von Arbeitsunfällen vor allem die gewerblichen Berufsgenossenschaften, in denen Handel, Gewerbe und Industrie zusammengeschlossen sind. Zu beachten ist dabei, daß auch die wichtige Gruppe der Kraftwerksbetreiber, die einen großen Teil der in der Bundesrepublik anfallenden Emissionen verursachen, erfaßt werden könnte, da sie in der Berufsgenossenschaft Feinmechanik und Elektrotechnik organisiert sind und auch wirtschaftlich zum gewerblichen Sektor gehören[3]. Weiterhin würden die Wirtschafts- und Verwaltungseinrichtungen der öffentlichen Hand in Gestalt der Eigenunfallversicherungsträger einbezogen. Insgesamt würden also Umwelteinwirkungen von Gewerbe, Industrie und öffentlicher Hand erfaßt und nur diese Emittentengruppen zur Finanzierung des Modells herangezogen. Dieser Restriktion hätte der Tatbestand eines solchen Haftungssystems zu folgen. Es wäre nicht möglich, emittentenferne Schäden, die nicht allein durch gewerbliche Emissionen verursacht werden, allein den Kollektiven von Großemittenten zuzurechnen und umfassend zu entschädigen.

Möglich wäre hingegen die Erstreckung des beschränkten Genossenschaftsmodells auf Umwelteinwirkungen durch die Landwirtschaft und durch die Seefahrt. Interessant erscheint diese Lösung etwa im Licht der jüngst aufgetretenen Probleme mit der Belastung des Grundwassers durch in der Landwirtschaft verwandte, nunmehr bis ins Grundwasser vorgedrungene Schädlingsbekämpfungs- und Düngemittel oder angesichts der sich häufenden Probleme mit schlecht ausgerüsteten, durch mangelhaft ausgebildetes Personal gesteuerten Gefahrgutfrachtern. Diese Risiken könnten auch im Rahmen eines an dem Mitgliederkreis der Unfallversicherungsträger orientierten Genossenschaftsmodells erfaßt und kontrolliert werden. Jenseits der Grenzen des restriktiveren Ansatzes liegen also nur die Kleinemittenten, die Kraftfahrzeuge oder Hausfeuerungsanlagen unterhalten.

---

2 Vgl.: Rat von Sachverständigen für Umweltfragen, Sondergutachten Waldschäden und Luftverunreinigungen, BT-Drucks. X/113, Tz. 619. In Bezug auf den SO_2-Austausch vgl. auch Umweltbundesamt, Daten zur Umwelt, S. 240.

3 Zur Einschätzung der von einem solchen System erfaßten Emissionsmenge wären also die in Statistiken regelmäßig getrennten Emissionsanteile der Kraftwerke und der gewerblichen Wirtschaft zusammenzuzählen. Dies gilt etwa für die vom Umweltbundesamt herausgegebenen Daten zur Umwelt, vgl. ebenda, S. 266 ff.

2. Stellungnahme

a) Beurteilung anhand der Funktionen der Umwelthaftung

Die oben erarbeiteten Funktionen des Umwelthaftungsrechts sprechen prima facie für die Einbeziehung der Kleinemittenten in ein kollektives Entschädigungssystem. Der Zugriff auf alle Verursachergruppen würde es ermöglichen, mit Hilfe eines klug organisierten, den jeweils zu verantwortenden Umweltrisiken Rechnung tragenden Finanzierungssystems, allen Umweltnutzern wirtschafltiche Anreize zu umweltschonendem Verhalten zu vermitteln. Die gleichzeitig bewirkte Kosteninternalisierung verteuerte umweltbelastende Aktivitäten um die zu Schäden an Rechtsgütern anderer kondensierten externen Effekte. Die tatsächlichen Preise umweltbelastenden Verhaltens würden sich den volkswirtschaftlich richtigen Preisen annähern, es käme zu entsprechenden Reallokationen. Schließlich könnten auch alle über den Umweltpfad verursachten Schäden erfaßt und einem Ausgleich zugeführt werden.

Problematisch ist nur, ob sich die Einbeziehung von Groß- und Kleinemittenten mit den Grundgedanken des Genossenschaftsmodells vereinbaren läßt. Das soeben dargestellte Vorbild eines genossenschaftlichen Haftungssystems, die gesetzliche Unfallversicherung, schließt in den Berufsgenossenschaften allein die Industrie zusammen. Die Einbeziehung von Kleinemittenten könnte das Genossenschaftsprinzip sprengen.

b) Das Genossenschaftsprinzip

Eine Genossenschaft ist ein Personenverband zur Befriedigung gleichlaufender Interessen durch Zusammenarbeit der Genossen[4]. Dementsprechend definiert § 1 Abs. 1 GenG privatrechtliche Genossenschaften als Selbsthilfeunternehmen der Mitglieder[5]. Nun dürften Emittenten heute ebensowenig wie die Arbeitgeber vor über 100 Jahren ein Eigeninteresse an der Ausweitung der Haftung für Umwelt- bzw. Arbeitsunfallschäden haben. Hier hilft die Organisationsform der öffentlich-rechtlichen Genossenschaft, die das fehlende Eigeninteresse an dem gemeinsam zu verfolgenden Zweck durch den zwangsweisen Zusammenschluß der Beteiligten überbrückt und ihnen die Verfolgung eines Gemeinwohlinteresses zur Aufgabe macht[6]. In diesem staatlich verfügten Rahmen werden dann aber doch die Vorteile freiwilliger genossenschaftlicher Zusammenschlüsse wiederbelebt[7].

---

[4] *Wolff / Bachof,* VerwR. II, S. 353.

[5] Zu den Grundgedanken des Genossenschaftsprinzips aus zivilrechtlicher Perspektive vgl.: *Lang / Weidmüller-Metz,* GenG, § 1 Rn. 1 ff.

[6] *Bogs,* Sozialversicherung, S. 472.

[7] *Wolff / Bachof,* VerwR II, S. 354.

Zum einen ist eine öffentlich-rechtliche Genossenschaft durch eine mitgliedschaftliche Verfassung gekennzeichnet[8]. Die Genossen verwalten die Angelegenheiten ihres Verbandes also selbst. Angesichts der Schwierigkeiten der staatlichen Umweltverwaltung mit der Durchsetzung des Umweltschutzrechts[9], wäre die Mobilisierung der Normadressaten selbst eine sinnvolle Alternative zum Ausbau der staatlichen Bürokratie. Die Sachnähe und der spezialisierte Sachverstand der Genossenschaftsmitglieder ermöglichen eine gut informierte, effektive und kostengünstige Aufgabenwahrnehmung[10]. An letzterer besteht auch ein Eigeninteresse jedes einzelnen Mitgliedes, das darauf hinwirken wird, die Kosten des Verbandes insgesamt klein zu halten, um die eigene Beitragslast zu minimieren. Genossenschaftliche Selbstverwaltung hat jedoch noch weitere Vorteile. Sie fördert Engagement für die Ziele des Verbandes und stimuliert Verantwortungsgefühl in bezug auf das eigene Verhalten[11]. Die Konfrontation der Vertreter unterschiedlicher Interessengruppen miteinander in den Selbstverwaltungsgremien führt über sozialpsychologische Mechanismen zu gegenseitiger Verhaltenskontrolle und zur Kanalisierung und Disziplinierung der Interessenverfolgung[12]. Schließlich besteht die Möglichkeit der Setzung autonomen Verbandsrechts zur direkten, unmittelbaren Regulierung des Verhaltens der Mitglieder. Für den Umweltschutz interessant wäre insbesondere die Kompetenz von Genossenschaften, ihre Mitglieder bindende Verhaltensvorschriften zur Verminderung der Umweltbelastung zu erlassen, die den aus der Unfallversicherung bekannten Unfallverhütungsvorschriften entsprächen. Die Stimulation von Verhaltensänderungen zum Schutz der Umwelt wäre nicht nur auf den eher indirekten und mittelbaren Pfad der ökonomischen Anreize, der dazu noch überaus voraussetzungsvoll ist, angewiesen. Vielmehr stehen Instrumente der direkten Verhaltenssteuerung durch Ge- und Verbote zur Verfügung, auf die auch nach Einführung eines erweiterten und umweltpolitisch geläuterten Haftpflichtrechts nicht verzichtet werden kann[13]. Hier bestünde die Chance zur Etablierung einer sachnahen, von den Betroffenen selbst wahrgenommenen Umweltverwaltung, die den Widerstand der Emittenten gegen umweltbezogene Verhaltensstandards und ihre Durchsetzung erheblich verringern dürfte[14]. Ein solches Arrangement wäre aber nicht nur effektiver als

---

8 *Forsthoff,* Allg. VerwR, S. 487 f.; *Wolff / Bachof,* VerwR II, S. 171, 368.

9 Zum Vollzugsdefizit des Umweltrechts vgl.: Rat von Sachverständigen für Umweltfragen, Umweltgutachten 1974, BT-Drucks. VII/2802, Tz. 660 ff.; ders., Umweltgutachten 1978, BT-Drucks. VIII/1938, Tz. 1521 ff.; *Rehbinder,* RabelsZ 40, S. 363 (404 ff.) m.w.N.

10 *Hendler,* Selbstverwaltung, S. 352 f.; *Lang / Weidmüller-Metz,* GenG, § 1 Rn. 1, 5; *Wolff / Bachof,* VerwR II, S. 168 f.

11 Vgl. die vorherige Anmerkung.

12 *Forsthoff,* Allg. VerwR, S. 486; *Hendler,* Selbstverwaltung, S. 353 ff.

13 Rat von Sachverständigen für Umweltfragen, Umweltgutachten 1987, BT-Drucks. XI/1568, Tz. 145 ff.; *Rehbinder,* Verursacherprinzip, S. 166 f.

14 BVerfGE 33, 125 (156 f.): „[...] Autonomie hat ihren guten Sinn darin, [...] den Abstand zwischen Normgeber und Normadressat zu verringern“.

eine ausgebaute staatliche Umweltverwaltung, der Staat würde auf diese Weise auch von der Wahrnehmung schwieriger, konfliktbeladener Fragen, wie der der Feinsteuerung umweltbezogenen Verhaltens und der Festsetzung und Einziehung der Beiträge der Beteiligten, entlastet[15]. Schließlich entspricht die genossenschaftliche Selbstverwaltung einer Staatsaufgabe durch die Betroffenen dem gesellschaftspolitischen Subsidiaritätsprinzip[16].

Insgesamt sprechen also Vorsorge-, Effektivitäts- und gesellschaftspolitische Argumente für die Nutzung der Vorteile des Genossenschaftsprinzips durch ein System kollektiver Umwelthaftung.

c) Genossenschaftsprinzip und Reichweite des kollektiven Haftungssystems

Ohne jeden Zweifel wäre es möglich, ein Gebilde, das die drei Emittentgruppen der Betreiber von Hausfeuerungsanlagen, der Benutzer von Kraftfahrzeugen und der Inhaber industrieller Anlagen in die Organisation und Finanzierung eines Systems kollektiver Umwelthaftung einbezieht, als Genossenschaft zu bezeichnen. Entscheidend kommt es aber natürlich nicht auf den Namen des oder der Träger eines kollektiven Entschädigungssystems, sondern auf die inhaltliche Ausgestaltung desselben an. Um den Namen Genossenschaft zu verdienen, muß das Kollektiv auch den Grundgedanken des Genossenschaftsprinzips folgen.

Die Vereinigung von Groß- und Kleinemittenten in einem Kollektiv zwingt völlig heterogene Personengruppen zusammen. Zwar verschmutzen Benutzer von KFZ, Hauseigentümer und die Betreiber von industriellen Anlagen gleichermaßen die Umwelt. Jenseits dieser Banalität dürften die Gemeinsamkeiten aber aufhören. Während der Betreiber einer Anlage entscheidenden Einfluß auf ihre Auslegung und damit auf die von ihr ausgehende Umweltbelastung hat, können Betreiber von Kraftfahrzeugen und Hausfeuerungsanlagen allenfalls unter Produkten verschiedener Umweltverträglichkeit wählen. Die umweltbezogenen Steuerungsmöglichkeiten von Kleinemittenten sind also von vornherein begrenzt. Im Unterschied zu gewerblichen Großemittenten sind sie auch nicht in der Lage, die Kosten von Umweltschutzmaßnahmen über Produktpreise abzuwälzen. Diese Differenz hat unterschiedliche Belastungsgrenzen zur Folge, die im Interesse sozialpolitischer Ziele nicht übersehen werden sollten. Schließlich wäre es völlig illusorisch, den einzelnen Hauseigentümer oder Autofahrer genauso wie ein Unternehmen zur Mitarbeit in Umweltgenossenschaften zu verpflichten. Abgesehen von dem einer Privatperson kaum zumutbaren Zeitaufwand, hätte diese sich mit Fragen industrieller Emissionsvermeidung zu befassen, bezüglich derer ihr jede Kenntnisse fehlen. Der in den einzelnen Gruppen vorhandene Sachverstand würde so nicht akkumuliert, sondern diversifiziert. Eine Stimulierung von

[15] *Hendler*, Selbstverwaltung, S. 353 ff. m. w. N.

[16] *Hendler*, Selbstverwaltung, S. 340 ff. m. w. N.

Verantwortungsgefühl, Eigeninteresse am Verbandszweck und selbstverantwortlicher Mitarbeit in Umweltgenossenschaften wird sich bei Kleinemittenten somit sicherlich nicht einstellen.

Diesen Prognosen entsprechen auch begriffliche Überlegungen. Die Einbeziehung der Kleinemittenten würde praktisch den weit überwiegenden Teil der Gesellschaft zu Genossen machen. Ein solches Mammut-Gebilde könnte sich die Vorteile genossenschaftlicher Selbstverwaltung nicht mehr erschließen[17]. Das Genossenschaftsprinzip ist auf homogen zusammengesetzte, überschaubare Kollektive bezogen. Mit der Ausdehnung der kollektiven Umwelthaftung auf die Belastungsbeiträge von Kleinemittenten ist es somit inkompatibel.

Bei Zugrundelegung dieser Überlegungen sprechen auch die Funktionen des Umwelthaftungsrechts gegen die Einbeziehung von Kleinemittenten. Ein Hauptargument für das Genossenschaftsmodell ist seine Leistungsfähigkeit auf dem Feld der Prävention, d.h. hier im Bereich der Umweltvorsorge. Anders als reine Geldverteilungsinstitutionen eröffnet es den Zugang zu einer Palette von Instrumenten zur Steuerung umweltbezogenen Verhaltens im Interesse des Umweltschutzes. Ihre praktische Wirksamkeit wird durch die Beteiligung der Betroffenen und die Nutzung ihres Sachverstandes sichergestellt. Das Genossenschaftsmodell verspricht weiter Effektivität im Sinne einer günstigen Kosten-Nutzen-Relation. Die Minimierung tertiärer Schadenskosten liegt im unmittelbaren Eigeninteresse der Beteiligten. Ein praktisch die ganze Gesellschaft umfassendes Mammutgebilde, das anonym von jedem Mitglied einen Beitrag einfordert und von den Beteiligten nicht wirklich kontrolliert werden kann, würde diesen Kostenvorteil verspielen.

d) Beteiligung von Kleinemittenten an der Finanzierung eines Systems kollektiver Umwelthaftung

Die Einbeziehung von Kleinemittenten in den Mitgliederkreis und die Selbstverwaltungsgremien der für die Entschädigung von Umweltschäden zuständigen Genossenschaften scheidet nach dem Gesagten aus. Aus umweltpolitischer Perspektive ist dieses Resultat nicht zu bedauern, weil Kleinemittenten den Anreizen und Wirkungsmechanismen des Genossenschaftsprinzips ohnehin nicht zugänglich wären.

Aus schadensrechtlicher Perspektive ist die Ausklammerung der Betreiber von Kraftfahrzeugen und Hausfeuerungsanlagen dagegen ein schwerer Verlust. Viele über den Umweltpfad verursachte Schäden werden erst durch Zusammenwirken einer Vielzahl von Emissionen herbeigeführt. So waren und sind die Schadstoffausstöße von Kraftfahrzeugen und Heizungen an der Entstehung beispielsweise der neuartigen Waldschäden wesentlich mitbeteiligt. Bei völliger Ausklamme-

---

[17] Genauso: *Kinkel*, ZRP 1989, S. 293 (296).

rung von Kleinemittenten aus einem System kollektiver Umwelthaftung auf genossenschaftlicher Grundlage könnten diese Schäden nicht erfaßt und einem Ausgleich zugeführt werden. Um die Entstehung einer Lücke im Bereich der von Kleinemittenten wesentlich mitverursachten Schäden zu vermeiden, ist über Möglichkeiten nachzudenken, die Betreiber von KFZ und Hausfeuerungsanlagen zur Finanzierung der von ihnen mitverursachten Schäden heranzuziehen, ohne sie unmittelbar in das Genossenschaftsmodell einzubeziehen. Die Möglichkeiten einer solchen Erweiterung des Genossenschaftsmodells werden unten ausgelotet werden[18].

3. Ergebnis

Insgesamt sprechen sowohl Vorsorge- wie auch Allokationserwägungen für die Beschränkung des Genossenschaftsmodells auf gewerbliche Emittenten. Die Heranziehung der Kleinemittenten zur Finanzierung der von ihnen mitzuverantwortenden Schadenskosten wird dadurch nicht ausgeschlossen.

II. Das Haftungssubjekt

Die Beschränkung der Reichweite genossenschaftlicher Umwelthaftung auf Umwelteinwirkungen durch Industrie, Gewerbe und öffentliche Einrichtungen ist im Vorstehenden begründet worden. Auch die Einbeziehung umweltbelastender Betriebe der Landwirtschaft in das Genossenschaftsmodell ist möglich. Aus dieser Beschränkung folgt aber noch nicht, daß die bestehenden Träger der Unfallversicherung, also vor allem die Berufsgenossenschaften, auch mit der Abwicklung einer dem Genossenschaftsprinzip folgenden kollektiven Umwelthaftung betraut werden müßten. Denkbar wäre auch die Bildung neuer Kollektive, die ausschließlich für die Entschädigung über den Umweltpfad verursachter Schäden zuständig wären. Während bei Übertragung der Umwelthaftung auf die bestehenden Unfallversicherungsträger das hier zu entwerfende Modell mit den bestehenden arbeitsschutzrechtlichen Regelungsprinzipien und Organisationsstrukturen kompatibel sein müßte, könnte die Ausgestaltung der Haftung, Organisation und Finanzierung neu zu schaffender Genossenschaften ungleich freier und ohne Rücksicht auf die das Unfallversicherungsrecht beherrschenden Grundsätze vorgenommen werden. Vor Überlegungen zu Einzelheiten der Ausgestaltung eines Systems genossenschaftlicher Umwelthaftung ist daher das Haftungssubjekt zu identifizieren. Kriterien für die Beurteilung dieser Frage können wiederum nur die Funktionen der Umwelthaftung liefern. Die folgende Untersuchung erarbeitet zuerst eine Optimallösung, die in einer Situation ohne bestehende Institutionen verwirklicht werden sollte. Danach wird dieses Optimalmodell an der Realität gemessen und anhand der sich dort zeigenden Grenzen modifiziert.

---

18 Vgl. unten, unter E XI.

1. Die optimale Lösung in einer Null-Situation

a) Beurteilung anhand der drei Funktionen des Umwelthaftungsrechts

Die Umweltökonomie hat vorgeschlagen, zum Schutz der Umwelt und zur Förderung der Effizienz der Ressourcenallokation Umweltabgaben einzuführen[19]. Die Diskussion um die Einzelheiten dieses Ansatzes hat ergeben, daß eine regionale Differenzierung der Abgabenhöhe unter Allokationsgesichtspunkten die optimale Lösung wäre[20]. Dafür spricht zuerst die unterschiedliche Assimilationskapazität der Umwelt, vor allem im Vergleich von ländlichen Gebieten zu Verdichtungsräumen. Daraus und aus anderen Faktoren, wie etwa der unterschiedlichen Besiedelungsdichte und dem verschiedenen industry-mix, folgt eine je unterschiedliche Grenzschadensfunktion in bezug auf eine emittierte Schadstoffeinheit. Aus den gleichen Gründen sind auch die auf den Entsorgungsaufwand bezogenen Grenzkostenfunktionen verschiedener Gebiete inkongruent. Aus wirtschaftspolitischer Perspektive sollte also die für die Emission einer bestimmten Menge eines bestimmten Schadstoffs zu zahlende Abgabe je nach Standort der emittierenden Anlage unterschiedlich bemessen werden. Zu bedenken ist jedoch, daß im Falle der Implementierung regional differenzierter Umweltabgaben eine regional unterschiedliche Umweltqualität in Kauf genommen würde[21]. Aus wirtschaftspolitischer Sicht bestünden dagegen keine Bedenken, zudem eine Tendenz zur Angleichung der Abgaben- und Umweltniveaus bestünde[22]. Da der Finanzierungsmodus der für die Abwicklung einer genossenschaftlichen Umwelthaftung zuständigen Institutionen von ihrer Organisation mit abhängt, wäre aus allokativer Perspektive die Neuschaffung regionaler Umweltgenossenschaften zu empfehlen. Weitergehend sollte noch eine Differenzierung nach Umweltmedien hinzukommen. Da die Wasserläufe in der Regel nicht den Luftströmen folgen, wären für die Umweltmedien Luft und Boden einerseits, Wasser andererseits je getrennte Umweltgenossenschaften zu konstruieren, die die Emittenten mit den Kosten der von ihnen an Rechtsgütern anderer verursachten Schäden belasteten[23].

Für ein derartiges System sprechen auch umweltpolitische Gründe. Der Zusammenschluß aller Schadstoffeinleiter eines Flußlaufs bzw. aller Luftverschmutzer eines Raums in je einer Genossenschaft bietet einzigartige Möglichkeiten sachna-

---

19 Vgl.: *Frowein,* Emissionsabgaben; *Lepperdinger,* Umweltsteuer; *Meßerschmidt,* Umweltabgaben; Rat von Sachverständigen für Umweltfragen, Umweltgutachten 1978, BT-Drucks. VIII/1938 Tz. 1791 ff.; *Siebert,* Ökonomische Theorie der Umwelt, S. 43 ff.

20 *Frowein,* Emissionsabgaben, S. 34 f.; Rat von Sachverständigen für Umweltfragen, Umweltgutachten 1978, BT-Drucks. VIII/1938 Tz. 1803; *Siebert,* ZGesStW 131, S. 496 (501 ff.); *ders.,* Ökonomische Theorie der Umwelt, S. 130 ff.

21 *Siebert,* ZGesStW 131, S. 496 (507 ff.); *ders.,* Ökonomische Theorie der Umwelt, S. 134 ff.

22 Vgl. die vorherige Anmerkung.

23 *Siebert,* Ökonomische Theorie der Umwelt, S. 136.

her, regionalen Besonderheiten Rechnung tragender Umweltvorsorge. Da der Eintritt von Umweltschäden in aller Regel eine Frage der Dosis, also der Schadstoffkonzentration und des Expositionszeitraums ist und der Großteil der Emissionen in Emittentennähe niedergeht[24], wären regionale Zuständigkeiten im Bereich der Umweltvorsorge empfehlenswert. Das von seiten der Umweltökonomie befürchtete Trittbrettfahrerverhalten der einen auf Kosten der anderen Region wäre bei genossenschaftlicher Ausgestaltung der regional zuständigen Stellen nicht zu befürchten[25]. Die kombinierte Zuständigkeit für Entschädigung und Schadensverhütung sowie die oben dargestellten Vorzüge genossenschaftlicher Selbstverwaltung könnten free-rider-Effekte verhindern helfen.

Der Schadensausgleichszweck schließlich scheint allein die Entschädigung des Betroffenen zu verlangen und für die Frage nach dem richtigen Haftungssubjekt keine Kriterien zu enthalten. Der Schutz des Geschädigten fordert jedoch nicht nur Ausgleich irgendwie und irgendwann, sondern auch rechtzeitigen Ersatz nach einem möglichst einfachen Verfahren. Auch in dieser Hinsicht könnte die Zuständigkeit regionaler, also vor Ort ansässiger Entschädigungsstellen die optimale Lösung sein.

Die Neukonstruktion regional und medial gegliederter Umweltgenossenschaften entspräche schließlich der Typologie der Umweltschäden[26]. In Bezug auf den Ausgleich emittentenferner Schäden ist die Art der Gliederung der haftenden Kollektive gleichgültig. Anders steht es mit den Schäden im Emittentennahbereich. Da eine Vielzahl von Umweltschäden in der Nähe der Emissionsquellen auftritt, wäre ein Zusammenschluß aller Emittenten einer Region das richtige Haftungssubjekt[27]. Umständliche und kostenintensive Ausgleichsverfahren unter den verschiedenen Branchengenossenschaften erübrigten sich dann.

b) Wasserverbände

Vorbild regional und medial differenzierter Umweltgenossenschaften könnten die Wasserverbände sein[28]. Mit veranlaßt durch die Industrialisierung und den damit einhergehenden Vorflut- und Abwasserproblemen, wurden die Wasserge-

---

24 Vgl. oben, A III; A V 1.

25 Vgl. zu diesem Bedenken: *Siebert*, Ökonomische Theorie der Umwelt, S. 136.

26 Vgl. oben, A IV.

27 So vor über 30 Jahren schon *Westermann*, Welche gesetzlichen Maßnahmen zur Luftreinhaltung und zur Verbesserung des Nachbarrechts sind erforderlich?, S. 67 ff. *Westermann* hatte bei seinem Vorschlag zur Bildung eines regionalen Haftungsfonds gerade die emittentennahen Rauchschäden an Wäldern vor Augen, vgl. ebenda, S. 61, Fßn. 55, wo auf eine Denkschrift der Waldbesitzer des Raums Krefeld-Recklinghausen hingewiesen wird.

28 So auch *Westermann*, Welche gesetzlichen Maßnahmen zur Luftreinhaltung und zur Verbesserung des Nachbarrechts sind erforderlich?, S. 68.

nossenschaften Ende des 19. Jahrhunderts Gegenstand und Instrument staatlicher Umweltpolitik[29]. Zu einer für das Deutsche Reich einheitlichen Regelung des Rechts der Wassergenossenschaften kam es erst im 20. Jahrhundert unter nationalsozialistischer Herrschaft. Am 10. 2. 1937 wurde das Wasserverbandgesetz erlassen, aufgrund dessen die praktisch wichtigere Erste Wasserverbandverordnung am 3. 9. 1937 erging[30]. Strittig und unklar ist bis heute allerdings, ob die genannten Regelwerke aufgrund von Art. 125 Nr. 1 GG als Bundesrecht oder mangels konkurrierender Gesetzgebungskompetenz des Bundes als Landesrecht fortgelten[31].

Neben den Verbänden, für die das Recht der WVVO gilt, existieren einige, praktisch sehr bedeutsame Wasserverbände, die aufgrund von Sondergesetzen errichtet wurden, welche auch das für diese Körperschaften maßgebliche Recht enthalten. So wurden lange vor Erlaß der WVVO die wichtigsten Flußsysteme des heutigen Nordrhein-Westfalen durch preußische Gesetze der Bewirtschaftung durch Wasserverbände unterstellt[32]. Sie bestehen heute noch, so die Emschergenossenschaft[33], die Linksrheinische Entwässerungsgenossenschaft[34], der Ruhrverband[35] und der Lippeverband[36]. Anlässe für die Gründung der genannten Verbände waren die durch Bevölkerungswachstum und Industrialisierung verursachte Wasserknappheit sowie die immensen Probleme mit einer verantwortbaren Abwässerbeseitigung. Das für die genannten Verbände geschaffene Sonderrecht entspricht inhaltlich weitgehend den Regelungen der WVVO.

Am 3. 6. 1958 wurde der letzte bedeutende Wasserverband, der Große Erftverband, durch nordrhein-westfälisches Gesetz gegründet[37]. Zweck seiner Errichtung war die Bewältigung der großen wasserwirtschaftlichen Probleme, die mit dem Braunkohleabbau in Tagebauen von 250-400 Meter Teufe verbunden sind. Durch den zwangsweisen Zusammenschluß der Schädiger und der Geschädigten im

---

29 *Bochalli / von Arenstorff*, Wasserverbandrecht, S. 2 ff.; *Dornheim*, Recht der Wasserverbände, S. 14 ff.

30 Wasserverbandgesetz: RGBl I, S. 188; Wasserverbandverordnung: RGBl I, S. 933.

31 Vgl. zu dieser Frage: BVerfGE 58, 45 (60 ff.); *Breuer*, FS von Unruh, S. 885 (856 f.); *Hendler*, Selbstverwaltung, S. 260 f., jeweils mit weiteren Nachweisen.

32 Vgl. dazu: *Bochalli / von Arenstorff*, Wasserverbandrecht, S. 49 ff.; *Dornheim*, Recht der Wasserverbände, S. 87 ff.

33 Gesetz betreffend die Bildung einer Genossenschaft zur Regelung der Vorflut und zur Abwässerreinigung im Emschergebiet vom 14. 7. 1904, PrGS S. 175, abgedruckt bei *Kaiser / Linckelmann / Schleberger*, WVVO, S. 541 ff.

34 Entwässerungsgesetz für das linksrheinische Industriegebiet vom 29. 4. 1913, PrGS S. 251, abgedruckt bei *Kaiser / Linckelmann / Schleberger*, WVVO, S. 595 ff.

35 Ruhrreinhaltungsgesetz vom 5. 6. 1913, PrGS S. 305, abgedruckt bei *Kaiser / Linckelmann / Schleberger*, WVVO, S. 640 ff.

36 Lippegesetz vom 29. 1. 1926, PrGS S. 13, abgedruckt bei *Kaiser / Linckelmann / Schleberger*, WVVO, S. 610 ff.

37 Gesetz über die Gründung des Großen Erftverbandes vom 3. 6. 1958, GVBl S. 253, ber. S. 280. Die Verfassungsmäßigkeit des Gesetzes bestätigt BVerfGE 10, 89 ff.

Großen Erftverband sollte ein Schadensausgleich ermöglicht werden[38]. Ein Interessengegensatz zwischen dem Braunkohlebergbau und der Allgemeinheit ist im Verband deshalb angelegt. Für eine Untersuchung über die Übertragung des Genossenschaftsprinzips auf das Umweltschadensrecht erscheint der Große Erftverband daher besonders interessant. Seine gesetzliche Ausgestaltung soll daher kurz skizziert werden.

Dem Großen Erftverband obliegt gemäß § 2 Abs. 1 des Gesetzes die Regelung der Wasserwirtschaft im Verbandsgebiet, insbesondere durch Maßnahmen zur Sicherung der Wasserversorgung der Bevölkerung, Industrie und Landwirtschaft, zur Erhaltung und Verbesserung der Vorflut und zur Unschädlichmachung von Abwasser. Gemäß § 12 Abs. 2 des Gesetzes ist der Verband überdies zum Ausgleich von Schäden Dritter befugt, die durch wasserwirtschaftliche Maßnahmen eines Bergwerksunternehmens verursacht wurden. Soweit der Verband derartige Einbußen ausgleicht, bestehen keine zivilrechtlichen Schadensersatzansprüche gegen den Schädiger mehr. Gemäß § 16 Abs. 2 des Gesetzes stellen in der Delegiertenversammlung, dem wichtigsten Selbstverwaltungsorgan, die beiden Interessengruppen Braunkohlebergbau und Elektrizitätswirtschaft einerseits, die Öffentlichkeit andererseits, dieselbe, gesetzlich festgelegte, Delegiertenzahl. Das Stimmengewicht ist also vorherbestimmt. Jede Gruppe wählt dann nur noch die ihr zustehenden Delegierten. Hinzu kommen vier von der Landesregierung bestimmte Sachverständige. Die Öffentlichkeit wird durch Vertreter aus Industrie, Landwirtschaft, öffentlicher Wasserversorgung und Abfallbeseitigung sowie der kommunalen Gebietskörperschaften repräsentiert. Durch diese Regelung soll eine Majorisierung der öffentlichen Interessen durch den Bergbau vermieden werden, die eintreten würde, wenn das Gewicht der Stimmen in der Vertreterversammlung von dem Anteil an der Beitragslast abhinge. § 41 Abs. 1 des Gesetzes weist die Tragung der Kosten für Aufwendungen des Verbandes zur Wahrung des öffentlichen Wohls gegenüber wasserwirtschaftlichen Auswirkungen des Braunkohlebergbaus, abweichend von der sonst geltenden Finanzierungsregelung, allein den Verursachern der genannten Maßnahmen zu.

Insgesamt zeigt die jahrhundertelange Tradition der Wassergenossenschaften die Fruchtbarkeit des Genossenschaftsprinzips, hier verstanden als Übertragung bestimmter Aufgaben auf gesetzlich geschaffene Zwangskörperschaften des öffentlichen Rechts, auch im Bereich des Umweltschutzes.

c) Ergebnis

Nach allem sprechen prima facie also alle drei Funktionen des Umwelthaftungsrechts für die Schaffung, regional und medial differenzierter Umweltgenos-

---

[38] *Dornheim*, Recht der Wasserverbände, S. 96 f.

senschaften. Beim Umweltmedium Wasser könnte an die bestehenden Wasserverbände angeknüpft werden, wobei dieses System erheblich auszubauen, insbesondere auf die größten bundesrepublikanischen Flußsysteme Rhein, Main, Elbe und Weser, auszudehnen wäre. Haftungssubjekte für über die Umweltmedien Luft und Boden verursachten Schäden müßten dagegen völlig neu konstruiert werden.

2. Grenzen der Neuregelungsmöglichkeiten

Gäbe es nicht bereits Genossenschaften, in denen Gewerbe und Industrie der Bundesrepublik zusammengeschlossen sind, würde nach dem Gesagten vieles für die Schaffung regionaler Organisationen sprechen, die ganz überwiegend neu zu errichten wären. Eine derartige tabula-rasa-Situation besteht indessen tatsächlich nicht. Wie oben dargestellt wurde, existiert ein funktionsfähiges System von Genossenschaften, das die Aufgaben des Arbeitsschutzes wahrnimmt. Es umfaßt sämtliche Gewerbezweige, die gesamte Landwirtschaft und auch alle öffentlichen Einrichtungen. Abgesehen vom Bereich der Landwirtschaft, sind die Genossenschaften aber nach Branchen gegliedert. Diese schon bestehenden Strukturen könnten für den Umweltschutz genutzt werden.

Die Neukonstruktion regionaler Umweltgenossenschaften würde immensen Aufwand und hohe Kosten verursachen. Jedes Unternehmen wäre nicht nur Mitglied einer Berufsgenossenschaft, sondern gehörte auch noch einer oder mehreren Umweltgenossenschaften an. Der Aufwand für die Unternehmen würde sich also vervielfachen. Aber nicht nur der Aufwand der Mitgliedsunternehmen selbst würde vergrößert, auch ihre finanzielle Belastung mit den Organisations- und Verwaltungskosten einer oder, bei medialer Differenzierung, sogar mehrerer, zusätzlicher Institutionen dürfte das Maß des Tragbaren übersteigen. Dies gilt jedenfalls dann, wenn die Kosten, um die es geht, Transaktionskosten sind, die lediglich den zur Umverteilung erforderlichen Aufwand beziffern. Ihr Einsatz bewirkt keinerlei volkswirtschaftliche Wertschöpfung, führt also zu keiner Steigerung der gesellschaftlichen Wohlfahrt.

Die Neuschaffung regionaler Umweltgenossenschaften könnte zudem die Vorsorgefunktion kollektiver Umwelthaftung beeinträchtigen. Der Sachverstand und die Erfahrung der Berufsgenossenschaften im Bereich der Schadensverhütung würden nicht genutzt. Die fachliche Gliederung der Unfallversicherungsträger dient gerade der Gewährleistung optimaler Schadensverhütung[39]. Die in vielen Bereichen eng zusammenhängenden Bereiche des Arbeits- und des Umweltschutzes würden auseinandergerissen und verschiedenen Organisationen zur Erfüllung zugewiesen[40].

39 Vgl. oben, D II 6 c; D II 8 d.

40 Vgl. zum Zusammenhang von Arbeits- und Umweltschutz im Bereich der Schadensprävention unten, unter E X, oben, unter D II 8 d.

Weiter wird auch wirksamer Umweltschutz in der Regel im jeweiligen Unternehmen, das heißt fachspezifisch, ansetzen müssen. Die Vorsorgefunktion spricht vor allem dann für eine Gliederung der für den Umweltschutz zuständigen Genossenschaften nach Branchen, wenn es um den sog. integrierten Umweltschutz geht. Mit diesem Begriff ist ein Konzept bezeichnet, das den technischen Fortschritt auch für den Umweltschutz nutzen und dort nicht auf die Entwicklung und Verbesserung von Anlagen zur Rückhaltung von Schadstoffen begrenzen will[41]. Um bloße Verlagerungen der Schadstoffbelastungen von einem Umweltmedium auf ein anderes zu verhindern und eine langfristige Verbesserung der Umweltqualität zu erreichen, sollten Anreize zu umweltfreundlicheren Produktionsverfahren gegeben werden, bei denen schon der Anfall schädlicher Koppelprodukte minimiert wird. Dieses anspruchsvolle Ziel ließe sich am besten mit branchenmäßig gegliederten Organisationen erreichen.

Schließlich wäre bei der Verdoppelung bzw. Vervielfachung genossenschaftlicher Organisationen um die Vorteile genossenschaftlicher Selbstverwaltung zu fürchten. Die Mehrbelastung der Unternehmen, die dann in mehreren Institutionen präsent sein müßten, könnte zum Nachlassen des Interesses und des Engagements für die gemeinsame Sache führen. Die angestrebten Vorteile würden so verspielt.

Nach allem ist am bestehenden System der Berufsgenossenschaften auch für den Bereich des Umweltschutzes und der Umwelthaftung festzuhalten. Modifikationen im Interesse des Umweltschutzes bleiben jedoch möglich.

3. Modifikationen des bestehenden berufsgenossenschaftlichen Systems

Die Übertragung der mit der Einführung einer kollektiven Umwelthaftung verbundenen Aufgaben auf die bestehenden Berufsgenossenschaften schließt Änderungen des heutigen Systems im Interesse des Umweltschutzes nicht aus. Wie oben dargelegt, würde die Optimierung des Genossenschaftsmodells im Bereich des Umweltschutzes eine verstärkte Regionalisierung der Zuständigkeiten und Aktivitäten der Genossenschaften erfordern.

Der Großteil der Berufsgenossenschaften ist bundesweit organisiert. Genossenschaften mit regional begrenztem Zuständigkeitsbereich bestehen nur noch in den Bereichen des Baugewerbes und der Eisen- und Stahlindustrie[42]. Sämtliche Berufsgenossenschaften haben jedoch eigene Untergliederungen, die Bezirksverwaltungen, die allerdings unselbständige, nicht rechtsfähige Einrichtungen ohne eigene Organe sind[43]. Ihre Aktivierung im Interesse des Umweltschutzes ist

41 Vgl. dazu nur *Hansmeyer / Schneider*, Zur Fortentwicklung der Umweltpolitik unter marktsteuernden Aspekten, S. 34, 40 ff.

42 Vgl. die Anlage zu § 646 RVO.

43 Vgl. oben, D II 6 c.

gleichwohl möglich. Die Zuammenarbeit mehrerer Berufsgenossenschaften auf regionaler Ebene durch ihre dort ansässigen Bezirksverwaltungen könnte ein Stück der oben genannten Vorteile regionaler Umweltgenossenschaften retten.

Würden die Berufsgenossenschaften Subjekt einer erweiterten Umwelthaftung, entspräche eine solche Kooperation dem Eigeninteresse der Mitglieder. Die Schadensabwicklung könnte beschleunigt, die Kausalfrage schnell und kostensparend vor Ort und unter Beteiligung der Betroffenen geklärt werden. Hätte eine vom tatsächlichen Geschehen weit entfernte Zentrale die von mehreren Genossenschaften zu verantwortenden Verursachungsanteile aufzuklären, wäre der erforderliche Aufwand beträchtlich. Die Kosten eines etwaigen Binnenregresses unter den Genossenschaften sind ebenfalls zu berücksichtigen. Da ein großer Teil auch der emittentennah eintretenden Umweltschäden auf dem Zusammenwirken mehrerer Schadstoffe oder jedenfalls mehrerer Emissionen beruht, wäre in vielen Fällen ein Ausgleich unter den für die Emittenten einer Region zuständigen Genossenschaften herzustellen. Von der Bundeszentrale einer Berufsgenossenschaft aus ist die Differenzierung der Schadensbeiträge und der Verantwortlichkeiten im einzelnen kaum möglich, jedenfalls aber sehr teuer. Eine schadens- und verursachernahe Abwicklung der Entschädigung und des Binnenausgleichs unter den Genossenschaften ist aus Kostengründen daher dringend erforderlich. Schon im Eigeninteresse der Mitglieder der Berufsgenossenschaften läge es deshalb, auf regionaler Ebene zusammenzuarbeiten und umweltbedingte Schäden von gemeinsamen Einrichtungen aufklären und abwickeln zu lassen. Gleichwohl wäre es zu empfehlen, daß der Gesetzgeber in diesem Bereich die notwendigen, und auch im wohlverstandenen Eigeninteresse aller Beteiligten vernünftigen, Anstöße zur Schaffung regionaler Entschädigungsstellen gibt[44]. Die Unterhaltung dieser Einrichtungen obläge dann denjenigen Genossenschaften, die für die Unternehmen eines bestimmten Gebiets zuständig sind. Ausnahmen für nur marginal vertretene Gewerbezweige sind dabei möglich.

III. Der Tatbestand genossenschaftlicher Umwelthaftung

1. Vorbemerkung

Die Ausgestaltung und der Charakter eines kollektiven Haftungssystems im Umweltschutz hängen ganz entscheidend von der Ausgestaltung des Entschädigungstatbestandes ab. Im Zusammenhang mit seiner Konturierung fallen Grundentscheidungen, die die Antworten auf später behandelte Einzelfragen präjudizieren. Daher ist es unvermeidlich, schon bei der Festlegung der Voraussetzungen eines Entschädigungsanspruchs gegen eine Genossenschaft auch solche Probleme

---

[44] Vgl. dazu im einzelnen unten, E VIII 4 b.

aufzugreifen und zu diskutieren, die systematisch erst nachrangig, nach Festlegung der Entschädigungsvoraussetzungen zu entscheiden wären. Insbesondere bestehen Interdependenzen zwischen den Voraussetzungen und dem Umfang genossenschaftlicher Umwelthaftung. Deshalb werden in den folgenden Ausführungen auch Probleme des Haftungsumfangs eine Rolle spielen.

2. Bestimmung der Tatbestandsmerkmale

Im Rahmen der vorliegenden Arbeit geht es um die Entwicklung eines kollektiven Umwelthaftungsrechts. Der Begriff des Haftungsrechts impliziert, daß die von Haftungsnormen ausgelösten Rechtsfolgen stets an einen Schaden, d.h. an eine Beeinträchtigung von Rechtsgütern anknüpfen und den Ausgleich dieser Einbußen anordnen. Umwelthaftungsrecht hat es mit der Restitution von Beeinträchtigungen zu tun, die über den Umweltpfad verursacht werden[45]. Letzterer läßt sich medial in Luft-, Wasser- und Bodenpfade aufspalten. Insgesamt betrifft der Begriff Umwelthaftungsrecht also dasjenige Recht, das dem Ausgleich über die Umweltmedien Luft, Wasser und Boden verursachter Schäden dient.

Mit Hilfe dieser Begriffsbestimmung lassen sich bereits zwei Voraussetzungen des zu schaffenden Entschädigungstatbestandes festhalten: einmal die Voraussetzung des Eintritts eines Schadens und zweitens seine Verursachung über den Umweltpfad.

Ein noch fehlendes Tatbestandselement ist die Bestimmung des Haftungssubjekts. Das privatrechtliche Deliktsrecht des § 823 Abs. 1 BGB nennt „wer" als Ersatzpflichtigen und bringt damit zum Ausdruck, daß jedermann, der die übrigen Tatbestandsmerkmale der Norm erfüllt, zum Schadensersatz verpflichtet ist. Diese Methode kann in ein System genossenschaftlicher Umwelthaftung nicht übernommen werden. Haftungssubjekt kann nicht jedermann sein, sondern allein die Genossenschaften. Diese sind nicht selbst Betreiber Schadstoffe emittierender Anlagen, sondern Zusammenschlüsse der Betreiber umweltverschmutzender Anlagen, für die eine genossenschaftliche Umwelthaftung, wie die berufsgenossenschaftliche Haftung im Arbeitsschutzrecht, die Funktion einer Versicherung hat[46]. Voraussetzung der Haftung der Berufsgenossenschaften für Umweltschäden ist also die Verursachung eines Schadens durch ein Mitgliedsunternehmen. Insgesamt würde die Einstandspflicht einer Genossenschaft ausgelöst, wenn eines ihrer Mitgliedsunternehmen über den Umweltpfad einen Schaden verursachte. Damit enthält der Tatbestand vier Tatbestandsmerkmale, die im folgenden erläutert und konkretisiert werden sollen: ein Mitgliedsunternehmen, die Einwirkung dieses

---

45 Zum Begriff des Umweltpfades, vgl. oben, unter A.

46 Zum Versicherungscharakter der gesetzlichen Unfallversicherung vgl.: *Gitter*, Schadensausgleich, S. 73 f. m. w. N.; *Jantz*, FS Lauterbach, S. 15 (31); *Schulin*, Sozialversicherungsrecht, Rn. 240.

Unternehmens auf mindestens eines der drei Umweltmedien, der Eintritt eines Schadens und schließlich Kausalzusammenhang zwischen der Handlung des versicherten Unternehmens und dem Schaden.

3. Die Tatbestandsmerkmale im einzelnen

a) Das die Haftung auslösende Verhalten

Wie eben angedeutet, folgt die Beschränkung der Einstandspflicht der Genossenschaften auf ein Verhalten ihrer Mitglieder aus dem Genossenschaftsprinzip. Eine Haftung für ein schädigendes Verhalten externer Dritter kommt nicht in Betracht. Eine derartige Einstandspflicht wäre umweltpolitisch unvernünftig, weil Schäden dort angelastet würden, wo sie nicht vermieden werden können und der wirkliche Verursacher keine Anreize zur Schadensvermeidung erhielte. Im übrigen verstieße eine Haftung für fremdverursachte Schäden gegen den Grundsatz ökonomisch richtiger Kostenanlastung, weil unschädliche Aktivitäten verteuert und die wirklich schadensstiftenden Aktivitäten subventioniert würden.

Zu überlegen ist, ob die Einstandspflicht der Genossenschaften auf Schäden aus dem Betrieb von Anlagen der Mitgliedsunternehmen beschränkt werden sollte. Das kollektive Umwelthaftungsrecht begründete in diesem Fall allein eine Anlagenhaftung. Die Alternative dazu wäre die Erfassung aller Betriebshandlungen, die zu Einwirkungen auf die Umwelt führten, ohne Rücksicht auf ihren Zusammenhang mit dem Betrieb einer Anlage. Auch sonstige Handlungen im Rahmen eines Unternehmens, wie etwa der Transport umweltgefährlicher Güter, könnten dem Regime kollektiver Umwelthaftung unterstellt werden. Aus umweltpolitischer Perspektive spricht nichts für eine Ausklammerung der eben genannten Risiken aus der genossenschaftlichen Haftung. Die Erfassung aller Betriebsgefahren entspräche auch dem Vorbild der gesetzlichen Unfallversicherung. Deshalb reicht es für die Haftung von Genossenschaften aus, wenn ein Mitgliedsunternehmen irgendwie auf die Umwelt eingewirkt hat.

b) Einwirkung auf die Umwelt

Rechtssystematisch beschränkt sich das Umwelthaftungsrecht auf den Ersatz über den Umweltpfad verursachter Schäden. Diese Beschränkung muß im Entschädigungstatbestand genossenschaftlicher Umwelthaftung zum Ausdruck kommen. Zur Wahl stehen zwei Modelle. Beide fächern den Begriff Umwelt medial in Luft, Wasser und Boden auf und fordern eine Einwirkung auf mindestens eines der drei Medien.

Möglich ist, es dabei zu belassen, sodaß für die Auslösung der Haftung jede Veränderung der physikalischen, chemischen oder biologischen Beschaffenheit von Wasser, Boden oder Luft ausreichen würde. Diese Lösung entspricht § 1 des Diskussionsentwurfs von BMJ und BMU sowie § 2 Abs. 1 AE-BMU.

Nach dem Entwurf der GRÜNEN zum Umwelthaftungsrecht hingegen, setzt die Haftung das Vorliegen einer Umweltbeeinträchtigung voraus[47]. Damit ist gemäß § 2 Abs. 1 des Entwurfs eine besonders nachhaltige und schädliche Einwirkung auf die Umwelt gemeint. Ähnlich machen §§ 5 Abs. 1 Nr. 1, 3 Abs. 1 BImSchG die Vermeidung schädlicher Umwelteinwirkungen, die geeignet sind, Gefahren, erhebliche Nachteile oder erhebliche Belästigungen für die Nachbarschaft oder die Allgemeinheit zu verursachen, zur Pflicht des Betreibers einer Anlage. In diesen Fällen wird also eine besondere Schadenseignung der Umwelteinwirkung vorausgesetzt[48].

Für das Individual-Haftungsrecht mag eine solche Einschränkung auf die Verursachung einer schädlichen Umwelteinwirkung unter dem Aspekt des notwendigen Ausschlusses von Kleinemittenten von der Haftung gerechtfertigt sein. Im Rahmen eines genossenschaftlichen, nur Umwelteinwirkungen gewerblicher Unternehmen erfassenden Haftungssystems, bedarf es dieser Restriktion nicht.

Zweites Glied des Entschädigungstatbestandes ist damit eine Umwelteinwirkung im Sinne der §§ 1 Diskussionsentwurf, 2 Abs. 1 AE-BMU.

c) Schaden

Das Bestehen eines Entschädigungsanspruchs setzt begrifflich den Eintritt eines Schadens voraus. Schaden ist jede Einbuße an materiellen oder immateriellen Gütern[49]. Jedoch begründet nicht stets das Vorhandensein einer Einbuße an Gütern einen Ersatzanspruch gegen einen anderen. Weitere Voraussetzungen der Schadensverlagerung sind die rechtliche Schutzwürdigkeit der betroffenen Güter sowie das Bestehen eines Haftungsgrundes[50]. Beides bleibt noch zu klären. Die Entscheidung über den Kreis der im Rahmen eines kollektiven Umwelthaftungsrechts geschützten Rechtsgüter gehört zwar systematisch zum Tatbestand der Entschädigungsnorm, hängt aber eng mit der Bestimmung des Entschädigungsumfangs zusammen. Deshalb wird darauf erst im Zusammenhang mit dem Haftungsumfang eingegangen. Im folgenden bleibt der Grund für die Überwälzung des Schadens auf Genossenschaften herauszuarbeiten.

---

47 §§ 1 Abs. 1, 2 Abs. 1 des Entwurfs, BT-Drucks. XI/4247, S. 3.

48 Dies will die Begründung des Entwurfs der GRÜNEN, BT-Drucks. XI/4247, S. 19, nicht wahrhaben.

49 *Fikentscher*, Schuldrecht, § 50 I, 2, S. 301; *Larenz*, SR AT, § 27 II a, S. 426 f.

50 *Deutsch*, Haftungsrecht, S. 22 ff.; *Fikentscher*, Schuldrecht, § 50 I, 2, S. 301; *Larenz*, SR AT, § 27 II a, S. 426 ff.

4. Kausalzusammenhang und Grund der Haftung

Der Tatbestand genossenschaftlicher Umwelthaftung setzt bis hierher voraus, daß ein Mitgliedsunternehmen einer Genossenschaft auf die Umwelt eingewirkt und ein Dritter einen Schaden erlitten hat. Es fehlt noch an einer Verbindung zwischen Umwelteinwirkung und Schaden. Die Einstandspflicht einer Genossenschaft für einen Schaden ist nur gerechtfertigt, wenn er ihr zugerechnet werden kann. Dies ist näher zu erläutern.

a) Zurechnung

Zurechnung bedeutet das Verantwortlichmachen eines anderen für den Eintritt eines Verletzungserfolgs[51]. Dies geschieht durch wertende Zuordnung des Schadens zum Verantwortungsbereich des in Anspruch Genommenen. Die beiden wichtigsten Zurechnungsgründe sind Verschulden und Gefährdung[52].

Im vorliegenden Zusammenhang geht es um die Suche nach dem Grund, der die Überwälzung eines über den Umweltpfad verursachten Schadens auf eine Genossenschaft rechtfertigt. Dieser Grund kann nicht in einem Verhalten der Genossenschaft selbst liegen, da sie selbst gar nicht auf die Umwelt einwirkt. Der Zusammenschluß von Unternehmen in einer Genossenschaft hat für diese die Funktion einer Versicherung. Das Kollektiv steht für ein Verhalten seiner Mitglieder ein. Der Grund, der die Zurechnung eines Schadens an eine Genossenschaft rechtfertigt, ist also in einem Verhalten der Mitglieder zu suchen.

b) Der Zurechnungsgrund genossenschaftlicher Umwelthaftung

Wie oben ausgeführt, kann das Auftreten durch anthropogene Umwelteinflüsse verursachter Schäden auf den im 19. Jahrhundert begonnen und bis heute andauernden Prozeß der Industrialisierung zurückgeführt werden[53]. Für den Staat stellte sich von Anfang an die Aufgabe des Schutzes der Rechtsgüter Dritter vor den Gefahren technischer Anlagen. Er reagierte mit der Einführung der Gefährdungshaftung, zuerst 1838 in Preußen für die mit dem Betrieb von Eisenbahnen verbundenen Gefahren. Zum Schutz der den Risiken der Technisierung besonders ausgesetzten Arbeiter wurde 1884 das System der gesetzlichen Unfallversicherung

---

[51] *Deutsch*, FS Honig, S. 33 f.; *ders.*, Haftungsrecht, S. 22 ff.; *Jakobs*, Strafrecht AT, S. 154 f., 163; *Kötz*, Deliktsrecht, Rn. 5; *Larenz*, JuS 1965, S. 373; *Rehbinder*, Verursacherprinzip, S. 31.

[52] Vgl.: *Deutsch*, Haftungsrecht, S. 26 ff.; *Larenz*, JuS 1965, S. 373 ff., die noch weitere Zurechnungsgründe nennen.

[53] Vgl. oben, unter D I.

geschaffen, das ebenfalls auf dem Gedanken der Gefährdungshaftung beruht[54]. §§ 25 AtG, 22 WHG haben den Zurechnungsgrund der Gefährdungshaftung auch im Umweltrecht aktualisiert.

Das den Gefährdungshaftungstatbeständen zugrunde liegende Zurechnungsprinzip besagt, daß der Halter und Nutznießer einer erlaubten Gefahrenquelle im Falle der Realisierung der Gefahr für den einem anderen entstandenen Schaden einstehen muß[55]. Dieser Gedanke trifft auch auf den Betrieb von Anlagen zu, die auf die Umweltmedien Luft, Wasser und Boden einwirken und damit Risiken für Rechtsgüter Dritter schaffen. Dies ist im Hinblick auf § 22 Abs. 2 WHG unbestritten, auch die Reformvorschläge zum Umwelthaftungsrecht gehen davon aus[56].

Im Hinblick auf die Handlungshaftung des § 22 Abs. 1 WHG und im Rahmen der Diskussion über die Einführung einer Gefährdungshaftung für Schäden aus dem Normalbetrieb von Anlagen ist geltend gemacht worden, der Zurechnungsgrund der Gefährdungshaftung betreffe nur besondere Gefahrenquellen und die damit verbundenen Unfallrisiken, nicht aber die bloße Einwirkung auf ein Umweltmedium[57]. Der hier vorgeschlagene Tatbestand setzt jedoch nicht notwendig eine Umwelteinwirkung infolge eines Unfalls in einer Anlage voraus, sondern läßt jede Einwirkung auf eines der drei Umweltmedien genügen. Jede umweltrelevante Handlung eines Genossenschaftsmitglieds wird damit dem Regime der Gefährdungshaftung unterstellt. Eine Ausklammerung von Risiken des Normalbetriebs von Anlagen sowie nicht anlagebezogener betrieblicher Tätigkeiten, wie etwa des Transports gefährlicher Güter, aus dem Geltungsbereich genossenschaftlicher Umwelthaftung würde denjenigen Bereich ausnehmen, der einer das Individual-Haftungsrecht ergänzenden Regelung am dringensten bedarf. Selbst wenn Schäden aus dem Normalbetrieb von Anlagen oft unvorhersehbar und deshalb unvermeidbar sind, so ist doch die Schadensüberwälzung auf den Anlagebetreiber ökonomisch, sozialpolitisch und umweltpolitisch geboten.

Die durch den Normalbetrieb verursachten Schäden sind externe Effekte der Unternehmenstätigkeit und sollten sich im Interesse effizienter Ressourcenallokation auch im Produktpreis niederschlagen. Abgesehen von Fällen mitwirkenden

---

54 *Bley*, Sozialrecht, S. 206; *Deutsch / von Bar*, MDR 1979, S. 536; *Gitter*, Schadensausgleich, S. 61 ff.; *Schulin*, Sozialvericherungsrecht, Rn. 241; *Wannagat*, Sozialversicherungsrecht, S. 336.

55 *Deutsch*, Haftungsrecht, S. 30; *Kötz*, Deliktsrecht, Rn. 335; *Larenz*, JuS 1965, S. 373 (374).

56 Vgl. zu den Reformvorhaben oben, unter B II. Zur Rechtfertigung von § 22 Abs. 2 WHG unter dem Aspekt der Gefährdungshaftung vgl.: BGHZ 55, 180 (183); ZfW 1977, 41 (43 f.); NJW 1988, 1593 (1594); *Breuer*, Wasserrecht, Rn. 780 mit Anm. 225; *Gieseke / Wiedemann / Czychowski*, WHG, § 22 Rn. 4; *Kötz*, Deliktsrecht, Rn. 339; *Larenz*, SR BT, § 77 IX, S. 732; *ders.*, VersR 1963, S. 593 (603 f.).

57 *Diederichsen*, JbUTR 1988, S. 189 (198); *Esser*, Gefährdungshaftung, S. VI; *Henseler*, JbUTR 1988, S. 205 (218 f.); *Larenz*, SR BT, § 77 IX, S. 733.

Verschuldens des Geschädigten, führt eine der Gefährdungshaftung entsprechende Verursacherhaftung zu effizienten Sorgfalts- und Tätigkeitsniveaus der Beteiligten[58]. Die endgültige Belastung des Geschädigten mit den Schadenskosten wäre auch verteilungspolitisch ungerecht, weil die Möglichkeiten umweltbelastenden Verhaltens ungleich über die Mitglieder der Gesellschaft verteilt sind und die den Schaden herbeiführende Gefahrenquelle vom Betreiber zum eigenen Nutzen geschaffen und unterhalten wird. In dieser Lage wäre es unbillig, dem Geschädigten noch zusätzlich zu den ihm ohnehin abverlangten erhöhten Sorgfaltsvorkehrungen noch die Schadenskosten aufzuerlegen[59]. Wer die im jeweiligen Betrieb unverwendbaren Koppelprodukte der Warenherstellung über die Umweltmedien Luft, Wasser und Boden entsorgt, gefährdet damit die Rechtsgüter Dritter, die die Umwelt zu anderen Zwecken als dem der Entsorgung von Reststoffen nutzen wollen. Realisiert sich dieses Risiko, ist der Veranlasser und Nutznießer zur Schadenstragung zu verpflichten[60]. Gleiches gilt für Schäden, die aus nicht anlagebezogenen betrieblichen Tätigkeiten entstehen. Dementsprechend hält auch der Rat von Sachverständigen für Umweltfragen das Prinzip der Gefährdungshaftung für das adäquate Zurechnungsprinzip im Umweltrecht[61].

Die Handlungshaftung des § 22 Abs. 1 WHG wird auch nicht als ungerechtfertigt abgelehnt. Vielmehr wird der Zurechnungsgrund gegenüber dem Prinzip der Gefährdungshaftung modifiziert. Der Zweck des Umweltschutzes soll eine gegenüber letzterem erweiterte Zurechnung rechtfertigen können[62], die allerdings in der Nähe des Prinzips der Gefährdungshaftung verbleibt[63].

c) Operationalisierung des Zurechnungsgrundes

Das eben erarbeitete Zurechnungsprinzip einer genossenschaftlichen Umwelthaftung setzt weder die Rechtswidrigkeit noch die Schuldhaftigkeit des Verhaltens des Genossenschaftsmitglieds voraus. Erforderlich ist nur, daß sich in dem Schaden die mit Umwelteinwirkungen verbundene Gefahr realisiert hat, mit anderen Worten, daß ein Kausalzusammenhang zwischen Umwelteinwirkung

---

58 *Adams,* Ökonomische Analyse der Gefährdungs- und Verschuldenshaftung, S. 56 ff.; *Schäfer / Ott,* Ökonomische Analyse des Zivilrechts, S. 107 ff.

59 *Adams,* Ökonomische Analyse der Gefährdungs- und Verschuldenshaftung, S. 88 ff. (105 f.).

60 *Rehbinder,* NuR 1989, S. 149 (155).

61 Rat von Sachverständigen für Umweltfragen, Umweltgutachten 1987, BT-Drucks. XI/1568, Tz. 178.

62 *Deutsch,* Haftungsrecht, S. 31 („Auch der Umweltschutz ist eine Form objektiver Zurechnung"); *Henseler,* JbUTR 1988, S. 205 (255).

63 *Henseler,* JbUTR 1988, S. 205 (255). Für die Rechtfertigung auch von § 22 Abs. 1 WHG durch den Zurechnungsgrund der Gefährdungshaftung: BGH ZfW 1977, 41 (43 f.); NJW 1988, 1593 (1594); *Breuer,* Wasserrecht, Rn. 780 mit Anm. 225; *Gieseke / Wiedemann / Czychowski,* WHG, § 22 Rn. 4.

und Schaden besteht. Genau besehen handelt es sich um eine dreigliedrige Kausalkette zwischen dem Verhalten eines Genossenschaftsmitglieds und der Veränderung der physikalischen, chemischen oder biologischen Beschaffenheit von Wasser, Luft oder Boden sowie zwischen letzterer und dem Schaden.

aa) Rechtfertigung des Erfordernisses eines Kausalzusammenhangs

Nach herrschender Meinung ist das Vorliegen eines Kausalzusammenhangs notwendige Voraussetzung jeder Schadensverlagerung vom Opfer auf einen anderen[64]. Der hier vorgeschlagene Haftungstatbestand enthält außer dem Erfordernis des Kausalzusammenhangs wenig haftungsbegrenzende Elemente. Kausalität als Haftungsvoraussetzung wäre danach unverzichtbar. Dieses Ergebnis wird durch die drei Funktionen des Umwelthaftungsrechts bestätigt. Der Gesichtspunkt des Schadensausgleichs scheint zwar nicht vorauszusetzen, daß der Schaden auch durch den Verusacher ausgeglichen wird. Diese Folgerung ergibt sich aber dann, wenn die Gerechtigkeit des Schadensausgleichs in die Überlegungen mit einbezogen wird. Gegen eine Haftung ohne Verurachung sprechen vor allem aber umweltpolitische und wirtschaftspolitische Gründe. Die Zurechnung von Schäden an einen Nicht-Verursacher führt zu keinen Präventionseffekten. Derjenige, der den Schaden nicht herbeiführt, kann ihn auch nicht durch umweltschonendes Verhalten vermeiden. Umgekehrt wird die Möglichkeit zur Beeinflussung des wirklichen Verursachers, der den Schaden vermeiden könnte, vergeben. Gegenüber einem Zustand reiner Opferhaftung verschlechtert sich die umweltpolitische Lage sogar noch. Weil das soziale Problem durch die Inanspruchnahme des Nicht-Verursachers gelöst ist, besteht für den wirklichen Schädiger kein Grund zur Sorge um die zukünftige Belastung mit den Schadenskosten. Etwa noch bestehende Anreize zu umweltschonendem Verhalten schwinden. Ähnliches gilt für das Ziel effizienter Ressourcenallokation. In der gegenwärtigen Situation gehen die externen Kosten umweltbelastenden Verhaltens nicht in die Preise der jeweiligen Güter ein. Infolge der Verzerrung der Preise steigt der Umfang umweltbelastender Aktivitäten an. Die Ressourcenallokation ist ineffizient. Würden in dieser Lage die externen Kosten einer Aktivität einer anderen Aktivität angelastet, würde das Preisgefüge noch weiter verzerrt, die Ineffizienz noch vergrößert. Gegenüber einem Zustand ohne Haftungsrecht wären noch weitere Wohlfahrtseinbussen zu verzeichnen. Die Anknüpfung der Haftung an die Schadensverursachung ist deshalb geboten.

Allerdings ist einzuräumen, daß in Ausnahmefällen Schadensfolgen auch dann einem Haftungssubjekt zugeordnet werden können, wenn kein Kausalzusammen-

---

64 *Larenz,* SR AT, § 27 III a, S. 434 („Kausalität ist unerläßliches, aber nicht in allen Fällen ausreichendes Kriterium der Folgenzurechnung"); *Staudinger-Medicus,* § 249 Rn. 29; im Sinne einer Hypothese auch *Gottwald,* Kausalität und Zurechnung, Karlsruher Forum 1986, S. 3.

hang nachweisbar ist, aber zusätzliche Zurechnungsgesichtspunkte die Schadensüberwälzung rechtfertigen. So ist zum Beispiel § 830 Abs. 1 S. 2 BGB eine selbständige Haftungsnorm, bei der die Einstandspflicht bloß die Möglichkeit eines Kausalzusammenhangs voraussetzt[65]. Im Falle der wechselseitigen Zurechnung fremder Tatbeiträge unter Mittätern durch § 830 Abs. 1 S. 1 BGB rechtfertigt das bewußte und gewollte Zusammenwirken der Beteiligten eine Haftung jedes einzelnen ohne Verursachung[66]. Unsicherheiten und Lücken beim Kausalzusammenhang können also durch starke Zurechnungsgründe überwunden werden. Dies gilt insbesondere in den Fällen des Zusammenwirkens mehrerer. Damit stellt sich der Kausalitäts-Zurechnungs-Komplex als ein flexibles System dar, in dem Schwächen des einen durch Stärken des anderen Elements ausgeglichen werden können[67]. Umgekehrt erweist sich auch der Kausalzusammenhang als eines unter mehreren Zurechnungselementen[68]. Darauf und auf Modifizierungen der Voraussetzung der Kausalität wird zurückzukommen sein.

bb) Der Begriff des Kausalzusammenhangs

Die Rechtswissenschaft fühlt sich überwiegend einem naturwissenschaftlichen Kausalitätsbegriff verpflichtet, der die Kausalitätsprüfung als Suche nach einer naturgesetzlichen Verbindung zwischen einem Verletzungserfolg und einem menschlichen Verhalten begreift[69]. Dabei soll unjuristisch und wertungsfrei vorgegangen werden. Die früher sog. Kausalitätstheorien, wie etwa die strafrechtliche Äquivalenztheorie, die zivilrechtliche Adäquanztheorie und die sozialrechtliche Theorie der wesentlichen Bedingung werden als Zurechnungstheorien aufgefaßt[70]. Mit ihrer Hilfe soll der für die Anknüpfung von Rechtsfolgen unbrauchbar weite Kreis von Ursachen je nach den Wertungen des jeweiligen Rechtsgebietes eingeschränkt werden.

Hinter dieser Ansicht, die Kausalfrage sei nach Kriterien der Logik und der Naturwissenschaften zu beantworten, steht also die Vermutung, dabei ergebe

---

[65] *Deutsch*, Haftungsrecht, S. 38; *Larenz*, SR AT, § 27 III a, S. 434, Anm. 27.

[66] *Deutsch*, Haftungsrecht, S. 342 („Die Schwere des Verschuldens überdeckt den Mangel oder Zweifel in der Kausalität"); *Gottwald*, Karlsruher Forum 1986, S. 18.

[67] In diese Richtung auch *Deutsch*, Haftungsrecht, S. 38; *Gottwald*, Karlsruher Forum 1986, S. 4; *Jakobs*, Strafrecht AT, S. 653.

[68] *Bydlinski*, Schadensverursachung, S. 4; *Gottwald*, Karlsruher Forum 1986, S. 7; *Jakobs*, Strafrecht AT, S. 155; *Staudinger-Medicus*, § 249 Rn. 36.

[69] *Deutsch*, Haftungsrecht, S. 135, 137; *Fikentscher*, Schuldrecht, § 51 II 1, S. 309; *Jakobs*, Strafrecht AT, S. 157; *Larenz*, SR AT, § 27 III a, S. 433; *Schulin*, Kausalitätsbegriff, S. 1.

[70] BGHZ 30, 154 (157); *Assmann*, Kausalitätsnachweis, in: Nicklisch, Prävention, S. 155 (161); *Deutsch*, Haftungsrecht, S. 143 f.; *Gottwald*, Karlsruher Forum 1986, S. 10; *Kötz*, Deliktsrecht, Rn. 153; *Larenz*, SR AT, § 27 III a, S. 435; *Rehbinder*, Verursacherprinzip, S. 31; *Schäfer*, Soziale Schäden, S. 127; *Staudinger-Medicus*, § 249 Rn. 32 ff.

sich stets ein weiter Kreis von Ursachen. Tatsächlich aber erweist sich der Versuch einer wissenschaftstheoretisch befriedigenden Erklärung eines Ereignisses als überaus schwierig und voraussetzungsvoll. Die Wissenschaftstheorie akzeptiert bei der Klärung der Kausalfrage überwiegend allein deduktiv-nomologische Erklärungen (DN-Erklärugen)[71]. Ein naturwissenschaftlich-logischer Kausalzusammenhang wäre demnach nur zu bejahen, wenn aus dem Kreis der Antecedensbedingungen und mindestens einem deterministischen, quantitativen Sukzessionsgesetz auf der Mikrostufe das Explanandum logisch folgt[72]. Als Antecedensbedingungen kommen dabei nur sog. Realgründe, d.h. Tatsachen in der Außenwelt, nicht aber sog. Vernunftgründe, wie etwa Symptome, in Betracht[73]. In diesem Sinne müßte also der Schaden, das Explanandum, auf einem Verhalten des Schädigers beruhen. Wird damit Ernst gemacht, fallen eine ganze Reihe von Fällen, in denen die Rechtswissenschaft und auch der common sense einhellig Kausalzusammenhang bejahen, aus dieser Kategorie heraus[74]. Es scheitert der Nachweis des Kausalzusammenhangs bei Unterlassungen, psychisch vermittelter Kausalität und bei bloß epidemiologisch-statistischem Kausalitätsnachweis[75]. Daraus wird deutlich, daß auch in der Kausalitätsfrage ohne Wertungen nicht auszukommen ist. In diesem Sinne ist also ein pragmatischer Kausalitätsbegriff anzuwenden.

cc) Volle Einstandspflicht oder pro-rata-Haftung?

Auch praktisch bedeutsam bleibt jedoch, daß kein Schadensereignis auf eine Antecedensbedingung bzw. Ursache allein zurückgeführt werden kann. Kausal für den Schaden waren zumindest Täter und Opfer, der Regelfall ist ein Fall von Multikausalität[76]. Für das Umwelthaftungsrecht gilt dies ganz besonders. Würde unter diesen Umständen das Vorliegen eines wie auch immer gearteten Kausalzusammenhangs die volle Haftung begründen, wären alle Schäden, die durch Umwelteinflüsse auch nur irgendwie mitbedingt sind, von den Genossenschaften zu restituieren. Selbst wenn der Beitrag von Mitgliedern einer Genossenschaft zu der schädlichen Immission minimal war, so bleibt er doch kausal[77]. Ohne zusätzli-

---

71 *Kindhäuser*, GA 1982, S. 477 (480); *Schulin*, Kausalitätsbegriff, S. 53; *Stegmüller*, Wissenschaftstheorie, Bd. 1, S. 535.

72 *Stegmüller*, Wissenschaftstheorie, Bd. 1, S. 531.

73 *Kindhäuser*, GA 1982, S. 477 (487); *Schulin*, Kausalitätsbegriff, S. 62; *Stegmüller*, Wissenschaftstheorie, Bd. 1, S. 537.

74 Vgl. die Zusammenstellung bei *Gottwald*, Karlsruher Forum 1986, S. 4 ff.

75 Die Möglichkeit eines probabilistischen Kausalitätsbegriffs ist in der Wissenschaftstheorie umstritten, wird aber überwiegend abgelehnt, vgl. *Kindhäuser*, GA 1982, S. 477 (484) m.w.N.; *Stegmüller*, Wissenschaftstheorie, Bd. 1, S. 534.

76 Vgl. oben, unter A V 2.

77 Auch im Falle minimaler Beiträge zu summierten Immissionen macht die Feststellung des Kausalzusammenhangs keine Schwierigkeiten, vgl. *Deutsch*, Haftungsrecht, S. 143; *Gottwald*, Karlsruher Forum 1986, S. 23; *Köndgen*, UPR 1983, S. 345 (346).

che Einschränkungen würde der hier vorgeschlagene Tatbestand also sämtliche Umweltschäden den Genossenschaften anlasten, in denen allein die gewerbliche Wirtschaft organisiert ist. Letztere verursacht aber längst nicht die gesamte Luftverschmutzung in der Bundesrepublik. Entsprechendes gilt für die Umweltschäden. Für das Waldsterben sind industrielle Emissionen sicherlich mitkausal. Zu den Immissionen, die als Verursacher der Waldschäden diskutiert werden, trägt die Industrie einschließlich der Kraftwerke bei Schwefeldioxid immerhin noch 72 % bei, bei Stickoxiden und seinen Folgeprodukten, insbesondere dem gefährlichen Ozon sind es jedoch nur 32 %. Eine volle Haftung der Genossenschaften für die Waldschäden wäre angesichts dieser Schadstoffanteile nicht gerechtfertigt. Sie wäre auch umweltpolitisch nicht zu empfehlen, weil große Verursachergruppen von jeder Haftung freigestellt würden. So würde etwa der Straßenverkehr, der zu über 50 % zu den Stickoxid- und Ozon-Immissionen beiträgt, von der Anlastung der von ihm zu verantwortenden externen Effekte verschont. Anreize zu einem umweltfreundlichen Umgang mit dem KFZ bestehen dann nicht. Fehlallokationen wären die Folge.

In dieser Lage bieten sich zwei Alternativen zur Ausgestaltung der Haftung der Genossenschaften an. Theoretisch optimal wäre ein System exakter pro-rata-Haftung, in dem jeder Schädiger genau in Höhe des von ihm zu verantwortenden Verursachungsanteils haftet[78]. Die damit verbundene exakte Zuordnung von Verursachungsanteil und Einstandspflicht scheint als einziges Verfahren in der Lage, die Balance zwischen partieller Haftungsfreistellung und Übermaßhaftung zu halten. Bei näherem Zusehen verschwimmt jedoch der theoretische Ausgangspunkt des Konzepts der pro-rata-Haftung. Nachdem sich die Erkenntnis durchgesetzt hat, daß im Falle eines Schadenseintritts immer beide Beteiligten, also Täter und Opfer, kausal für den Erfolg sind[79], steht die Eignung einer derart inhaltsleeren Kategorie zur Anknüpfung von Rechtsfolgen in Frage. Sicher ist nach Aussage des Rates von Sachverständigen für Umweltfragen etwa, daß es das Waldsterben ohne die Luftverschmutzung nicht gegeben hätte[80]. Ebenso sicher ist andererseits, daß die Waldschäden ausgeblieben wären, wenn es in der Bundesrepublik keinen Wald mehr gegeben hätte oder die Forstwirtschaft sich frühzeitig auf schadstoffresistente Hölzer umgestellt hätte. Trotzdem würde niemand eine Schadensteilung zwischen Waldbauern und Emittenten vorschlagen. Gleiches gilt für die Beteiligung natürlicher Ursachen. Frost und Trocknis sowie Schädlingsbefall haben zahlreiche Waldgebiete schon „vorgeschädigt“[81]. Aus dem Umstand allein, daß

---

[78] Für pro-rata-Haftung daher: *Adams*, ZZP 99, S. 129 (156 ff.); *Bodewig*, AcP 185, S. 505 (531 f.).

[79] *Adams*, Ökonomische Analyse der Gefährdungs- und Verschuldenshaftung, S. 149; *Coase*, The Problem of Social Cost, Journal of Law & Economics 3 (1960), S. 1 (2 ff., 13 ff., 39 ff.); *Rehbinder*, Verursacherprinzip, S. 24; *Weyers*, Unfallschäden, S. 503.

[80] Rat von Sachverständigen für Umweltfragen, Sondergutachten Waldschäden und Luftverunreinigungen, BT-Drucks. X/113 Tz. 363.

[81] Vgl. dazu oben A IV 2; A V 2.

der Wald auch natürlichen Schädigungsfaktoren ausgesetzt war, kann jedoch nicht einfach der Schluß auf eine Herabsetzung der Haftungsquote der Emittenten gezogen werden. Hier sind Gewichtungen der Verursachungsbeiträge erforderlich, die ohne Wertungen über die Reichweite der Haftung nicht auskommen[82]. Dabei wäre etwa zu klären, inwieweit den Emittenten das Risiko additiver Effekte zwischen natürlichen Schadensursachen und anthropogenen Umweltbedingungen aufgebürdet werden soll und in welchem Umfang das Verhalten des Geschädigten zu berücksichtigen ist[83].

Aber selbst wenn der auch normative Charakter der Kausalitätsprüfung eingeräumt wird, bleiben Zweifel hinsichtlich der Praktikabilität und Wirksamkeit des Konzepts der Anteilshaftung. Ein solches System ist sicher dann sinnvoll, wenn der Ersatz jedenfalls des Großteils des Gesamtschadens außer Frage steht und es nur noch um die Verteilung der Last auf eine Mehrheit von Schädigern geht. Diese Konstellation besteht im Rahmen eines genossenschaftlichen Haftungssystems jedoch nicht. Dem Geschädigten stehen als einziges mögliches Haftungssubjekt die Genossenschaften gegenüber. Hafteten diese nur proratorisch, würde der Schaden nur teilweise ausgeglichen, ohne daß für den Geschädigten eine Hoffnung auf Restitution seines Restschadens durch andere Verursachergruppen bestünde. Der Ausgleichszweck des Schadensersatzrechts würde also nur mangelhaft erfüllt. Wirklich entschädigungsbedürftige Schäden würden nur teilweise ausgeglichen. Hätte der vor dem BGH gescheiterte Waldbauer etwa einen Anspruch gegen Genossenschaften auf Ersatz eines Teilschadens in Höhe von 50 % der Gesamteinbuße, würde er sich damit wohl nicht zufrieden geben und die von ihm eingelegte Verfassungsbeschwerde mit dem Ziel einer Staatshaftung für Waldschäden weiterverfolgen. Auf der anderen Seite besteht die Gefahr der Verkleckerung der Schadensersatzsummen[84]. Viele Rechtsgutsbeeinträchtigungen werden heute auch auf Umwelteinflüsse zurückgeführt werden können, ohne daß daraus ein Bedürfnis entstünde, geringe Verursachungsbeiträge in entsprechend niedrige Schadensersatzansprüche umzumünzen. Es wäre absurd, wollte etwa jeder, der einen Herzinfarkt erleidet, an einer Bronchitis oder an einer Krebskrankheit leidet, eine Schadensquote in Höhe von 5 oder 10 % bei den Genossenschaften liquidieren. Ein System der proratorischen Haftung läuft also

---

82 *Assmann*, Kausalitätsnachweis bei Umweltschäden, in: Nicklisch, Prävention, S. 155 (161 f.): „Kausalitätstheorien [haben] sich stets als Haftungstheorien herausgestellt. [...] Mit einem [neuen] Kausalitätsbegriff werden im Grunde neue Haftungstatbestände eingeführt, und über diese läßt sich weitaus rationaler und zur Begründung der erforderlichen rechtspolitischen Wertungen zwingend diskutieren"; *Gottwald*, Karlsruher Forum 1986, S. 7; *Rehbinder*, Verursacherprinzip, S. 31.

83 Vgl. dazu sogleich unter dd.

84 *Diederichsen*, DJT-Referat, S. L 89 („die Quotelung der von dem einzelnen Emittenten zu leistenden Schadensersatzbeiträge [würde] bei der Schadensbehebung verpuffen wie der berühmte Tropfen auf dem heißen Stein"); *Gottwald*, Karlsruher Forum 1986, S. 28.

Gefahr, viel Geld umzuverteilein, ohne die wirklichen sozialen Probleme und Konflikte zu lösen.

Scheinbar würden aber die Präventions- und Allokationsfunktionen optimal verwirklicht, weil die Genossenschaften exakt mit den von ihnen zu verantwortenden externen Kosten belastet würden. Bei näherer Überlegung erscheint jedoch auch dies zweifelhaft. Die Effizienz von Haftungsrecht hängt nicht nur von seiner rechtlich-theoretischen Ausgestaltung, sondern auch von seiner praktischen Wirksamkeit ab. Sehr fraglich erscheint es, ob ein Geschädigter, der von einer Genossenschaft allenfalls Ersatz eines geringen, von ihm kaum zu schätzenden, Teils seiner Schadenskosten erhalten kann, den zeitraubenden und mühevollen Weg zum Schädigerkollektiv bzw. zum Gericht auch gehen wird. Unterläßt er es, werden auch die Präventions- und Allokationsfunktionen des Entschädigungssystems beeinträchtigt. Nicht geltend gemachte Schäden werden genauso wenig als Kosten angelastet wie Schäden, für die eine rechtliche Anspruchsgrundlage nicht besteht[85]. Die Folgen nur ausschnittsweiser Geltendmachung von Schäden sind zu geringe Präventionsanreize, eine Verzerrung der Preisstruktur und Fehlallokationen.

Schließlich sieht sich der Rechtsanwender im Falle der Anordnung proratorischer Haftung mit der Aufgabe konfrontiert, den durch Emissionen von Genossenschaftsmitgliedern verursachten Schadensanteil in Prozentzahlen zu beziffern. In der Regel werden nur klassifikatorische und komparative Urteile über die Kausalität einer Umwelteinwirkung für einen Schaden ohne Willkür zu treffen sein[86]. Erstere beziehen sich hier darauf, ob ein Umstand überhaupt an der Entstehung des Schadens mitgewirkt hat, letztere geben an, ob der Verursachungsbeitrag ein geringerer oder ein stärkerer war. Die exakte quantitative Abschätzung von Verursachungsanteilen wird angesichts der komplexen, multikausalen Schadensbilder des Umweltbereichs kaum möglich sein. Jedenfalls dürften die Kosten der Quotenbestimmung hoch sein.

Vorzuziehen ist deshalb ein Modell, das die Ersatzpflicht des Kollektivs von einem maßgeblichen Verursachungsbeitrag abhängig macht und die dabei erforderlichen Wertungen offenlegt. Liegt ein maßgeblicher Verursachungsbeitrag vor, sollte der Schaden auch befriedigend ausgeglichen werden. Dabei wird einerseits in Kauf genommen, daß unmaßgebliche Verursachungsbeiträge des Kollektivs keinerlei Zahlungsverpflichtung zur Folge haben. Andererseits werden Schäden, die nicht zu 100 % durch Emissionen von Mitgliedsunternehmen verursacht wurden, voll entschädigt. Fehlzurechnungen im Einzelfall durch Haftungs-

---

85 *Adams*, Ökonomische Analyse der Gefährdungs- und Verschuldenshafung, S. 177; *Schäfer / Ott*, Ökonomische Analyse des Zivilrechts, S. 106.

86 Vgl. zu dem Unterschied zwischen klassifikatorischen, komparativen und metrischen Begriffen: Alexy, Theorie der Grundrechte, S. 128 f. m. w. N.; *Koch / Rüßmann*, Juristische Begründungslehre, S. 76.

freistellung trotz geringer Mitverursachung und Übermaßhaftung bei maßgeblicher Mitverursachung werden hingenommen, um wenigstens einen Teil der Umweltschäden einer wirklichen Lösung zuzuführen und eine Entschädigung nach dem Gießkannenprinzip zu vermeiden. Unverkennbar liegt darin ein Verstoß gegen das Verursacherprinzip und die darin mitenthaltenen Gebote gerechten Schadensausgleichs, der Steuerung umweltbelastender Aktivitäten durch Anlastung ihrer externen Effekte und der damit verbundenen Annäherung an eine effiziente Ressourcenallokation. Diese Mängel bestehen aber nur bei der isolierten Betrachtung eines Einzelfalls. Fehlzurechnungen in einem konkreten Fall werden durch entgegengesetzte Fehlzurechungen in anderen Fällen wieder ausgeglichen. Erstens geschieht eine Ausbalancierung schon dadurch, daß die Übermaßhaftung bei maßgeblicher Mitverursachung mit einer völligen Haftungsfreistellung bei unwesentlicher Mitverursachung verbunden ist. Zweitens sind die Einzelheiten des Haftungsumfangs noch offen. Dort besteht die Möglichkeit, einen zu weit geratenen Haftungstatbestand wieder zu korrigieren. Dieses Konzept nimmt also Unzuträglichkeiten bei der Behandlung eines Einzelfalls hin und verschiebt die Verwirklichung der Ziele des Schadensersatzrechts auf eine höhere Ebene, nämlich die des Gesamtsystems[87]. Zuzugestehen ist, daß damit ein das Verursacherprinzip vollkommen verwirklichendes Haftungsregime nicht geschaffen wird. Dieser Mangel liegt aber vor allem darin begründet, daß bei der Übertragung theoretischer, im Modell erarbeiteter Maximen auf die Wirklichkeit Transportverluste unvermeidlich sind.

dd) Das Kausalkonzept eines Systems genossenschaftlicher Umwelthaftung

Das im Rahmen des hier vorgschlagenen Systems genossenschafltlicher Umwelthaftung anzuwendende Kausalkonzept muß nach allem die Abgrenzung maßgeblicher von unmaßgeblichen Verursachungsbeiträgen leisten können. Hier bietet sich die unfallversicherungsrechtliche Theorie der wesentlichen Bedingung an[88]. Bereits betont worden ist, daß dieser Ansatz keine Kausalitäts-, sondern eine Zurechnungsentscheidung trifft. Im Unfallversicherungsrecht ist die Funktion der Theorie der wesentlichen Bedingung die am Normzweck orientierte Begrenzung der Einstandspflicht der Berufsgenossenschaften auf solche Schäden, in denen sich das versicherte Risiko konkretisiert hat[89]. Damit dient das Kausal-

---

[87] Dem Alles-oder-Nichts-Prinzip bei gleichzeitiger Generalisierung des Anerkennungsverfahrens und Pauschalierung des Leistungsumfangs entspricht auch die Ausgestaltung des japanischen Fonds zur Entschädigung von Umweltschäden. Dabei ist man sich des Auftretens von Ungerechtigkeiten im Einzelfall durchaus bewußt, vgl. dazu: *Lummert / Thiem*, Rechte des Bürgers, S. 201 ff.; *Tsuru / Weidner*, Ein Modell für uns, S. 114 ff.

[88] Vgl. im einzelnen oben, unter D II 1 b.

konzept der Bewältigung der Probleme multifaktorieller Verursachung: Da kein Schaden allein auf einer Ursache beruht, die Kausalität aber das einzige Zurechnungselement ist, das die Haftung begrenzt, kann der Schaden nicht bei jeder Mitverursachung durch arbeitsbedingte Risiken auf die Berufsgenossenschaften überwälzt werden. An konkurrierenden Ursachen sind insbesondere Schadensanlagen beim Geschädigten, eigenes Fehlverhalten und die Mitwirkung betriebsexterner Dritter zu berücksichtigen. Dementsprechend wird die Haftung nur bejaht, wenn der Schaden wesentlich auf der Realisierung eines arbeitsbedingten Risikos beruht.

Wie im Arbeitsschutzrecht werden auch im Umweltrecht Schäden oft maßgeblich durch eigenes Fehlverhalten des Verletzten oder Dritter verursacht[90]. Bei Atemwegserkrankungen kommt insbesondere das Verhalten des Verletzten, vor allem sein Tabakkonsum, als Mitursache in Betracht. Waldschäden können auch auf waldbaulichen Fehlern oder auf natürlichen Umständen wie Frost, Trocknis oder Schädlingsbefall beruhen. Schließlich werden umweltbedingte Schäden oft nicht durch Umwelteinwirkungen eines Emittenten oder einer Emittentengruppe allein verursacht, sondern durch das Zusammenwirken der Schadstofffreisetzungen mehrerer, heterogener Quellen. Das Genossenschaftsmodell erfaßt nur zwei der vier großen Emittentengruppen, nämlich die gewerbliche Wirtschaft einschließlich der Kraftwerksbetreiber. Hinzu kommt in Gestalt der Eigenunfallversicherungsträger noch die öffentliche Hand, also Bund, Länder und Gemeinden mit ihren Einrichtungen. Damit stellt sich die Problematik der Abgrenzung der diesen Gruppen zurechenbaren Schäden von denjenigen, die maßgeblich auf Umwelteinwirkungen der Emittentengruppen Hausbrand und KFZ-Verkehr beruhen.

Aus allem wird deutlich, daß auch ein kollektives Umwelthaftungsrecht, das keine proratorische Einstandspflicht begründet, um die Abgrenzung derjenigen Schäden, die von den Mitgliedern einer Genossenschaft zu verantworten sind, von den übrigen nicht herumkommt. Um eine extreme Übermaßhaftung zu vermeiden, darf sich die Pflicht zum Schadensersatz nicht aus irgendeinem, noch so kleinen Verursachungsbeitrag ergeben. Um das Modell nicht leerlaufen zu lassen, darf auch die hundertprozentige Verursachung des Schadens durch Umwelteinwirkungen der Genossenschaftsmitglieder nicht verlangt werden. Gefragt ist also ein Kausalkonzept, daß die Einstandspflicht der Genossenschaften begründet, wenn die Belastung ihrer Mitglieder mit den Schadenskosten gerechtfertigt ist und die Fälle, in denen eine Kostenüberwälzung nicht gerechtfertigt ist, ausscheidet. Diese Anforderungen erfüllt die Theorie der wesentlichen Bedingung, die die Einstandspflicht des Kollektivs auf diejenigen Fälle begrenzt, in

---

89 *Deutsch / von Bar*, MDR 1979, S. 536 (539 f.); *Klingmüller*, Kausalitätsbegriff, in: Rechtsschutz im Sozialrecht, S. 127 (131 ff.); *Schulin*, Sozialversicherungsrecht, Rn. 285 ff.; *Wallerath*, NJW 1971, S. 228 (230 f.).

90 Vgl. zum Ganzen oben, unter A V 2.

denen sich das versicherte Risiko verwirklicht hat. Schäden, in denen sich eine andere Gefahr, das versicherte, aber von anderen gesetzte Risiko, selbst zu verantwortende oder natürliche Risiken realisiert haben, werden nicht entschädigt.

Die Haftung der Genossenschaften ist also auf solche Schäden zu begrenzen, die wesentlich über den Umweltpfad verursacht wurden und die wesentlich auf Umwelteinwirkungen von Genossenschaftsmitgliedern beruhen. Dazu wäre wie im Arbeitsschutzrecht eine dreigliedrige Kausalkette herzustellen, die aus den Gliedern Betriebliche Tätigkeit eines Genossenschaftsmitglieds, Umwelteinwirkung und Schaden bestünde. Für den Zusammenhang zwischen betrieblicher Tätigkeit und Umwelteinwirkung reicht einfache Kausalität. Da jede Veränderung eines der drei Umweltmedien den Begriff der Umwelteinwirkung erfüllt, sind Eingrenzungen durch Wesentlichkeitsurteile hier nicht nötig. Die erforderliche Haftungsbegrenzung hat daher beim Kausalzusammenhang zwischen Umwelteinwirkung und Schaden anzusetzen. Dieser muß ein rechtlich wesentlicher sein.

Gegen die Theorie der wesentlichen Bedingung ist eingewandt worden, sie enthalte eine richterliche Dezision verbergende Leerformel[91]. Dieser Einwand ist ernst zu nehmen. Tatsächlich wird im Unfallversicherungsrecht die Anwendung der Theorie der wesentlichen Bedingung primär als Wertungsakt angesehen. Die Kennzeichnung einer Ursache als wesentlich soll nicht von der durch sie bewirkten Risikosteigerung abhängen, sondern von einer besonderen „inneren" Beziehung zum Erfolg[92]. Die Wesentlichkeitsabwägung wird dann von Schutzwürdigkeitserwägungen dominiert. Diese Verfahrensweise hängt mit der Theorie der wesentlichen Bedingung aber nicht notwendig zusammen und läßt sich für das Arbeitsschutzrecht auch rechtfertigen. Der Zweck der Unfallversicherung ist der soziale Schutz der Arbeiter vor den Folgen von Arbeitsunfällen. Dieser soll über das Maß dessen, was das individuelle Haftungsrecht zu gewähren hätte, weit hinausgehen und die Fürsorgepflicht des Arbeitgebers aktualisieren.

Diese Zwecksetzung und ihre Rechtfertigung sind dem Umweltschadensrecht fremd. Gerechtigkeits-, Präventions- und Allokationserwägungen sprechen für eine verursachergerechte Zuordnung von Schadenskosten. Die dabei unvermeidliche Pauschalierung auf der Zurechnungsebene ist oben begründet worden. Mit ihr soll eine Erweiterung des Zurechnungsgesamtumfangs weder bezweckt noch bewirkt werden. Die Frage nach der Wesentlichkeit einer Ursache ist deshalb allein durch Gewichtung ihrer Beteiligung an der Schadensentstehung zu beantworten.

Eine solche Abschätzung des Gewichts einer Ursache ist möglich und rational nachvollziehbar[93]. Eine exakte mathematische Bestimmung des Verursachungs-

---

91 *Barta,* Kausalität im Sozialrecht, S. 676.

92 Vgl. nur *Bley,* Sozialrecht, S. 213, der ausdrücklich hervorhebt, die Entscheidung über die Wesentlichkeit einer Ursache hänge nicht von ihrer Stärke ab. Genauso: *Klingmüller,* Kausalitätsbegriff, in: Rechtsschutz im Sozialrecht, S. 127 (129 ff.).

anteils, der in Quoten ausgedrückt werden könnte, braucht sich dabei nicht ergeben und sollte es angesichts der oben geschilderten Probleme bei der Quantifizierung von Verursachungsbeiträgen auch nicht. Das relative Gewicht einer Ursache kann bestimmt werden, indem sie dem Umkreis aller übrigen Bedingungen des Erfolgs gegenüber gestellt und gefragt wird, welche und wieviele dieser übrigen hinweggedacht werden können, ohne daß der Erfolg entfiele[94]. Daraus wird ersichtlich, in welchem Ausmaß ein Umstand den Eintritt eines Erfolgs begünstigt hat.

Ohne Wertungen, insbesondere über die Art und den Umfang der in die Gegenüberstellung einzustellenden Ursachen, wird dabei freilich nicht auszukommen sein. Die entscheidenden Gesichtspunkte werden aber nicht diejenigen sein, die die Entscheidung über die Gewährung eines unfallversicherungsrechtlichen Entschädigungsanspruchs dominieren. Vielmehr sind hier die Funktionen der Umwelthaftung zur Geltung zu bringen. Präventionsfunktion und Allokationsfunktion sprechen dafür, natürliche Schadensursachen bei der Wesentlichkeitsabwägung unberücksichtigt zu lassen. Da sie vom Menschen nicht beeinflußt werden können, bestehen keinerlei Steuerungsmöglichkeiten in Richtung Umweltschutz und Allokationseffizienz. Eine andere Beurteilung ergibt sich für von Dritten gesetzte Ursachen. Die Freistellung Dritter von der Anlastung der externen Effekte ihres Verhaltens würde ihre Aktivitäten de facto auf Kosten der Genossenschaften subventionieren. Neben der dadurch eintretenden Verzerrung des Preisgefüges mit entsprechend ineffizienter Ressourcenallokation bestünden keinerlei Anreize zu umweltschonendem Verhalten. Das Verhalten Dritter ist deshalb in die Gewichtung der Verursachungsbeiträge einzustellen.

Schadensbedingungen aus der Sphäre des Geschädigten selbst sind differenziert zu bewerten. Anlagebedingte Schadensursachen, etwa eine schwache körperliche Konstitution oder eine besondere Anfälligkeit gegenüber bestimmten Erkrankungen, sollten, im Einklang mit den Wertungen des Zivilrechts[95], unberücksichtigt bleiben. Sie sind ebenfalls natürliche Ursachen, die der Geschädigte nicht steuern kann. Präventionsanreize gehen hier also ins Leere. Anders ist die Lage bei solchen Verursachungsbeiträgen, die auf einem steuerbaren Verhalten des Geschädigten beruhen. Das zivile Haftungsrecht berücksichtigt die Mitwirkung des Opfers an der Schadensentstehung im Rahmen des Haftungsumfangs. Gemäß § 254 BGB mindert sich die Höhe des Schadensersatzanspruchs je nach dem Verursachungs- und Verschuldensanteil des Opfers[96]. Für die Unfallversicherung

---

93 *Weber*, Modalität, in: Methodologische Schriften, S. 143 ff. *Watermann*, FS Lauterbach, S. 129 (134 f.), bestreitet dagegen die Möglichkeit einer Wesentlichkeitsabwägung auf Kausalitätsebene, gesteht dann die Möglichkeit der Quantifizierung „kausaler Wirksamkeit" aber doch zu.

94 *Weber*, Modalität, in: Methodologische Schriften, S. 143 (144).

95 Zu den Anlageleiden vgl. nur: *Medicus*, SR AT, § 54 II 4, S. 261 f.; *Larenz*, SR AT, § 27 III b 1, S. 437 f.

96 Vgl. dazu auch unten, E V 5.

scheinen §§ 548 Abs.3, 553 RVO die Anrechnung von Verantwortungsanteilen des Verletzten zu verhindern. Die positive Rechtslage entspricht indessen nicht der tatsächlichen. Die Rechtsprechung berücksichtigt vielmehr ein Mitverschulden des Geschädigten im Rahmen der Kausalitätsprüfung. Ein rechtlich wesentlicher Kausalzusammenhang wurde etwa in Trunkenheitsfällen mit der Begründung verneint, der Schaden beruhe auf einer vom Versicherten selbst geschaffenen Gefahr[97]. Eine ähnliche Funktion hat die Praxis, im Falle völlig unsinnigen Verhaltens des Verletzten das Vorliegen einer versicherten Tätigkeit mangels Betriebsnützlichkeit zu verneinen[98]. Die Berücksichtigung des Mitverschuldens des Verletzten im Zivil- wie im Unfallversicherungsrecht wird durch die Funktionen des Haftungsrechts abgestützt. Schadensausgleich ist jedenfalls insoweit nicht geboten, als der Geschädigte den Schaden selbst herbeigeführt hat. Das Effizienzkriterium spricht ebenfalls für eine Berücksichtigung des Mitverschuldens. Nur so kann auch das Opfer in die Anreizstruktur des Haftungsrechts einbezogen werden und auf schadensvermeidendes Verhalten hingewirkt werden[99]. Bei Überwälzung aller Schäden auf den Verursacher ohne Berücksichtigung des Mitverschuldens besteht für den Geschädigten kein Grund, seinerseits zur Schadensverhütung beizutragen. Dadurch kommt es zu ineffizienten Sorgfalts- und Tätigkeitsniveaus, also zu einer Abweichung von der ökonomisch richtigen Allokation der Ressourcen[100].

Die anspruchsmindernde Berücksichtigung des Mitverschuldens des Opfers ist danach geboten. Dies wäre wegen der grundsätzlichen Übernahme der Theorie der wesentlichen Bedingung schon im Rahmen des Tatbestandes genossenschaftlicher Umwelthaftung möglich. Der Nachteil dieser Verfahrensweise ist ihre Rigorosität, die feinere Differenzierungen als die Gewährung oder Versagung des Anspruchs nicht zuläßt. Die Vorteile des Alles-oder-Nichts-Prinzips sind bereits oben dargelegt worden. Eines des Hauptargumente war die praktische Unmöglichkeit einer metrischen Quantifizierung der Verursachungsanteile. Wie soll etwa im Falle eines an einer chronischen Atemwegserkrankung leidenden Rauchers ohne Willkür der Anteil abgeschätzt werden, der auf den nachweislich gesundheitsschädlichen Immissionsbedingungen seines Lebensraums beruht? Krasse Fälle, in denen eine Ersatzpflicht der Genossenschaften deutlich unangemessen erscheint, sind mit Hilfe der Theorie der wesentlichen Bedingung problemlos auszuscheiden. Zu falschen Anreizen und ineffizienter Ressourcenallokation führt das Alles-oder-Nichts-Prinzip im übrigen nicht[101].

---

97 BSGE 30, 14 (15 f.); 42, 42 (47); 43, 15 (18); 53, 173 (174); *Bley*, Sozialrecht, S. 210; *Gitter*, SRH, 15, Rn. 87 f.; *Lauterbach-Watermann*, UV, § 548 Rn. 52; *Schulin*, Sozialversicherungsrecht, Rn. 298 ff.

98 BSGE 5, 168 (171 f.); 20, 215 (218); *Bley*, Sozialrecht, S. 207 f.; *Schulin*, Sozialversicherungsrecht, Rn. 280.

99 *Adams*, Ökonomische Analyse der Gefährdungs- und Verschuldenshaftung, S. 21 f., 36 f.; *Schäfer / Ott*, Ökonomische Analyse des Zivilrechts, S. 117 ff.

100 *Adams*, Ökonomische Analyse der Gefährdungs- und Verschuldenshaftung, S. 50 f.

Insgesamt ist damit in drei Schritten vorzugehen, um die Frage nach dem Vorliegen eines rechtlich wesentlichen Kausalzusammenhangs zu beantworten[102]. Zunächst ist zu klären, ob die Umwelteinwirkungen der Genossenschaftsmitglieder überhaupt kausal für den Schaden wurden. Dabei ist nicht erforderlich, daß sie allein den ganzen Schaden verursachten. Ein natürlicher Kausalzusammenhang liegt vor, wenn sie kumulativ mit anderen Umwelteinwirkungen oder sonstigen Ursachen den Schaden herbeigeführt haben. Diese Voraussetzung wird bei Schäden, die durch Umwelteinwirkungen mitbedingt sind, stets erfüllt sein[103]. Sodann sind die von der Genossenschaft zu verantwortenden Umwelteinwirkungen den anderen beteiligten Faktoren gegenüberzustellen. Als solche kommen insbesondere Umwelteinwirkungen Dritter und vom Geschädigten selbst gesetzte Ursachen in Betracht. Bei einem Waldschaden wären etwa waldbauliche Fehler des Eigentümers und die Immissionsbeiträge von Hausbrand und Individualverkehr zu berücksichtigen, bei einem Gesundheitsschaden etwa die Rauch- und Ernährungsgewohnheiten des Betroffenen. In einem letzten Schritt ist das relative Gewicht der Ursachen zueinander zu ermitteln. Die Haftung der Genossenschaft ist zu bejahen, wenn die von ihr zu verantwortenden Immissionsbeiträge den Schaden relativ zu den mitwirkenden Bedingungen wesentlich bzw. maßgeblich verursacht haben. Anders ausgedrückt, ist die Überwälzung des Schadens auf die Genossenschaften nur gerechtfertigt, wenn das Verhalten der Mitglieder das Risiko des Schadenseintritts relativ zu den übrigen anthropogenen Erfolgsbedingungen substantiell erhöht hat. Die alleinige Verursachung des Erfolgs durch Immissionen, die den Mitgliedern der Genossenschaften zuzurechnen sind, setzt die Einstandspflicht der Emittentenkollektive aber nicht voraus.

Unter Beachtung dieser Modifikationen ist die Theorie der wesentlichen Bedingung in ein System genossenschaftlicher Umwelthaftung zu übernehmen[104].

5. Anforderungen an den Nachweis des Entschädigungstatbestandes

a) Begriffliche Vorklärungen

Auf das Vorliegen der eben erarbeiteten Merkmale des Entschädigungstatbestandes genossenschaftlicher Umwelthaftung muß und wird sich ein Geschädigter

---

101 *Adams,* Ökonomische Analyse der Gefährdungs- und Verschuldenshaftung, S. 59 ff. (65) für die Verschuldenshaftung. Für die Gefährdungshaftung dürfte entsprechendes gelten, vgl. *Adams,* a.a.O., S. 77.

102 Vgl. dazu: *Wallerath,* NJW 1971, S. 228 (230 f.).

103 *Deutsch,* Haftungsrecht, S. 143; *Gottwald,* Karlsruher Forum 1986, S. 23; *Köndgen,* UPR 1983, S. 345 (346).

104 Im Rahmen einer Reform des Individual-Haftungsrechts wollen auch *Brüggemeier,* Deliktsrecht, Rn. 786 f.; *Hager,* NJW 1986, S. 1961 (1968 f.) und *Rehbinder,* NuR 1989, S. 149 (161) auf einen wesentlichen Verursachungsbeitrag abstellen.

berufen, der für die ihm zugefügten Einbußen ein Emittentenkollektiv verantwortlich machen will. Aus der Perspektive eines Richters, der über den erhobenen Entschädigungsanspruch zu entscheiden hat, kann es nunmehr zu drei unterschiedlichen Situationen kommen. Möglich ist einerseits, daß der Richter vom Vorliegen der den Anspruch begründenden Tatsachen überzeugt ist. Denkbar ist auch der umgekehrte Fall, also die Überzeugung vom Nichtvorliegen der anspruchsbegründenden Tatsachen. Drittens kann nach Ausschöpfung aller zulässigen Beweismittel offen bleiben, ob der Tatbestand erfüllt ist oder nicht. Die Grundsätze der objektiven Beweislast enthalten für diesen zuletzt genannten Fall eine Anweisung an den Richter bezüglich des weiteren Vorgehens[105]. Nach der im Zivil- wie auch im Sozialrecht geltenden Normentheorie hat der Kläger das Vorliegen der tatsächlichen Voraussetzungen der seinen Anspruch begründenden Norm nachzuweisen[106]. Gelingt dies nicht, ist das Begehren abzuweisen.

Die sog. non-liquet-Situation führt also zu einer Entscheidung nach Beweislastgrundsätzen und damit zur Klageabweisung. Wie oft sie eintritt, hängt entscheidend vom geltenden Beweismaß ab. Letzteres gibt an, unter welchen Voraussetzungen ein Beweis als geführt anzusehen ist[107]. Nach h.M. ist die Überzeugung des Richters von der Wahrheit der behaupteten Tatsachen das Regelbeweismaß im Zivil- und Sozialrecht[108]. Für den Zivilprozeß ist eine allgemeine Reduktion des Beweismaßes auf das sog. Überwiegensprinzip gefordert worden[109]. Danach soll der Beweis schon dann als erbracht gelten, wenn die überwiegende Wahrscheinlichkeit für das Vorliegen der anspruchsbegründenden Tatsachen spricht. Eine solche Beweismaßreduktion auf den Maßstab überwiegender Wahrscheinlichkeit ist im Recht der gesetzlichen Unfallversicherung für den Nachweis des Kausalzusammenhangs zwischen versicherter Tätigkeit und Unfall sowie letzterem und Schaden allgemein anerkannt[110].

---

105 *Brüggemeier*, Deliktsrecht, Rn. 148 f.; *Gottwald*, Jura 1980, S. 225 (227); *Rosenberg-Schwab*, Zivilprozeßrecht, § 118 I 2, S. 715; *Stein / Jonas-Leipold*, ZPO, § 286 Rn. 26. In der Praxis des Zivilprozesses ist es allerdings nicht nötig, zwischen dem Beweis des Gegenteils und der echten Beweislosigkeit zu differenzieren. Die non-liquet-Situation betrifft alle Fälle, in denen der Beweis einer Tatsache nicht gelingt.

106 BGHZ 53, 245 (250); *Brüggemeier*, Deliktsrecht, Rn. 150; *Prütting*, JA 1985, S. 313 (315); *Rosenberg*, Beweislast; *Rosenberg-Schwab*, Zivilprozeßrecht, § 118 II 2, S. 717. Zum Sozialrecht: BSGE 6, 70 (72 f.); *Brackmann*, Hdb. der Sozialversicherung, S. 244 m II; *Erlenkämper*, Sozialrecht, S. 104; *Klingmüller*, Kausalitätsbegriff, in: Rechtsschutz im Sozialrecht, S. 127 (142); *Schulin*, Sozialversicherungsrecht, Rn. 305.

107 *Brüggemeier*, Deliktsrecht, Rn. 156; *Leipold*, Beweismaß, S. 5; *Maassen*, Beweismaßprobleme, S. 1.

108 Zum Zivilprozeß vgl.: BGHZ 53, 245 (256); *Prütting*, JA 1985, S. 313 (316 f.); *Schwab*, FS Fasching, S. 451 ff. m. w. N.; *Stein / Jonas-Leipold*, ZPO, § 286 Rn. 4. Zum sozialgerichtlichen Verfahren: *Erlenkämper*, Sozialrecht, S. 96; *Kummer*, SRH, 13, Rn. 144; *Schulin*, Sozialversicherungsrecht, Rn. 305.

109 *Maassen*, Beweismaßprobleme, S. 54 ff. m. w. N.; *Musielak*, Grundlagen, S. 119 f.

110 Vgl. oben, unter D II 1 c.

b) Objektive Beweislast im kollektiven Umwelthaftungsrecht

Die Entschädigung derjenigen, die einen umweltbedingten Schaden erlitten haben, durch Genossenschaften im Rahmen eines Systems kollektiver Umwelthaftung ist nur gerechtfertigt, wenn die Merkmale des hier vorgeschlagenen Haftungstatbestandes vorliegen. Hätte der über ein Entschädigungsbegehren entscheidende Richter einen unmittelbaren Zugang zur Wahrheit, entstünden hier keine Probleme und es bedürfte keiner Beweislastregelung.

Besteht aber, wie im Regelfall, Unsicherheit über das Vorliegen der tatsächlichen Voraussetzungen der gesetzlichen Tatbestandsmerkmale, bestehen zwei Alternativen des weiteren Vorgehens: Der Anspruch kann gewährt oder versagt werden. Evident ist, daß die Gewährung einer Entschädigung auf die bloße Behauptung hin, ihre gesetzlichen Voraussetzungen lägen vor, nicht in Betracht kommt[111]. Die Verlockung, durch Deklaration irgendwelcher Rechtsgutsbeeinträchtigungen zu umweltbedingten und von den Genossenschaften zu verantwortenden Schäden ein solventes Haftungssubjekt zu bekommen, wäre zu groß, die Mißbrauchsgefahr zu hoch. Deshalb ist es unverzichtbar, vom Anspruchsteller eine gewisse Plausibilität seiner Darlegungen zu verlangen und bei Nichterfüllung dieser Anforderung sein Begehren abzuweisen. Auch im Rahmen eines Systems genossenschaftlicher Umwelthaftung sollte der Geschädigte also die objektive Beweislast tragen.

c) Das Beweismaß

Zu klären bleibt, welches Maß an Plausibilität zu fordern ist, um den Nachweis des Vorliegens der Merkmale des Entschädigungstatbestandes als erfüllt anzusehen.

Wünschenswert wäre es natürlich, wenn die Haftung der Genossenschaften an das tatsächliche, wirkliche Vorliegen der Entschädigungsvoraussetzungen geknüpft werden könnte. Die objektive Wahrheit steht dem Menschen jedoch nicht unmittelbar zur Verfügung[112]. Das Beweismaß der objektiven Wahrheit ließe eine genossenschaftliche Haftung für Umweltschäden deshalb praktisch leerlaufen.

Als Reaktion auf die Nichtverfügbarkeit objektiver Wahrheit ist gefordert worden, das Beweismaß auf die überwiegende objektive Wahrscheinlichkeit herabzusetzen[113]. Die Festlegung des Beweismaßes müsse sich an der Minimierung der individuellen und sozialen Kosten objektiv fehlerhafter Tatsachenfest-

---

111 BGHZ 53, 245 (253); *Gottwald*, Jura 1980, S. 225 (228).

112 AK-ZPO-*Rüßmann*, § 286 Rn. 14 m. w. N. aus der Wissenschafts- und Erkenntnistheorie. Genauso aber auch *Schneider*, Beweis, Rn. 36; *Schwab*, FS Fasching, S. 451 (458 f.).

113 *Maassen*, Beweismaßprobleme, S. 54 ff. m. w. N.

stellungen bzw. -nichtfeststellungen orientieren[114]. Dazu sind die Kosten des Prozeßverlusts für die eine Partei mit denjenigen der Gegenpartei zu vergleichen. Bei Schadensersatzprozessen sind die Kosten in Form von Schäden jedoch bereits eingetreten, es geht nur noch um ihre Verteilung[115]. Sind die durch die beiden Entscheidungsalternativen verursachten Kosten gleich hoch, soll das Beweismaß auf die überwiegende Wahrscheinlichkeit, d. h. 51 % Wahrscheinlichkeit festgelegt werden[116]. Dadurch würde die Häufigkeit fehlerhafter Kostenzurechnung auf das Minimum reduziert.

Gegen objektive Beweismaßtheorien spricht, daß die objektiven Wahrscheinlichkeitsbegriffe auf die Häufigkeit eines Ereignisses innerhalb eines Kollektivs bezogen sind[117]. Eine Aussage über die Wahrscheinlichkeit des Vorliegens eines Tatbestandsmerkmals im Einzelfall läßt sich mit Hilfe eines objektiven Wahrscheinlichkeitsbegriffs nicht gewinnen[118]. Zudem sind gerade die juristisch problematischen Fälle durch ihre Singularität gekennzeichnet[119]. Schließlich wird die Durchführung eines objektiven Wahrscheinlichkeitskalküls dem Richter im Rahmen eines Prozesses gar nicht möglich sein.

So bleibt nur die Einnahme des Ausgangspunkts der subjektiven Beweismaßtheorien, die im Hinblick auf die Beweisfrage sämtlich auf ein subjektives, in der Psyche des Entscheidenden liegendes, Kriterium abstellen[120]. Im Zivilrecht ist jedoch streitig, welches Maß an richterlicher Überzeugung zu verlangen ist. Zur Debatte stehen die traditionelle Meinung, die auf die Überzeugung von der Wahrheit abstellt, die Gegenmeinung, nach der das Überzeugtsein von der Wahrscheinlichkeit der behaupteten Tatsachen für den Beweis ausreicht sowie eine Theorie, die das Beweismaß je nach Einzelfall durch den Richter festlegen lassen will. Das Unfallversicherungsrecht unterscheidet in bezug auf das geforderte Beweismaß zwischen den einzelnen Merkmalen des Entschädigungstatbestandes. Während für den Nachweis des Kausalzusammenhangs die Überzeugung von der überwiegenden Wahrscheinlichkeit ausreichen soll, wird für den Nachweis der Glieder der Kausalkette subjektive Gewißheit gefordert[121]. Von diesen Alternativen ist auch bei der Suche nach dem richtigen Beweismaß für ein System genossenschaftlicher Umwelthaftung auszugehen.

---

114 *Bender,* FS Baur, S. 247 (251 ff.); *Maassen,* Beweismaßprobleme, S. 7 ff., 54 ff.

115 So auch *Maassen,* Beweismaßprobleme, S. 155.

116 *Maassen,* Beweismaßprobleme, S. 155 f. Dagegen vom selben Ausgangspunkt aber *Bender,* FS Baur, S. 247 (256 f.).

117 *Gottwald,* Schadenszurechnung, S. 188 f.; *Mummenhoff,* ZZP 100, S. 129 (130 f.).

118 *Gottwald,* Schadenszurechnung, S. 189; *Mummenhoff,* ZZP 100, S. 129 (132); *Schwab,* FS Fasching, S. 451 (454).

119 *Schwab,* FS Fasching, S. 451 (454).

120 *Gottwald,* Schadensschätzung, S. 189 ff.; *ders.* Karlsruher Forum 1986, S. 13; *Schwab,* FS Fasching, S. 451 (456 ff.).

121 Vgl. oben, unter D II 1 c.

Unklar ist noch, an welchem Kriterium die Auswahl unter den genannten Möglichkeiten orientiert werden soll. Die Festlegung des Beweismaßes ist keine Frage der Rechtsdurchsetzung allein, sondern ist mitbestimmend für die tatsächliche Reichweite einer Haftungsnorm. Praktisch führt ein hohes Beweismaß deshalb zur Einengung der Haftung, ein niedriges zu ihrer Ausweitung. Bei der Bestimmung des sachgerechten Beweismaßes für den Nachweis des Tatbestandes genossenschaftlicher Umwelthaftung sind deshalb nicht nur erkenntnistheoretische Prämissen und Hypothesen, sondern auch und vor allem Erwägungen über die Reichweite der Haftung zu berücksichtigen[122]. Damit ist nochmals die Zurechnungsfrage angesprochen. Eine Reduktion des Beweismaßes auf die überwiegende Wahrscheinlichkeit würde den Genossenschaften auch diejenigen Schäden anlasten, für die sie bloß überwiegend wahrscheinlich verantwortlich sind. Diese Haftungsverlagerung in den Bereich bloß möglicherweise verursachter Schäden ist zu begründen. Ein mögliches Gegenargument ist jedoch vorab zurückzuweisen: Der Vorwurf einer Verdachtshaftung träfe eine Einstandspflicht für mit überwiegender Wahrscheinlichkeit verursachte Schäden nicht. Die Haftung für mögliche Verursachung ist auch im Zivilrecht geläufig und läßt sich wie folgt begründen[123].

Im Bereich der Produkthaftung werden drei Argumente zur Rechtfertigung der dem Geschädigten gewährten Beweiserleichterungen angeführt[124]. Der Geschädigte befinde sich in einem Beweisnotstand, weil er die schadensstiftenden Vorgänge im Betrieb des Schädigers nicht aufklären könne. Dazu sei der Produzent tatsächlich viel besser in der Lage, zu dessen Gefahrenbereich die mit fehlerhaften Produkten verbundenen Risiken auch normativ gehörten. Zweitens stehe der Haftungserweiterung durch Beweiserleichterungen der Gewinn des Produzenten und die Möglichkeit zur Abwälzung der Entschädigungssummen auf die Produktpreise gegenüber. Schließlich sei der Produzent auch der richtige Adressat von Präventionsanreizen. In einem obiter dictum hat der BGH auch dem über den Luftpfad Geschädigten Erleichterungen beim Nachweis der Kausalität in Aussicht gestellt und dies mit dem Gesichtspunkt der Sachnähe begründet[125]. Allerdings sollte die Beweiserleichterung auf den verwaltungsrechtswidrigen Betrieb beschränkt bleiben[126].

---

122 *Assmann,* Kausalitätsbeweis, in: Nicklisch, Prävention, S. 155 (162); *Bydlinski,* Schadensverursachung, S. 82; *Gottwald,* Karlsruher Forum 1986, S. 16 (19); *Köndgen,* UPR 1983, S. 345 (346). Vgl. auch den Aufsatztitel von *Stoll,* AcP 176, S. 145 ff: „Haftungsverlagerung durch beweisrechtliche Mittel".

123 Zum Verhältnis zwischen Kausalität und Zurechnung vgl. bereits oben, unter 4 c aa.

124 BGHZ 51, 91 (104 f.); 80, 186 (198); *Baumgärtl,* JA 1984, S. 660 (664 f.); *Larenz,* FS Hauß, S. 225 (237 f.). Allgemein: *Brüggemeier,* Deliktsrecht, Rn. 167.

125 BGHZ 92, 143 (146 f.); vgl. auch schon BGHZ 70, 102 (107).

126 BGHZ 70, 102 (107); 92, 143 (146 f.). Zustimmend *Baumgärtl,* Anmerkung zu BGHZ 92, 143, JZ 1984, S. 1109 f.; weitergehend *Walter,* Anmerkung zu BGHZ 70, 102, (107), NJW 1978, S. 1158 (1159).

Die eben zusammengestellten Argumente für Beweiserleichterungen im Produkthaftungsrecht treffen auch auf die „negative“ Seite der Warenproduktion, die Emission im Betrieb unerwünschter Koppelprodukte des Herstellungsprozesses, zu[127]. Im Umweltrecht steht dabei aber das Präventionsargument im Vordergrund[128]. Je schärfer die Haftungsnorm, desto stärkere Anreize zu umweltschonendem Verhalten werden gegeben. Umweltbelastende Aktivitäten werden verteuert, daraufhin der Schadensvermeidungsaufwand vergrößert und/oder das Aktivitätsniveau gesenkt [129]. Wegen der hohen sozialen Zusatzkosten umweltbelastenden Verhaltens, die auch mit Hilfe eines kollektiven Haftungssystems nur teilweise internalisiert werden könnten, wäre eine in diesem Rahmen möglichst umfassende Kosteninternalisierung auch ökonomisch vorteilhaft. Vorsorge- und Allokationsaspekt sprechen daher für eine strikte, effektive Haftungsregel. Daß ein zu strenges Beweisrecht in der Lage ist, die Effektivität einer Entschädigungsregelung zu verhindern, war schon dem RVA klar. Die Erleichterungen beim Kausalitätsnachweis im Unfallversicherungsrecht wurden mit dem Schutzzweck der Unfallversicherung begründet, der nicht verwirklicht werde, wenn an den Nachweis der Kausalität zu hohe Anforderungen gestellt würden[130]. Angesichts der oben geschilderten Probleme der Umweltschadensforschung trifft diese Aussage in noch stärkerem Maße für das Umwelthaftungsrecht zu[131].

Aus dem Gesagten folgt zum einen, daß Beweiserleichterungen nicht gerechtfertigt sind, wenn der Geschädigte ihrer nicht bedarf oder die nachzuweisenden Umstände seiner Sphäre zugehören. Dies trifft auf das Tatbestandsmerkmal Schaden offensichtlich zu, gilt aber auch für die Entschädigungsvoraussetzung der Umwelteinwirkung durch Genossenschaftsmitglieder. Die Tatsache, daß Genossen auf die Umwelt eingewirkt haben, dürfte in der Regel evident sein. Für den Nachweis der Tatbestandsmerkmale Umwelteinwirkung und Schaden kann es daher beim Regelbeweismaß subjektiver Gewißheit bleiben. Besondere Schwierigkeiten ergeben sich erst bei den Fragen der Eignung der Emissionen zur Verursachung des geltend gemachten Schadens und der Exposition des Geschädigten. Damit ist der Kausalzusammenhang zwischen Emission und Schaden angesprochen. Klärungsbedürftig ist nach dem Gesagten nur noch, welcher Art die Erleichterungen beim Kausalitätsnachweis sein sollen.

Grundsätzlich bestehen drei Möglichkeiten, einem in seiner Beweisnot schutzwürdigen Geschädigten zu Hilfe zu kommen: die großzügige Anwendung der Grundsätze des Anscheinsbeweises, Beweislastumkehrungen sowie die generelle Reduktion des Beweismaßes auf überwiegende Wahrscheinlichkeit. Die Grundsätze des Anscheinsbeweises erlauben dem Gericht, in gewöhnlichen, üblichen

127 Vgl. BGH NJW 1976, S. 46 f.

128 *Köndgen,* UPR 1983, S. 345 (347); *Rehbinder,* NuR 1989, S. 149 (157).

129 *Adams,* ZZP 99, S. 129 (151).

130 Vgl. oben, unter D II 1 c.

131 Vgl. oben, unter A V.

Fällen von dem Kausalverlauf auszugehen, der nach der Lebenserfahrung nahe liegt[132]. Der Anscheinsbeweis ist ein richterrechtliches Institut, das keiner besonderen gesetzlichen Regelung bedürfte. Es erscheint jedoch als ungeeignet, die Schwierigkeiten eines über den Umweltpfad Geschädigten beim Nachweis des Kausalzusammenhangs zwischen Umwelteinwirkungen und seinem Schaden zu beheben. Der Anscheinsbeweis ist auf alltägliche Schadensverläufe zugeschnitten, bei denen mit Hilfe eines unproblematischen Erfahrungssatzes auf eine Ursache-Wirkung-Beziehung geschlossen wird[133]. Das Umwelthaftungsrecht kommt aber gerade dort in Schwierigkeiten, wo es um neuartige Schadensverläufe geht, deren Entstehung komplex und nicht zweifelsfrei geklärt ist[134]. Hier können Anscheinsbeweise kaum weiterhelfen.

Ein zweites Instrument zur Behebung von Beweisproblemen, die Beweislastumkehr, bleibt stets an bestimmte Voraussetzungen gekoppelt. Eine allgemeine Beweislastumkehr in bezug auf den gesamten Haftungstatbestand würde die objektive Beweislast umverteilen und kommt aus den oben genannten Gründen nicht in Betracht[135]. Wird sie aber vom Vorliegen gesetzlich zu definierender Voraussetzungen abhängig gemacht, hätte der Gesetzgeber bei der Festlegung dieser Voraussetzungen den tatsächlichen Fallgestaltungen gerecht zu werden und diese sinnvoll zu differenzieren. So käme etwa die Umkehr der Beweislast bei Rechtswidrigkeit der Umwelteinwirkungen oder bei Eignung der emittierten Stoffe zur Herbeiführung des Schadens in Betracht. Ob derartige Differenzierungen sinnvoll sind, erscheint wegen der Komplexität der Kausalverläufe, mit denen es das Umwelthaftungsrecht zu tun hat, sowie der Vielschichtigkeit der Verursachungsfrage, die sich in die Probleme der Schadenseignung des emittierten Stoffes, der Exposition des Geschädigten und der Herkunft der Immissionen aufgliedern läßt, sehr zweifelhaft[136]. Gesetzliche Regelungen der Tatbestände der Beweislastumkehr müßten zudem von den gegenwärtig bekannten Schadensbildern ausgehen. Deshalb besteht die Gefahr, heute noch unbekannten Problemfällen der Zukunft nicht gerecht zu werden. Jedenfalls braucht die mit gesetzlichen Beweislastumkehrungen verbundene Inflexibilität nicht in Kauf genommen zu werden, weil ein drittes Instrument, nämlich die allgemeine Beweismaßreduktion, zur Verfügung steht.

Eine Reduktion des in bezug auf den Nachweis des Kausalzusammenhangs geforderten Plausibilitätsgrades auf die überwiegende Wahrscheinlichkeit wäre

---

132 BGHZ 2, 1 (5); 6, 169 (170 f.); 7, 198 ff.; AK-ZPO-*Rüßmann,* § 286 Rn. 22 ff.; *Diederichsen,* VersR 1966, S. 211 (212); *Gottwald,* Jura 1980, S. 303 (310 f.); *Rosenberg-Schwab,* Zivilprozeßrecht, § 114 II, S. 692 ff.

133 Vgl. die vorherige Anmerkung.

134 Vgl. oben, unter A V 2.

135 Vgl. soeben, unter b.

136 *Rehbinder,* NuR 1989, S. 149 (158 f.). Zu den Einzelaspekten der Verursachungsfrage bei Umweltschäden vgl.: *Diederichsen,* DJT-Referat, S. L 80 ff.; *Rehbinder,* NuR 1989, S. 149 (157 f.).

in ihrer Wirkung den Instituten des Anscheinsbeweises und der Beweislastumkehr äquivalent, in der Handhabung aber wesentlich flexibler[137]. Ein ständiges Schwanken der Praxis zwischen umweltpolitisch wie ökonomisch mangelhafter Kostenanlastung und ebenso nachteiliger Übermaßhaftung ließe sich vermeiden[138]. Zudem wäre eine allgemeine Beweismaßreduktion für fallgruppenspezifische Konkretisierungen und Modifizierungen offen. Diese könnten sich aber in der Praxis schrittweise anhand des auftretenden Fallmaterials entwickeln. Auch eine gesetzliche Fixierung des Grades der überwiegenden Wahrscheinlichkeit, etwa durch den Zusatz „deutlich überwiegend", empfiehlt sich nicht[139]. Der Grad des subjektiven Überzeugtseins läßt sich zwar mit Hilfe qualitativer Begriffe wie Gewißheit oder überwiegende Wahrscheinlichkeit differenzieren, nicht aber quantitativ-metrisch exakt ermitteln[140]. Entsprechend sinnlos wäre eine gesetzliche Regelung.

Wie im Unfallversicherungsrecht sollte sich in einem System genossenschaftlicher Umwelthaftung die Beweismaßreduktion im Kausalbereich nicht nur auf die Frage beziehen, ob eine Umwelteinwirkung conditio-sine-qua-non für einen Schaden war, sondern auch die Bestimmung der Wesentlichkeit einer Ursache mitumfassen[141].

6. Zusammenfassung

Der Tatbestand genossenschaftlicher Umwelthaftung sollte aus vier Merkmalen bestehen: einem Verhalten von Genossenschaftsmitgliedern, der Einwirkung auf die Umweltmedien Luft, Wasser und Boden, einem Schaden sowie dem Kausalzusammenhang zwischen den drei Elementen. Die Haftung ist dabei nur an solches Verhalten anzuknüpfen, das wesentlich zur Verursachung des Schadens beigetragen hat. Bezüglich des Nachweises des Kausalzusammenhangs ist das Beweismaß auf die überwiegende Wahrscheinlichkeit zu reduzieren.

---

137 Vgl. allgemein: AK-ZPO-*Rüßmann*, § 286 Rn. 26; *Walter*, NJW 1978, S. 1158 (1159): „die Berufung auf den Anscheinsbeweis kaschiert nur, die notwendige Beweismaßreduktion offen zuzugeben". Mit Bezug auf das Umwelthaftungsrecht: *Adams*, ZZP 99, S. 129 (156 ff., 159); *Krasney*, System der Sozialversicherung, in: Nicklisch, Prävention, S. 233 (243); *Rehbinder*, NuR 1989, S. 149 (159).

138 *Adams*, ZZP 99, S. 129 (156); *Rehbinder*, NuR 1989, S. 149 (157).

139 Ein derartiges Vorhaben unternimmt *Mummenhoff*, ZZP 100, S. 129 ff., für das Unfallversicherungsrecht.

140 *Gottwald*, Schadenszurechnung, S. 197 m. w. N.

141 Vgl. oben, unter D II 1 c.

IV. Verursachung eines Umweltschadens durch mehrere Umwelteinwirkungen

Das Problem der Verantwortlichkeit mehrerer für einen Verletzungserfolg spielt im Unfallversicherungsrecht keine große Rolle. Eine Regelung findet sich jedoch auch in der RVO. § 1739 RVO begründet einen Regreßanspruch desjenigen Unfallversicherungsträgers, der gegenüber dem Verletzten für den Schaden aufgekommen ist, gegen die anderen mitverantwortlichen Versicherungsträger[142].

Diese Regelung setzt implizit voraus, daß ein Entschädigungsanspruch des Verletzten auch dann besteht, wenn mehrere Genossenschaften den Eintritt des Verletzungserfolgs zu verantworten haben. So selbstverständlich, wie es scheint, ist diese Prämisse aber nicht. Gerade im Umwelthaftungsrecht herrscht Streit um die richtige Haftungsregel bei Verursachung eines Umweltschadens durch mehrere Umwelteinwirkungen. Im folgenden wird das Problem deshalb in drei Schritten angegangen. Zuerst werden die materiellen Haftungsregeln für die Fälle der Beteiligung mehrerer an der Entstehung eines Schadens erarbeitet. Sodann wird das Verfahren zur Abwicklung dieser Fälle gegenüber dem Geschädigten festgelegt. Schließlich wird es um den Binnenregreß unter den Genossenschaften gehen.

1. Materielles Haftungsrecht

Bei der Beurteilung der Haftung mehrerer in einem Modell kollektiver Umwelthaftung ist zwischen zwei Fallkonstellationen zu unterscheiden. In der einen kommen Aktivitäten einer Vielzahl von Mitgliedern eines Kollektivs als Schadensursachen in Betracht. Bei der zweiten Fallgruppe gehören die Verursacher dagegen verschiedenen Genossenschaften an.

a) Verursachung eines Schadens durch mehrere Mitglieder einer Genossenschaft

Innerhalb der Fälle einer Verantwortlichkeit mehrerer Mitglieder einer Genossenschaft für einen Schaden können wiederum zwei Konstellationen unterschieden werden. Möglich ist zum einen, daß mehrere Mitglieder je einen Verursachungsbeitrag geleistet haben und diese im Zusammenwirken die Rechtsgutsverletzung herbeigeführt haben. Denkbar ist aber auch, daß jede Umwelteinwirkung für sich allein geeignet war, den Schaden zu verursachen.

Diese, im Individual-Haftungsrecht unter den Stichworten kumulative und alternative Kausalität diskutierten und erhebliche Probleme bereitenden Fallgrup-

---

142 Vgl. oben, unter D II 2.

pen[143], machen einem System genossenschaftlicher Umwelthaftung keine Schwierigkeiten. Solange bewiesen ist, daß Mitglieder einer Genossenschaft für den Schaden verantwortlich sind, steht die Ersatzpflicht außer Frage. Die Aufklärung der Verursachungsanteile der Emittenten im einzelnen kann unterbleiben. Selbst ihre Individualisierung ist nicht erforderlich, um die Haftung zu begründen. Die Fälle der Herbeiführung eines Schadens durch mehrere Mitglieder einer Genossenschaft lösen sich in einem kollektiven Haftungssystem gleichsam von selbst. Notwendig bleibt aber die Abgrenzung des von der Genossenschaft zu verantwortenden Verursachungsbeitrags von den Anteilen anderer Quellen. Wie soeben begründet, sollte dafür die Theorie von der wesentlichen Bedingung maßgebend sein. Die Haftung der Genossenschaft besteht also dann, wenn Umwelteinwirkungen ihrer Mitglieder wesentlich zu der Verursachung des Schadens beigetragen haben. Für den Kausalitätsnachweis reicht die überwiegende Wahrscheinlichkeit einer wesentlichen Ursache-Wirkung-Beziehung aus.

b) Herbeiführung des Schadens durch Umwelteinwirkungen von Mitgliedern unterschiedlicher Genossenschaften

Auf der Ebene der Haftung mehrerer Kollektive für die je von ihnen zu verantwortenden Verursachungsbeiträge wiederholen sich die Probleme, die das Individual-Haftungsrecht mit der Verantwortlichkeit mehrerer hat[144]. An die Stelle der individuellen Verursacher treten die Kollektive. Auch hier kann offen bleiben, welcher individuelle Emittent die Verantwortlichkeit der für ihn verantwortlichen Genossenschaft ausgelöst hat. Es reicht aus, daß der Geschädigte nachweist, Umwelteinwirkungen von Mitgliedern der Genossenschaft hätten an der Entstehung des Schadens mitgewirkt, um diese in den Kreis der Haftungssubjekte zu ziehen. Hier stellt sich dann die Frage, wie weiter zu verfahren ist.

Eine unproblematische Fallgruppe kann von vornherein ausgeschieden werden. Haben Mitglieder verschiedener Genossenschaften je für sich eine wesentliche Bedingung für den Eintritt des Schadens gesetzt, bestehen selbständige Ersatzansprüche des Geschädigten gegen beide bzw. alle beteiligten Genossenschaften. Um eine Doppelentschädigung zu vermeiden, ist die gesamtschuldnerische Haftung der Genossenschaften geboten. Dies entspräche der individual-haftungsrechtlichen Norm des § 840 Abs. 1 BGB[145].

Haben die beteiligten Genossenschaften nicht je eine wesentliche Bedingung für den Schadenseintritt zu verantworten, so besteht überhaupt keine Ersatzpflicht,

---

143 Vgl. nur *Deutsch,* Haftungsrecht, S. 155 ff.

144 Vgl. dazu: *Bydlinski,* Schadensverursachung, S. 65 ff; *Deutsch,* Haftungsrecht, S. 337 ff.; *Gottwald,* Karlsruher Forum 1986, S. 17 ff. sowie die oben, unter B I angegebene Literatur zum Umwelthaftungsrecht.

145 *Deutsch,* Haftungsrecht, S. 155.

wenn die Umwelteinwirkungen ihrer Mitglieder auch zusammen nicht wesentlich zur Entstehung des Schadens beigetragen haben. Die Wesentlichkeit der summierten Einwirkungen kann etwa zu verneinen sein, wenn ein Gesundheitsschaden überwiegend auf den Rauchgewohnheiten des Betroffenen beruht. Gleiches gilt, wenn der Schaden zwar wesentlich auf Umwelteinwirkungen beruht, die Genossenschaften für diese aber nicht allein verantwortlich sind. Die neuartigen Waldschäden zum Beispiel beruhen auf Verunreinigungen der Luft durch Schwefeldioxid, Stickoxide sowie Photooxidantien[146]. Die in Berufsgenossenschaften zusammengeschlossenen Unternehmen sind zwar immerhein für 72 % der Schwefeldioxid-Emissionen, aber nur zu 32 % für die Stickoxid-Fracht der Luft verantwortlich. Der zuletzt genannte, niedrige Anteil wäre auch für die Photooxidantien anzusetzen, die Folgeprodukte der Stickoxide sind. Angesichts dieser Verursachungsanteile wäre eine Überwälzung der gesamten Kosten der neuartigen emittentenfernen Waldschäden auf die gewerbliche Wirtschaft allein nicht gerechtfertigt. Dieses Resultat steht im Einklang mit den Funktionen des Umwelthaftungsrechts. Die volle Einstandspflicht der Industrie für die Waldschäden wäre weder umwelt- noch wirtschaftspolitisch wünschenswert. Die negativen Effekte einer Haftung ohne Verursachung, die Anreize zur Schadensvermeidung vermindern und die Ineffizienz der Ressourcenallokation noch vergrößern würde, sind oben beschrieben worden[147]. Sie sprechen gleichermaßen auch gegen eine Übermaßhaftung[148]. Wichtige Verursachergruppen, wie etwa der Straßenverkehr, der für über 50 % der Stickoxidemissionen und damit auch der Ozon-Konzentration verantwortlich ist, würden von jeder Ersatzpflicht freigestellt. Anreize zu umweltschonendem Verhalten bestünden für diese Emittentengruppe nicht. Die Industrie allein wäre dagegen gar nicht in der Lage, den für die Waldschäden verantwortlichen Ursachenpool zu kontrollieren und die allgemeine Luftbelastung unter eine bestimmte Schwelle zu drücken. Waren und Leistungen der Industrie würden übermäßig verteuert mit entsprechenden Fehlallokationen in der Folge. Eine derart weitgehende Übermaßhaftung wäre schließlich auch ungerecht. Durch die Anordnung einer Haftung allein der Genossenschaften sollte das Problem der neuartigen Waldschäden also nicht bewältigt werden. Gleiches gilt für die sonstigen Fälle emittentenferner Schäden, bei denen die Zurechnung an eine Emittentengruppe nicht gelingt. Aus den genannten Gründen ist dieses Resultat umwelt- und wirtschaftspolitisch nicht zu bedauern. Der Problemdruck bleibt indessen bestehen. Eine Möglichkeit zur Entschädigung auch der emittentenfernen Schäden wird deshalb noch entwickelt werden[149].

Von einem Modell genossenschaftlicher Umwelthaftung erfaßt würden dagegen diejenigen Fälle, bei denen Mitglieder mehrerer Genossenschaften zusammen

---

146 Vgl. dazu oben, A IV 2.

147 Vgl. oben, unter E III 4 c aa.

148 *Adams*, ZZP 99, S. 129 (151, 156); *Rehbinder*, NuR 1989, S. 149 (157).

149 Vgl. unten, E XI.

eine wesentliche Bedingung für den Schadenseintritt gesetzt haben. Praktisch handelt es sich hierbei um die Summationsschäden im Emittentennahbereich. Hier bestehen zwei Lösungsalternativen. Möglich ist die Anordnung einer pro-rata-Haftung der Kollektive gegenüber dem Geschädigten in Höhe des von ihnen jeweils zu verantwortenden Verursachungsanteils oder die gesamtschuldnerische Haftung aller beteiligten Genossenschaften. Für eine proratorische Einstandspflicht spricht scheinbar das ökonomische und umweltpolitische Gebot verursachergerechter Zuordnung externer Kosten. Auch das Zurechnungsprinzip kollektiver Umwelthaftung enthält die Beschränkung der Einstandspflicht auf tatsächlich verursachte Schäden. Die Bedenken gegen eine pro-rata-Haftung sind bereits oben erläutert worden und brauchen hier nicht wiederholt zu werden. Im übrigen wäre die gesamtschuldnerische Einstandspflicht, die Alternative zur pro-rata-Haftung, auch keine Übermaßhaftung. Sie begründet nur im Verhältnis zum Geschädigten die volle Haftung ohne Rücksicht auf den Verursachungsbeitrag. Intern findet ein Ausgleich der Verursacher nach Maßgabe ihrer Anteile statt (§ 426 BGB). Dabei geht es um den Rückgriff gegen ein anderes Kollektiv, sodaß Insolvenzrisiken, die zu einer Übermaßhaftung der vom Geschädigten in Anspruch genommenen Genossenschaft führen könnten, nicht bestehen.

In Betracht kommt stattdessen also eine gesamtschuldnerische Haftung der beteiligten Kollektive. Das Zivilrecht enthält in § 830 Abs. 1 S. 2 BGB eine solche Haftungsregel für die Fälle alternativer und kumulativer Kausalität. Anlaß der Anordnung gesamtschuldnerischer Haftung durch § 830 Abs. 1 S. 2 BGB ist die Beweisnot des Geschädigten, ihr Grund die nachgewiesene Rechtsgutsgefährdung durch jeden der potentiellen Verursacher und ihre mögliche Kausalität für den Schaden [150]. Vorausgesetzt wird jedoch die Eignung jeder Ursache zur Herbeiführung des ganzen Schadens [151]. Für Verunreinigungen des Umweltmediums Wasser hat der BGH § 22 Abs. 1 S. 2, Abs. 2 S. 1 2.Halbsatz WHG eine gesamtschuldnerische Haftung sämtlicher Einleiter entnommen, auch wenn die von ihnen verursachten Umwelteinwirkungen nur zusammen geeignet waren, den Schaden herbeizuführen [152]. Zum selben Ergebnis auch für das Umweltmedium Luft kommen diejenigen, die die gesamtschuldnerische Haftung bei Teilkausalität schon de lege lata auf die verwandten Institute der Gefahrengemeinschaft bzw. Situationsmitbelastung stützen wollen [153]. Danach soll die Emission eines gefährlichen Stoffes bzw. die Zugehörigkeit zu einem immissionsbelasteten Raum die volle Haftung jedes Großemittenten rechtfertigen.

---

150 *Gottwald,* Karlsruher Forum 1986, S. 18 f.; MK-*Mertens,* § 830 Rn. 4; *Soergel-Zeuner,* § 830 Rn. 12.

151 *Deutsch,* Haftungsrecht, S. 351; *Gottwald,* Karlsruher Forum 1986, S. 19; MK-*Mertens,* § 830 Rn. 21, 27; *Soergel-Zeuner,* § 830 Rn. 15.

152 BGHZ 57, 257 (262, 264) (Hühnergülle).

153 *Diederichsen,* BB 1973, S. 485 (490); *ders.,* FS Reimer Schmidt, S. 1 (18); ders., DJT-Referat, S. L 90 f; *Rehbinder,* NuR 1989, S. 149 (160). Ähnlich *Köndgen,* UPR 1983, S. 345 (355).

Diese Gedanken lassen sich auf die Frage der Haftung mehrerer Genossenschaften übertragen. Wer heute die Umwelt belastet, muß stets mit der Summation seiner Emission mit anderen Schadstoffen und in der Folge mit dem Auftreten von Schäden rechnen. Die gesamtschuldnerische Haftung mehrerer Genossenschaften ist deshalb gerechtfertigt. Die gegen eine solche Haftungsregel bei Teilkausalität vorgebrachten Bedenken treffen ein kollektives Haftungssystem nicht[154]. Insbesondere kommt eine Heranziehung von Kleinemittenten von vornherein nicht in Betracht.

Nach allem haften die Genossenschaften also gesamtschuldnerisch für umweltbedingte Schäden, die erst durch Summation für sich unwesentlicher Umwelteinwirkungen der Genossenschaftsmitglieder zu einer wesentlichen Bedingung verursacht wurden. Die Reduktion des Beweismaßes auf die überwiegende Wahrscheinlichkeit der Kausalität ist auch hier zu beachten.

2. Die Außenhaftung in Fällen der Gesamtschuld

Haben mehrere Genossenschaften nach dem eben Gesagten gesamtschuldnerisch für einen Schaden einzustehen, stellt sich die Frage, von welcher Stelle ein solcher Fall abgewickelt werden soll. Das entsprechende Problem im Unfallversicherungsrecht löst § 1735 RVO durch die Verpflichtung jedes vom Geschädigten um Entschädigung angegangenen Versicherungsträgers zur Erbringung vorläufiger Leistungen, sofern ein Versicherungsfall vorliegt[155]. Besteht der Schaden in einer Berufskrankheit, kommen überdies die Regelungen der „Vereinbarung der Berufsgenossenschaften über den Lastenausgleich bei Berufskrankheiten" zur Anwendung[156]. Gemäß §§ 3 Abs. 1, 4 Abs. 1 der Vereinbarung ist diejenige Genossenschaft, in deren Bereich der Erkrankte zuletzt eine gefährdende Tätigkeit ausgeübt hat, zur Durchführung des Entschädigungsverfahrens und zur Erbringung der Leistungen verpflichtet.

Die Notwendigkeit der Konzentration des Entschädigungsverfahrens und der Passivlegitimation auf nur eine Stelle besteht auch für das Umweltschadensrecht. Andernfalls wären abweichende Entscheidungen mehrerer Genossenschaften über denselben Anspruch, Unklarheiten über die Anwendbarkeit des jeweils geltenden Satzungsrechts sowie eine Vervielfältigung der Verfahrenskosten zu befürchten.

Die Identifikation einer Genossenschaft als hauptverantwortlich für einen Schaden wird indessen oft nicht möglich sein, wenn es um den Ersatz umweltbedingter

---

154 Vgl. nur *Diederichsen*, DJT-Referat, S. L 90 f.; *Rehbinder*, NuR 1989, S. 149 (160 f.).

155 Vgl. oben, D II 2.

156 Vgl. oben, D II 2 b.

Schäden geht. Wie oben dargelegt, wäre zur Bewältigung der Aufgabe der Umwelthaftung durch die Berufsgenossenschaften ein Ausbau der Bezirksverwaltungen der in einem Gebiet vertretenen Genossenschaften und eine regionale, branchenübergreifende Zusammenarbeit dieser Untergliederungen mehrerer Genossenschaften zu empfehlen[157]. Wenn und soweit sich derartige Strukturen herausgebildet haben, wären regionale Entschädigungsbüros mehrerer Genossenschaften am besten zur Aufklärung und Bearbeitung eines Falls in der Lage. Solange und soweit derartige Institutionen nicht bestehen, bleibt nichts andereres übrig, als diejenige Genossenschaft mit der Bearbeitung und Abwicklung eines Entschädigungsbegehrens zu betrauen, deren Mitglieder in der Umgebung des Geschädigten Anlagen betreiben. Im Regelfall wird auch eine solche Regelung wieder die Zuständigkeit mehrerer Genossenschaften ergeben. Dann sollte das Verfahren auf diejenige Genossenschaft konzentriert werden, in deren Bereich Schadstoffe emittiert werden, die generell geeignet sind, den geltend gemachten Schaden zu verursachen.

3. Der Binnenregreß

Für die Fälle gesamtschuldnerischer Haftung meherer Genossenschaften bleibt schließlich das Regreßproblem. Das Ziel effizienter Ressourcenallokation ist nur durch eine risikogerechte Internalisierung externer Effekte zu erreichen. Eine Verteilung der von einer Genossenschaft zum Ausgleich eines Schadens erbrachten Aufwendungen auf die übrigen mitverantwortlichen Kollektive ist deshalb geboten. Andererseits verursacht ein Rückgriff Transaktionskosten. Zwar muß die leistungspflichtige Genossenschaft schon bei der Prüfung des Entschädigungsbegehrens die Kausalfrage teilweise aufklären, die Regreßnahme setzt jedoch konkretes Wissen um die Verantwortlichkeitsanteile der übrigen beteiligten Ursachen voraus. Eine vollständige und lückenlose Untersuchung der Ursachenzusammenhänge und die Identifizierung jedes Beteiligten würde aber hohe Kosten verursachen.

Zu klären ist also, wie ein kostengünstiger Ausgleich zwischen derjenigen Genossenschaft, die den Schaden nach dem eben Gesagten tatsächlich ausgeglichen hat und den übrigen mitverantwortlichen Kollektiven hergestellt werden kann. Das Ziel der Kostenminimierung hat im Unfallversicherungsrecht zum Berufskrankheiten-Lastenausgleichsverfahren geführt[158]. § 8 der Vereinbarung der Berufsgenossenschaften erklärt jede Genossenschaft, auf die Zeiten gefährdender Beschäftigung entfallen, für ausgleichspflichtig. Die Höhe des je geschuldeten Regreßbetrags richtet sich nach dem Anteil, den die Dauer der gefährdenden Beschäftigungszeit im Bereich einer Genossenschaft an der Gesamtdauer gefährdender Beschäftigung des Verletzten hat. Die entscheidende Voraussetzung für

---

157 Vgl. oben, E II 3.

158 Vgl. oben, D II 2 b.

die Regreßpflicht einer Genossenschaft, die gefährdende Beschäftigung des Verletzten, wird von § 2 des Abkommens streng objektiv gefaßt und auf Besonderheiten des Einzelfalls bezogene Einwendungen werden nicht zugelassen.

Wegen der ungleich größeren Probleme der Aufklärung von Kausalfragen im Bereich der Umweltschäden, kommt auch für den Regreß im Umweltrecht nur eine Anknüpfung an objektiv-abstrakte Kriterien in Betracht. Dabei erscheint die Vorgehensweise des berufsgenossenschaftlichen Berufskrankheiten-Lastenausgleichsverfahrens, das grundsätzlich dieselben Kriterien für die Begründung der Rückgriffsverpflichtung wie für die Begründung der Außenhaftung anlegt, als einzig sachgerecht. Im Umweltrecht wären damit zunächst alle Genossenschaften heranzuziehen, deren Mitglieder in der Umgebung des Geschädigten Anlagen unterhalten. Zuerst kommt es also auf die Exposition des Geschädigten an. Dieser oft weite Kreis von Verpflichteten sollte sodann auf diejenigen Genossenschaften verengt werden, in deren Bereich Stoffe emittiert werden, die generell geeignet sind, den Schaden des Geschädigten herbeizuführen. Um Streitigkeiten, die kostenintensive Aufklärungsbemühungen nach sich ziehen, zu vermeiden, sollte die Lastenverteilung wie im Unfallversicherungsrecht vollständig an diesem Kriterium abstrakter Gefährdung orientiert werden. Der von einer Genossenschaft zu tragende Anteil an den Entschädigungskosten bemißt sich dann nach dem Anteil der von ihr zu verantwortenden Emissionsmenge des schädlichen Stoffs. Einzelfallbezogene Einwendungen gegen die Inanspruchnahme wären danach unzulässig. Entsprechend § 15 der berufsgenossenschaftlichen Vereinbarung könnte auch ein genossenschaftsinternes Schlichtungsverfahren vorgesehen werden. Die Ermittlung der Verursachungsanteile und die Verteilung der Entschädigungskosten auf die Genossenschaften sollte von den regionalen Entschädigungsstellen durchgeführt werden.

4. Ergebnis

Nach der hier vorgeschlagenen Haftungsregel haften mehrere Genossenschaften gesamtschuldnerisch für einen Schaden, wenn dieser wesentlich auf Umwelteinwirkungen ihrer Mitgliedsunternehmen beruht. Die Schadensabwicklung sollte einer von allen Genossenschaften gemeinsam betriebenen, regionalen Entschädigungsstelle übertragen werden, die auch für die Lastenverteilung auf die beteiligten Genossenschaften zuständig sein sollte. Die Schadenskosten sind anteilig auf alle Genossenschaften zu verteilen, deren Mitgliedsunternehmen in der Umgebung des Geschädigten Anlagen betreiben, die zur Herbeiführung des Schadens geeignete Stoffe emittieren.

V. Der Entschädigungsumfang

Sind die Voraussetzungen des eben erarbeiteten Haftungstatbestandes erfüllt, stellt sich die Frage nach dem Umfang der als Entschädigung zu gewährenden Leistungen. Im einzelnen geht es um die Bestimmung des Kreises der durch ein System genossenschaftlicher Umwelthaftung geschützten Rechtsgüter, um die Festlegung des Umfangs der Entschädigungsleistungen im einzelnen und um das Problem der Anspruchsminderung im Falle des Mitverschuldens des Geschädigten bei der Schadensentstehung. Vor dem Einstieg in die Einzelprobleme sollen die Entscheidungsgrundlagen dargelegt werden.

1. Schadensarten

Der Begriff des Schadens ist oben als Einbuße an materiellen oder immateriellen Gütern definiert worden[159]. In diesem Rahmen können verschiedene Schadensarten unterschieden werden[160]. Zunächst sind Personen- und Vermögensschäden auseinanderzuhalten. Aus dem Kreis der Personenschäden sind im Rahmen dieser Arbeit vor allem Beeinträchtigungen der Rechtsgüter Körper, Gesundheit und Leben interessant. Bei den Vermögensschäden ist es für die hier verfolgten Zwecke ausreichend, Sachschäden und Vermögensschäden zu unterscheiden. Letztere sind dadurch gekennzeichnet, daß die Einbuße am Vermögen sich nicht als Verletzung eines absoluten subjektiven Rechts oder Rechtsguts darstellt. Den Personen- und Vermögensschäden können schließlich die sog. ökologischen Schäden gegenübergestellt werden. Diese sind dadurch gekennzeichnet, daß eine Beeinträchtigung des Naturhaushalts vorliegt, die nicht zu einem Vermögensschaden geführt hat[161]. Zu den ökologischen Schäden zählen damit sowohl Beeinträchtigungen im Privateigentum stehender Sachen, die kein Vermögensschaden im Sinne des § 251 BGB sind als auch die nachteilige Veränderung öffentlicher Güter, wie etwa der Flüsse und Meere.

Bei allen Schadensarten kann weiterhin zwischen unmittelbarem und mittelbarem bzw. Objekt- und Folgeschaden unterschieden werden[162]. Der unmittelbare Schaden oder Objektschaden betrifft die Einbuße am verletzten Rechtsgut, die mit dem Eintritt der Verletzung ohne weiteres gegeben ist. Mittelbare Schäden bzw. Folgeschäden sind alle zeitlich und kausal auf die Rechtsgutsverletzung folgenden Schäden.

---

159 Vgl. oben, unter E III 3 c.

160 Vgl. zum folgenden: *Soergel-Mertens*, Vor § 249 Rn. 61 ff.; *Staudinger-Medicus*, § 249 Rn. 33 ff.

161 *Rehbinder*, NuR 1988, S. 105 (106), der zwar die Definition des ökologischen Schadens als immaterieller Schaden ablehnt, die schadensrechtlichen Besonderheiten allein dieser Fallgruppe aber herausarbeitet.

162 *Soergel-Mertens*, Vor § 249 Rn. 68; *Staudinger-Medicus*, § 249 Rn. 37 f.

2. Grundsätzliche Vorüberlegungen

a) Die Funktionen des Umwelthaftungsrechts

Die Ausgestaltung eines Modells genossenschaftlicher Umwelthaftung hat die Funktionen des Umwelthaftungsrechts zu berücksichtigen. Das Postulat gerechten Schadensausgleichs fordert den Ausgleich aller Einbußen an individuellen Rechtsgütern. Danach wäre also bei allen genannten Schadensarten der volle Ausgleich aller Einbußen vorzusehen. Allein die Kompensation ökologischer Schäden an öffentlichen Gütern wäre nicht geboten[163]. Diese Lücke wird indessen durch die beiden übrigen Funktionen des Umwelthaftungsrechts ausgefüllt[164]. Anreize zu umweltschonendem Verhalten sind umso stärker, je größer die Ersatzpflichten sind, die im Falle der Verursachung von Schäden über den Umweltpfad drohen. Optimale Prävention erfordert daher den Ersatz aller Schadensarten. Auch der Gesichtspunkt effizienter Ressourcenallokation spricht für umfassenden Schadensersatz. Erst die vollständige Internalisierung aller externen Effekte des Wirtschaftsverhaltens führt zu „richtigen Preisen"[165]. Alle durch umweltbelastendes Verhalten verursachten Nutzeneinbußen sollten daher dem Verursacher zugerechnet werden. Im Interesse von Prävention und Alloktionseffizienz wären daher nicht nur Gesundheits- und Sachschäden, sondern auch unmittelbare Vermögensschäden, immaterielle Schäden, Drittschäden und ökologische Schäden zu restituieren.

Prima facie sprechen daher die Funktionen des Umwelthaftungsrechts für eine volle Internalisierung aller externen Kosten und damit für eine umfassende Anlastung der Kosten aller Schadensarten.

b) Einschränkungen

Das eben genannte Postulat umfassender Schadensanlastung gilt nur unter der Voraussetzung voller Verursachung. Jede Haftung, die über den vom in Anspruch Genommenen tatsächlich verursachten Schadensanteil hinausgeht, ist eine Übermaßhaftung bzw. eine Haftung ohne Verursachung, die anhand keiner der drei Funktionen des Haftungsrechts zu rechtfertigen ist[166].

Der hier vorgeschlagene Haftungstatbestand knüpft die Einstandspflicht der Genossenschaften an die Setzung einer wesentlichen Schadensursache. Voraussetzung der Haftung ist also nicht die Herbeiführung des Schadens zu 100 %.

---

[163] *Rehbinder*, NuR 1989, S. 149 (163).

[164] Vgl. zum folgenden oben, unter C II 3 b, III 2.

[165] Rat von Sachverständigen für Umweltfragen, Umweltgutachten 1978, BT-Drucks. VIII/1938, Tz. 1755; *Siebert*, Ökonomische Theorie der Umwelt, S. 41.

[166] Vgl. oben, E IV 1 b.

Diese, mit dem Alles-oder-Nichts-Prinzip auf Tatbestandsebene verbundene Übermaßhaftung im Einzelfall ist auf der Ebene des Gesamtsystems so zu korrigieren, daß doch eine verursachungsgerechte Haftung herauskommt. Dies geschieht schon systemimmanent dadurch, daß überhaupt kein Ausgleich für solche Verursachungsbeiträge zu leisten ist, die nicht wesentlich zur Entstehung des Schadens beigetragen haben. Dieser Kompensationsmechanismus läßt allerdings noch starke Abweichungen vom theoretisch richtigen Haftungsprinzip im Einzelfall zu. Hier ist eine Korrektur im Bereich des Haftungsumfangs angebracht.

Dabei dürfen die Vorteile, die für die Wahl eines Modells prinzipiell voller Haftung sprachen, nicht wieder verspielt werden. Die Ablehnung proratorischen Schadensausgleichs ist oben begründet worden[167]. Die Verkleckerung von Haftungssummen sollte ebenso vermieden werden wie bloße Teillösungen im Bereich wirklich entschädigungsbedürftiger Fälle. Diese Ziele sind auch bei der Festlegung des Haftungsumfangs im Auge zu behalten.

Ein Entscheidungskriterium bei der Festlegung des Haftungsumfangs im einzelnen kann auch die Höhe der bei der Entschädigung eines Schadens auftretenden Transaktionskosten sein[168]. Einschränkungen sollten zuerst dort vorgenommen werden, wo der von den Genossenschaften zur Entschädigung eines Falles getriebene Aufwand nur zu einem als gering zu erachtenden Teil den Geschädigten erreicht und im übrigen Verwaltungs- und Gutachterkosten deckt.

3. Der Kreis der geschützten Rechtsgüter

Eine Haftungsnorm kann die Gewährung eines Anspruchs auf Schadensersatz von der Verletzung eines Rechtsguts abhängig machen. Diesem Muster folgt § 823 Abs. 1 BGB, nach dem die Pflicht zur Entschädigung die Verletzung eines der dort aufgezählten Rechtsgüter Leben, Körper, Gesundheit, Feiheit, Eigentum oder eines eigentumsähnlichen absoluten subjektiven Rechts voraussetzt. Den Gegensatz dazu bildet eine Regelung wie § 22 WHG, der die Entschädigung schlicht an die Verursachung eines Schadens knüpft. Die Entscheidung zwischen den beiden Alternativen gehört systematisch zur Konturierung des Haftungstatbestands. Tatsächlich hat die Anknüpfung der Schadensersatzpflicht an eine Rechtsgutsverletzung aber gravierende Auswirkungen auf den Entschädigungsumfang. Wird die Entschädigung von einer Rechtsgutsverletzung abhängig gemacht, kann durch Veränderung des Kreises der geschützten Rechtsgüter der Haftungsumfang weitgehend prädestiniert werden. Für die Entscheidung zwischen den beiden Regelungsmöglichkeiten sind daher die eben ausgearbeiteten Gesichtspunkte maßgebend.

---

167 Vgl. oben, E III 4 c cc.

168 Vgl. dazu oben, C IV.

a) Enumeration von Rechtsgütern oder Generalklausel?

Die Frage, ob ein Tatbestand genossenschaftlicher Umwelthaftung die Gewährung einer Entschädigung von der Verletzung bestimmter, im einzelnen aufzuzählender Rechtsgüter abhängig machen sollte, hat eine Parallele in der Entscheidung zwischen Generalklausel und Einzeltatbeständen bei der Kodifikation des Deliktsrechts im BGB vor fast 100 Jahren. Während zunächst eine Generalklausel befürwortet wurde, die die Pflicht zum Schadensersatz an die schuldhafte und widerrechtliche Verursachung eines Schadens knüpfte, wurde später dem in §§ 823 ff. BGB kodifizierten System der Einzeltatbestände der Vorzug gegeben[169]. Zwei Argumente lassen sich für das Enumerationsprinzip anführen. Erstens sei eine Generalklausel zu vage, um die Rechtssphären von Schädiger und Geschädigtem gegeneinander abzugrenzen[170]. Die notwendige Konkretisierungsarbeit beim Merkmal der Rechtswidrigkeit habe dann anstelle des Gesetzgebers der Richter zu leisten. Zweitens ermögliche eine Generalklausel Schadensersatzbegehren Drittbetroffener und mittelbar Geschädigter. Die Gleichbehandlung unmittelbar und mittelbar Geschädigter sei aber nicht gerechtfertigt[171]. Durch die Beschränkung der Haftung auf Verletzungen von Rechtsgütern und den Ausschluß von Schadensersatzansprüchen Dritter sollte eine Ausuferung der Anspruchsgrundlagen verhindert werden[172].

Die Entscheidung zwischen Enumeration und Generalklausel ist eine bloße Frage der Regelungstechnik, soweit es um die klassischen Rechtsgüter und Rechte geht, die auch ein eng gefaßter Entschädigungstatbestand schützen würde. Praktisch geht es bei der Enumeration um den Ausschluß solcher Vermögensschäden von der Ersatzpflicht, die nicht durch die vorgängige Verletzung eines Rechtsguts verursacht werden[173]. Aus der Beurteilung dieser Frage ergibt sich dann von selbst die Entscheidung für das Enumerationsprinzip oder die Generalklausel.

b) Vermögensschäden

Im folgenden soll es nur um solche Vermögensschäden gehen, die nicht eine Folge der Verletzung der Rechtsgüter Leben, Gesundheit oder Körper sind. Drei Fallgruppen können dann noch unterschieden werden. Sachschäden sind diejenigen Einbußen, die das Rechtsgut Eigentum treffen. Dazu zählen etwa die sog.

---

169 Zur rechtsgeschichtlichen Entwicklung vgl.: *Brüggemeier*, Deliktsrecht, Rn. 80 ff.; *Medicus*, SR BT, § 135 I, S. 332 f.

170 Protokolle, Bd.II, S. 571; *Deutsch*, Haftungsrecht, S. 12, 15 ff.; *Kötz*, Deliktsrecht, Rn. 42; *Medicus*, SR BT, § 135 I 2, S. 332 f.

171 Protokolle, Bd. 2 S. 571; *Medicus*, SR BT, § 135 I 2, S. 331 f.

172 Protokolle, Bd.II, S. 571.

173 *Kötz*, Deliktsrecht, Rn. 75; *Larenz*, SR BT, § 71 I b, S. 593; RGRK-*Steffen*, § 823 Rn. 5, 26.

Waldschäden, die rechtstechnisch Verletzungen des Eigentumsrechts am jeweiligen Waldgrundstück sind[174]. Unmittelbare Vermögensschäden sind solche Nachteile, die unmittelbar über den Umweltpfad, aber ohne ein Rechtsgut zu verletzen, am Vermögen des Geschädigten eintreten. Drittschäden sind Nachteile, die infolge einer Verletzung von Eigentum oder Vermögen eines anderen zu Vermögensminderungen bei einem Dritten führen. So wird etwa die Touristik-Branche einer Region Einbußen zu verzeichnen haben, wenn ein öffentliches Gut wie das Meer bzw. ein See oder ein in Privateigentum stehendes Gut wie zum Beispiel der Schwarzwald umweltbedingte nachteilige Veränderungen zeigt.

aa) Sach- bzw. Eigentumsschäden

Im Waldschadensfall hat der BGH die Entschädigungswürdigkeit und -bedürftigkeit der geltend gemachten Einbußen anerkannt[175]. Das Bedürfnis nach gerechtem Schadensausgleich ist zudem eine Forderung des Verfassungsrechts[176]. Für den Begriff des Sachschadens ist dementsprechend der verfassungsrechtliche Eigentumsbegriff maßgebend. Auch die Präventions- und Allokationsfunktionen genossenschaftlicher Umwelthaftung, die durch eine vollständige Internalisierung externer Kosten begünstigt werden, sprechen für eine Entschädigung von Sachschäden.

Fraglich ist aber, ob jeder Sachschaden ersetzt werden sollte. Eine Einschränkung bei kleineren Schäden könnte dazu beitragen, die in der Anknüpfung der Haftung an eine wesentliche Bedingung liegende Übermaßhaftung zu mildern. Die Einschränkung der Entschädigungsfähigkeit von Sachschäden ist gegenüber dem Betroffenen gerechtfertigt. Die industrielle Revolution hat die Lebensbedingungen stark verändert. Während der materielle Wohlstand auf ein zuvor unvorstellbares Maß stieg, verschlechterten sich die Umweltbedingungen. Die dafür verantwortlichen Emissionen stammen aus den Bereichen Hausbrand, Individualverkehr, Kraftwerke und Industrie[177]. Auch der Geschädigte selbst trägt also durch Wohnungsheizung, KFZ-Benutzung, Stromverbrauch und Güterkonsum zur Verschmutzung der Umwelt bei und ist für die Grundbelastung mitverantwortlich. Weiter stellen kleinere Sachschäden kein lösungsbedürftiges soziales Problem dar[178]. Schließlich ist die Restitution auch ökonomisch nicht geboten. Die Geringfügigkeit des Schadens muß nicht zu geringeren Abwicklungskosten führen, die bei umweltbedingten Schäden nicht unterschätzt werden sollten. Die Inkaufnahme hoher Transaktionskosten zum Zweck des Ausgleichs wenig drük-

---

174 BGH, NJW 1975, S. 2061 ff.; OLG Celle, NJW 1983, S. 2391 ff.; *Soergel-Mertens*, § 249 Rn. 119 m.w.N.; *Rehbinder*, NuR 1988, S. 105 (107).

175 BGHZ 105, 350 (362 f.).

176 Vgl. zum folgenden oben, C I.

177 Vgl. oben, unter A II.

178 *Schäfer*, Soziale Schäden, S. 184; *Weyers*, Unfallschäden, S. 648.

kender Sachschäden ist nicht sinnvoll[179]. Einschränkungen beim Ersatz von Sachschäden sind nach allem geboten. Offen ist noch, welches Kriterium die Grenze zwischen entschädigungsfähigen und sonstigen Schäden ziehen soll. Möglich erscheint eine Begrenzung der Haftung auf den Ausgleich von Sonderopfern; alternativ kommt die Entschädigung bloß solcher Einbußen in Betracht, deren entschädigungslose Hinnahme wirtschaftlich unvertretbar ist.

aaa) Wirtschaftliche Vertretbarkeit

Der Begriff der wirtschaftlichen Vertretbarkeit stammt aus § 17 Abs. 2 BImSchG in der bis zum 4. 10. 1985 geltenden Fassung[180]. In diesem Regelungszusammenhang begrenzte er die Befugnis der Verwaltungsbehörde zu nachträglichen Anordnungen im Interesse des Immissionsschutzes. Mögliche Adressaten nachträglicher Anordnungen sind die Betreiber genehmigungsbedürftiger Anlagen im Sinne der §§ 4 ff. BImSchG. Zu diesen gehören nicht nur gewerblichen Zwecken dienende Anlagen, sondern auch solche, die wirtschafltich bewertbare Leistungen anbieten, ohne das Ziel der Gewinnmaximierung zu verfolgen[181]. Dazu zählen etwa die kommunalen Versorgungsbetriebe. Gleichwohl wird die Auslegung des Begriffs der wirtschafltichen Vertretbarkeit an den Zielen eines erwerbswirtschaftlichen Unternehmens und den Bedingungen marktgesteuerter Wettbewerbswirtschaft orientiert[182]. Während eine Meinung eine nachträgliche Anordnung schon dann für wirtschaftlich nicht vertretbar hält, wenn sie die Erzielung eines angemessenen Gewinns verhindert[183], nimmt die umweltfreundlichere Ansicht auch das vorübergehende Ausbleiben des Gewinns hin, solange der Betrieb der Anlage noch wirtschaftlich vernünftig ist[184]. Ob eines dieser beiden Kriterien vorliegt, ist jedoch stets nach den Regeln der betriebswirtschaftlichen Gewinn- und Verlustrechnung zu ermitteln[185].

Diese Methode hat bei Privathaushalten keine Entsprechung. Eine Grenze wirtschaftlicher Vertretbarkeit gibt es für Privathaushalte jedenfalls solange nicht,

---

179 In der Argumentation ähnlich: *von Hippel*, Schadensausgleich, S. 76. Ähnlich, aber sehr undifferenziert auch *Adams*, Ökonomische Analyse der Gefährdungs- und Verschuldenshaftung, S. 186.

180 Der Begriff der wirtschaftlichen Vertretbarkeit wurde durch das Gesetz vom 4. 10. 1985, BGBl I S. 1950, aus § 17 Abs. 2 BImSchG herausgenommen.

181 *Hoppe*, Wirtschaftliche Vertretbarkeit, S. 62; *Thomas*, WiVerw 1980, S. 244 (251 f.).

182 *Hoppe*, Wirtschaftliche Vertretbarkeit, S. 65; *Thomas*, WiVerw 1980, S. 244 (253 f.).

183 *Hoppe*, Wirtschaftliche Vertretbarkeit, S. 65; *Sellner*, Immissionsschutzrecht, Rn. 449.

184 *Kutscheidt*, Immissionsschutzrecht, in: *Salzwedel*, Umweltrecht, S. 237 (281); *Thomas*, WiVerw 1980, S. 244, (257 f.).

185 *Hoppe*, Wirtschaftliche Vertretbarkeit, S. 43 ff.; *Thomas*, WiVverw 1980, S. 244 (255).

als das Erwerbseinkommen gesichert ist. Ein gravierender Waldschaden könnte so etwa zur Entschädigung führen, wenn der Wald gewerblich bewirtschaftet würde, nicht aber, wenn er zum Privatvermögen eines Haushalts zählte. Die Entschädigung eines Falles davon abhängig zu machen, ob der geschädigte Gegenstand zum Vermögen eines wirtschaftlichen Unternehmens zählt oder nicht, ist im Hinblick auf Art. 3 Abs. 1 GG keine vertretbare Lösung. Es bleibt noch die Möglichkeit, den Schaden immer dann zu restituieren, wenn er für ein Durchschnittsunternehmen wirtschaftlich unvertretbar wäre. Auch in dieser Variante würde das Eingreifen der Haftung aber von der Schädigung einer gewerblich nutzbaren Sache abhängig gemacht. Bei Waldgrundstücken, die in großem Umfang forstwirtschaftlich genutzt werden, mögen hier keine Schwierigkeiten auftreten. Umweltbedingte Schäden könne aber auch an Sachen auftreten, die nicht Gegenstand eines Gewerbebetriebes sein können, wie etwa ein PKW. Die sachgerechte Lösung des der Kupolofen-Entscheidung des BGH zugrunde liegenden Falles sollte auch im Rahmen eines kollektiven Haftungssystems für Umweltschäden möglich sein[186].

bbb) Sonderopfer

Der hier gesuchte Begriff hat die Abgrenzung ausgleichsbedürftiger Schäden von den übrigen Einbußen zu leisten. Der Ausgleichszweck der Haftung fordert die Restitution schwerer Schäden, die für den Betroffenen eine erhebliche Belastung bedeuten. In diesen Fällen lohnt sich auch der Einsatz von Transaktionsmitteln. Dem Geschädigten sollten dagegen diejenigen Einbußen auferlegt werden, die ihn nicht übermäßig belasten oder die in einer Industriegesellschaft unvermeidbar und ubiquitär sind. Die Verwirklichung einer ubiquitären Gefahr stellt für den Geschädigten ein allgemeines Lebensrisiko dar; eine Schadensüberwälzung kommt deshalb nicht in Betracht[187].

Allerdings hat das Kriterium des allgemeinen Lebensrisikos als Zurechnungsgrenze viel Kritik von seiten der haftungsrechtlichen Literatur erfahren[188]. Der Haupteinwand gegen seine Heranziehung ist sein angeblicher Leerformelcharakter. Die Berechtigung dieses Vorwurfs für den Bereich des zivilen Deliktsrechts mag hier dahinstehen[189]. Jedenfalls im vorliegenden Zusammenhang bezeichnet die Formel vom allgemeinen Lebensrisiko keine Leerstelle und soll auch nicht irrationale Wertungen verschleiern helfen. Seine Konkretisierung ist vielmehr inhaltlich determiniert durch ein sachliches Kriterium, nämlich die Unterschei-

---

186 BGHZ 92, 143 ff.

187 Für das Individual-Haftungsrecht genauso: *Rehbinder*, NuR 1989, S. 149 (156).

188 *Gottwald*, Karlsruher Forum 1986, S. 8; *Larenz*, SR AT, § 27 III 3, S. 447 f.; *Staudinger-Medicus*, § 249 Rn. 93 f.

189 Für das allgemeine Lebensrisiko als Zurechnungskriterium: *Lange*, Schadensersatz, S. 100 f.; *Mädrich*, Das allgemeine Lebensrisiko, S. 108 f.; *Soergel-Mertens*, Vor § 249 Rn. 131.

dung allgemeiner von besonderen Risiken. Die Frage, ob eine, im Vergleich zur ubiquitären Hintergrundkonzentration eines dicht besiedelten, hoch industrialisierten Landes, besonders hohe Luftschadstoffkonzentration vorliegt, ist ohne jede Dezision zu beantworten. Der Einwand des Leerformelcharakters trifft die hier vorgeschlagene Verwendung des Kriteriums des allgemeinen Lebensrisikos daher nicht.

Die danach zu erbringende Differenzierungsarbeit könnte der Begriff des Sonderopfers leisten. Während der BGH früher allein auf die Ungleichheit der Belastung abstellte[190] und das BVerwG das entscheidende Kriterium in der Schwere des Eingriffs sah[191], ist dieser Gegensatz heute geschwunden[192]. Zum Begriff des Sonderopfers gehört danach sowohl die besondere Intensität und Unzumutbarkeit des Eingriffs als auch der Verstoß gegen den Gleichheitssatz. Durch den Verweis auf den Gleichheitssatz ist mit Hilfe des Sonderopferbegriffs auch eine Abgrenzung nach dem verwirklichten Risiko möglich. Ein Sonderopfer liegt nur vor, wenn sich eine gegenüber dem allgemeinen Lebensrisiko gesteigerte Gefahr verwirklicht hat[193]. Insgesamt wird damit sichergestellt, daß nur wirklich schwere Schäden, die das allgemein Zumutbare übersteigen, erfaßt werden.

Gegen den Begriff des Sonderopfers kann seine Unbestimmtheit eingewandt werden. Tatsächlich ist nicht zu verkennen, daß das Sonderopferkriterium offen und vage ist. Er ist jedoch schon seit Jahrzehnten im öffentlichen Recht wie auch im Zivilrecht geläufig und dient dort gerade auch zur Bewältigung des Problems der Umweltschäden. Im Waldschadensurteil hat der BGH dementsprechend den eingeklagten Schaden als Sonderopfer qualifiziert und das Entschädigungsinstitut des enteignenden Eingriffs für grundsätzlich anwendbar gehalten[194]. Im Zivilrecht stellt der nachbarrechtliche Ausgleichsanspruch aus § 906 Abs. 2 S. 2 BGB auf eine wesentliche, ortsübliche, unvermeidbare Immission ab, die die Nutzung des betroffenen Grundstücks über das zumutbare Maß hinaus beeinträchtigt. Darüber hinaus gewährt die Rechtsprechung des BGH einen bürgerlichrechtlichen Aufopferungsanspruch zum Ausgleich unzumutbarer, aus besonderen rechtlichen oder tatsächlichen Gründen aber unverhinderbarer Einwirkungen von einem Grundstück auf ein anderes[195]. Ein irrationaler Dezisionismus aufgrund des Sonderopferbegriffs wird aber nicht nur durch seine lange Konkretisierungsgeschichte, sondern vor allem durch seinen Sinngehalt verhindert. Die Erforder-

---

190 BGHZ 6, 270 (280); 23, 30 (32 f.); 60, 145 (147); 63, 240 (246).

191 BVerwGE 5, 143 (145); 15, 1; 19 (98 f.).

192 *Maurer,* Allg. VerwR, S. 562 f.; *Ossenbühl,* Staatshaftungsrecht, S. 118 f.; RGRK-*Kreft,* Vor § 839 Rn. 50.

193 BGHZ 31, 1 (4); BGH NJW 1967, S. 621 f.; *Ossenbühl,* JuS 1970, S. 276 (278 ff.); *Wolff / Bachof,* VerwR I, S. 539.

194 BGHZ 105, 350 (361 f.).

195 BGHZ 16, 366 (369 ff.); 48, 98 (100 f.); 85, 375 (384 f.). Vgl. dazu: *Staudinger-Roth,* § 906 Rn. 66.

nisse einer schweren und ungleichen Belastung sind nicht völlig willkürlich zu interpretieren. Zur Darlegung, die neuartigen Waldschäden seien kein Sonderopfer, bedürfte es doch beträchtlichen Argumentationsaufwands. Die danach verbleibende Unsicherheit und Vagheit sollte als Flexibilität zur Anpassung an geänderte Wert- und Zumutbarkeitsvorstellungen in der Gesellschaft begrüßt werden. So hat der BGH etwa nach Erlaß des BImSchG seine zuvor sehr restriktive Rechtsprechung zur Aufopferungsentschädigung für Straßenlärm-Immissionen gelockert, um der im BImSchG positivierten, geänderten Bewertung der Zumutbarkeit von Straßenlärm Rechnung zu tragen[196]. Derartige Anpassungsversuche sollten auch für die Zukunft nicht verhindert werden.

Nach allem sollte eine Genossenschaft einen Sachschaden also entschädigen, wenn er ein für den Betroffenen unzumutbares Sonderopfer darstellt[197].

bb) Sonstige Vermögensschäden

Zu klären bleibt, ob die Genossenschaften auch zum Ausgleich sonstiger Vermögensschäden verpflichtet sein sollen, für die nach § 823 Abs. 1 BGB keine Ersatzpflicht besteht.

aaa) Unmittelbare Vermögensschäden

Bei den unmittelbaren Vermögensschäden entsteht der Nachteil am Vermögen unmittelbar durch Umwelteinwirkungen. Das Drittschadensproblem stellt sich hier nicht. Fraglich ist, ob ein Bedürfnis für eine Pflicht zur Entschädigung unmittelbarer Vermögensschäden besteht. Die Rechtsprechung hat den Ausschluß unmittelbarer Vermögensschäden von der Ersatzpflicht schon frühzeitig durch Anerkennung des Rechts am eingerichteten und ausgeübten Gewerbebetrieb umgangen[198]. Diese Erweiterung ist auf verfassungsrechtlicher Ebene durch Zurechnung des Rechts am Unternehmen zur Eigentumsgarantie rezipiert worden[199]. Blieben unmittelbare Vermögensschäden aus dem Schutzbereich genossenschaftlicher Umwelthaftung ausgeklammert, käme es auf diese Weise zu einer Ungleichbehandlung von Gewerbe- und nicht gewerblich genutztem Eigentum. Die Einbeziehung sonstiger unmittelbarer Vermögensschäden wäre aber nicht nur unter dem Aspekt des Gleichheitssatzes geboten. Sie entspräche auch der gelten-

---

196 BGHZ 64, 220 (222).

197 Für eine Reform des Individual-Haftungsrechts genauso: *Rehbinder*, NuR 1989, S. 149 (156).

198 BGHZ 23, 157 (162 f.); ausdrücklich sogar BGHZ 69, 128 (135); *Brüggemeier*, Deliktsrecht, Rn. 85, 331; *Kötz*, Deliktsrecht, Rn. 77, 84; *Larenz*, SR BT, § 72 III b, S. 632.

199 BVerfGE 1, 264 (267 ff.); 51, 193 (221 f.); 58, 300 (353); 74, 129 (148); BVerwGE 62, 224 (225 f.); *Maunz / Dürig-Papier*, GG, Art. 14 Rn. 96 ff.; *von Münch-Bryde*, GG, Art. 14 Rn. 18 ff.; *Pieroth / Schlink*, Grundrechte, Rn. 1001.

den wasserrechtlichen Regelung des § 22 WHG. Nach dieser Norm sind alle Schäden ersatzfähig, die unmittelbar durch die Verschlechterung der Wasserbeschaffenheit am Vermögen des Geschädigten eintreten[200]. Erfaßt werden damit Nachteile sämtlicher Wassernutzer. Der Diskussionsentwurf eines Gesetzes über die Haftung für Umweltschäden hat diese Regelung in seinen § 2 übernommen, auf die allgemeine Anlagenhaftung des § 1 aber nicht ausgedehnt.

Eine Ausdehnung der Entschädigungspflicht für unmittelbare Vermögensschäden auf die verbleibenden Umweltmedien Luft und Boden ist im Rahmen des hier vorgeschlagenen Entschädigungstatbestandes vertretbar. Die Gefahr einer Ausuferung der Anspruchsgrundlage durch Zulassung jedweder Schadensersatzansprüche ist gebannt, weil die Beschränkung auf die Entschädigung von Sonderopfern Differenzierungen erlaubt. Im Gegenzug kann die unterschiedliche Behandlung von Eigentums- und unmittelbaren Vermögensschäden aufgegeben werden.

bbb) Drittschäden

Schäden, die nicht unmittelbar über den Umweltpfad, sondern mittelbar, über die Verletzung der Rechtsgüter anderer, am Vermögen Dritter entstehen, werden weder von § 823 Abs. 1 BGB noch von der bis hierher vorgeschlagenen Haftungsregel erfaßt. Auch ein Eingriff in das Recht am eingerichteten und ausgeübten Gewerbebetrieb setzt eine unmittelbare Beeinträchtigung voraus[201]. Schließlich gewährt auch das geltende Wasserrecht keine Ersatzmöglichkeit für Schäden, die nicht unmittelbar durch die Veränderung der Wasserbeschaffenheit verursacht werden[202].

Im Umweltrecht können Vermögensschäden Drittbetroffener eine große Rolle spielen. Zu denken wäre etwa an die Verluste der Tourismus-Unternehmen in Fällen der Schädigung oder Vernichtung eines touristisch genutzten Stücks Landschaft oder eines Meeres. Die Einbußen der Tourismus-Branche der italienischen Adria-Küste im Jahr 1989 durch die sog. Algen-Plage werden auf ca. 2,5 Milliarden DM geschätzt[203]. Schäden ähnlicher Größenordnung drohen infolge des deutschen Waldsterbens. Die jährlichen Einkommensausfälle im Fremdenverkehrsgewerbe werden, Fortschritte auf dem Gebiet der Luftreinhaltung vorausgesetzt, auf 1 bis 1,5 Milliarden DM geschätzt[204]. Wegen der ganz auf den Tourismus

---

200 BGH, VersR 1972, S. 463 (465); *Breuer,* Wasserrecht, Rn. 801; *Schröder,* ZfW 1975, S. 155; *Sieder / Zeitler,* WHG, § 22 Rn. 48.

201 BGHZ 29, 65 (70); 69, 128 (138 f.); *Brüggemeier,* Deliktsrecht, Rn. 347; *Larenz,* SR BT, § 72 III b, S. 635; *Medicus,* SR BT, § 141 III 2 a, S. 362.

202 BGH, VersR 1972, S. 463 (465); *Breuer,* Wasserrecht, Rn. 801; *Schröder,* ZfW 1975, S. 155; *Sieder / Zeitler,* WHG, § 22 Rn. 48.

203 DER SPIEGEL vom 14. 8. 1989, Nr. 33/1989, S. 144.

204 *Ewers,* Zur Monetarisierung der Waldschäden in der Bundesrepublik, in: Umweltbundesamt, Kosten der Umweltverschmutzung, S. 121 (137).

zugeschnittenen gewerblichen Monostruktur der betroffenen Regionen, wird oft die wirtschaftliche Existenz der Geschädigten auf dem Spiel stehen. Ein Bedürfnis nach Schadensausgleich besteht also. Auch der Präventiveffekt einer Kostenanlastung derartiger Größenordnung steht außer Frage. Die Zurechnung von Drittschäden wäre auch volkswirtschaftlich vernünftig. Das Bedenken, eine unbeschränkte Ersatzpflicht für Vermögensschäden schnürte die Handlungsfreiheit aller ab[205], ist auf schädigendes Verhalten im wirtschaftlichen Wettbewerb zugeschnitten und verfängt für Umwelteinwirkungen nicht. Schließlich steht mit der Voraussetzung eines Sonderopfers ein Begrenzungs- und Differenzierungskriterium zur Verfügung.

Andererseits ist sogleich einzugestehen, daß die alleinige Haftung der in den Genossenschaften zusammengeschlossenen Industrie für die Folgen des Waldsterbens nicht vertretbar ist[206]. Gleiches gilt für die Schäden infolge der Eutrophierung der Meere. Eine Verpflichtung der Genossenschaften zum Ersatz von Drittschäden brächte hier also keine Lösung. Diese kann nur im Wege der Einbeziehung aller Emissionsquellen, insbesondere auch der Privathaushalte, in ein System staatlicher Umweltabgaben angestrebt werden[207]. In diesem Rahmen wäre dann auch das Problem der Drittschäden zu lösen. Die Ansiedlung des Problems auf einer höheren Entscheidungsebene als der des Haftungsrechts entspricht zudem der Charakterisitik der beschriebenen Schäden. Im Verhältnis der Fremdenverkehrswirtschaft zu den übrigen Teilen der Gesellschaft geht es um die Konkurrenz der wirtschaftlichen Nutzung eines Umweltgutes mit allen übrigen Nutzungen[208]. Gegeneinander stehen die touristisch-gewerbliche Ausbeutung eines Naturgutes und seine Nutzung zur Entsorgung von Fäkalien und Koppelprodukten der Warenherstellung. Ob dieser Nutzungskonflikt durch Haftungsrecht sinnvoll gelöst werden kann, erscheint doch sehr fraglich. Eine politische Entscheidung wäre hier wohl angebracht[209]. Auch ein verfassungsrechtliches Gebot zur Einbeziehung von Drittschäden besteht nicht. Im Gegenteil hat sich das BVerfG stets gegen die Einbeziehung von Chancen und Gewinnerwartungen in den verfassungsrechtlichen Eigentumsbegriff verwahrt[210].

---

205 *Deutsch*, Haftungsrecht, S. 20; *Larenz*, SR BT, § 72 III b, S. 633; MK-*Mertens*, § 823 Rn. 469.

206 Vgl. oben, E IV 1 b.

207 Vgl. dazu unten, E XI.

208 Rat von Sachverständigen für Umweltfragen, Umweltgutachten 1978, BT-Drucks. VIII/1938, Tz. 1763; *Siebert*, Ökonomische Theorie der Umwelt, S. 10 ff. (18 f.).

209 Vgl. die ähnliche Argumentation des BGH im Waldschadensfall, BGHZ 105, 350 (362 f.). Die Notwendigkeit der Festsetzung von Umweltqualitätszielen, die den Umfang der zu internalisierenden externen Effekte vorgeben, durch die Politik betont auch die Umweltökonomie: Rat von Sachverständigen für Umweltfragen, Umweltgutachten 1978, BT-Drucks. VIII/1938, Tz. 1772; *Siebert*, Ökonomische Theorie der Umwelt, S. 76 f.

210 BVerfGE 51, 193 (221 f.); 58, 300 (353); 74, 129 (148).

Nach allem wäre ein System genossenschaftlicher Umwelthaftung zur Bewältigung des Problems der Vermögensschäden Drittbetroffener tatsächlich außerstande und rechtlich ungeeignet. Auch sämtliche geltenden Haftungssysteme nehmen Drittschäden von der Entschädigungspflicht aus. Von dieser Entscheidung allein im Bereich des Umwelthaftungsrechts abzuweichen, ist nicht sinnvoll.

c) Personenschäden

aa) Einbeziehung von Personenschäden

Die Einbeziehung des menschlichen Lebens in den Schutzbereich genossenschaftlicher Umwelthaftung steht im Hinblick auf Art. 2 Abs. 2 GG außer Frage. Aber auch Gesundheitsschäden sind ein ernstes soziales Problem. Sie unentschädigt zu lassen, wäre unvertretbar. Diese Sachlage hat zur Einführung der gesetzlichen Krankenversicherung geführt. Die ärztliche Betreuung eines Kranken durch die Krankenkassen ist gemäß §§ 11 Abs. 1 Nr. 4, 27 Abs. 1 SGB V gewährleistet, ohne daß es auf die Krankheitsursache ankommt[211]. Auch umweltbedingte Gesundheitsschäden werden also erfaßt. Der Schadensausgleichszweck scheint die Einbeziehung von Gesundheitsschäden in den Kreis der von Genossenschaften auszugleichenden Einbußen daher nicht zu erfordern[212]. Eine Schutzlücke besteht jedoch in Fällen andauernder krankheitsbedingter Berufsunfähigkeit. Die Krankenkassen sind gemäß § 48 Abs. 1 SGB V nur für die Dauer von 78 Wochen zur Zahlung von Krankengeld verpflichtet und die Rentenversicherung bietet oft keinen befriedigenden Ausgleich. Anders als in Japan, wo Umweltschäden, die zur Berufsunfähigkeit der Opfer geführt haben, eine große Rolle spielen[213], besteht in Deutschland bisher kein entsprechender Problemdruck. Eine theoretische Schutzlücke besteht jedenfalls. Praktisch stehen jedoch die Kosten der Krankenversorgung und die Steuerungsfunktion der Umwelthaftung im Vordergrund.

Wie sogleich noch zu zeigen sein wird, ist es sinnvoll, der Krankenversicherung auch bei Einbeziehung der Personenschäden in die Ausgleichspflicht der Genossenschaften die Zuständigkeit für die tatsächliche Durchführung der ärztlichen Versorgung und Betreuung des Kranken zu überlassen. Dann stellt sich nur noch die Regreßfrage. In der Diskussion um die Reform des Verkehrsunfallrechts ist gefordert worden, die Ansprüche der Krankenversicherung gegen die privaten Haftpflichtversicherer von Kraftfahrzeugen auf Ersatz der Kosten der Heilung von Verkehrsunfallopfern abzuschaffen[214]. Der Rückgriff gegen die Haftpflicht-

---

211 BSGE 13, 240 (241); *Bley*, Sozialrecht, S. 184; *Nicolay / Knieps*, SRH, 14, Rn. 54.

212 So: *Rehbinder*, NuR 1989, S. 149 (151).

213 Zu den spektakulären japanischen Umweltproblemen vgl.: *Tsuru / Weidner*, Ein Modell für uns, S. 22 ff.

214 *Weyers*, Unfallschäden, S. 652 ff.; unentschlossen, aber skeptisch *Kötz*, Sozialer Wandel, S. 48. Vgl. auch *Brüggemeier*, Deliktsrecht, Rn. 62 ff. m. w. N.

versicherer verteile Kosten zwischen zwei Kollektiven um, die ganz ähnlich zusammengesetzt seien. Wirtschaftlich habe der Regreß keine Bedeutung. Die bei der Prüfung jedes Einzelfalls anfallenden hohen Verwaltungskosten seien nicht gerechtfertigt[215]. Empirische Zahlen scheinen dies zu bestätigen; die Regreßeinnahmen der gewerblichen Berufsgenossenschaften, die sich wegen §§ 636, 637 RVO praktisch nur auf Wegeunfälle beziehen und deshalb mit denjenigen der Krankenkassen vergleichbar sind, machten 1987 3,5 % der Umlage aus[216].

Aus der geringen wirtschaftlichen Bedeutung der Regreßeinnahmen der Sozialversicherer de lege lata darf aber kein Schluß auf die wirtschaftliche Bedeutung eines de lege ferenda in Frage stehenden Rückgriffs der Krankenkassen gegen die für eine erweiterte Umwelthaftung zuständigen Genossenschaften gezogen werden. Im Unterschied zu Verkehrsunfällen steht den Krankenkassen bei Umweltkrankheiten das für die Anspruchsbegründung entscheidende Tatsachenmaterial unmittelbar zur Verfügung. Durch epidemiologische Auswertung der von ihnen zu betreuenden Krankheitsfälle wird die Identifikation eines Leidens als umweltbedingt erst möglich sein. Würden den Krankenkassen keine Regreßansprüche eingeräumt, bestünde keinerlei Anreiz zu einer intensiveren Umweltschadensforschung. Diese wäre im Interesse eines wirksamen Gesundheits- und Umweltschutzes aber geboten[217]. Die Präventionsfunktion der Umwelthaftung würde im Falle eines Ausschlusses von Gesundheitsschäden aus dem Leistungskatalog vor allem dadurch beeinträchtigt, daß die Kosten umweltbedingter Krankheiten den Krankenkassen aufgebürdet würden und so für die Verursacher keinerlei Anreize zur Schadensvermeidung bestünden. Eine Internalisierung der Kosten umweltbedingter Gesundheitsschäden bei den Krankenkassen ist schließlich auch wirtschaftspolitisch falsch. Zwar werden auch die Krankenkassen gemäß § 249 Abs. 1 SGB V zur Hälfte von der Wirtschaft finanziert, die Beitragshöhe ist gemäß § 226 Abs. 1 SGB V aber ausschließlich von der Höhe des Arbeitsentgelts abhängig. Eine Steuerung umweltbezogener Aktivitäten wäre nur möglich, wenn die Beiträge von dem Ausmaß der Umweltbelastung abhängig gemacht würden. Eine Steuerung der Umweltbelastung durch die Beiträge zur Krankenversicherung findet also nicht statt. Die Präventions- und die Allokationsfunktion der Umwelthaftung sprechen deshalb für einen Regreß der Krankenversicherer und damit für die Einbeziehung von Gesundheitsschäden in den Kreis der von den Genossenschaften auszugleichenden Einbußen.

Prohibitiv hohe Transaktionskosten sind dabei nicht zu befürchten. Eine kostenintensive Einzelfallprüfung und -abwicklung wird schon de lege lata durch sog.

---

215 *Weyers*, Unfallschäden, S. 653.

216 Hauptverband der gewerblichen Berufsgenossenschaften e. V., Übersicht über die Geschäfts- und Rechnungsergebnisse der gewerblichen Berufsgenossenschaften im Jahre 1987, S. 64, 69. Die Regreßerlöse der gesetzlichen Krankenversicherer sollen nach *Brüggemeier*, Deliktsrecht, Rn. 62, 1970 nur 0,62 % ihrer Einnahmen ausgemacht haben.

217 Rat von Sachverständigen für Umweltfragen, Umweltgutachten 1987, BT-Drucks. XI/1568, Tz. 1654.

Teilungsabkommen zwischen Sozial- und Haftpflichtversicherern vermieden[218]. Nach diesen wird ohne Prüfung der Haftpflichtfrage im Einzelfall ein bestimmter, um 50 % herum liegender Anteil der durch einen Schaden verursachten Aufwendungen der Krankenkassen von den Haftpflichtversicherungen ersetzt. Vorausgesetzt wird nur, daß der Schadensfall mit dem vom Regreßschuldner zu verantwortenden Gefahrenbereich abstrakt in einem ursächlichen Zusammenhang steht[219]. Weiter muß der Sozialversicherungsträger den Umfang seiner Aufwendungen angeben, wobei aber Pauschalierungen möglich sind[220]. Grundlage der Teilungsabkommen sind empirische Daten über die Durchschnittsverpflichtung des Regreßschuldners[221]. Diese Praxis bewirkt nicht nur die Abwicklung des Regresses zu vertretbaren Transaktionskosten, sondern ist auch zur Verwertung epidemiologischer Untersuchungen geeignet. Diese Vorteile von Teilungsabkommen haben offenbar den Gesetzgeber bewogen, den Regreß der Krankenkassen gegen die Träger der Unfallversicherung in Art. 63 GRG neu zu regeln[222]. Dessen Abs. 2 Nr. 1 ermächtigt die Beteiligten ausdrücklich zum Abschluß von Teilungsabkommen. Noch weitergehend begründet Abs. 2 Nr. 2 die Befugnis zur Vereinbarung einer Gesamtpauschale für ein oder zwei Jahre. Gegen eine derartige Abwicklung des Regresses kann sicher nicht mehr der Kosteneinwand erhoben werden[223].

Im Ergebnis ist also die menschliche Gesundheit in den Kreis der durch den Tatbestand genossenschaftlicher Umwelthaftung geschützten Rechtsgüter einzubeziehen.

bb) Übernahme des Listenprinzips

Fraglich ist noch, ob das aus der Unfallversicherung bekannte Listenprinzip übernommen werden sollte[224]. Danach wäre durch Rechtsverordnung eine Liste umweltbedingter Krankheiten zu erstellen. Die Geltendmachung eines Entschädigungsanspruchs setzte voraus, daß der Geschädigte an einer Listenerkrankung leidet.

Der Hauptvorteil der Liste ist die Erleichterung des Kausalitätsnachweises. Zwar macht das Vorliegen einer Listenerkrankung den Nachweis des Kausalzusammenhangs im Einzelfall nicht überflüssig. Bei Krankheiten steht jedoch häufig ihre Umweltbedingtheit überhaupt in Frage. Ein Beispiel für eine derartige Diskussion ist der Streit um die Ursachen des Krupp-Syndroms[225]. Eine gutachterli-

[218] Vgl. dazu: *Brüggemeier*, Deliktsrecht, Rn. 61; *von Hippel*, ZRP 1972, S. 49 ff.; *Weyers*, Unfallschäden, S. 139 ff.; *Wussow*, Teilungsabkommen.

[219] *Weyers*, Unfallschäden, S. 144; *Wussow*, Teilungsabkommen, S. 74.

[220] *Wussow*, Teilungsabkommen, S. 87.

[221] *Brüggemeier*, Deliktsrecht, Rn. 61; *Weyers*, Unfallschäden, S. 139.

[222] Vgl. dazu oben, D II 3 a aa bbb.

[223] Vgl. im einzelnen sogleich unten, 4 b aa.

[224] Vgl. dazu oben, D II 1 a.

[225] Vgl. etwa FAZ vom 26. 6. 1984, vom 14. 11. 1984, vom 11. 6. 1986 und vom 19. 12. 1986.

che Auseinandersetzung um die Verursachung der Krankheit durch Luftschadstoffe würde ohne eine Liste in jedem Einzelprozeß neu entfacht. Die Folgen wären eine uneinheitliche Entschädigungspraxis und die Verschwendung von Ressourcen für die Abwicklung eines Schadens. Eine Vorklärung der Frage der generellen Umweltbedingtheit einer bestimmten Krankheit durch den Verordnungsgeber ist deshalb sinnvoll. Dieser kann bei der Entscheidung über die Aufnahme einer Krankheit in die Liste auch durch epidemiologische Untersuchungen angesammelten Indizien die Stärke eines Beweises geben, die ihnen im Prozeß nicht zukommen würde[226]. Gleichwohl ist die Epidemiologie eine wichtige Hilfe bei der Aufklärung der Ursachen von Krankheiten[227]. Der Ausbau der epidemiologischen Forschung wird vom Rat von Sachverständigen für Umweltfragen dringend empfohlen[228]. Auch ein kollektives Haftungssystem für Umweltschäden sollte dazu einen Beitrag leisten und sich gleichzeitig epidemiologische Erkenntnisse zunutze machen[229]. Der Nachweis der Kausalität im Einzelfall wird damit erleichtert.

Eine Schlechterstellung des Geschädigten durch die Übernahme des Listenprinzips ist dagegen zu verhindern. Die drohende Ausgrenzung neuartiger Krankheiten könnte etwa durch eine Auffangklausel nach Art des § 551 Abs. 2 RVO verhindert werden. Diese Vorschrift macht indessen die Anerkennung eines nicht in der BKVO aufgeführten Leidens von der Voraussetzung abhängig, daß die Krankheit erst nach der letzten Novellierung der BKVO von der medinzinischen Wissenschaft als arbeitsbedingt erkannt worden ist[230]. Die Krankheitsartenliste der BKVO erhebt damit also grundsätzlich den Anspruch auf Vollständigkeit in bezug auf die als arbeitsbedingt erkannten Krankheitsarten.

In dem schwierigen und in weiten Bereichen noch unerforschten Gebiet der Umweltkrankheiten könnte eine Krankheitsartenliste einen Vollständigkeitsanspruch sicher nicht erheben, wenn die Ausgrenzung einer großen Zahl umweltbedingter Krankheiten vermieden werden soll. Das Listenprinzip sollte also nur modifiziert in ein System genossenschaftlicher Umwelthaftung übernommen werden. Sinnvoll ist eine Liste, die die bereits gesicherten Erkenntnisse der Umweltmedizin zusammenfaßt und damit dem Streit im Einzelfall entzieht sowie auf unabsehbare Zeit umstrittene Fragen verbindlich klärt. Ein Anspruch auf Vollständigkeit sollte hingegen nicht erhoben werden. Dementsprechend ist die Entschädigung nicht in der Liste enthaltener Erkrankungen unbeschränkt zuzulassen.

---

226 Rat von Sachverständigen für Umweltfragen, Umweltgutachten 1987, BT-Drucks. XI/1568, Tz. 1646.

227 Rat von Sachverständigen für Umweltfragen, Umweltgutachten 1987, BT-Drucks. XI/1568, Tz. 1652.

228 Umweltgutachten 1987, BT-Drucks. XI/1568, Tz. 1652.

229 Genauso: *Krasney*, System der Sozialversicherung, in: Nicklisch, Prävention, S. 233 (244 f.).

230 Vgl. oben, D II 1 a.

d) Ökologische Schäden

Zu erörtern bleibt schließlich die Einbeziehung des Naturhaushalts in den Kreis der geschützten Rechtsgüter bzw. die Pflicht der Genossenschaften zum Ausgleich sog. ökologischer Schäden. Der AE-BMU sieht in seinem § 9 Abs. 1 einen Ersatzanspruch des Grundeigentümers für Aufwendungen zum Ausgleich verwaltungsrechtswidrig verursachter Beeinträchtigungen des Naturhaushalts vor. Gemäß § 9 Abs. 2 AE-BMU steht der gleiche Anspruch auch Grundstücksbesitzern sowie anerkannten Naturschutzverbänden und Naturschutzbehörden zu, wenn der Eigentümer zugestimmt hat oder eine Duldungspflicht besteht. Fraglich ist, ob der Umfang der Haftung der Genossenschaften auch in diese Richtung ausgedehnt werden sollte.

Die Präventions- und Allokationsfunktion der Haftung sprechen für eine Ersatzpflicht auch solcher Schäden, die nicht zu einem Vermögensschaden an Privateigentum führen[231]. Die Monetarisierung der am Naturhaushalt entstandenen Schäden und die Überwälzung dieser Kosten auf den Verursacher schaffen zusätzliche Anreize zu umweltschonendem Verhalten und begünstigen die Bildung volkswirtschaftlich richtiger Preise. Allerdings wird schon durch die Einbeziehung des Eigentums in den Schutzbereich genossenschaftlicher Umwelthaftung ein Großteil der Beeinträchtigungen des Naturhaushalts schadensrechtlich erfaßt[232]. Dies gilt etwa für die Beschädigung von Bäumen und sonstigen Pflanzen sowie für die Tötung wilder, jagdbarer Tiere. Wirkliche Haftungslücken bestehen nur in bezug auf wilde, nicht dem Jagdrecht unterliegende Tierarten, die Meere und die Wiederherstellung ganzer Ökosysteme[233].

Ob sich der eben beschriebene rechtstechnische Aufwand angesichts des auf dem Spiel stehenden Schadensumfangs lohnt, ist fraglich. So bezifferte etwa das Land Hessen den infolge des Sandoz-Unfalls entstandenen ökologischen Schaden des Rheins auf 1,2 Millionen DM, obwohl praktisch der gesamte Bestand an Fischen und Kleinlebewesen vernichtet wurde[234]. Weiterhin sind viele Schädigungen von Ökosystemen schadensrechtlich überhaupt nicht zu erfassen, weil sie durch den Menschen nicht wieder gutzumachen sind. Die beim Sandoz-Unfall getöteten Kleinlebewesen des Rheins etwa können künstlich nicht wieder angesiedelt werden, Biologen hoffen auf Zuwanderungen aus den Nebenflüssen[235]. Schließlich spricht gegen die Einbeziehung ökologischer Schäden in den Schutzbereich genossenschaftlicher Umwelthaftung, daß sich die Zerstörung öffentlicher Güter, wie ganzer Ökosysteme oder der Meere, einer individuellen Zurechnung in der Regel entzieht. Die umwelt- und wirtschaftspolitischen Steuerungswirkun-

---

231 Vgl. bereits oben, V 2 a.

232 Vgl. zum folgenden ausführlich *Rehbinder*, NuR 1988, S. 105 (107 f.).

233 *Rehbinder*, NuR 1988, S. 105 (107 ff.).

234 *Ladeur*, NJW 1987, S. 1236.

235 *Ladeur*, NJW 1987, S. 1236 (1239).

gen, die eine Ausdehnung der Ersatzpflicht auf ökologische Schäden verspricht, sind dann relativ gering; eine haftungsrechtliche Lösung des Problems der ökologischen Schäden aber sehr aufwendig.

Das Genossenschaftsmodell wäre imstande, die aufgezeigten Schwierigkeiten erheblich zu mildern. Die Probleme bei der Zurechnung von Ökoschäden würden durch die Einstandspflicht der Emittentenkollektive wesentlich erleichtert. Auf der Leistungsseite eröffnet das Genossenschaftsmodell interessante Möglichkeiten zur Senkung des rechtstechnischen Aufwands und zur Steigerung der Effektivität der Ausgleichsregelung. Denkbar wäre etwa die Naturalrestitution zerstörter Ökosysteme durch die regionalen Entschädigungsstellen der Genossenschaften[236]. Diese könnten dann selbst entscheiden, ob sie mit der Wiederherstellung des Naturhaushalts einzelne Unternehmen besonders beauftragen wollen, oder ob eine Ausgleichung ökologischer Schäden durch eigene Mitarbeiter effizienter ist[237]. Eine Zusammenarbeit mit den Naturschutzbehörden bietet sich dabei an. Nach allem sollte also erwogen werden, ökologische Schäden in den Schutzbereich genossenschaftlicher Umwelthaftung einzubeziehen und den Schadensausgleich der Initiative der Mitglieder zu überlassen.

e) Ergebnis

Aus den vorstehenden Ausführungen ergibt sich von selbst die Entscheidung für eine haftungsrechtliche Generalklausel und gegen die Enumeration von Rechtsgütern.

4. Der Haftungsumfang

Nach der Festlegung des Kreises der geschützten Rechtsgüter ist nunmehr der Umfang der zu leistenden Entschädigung zu bestimmen. Dabei ist wiederum zwischen Personen- und Vermögensschäden zu differenzieren.

a) Unmittelbare Vermögensschäden

In der weit überwiegenden Mehrzahl der Fälle tritt ein unmittelbarer Vermögensschaden durch die Beeinträchtigung von Sachen ein. Das geltende Recht kennt zwei verschiedene Entschädigungsmaßstäbe zum Ausgleich von Nachteilen am Rechtsgut Eigentum. Im Enteignungsrecht gilt aufgrund von Art. 14 Abs. 3 S. 3 GG das Gebot der Entschädigung unter gerechter Abwägung der beteiligten

---

236 Zu diesen vgl. oben, unter E II 3.

237 Zu den, größtenteils in Eigeninitiative geschaffenen, Einrichtungen der Berufsgenossenschaften zur Verhütung von Arbeitsunfällen vgl. oben, unter D II 8.

Interessen. Darüber hinaus gilt dieser Maßstab für enteignungsgleiche und enteignende Eingriffe[238]. Die Rechtsprechung des BGH gewährt eine nach Enteignungsgrundsätzen bemessene Entschädigung auch bei unzumutbarer Beeinträchtigung eines Grundstücks aufgrund von § 906 Abs. 2 S. 2 BGB[239]. Die Anknüpfung des Entschädigungsumfangs bei Sachschäden an diesen Maßstab liegt wegen der Übernahme des Sonderopferkriteriums nahe. Zwingend ist die Beschränkung des Schadensersatzes auf eine Billigkeitsentschädigung indessen nicht. Die herrschende Lehre begreift § 906 Abs. 2 S. 2 BGB als echten Schadensersatzanspruch, der auf vollen Ausgleich der erlittenen Einbußen nach Maßgabe der §§ 249 ff. BGB gerichtet sei[240]. Der Aufopferungsanspruch aus § 14 S. 2 BImSchG gewährt schon seinem Wortlaut nach echten Schadensersatz. Dementsprechend bestimmt die allgemeine Meinung den Anspruchsumfang anhand der §§ 249 ff. BGB[241].

Die beiden Ersatzmaßstäbe, Entschädigung und voller Schadensersatz, führen zu unterschiedlichen Haftungssummen. Die Schadensberechnung nach §§ 249 ff. BGB erfolgt konkret, anhand jedes Einzelfalls[242]. Maßgebend ist die sog. Differenzhypothese. Nach dieser besteht der Schaden in der Differenz zwischen dem tatsächlichen Zustand des Vermögens des Geschädigten und dem hypothetischen Zustand, der bestünde, wenn das Schadensereignis ausgeblieben wäre[243]. Primär geht der Schadensersatzanspruch deshalb auf tatsächliche Herbeiführung des hypothetischen Zustands, also auf Naturalrestitution nach § 249 BGB. Erst wenn diese unmöglich oder unverhältnismäßig ist, beschränkt § 251 BGB den Anspruch auf Wertersatz. In den Grenzen der Adäquanz und des Schutzbereichs der Norm sind weiter alle Folgeschäden zu ersetzen, zu denen § 252 BGB auch den entgangenen Gewinn zählt[244]. Diese Erweiterung kann vor allem bei gewerblich genutzten Sachen praktisch werden[245].

Demgegenüber führt die Schadensbemessung nach Enteignungsgrundsätzen nur zu einem beschränktem Ersatz. Es kommt nicht auf die hypothetische Entwicklung des Vermögens des Geschädigten, sondern allein auf den eingetretenen Substanzverlust an[246]. Bei vorübergehenden Beeinträchtigungen ist dementspre-

---

238 *Ossenbühl*, Staatshaftungsrecht, S. 138 ff.

239 BGHZ 49, 148 (155); 62, 361 (370 f.); 85, 375 (386). Zustimmend: *Hager*, NJW 1986, S. 1961 (1964); *Staudinger-Roth*, § 906 Rn. 226.

240 *Jauernig-Jauernig*, § 906 Anm. 3 b cc; *ders.*, JZ 1986, S. 605 (610 ff.); MK-*Säcker*, § 906 Rn. 118; *Palandt-Bassenge*, § 906 Anm. 4 f.; *Soergel-Baur*, § 906 Rn. 73.

241 OLG Frankfurt / Main, VersR 1983, 41; *Feldhaus*, BImSchG, § 14 Anm. 11; *Palandt-Bassenge*, § 906 Anm. 5 a bb; RGRK-*Augustin*, § 906 Rn. 61; *Staudinger-Roth*, § 906 Rn. 237; *Ule / Laubinger*, BImSchG, § 14 Anm. 9.

242 Vgl. zum folgenden: *Larenz*, SR AT, § 28, S. 466 ff.; *Medicus*, SR AT, §§ 52 ff., S. 249 ff.

243 *Soergel-Mertens*, Vor § 249 Rn. 41; *Staudinger-Medicus*, § 249 Rn. 4.

244 *Larenz*, SR AT, § 29 II b, S. 491 f.

245 *Medicus*, SR AT, § 55 VI 1, S. 277.

chend die Ertragsminderung durch eine Rente auszugleichen[247]. Bei dauernden Schäden ist die durch die Beeinträchtigung bewirkte Wertminderung zu ersetzen[248]. Zweck der Entschädigung ist es, dem Geschädigten die Wiederbeschaffung eines gleichwertigen Objekts zu ermöglichen[249]. Entgangener Gewinn wird dementsprechend nicht ersetzt[250]. Die Berücksichtigung unmittelbarer Folgeschäden ist jedoch in engen Grenzen möglich[251].

Für die Schadensberechnung anhand der §§ 249 ff. BGB spricht der Ausgleichsgedanke. Eine konkrete, am Einzelfall orientierte und alle Verletzungsfolgen erfassende Bestimmung des Haftungsumfangs ist immer gerechter als jede Art der Pauschalierung[252]. Dieser Vorteil wird erkauft mit einem hohen Aufwand an Transaktionskosten[253]. Schon der Versuch der Naturalrestitution kann hohe Kosten verursachen, wenn zunächst die Möglichkeit einer Reparatur abgeschätzt werden muß, und diese sodann, u.U. vergeblich, durchgeführt wird[254]. In der KFZ-Versicherung hat dies zu einem umfangreichen und kostenintensiven Gutachterwesen geführt. Die Ineffizienz dieses Systems ergibt sich aber nicht nur aus einem überhöhten Abwicklungsaufwand. Vielmehr führt die Rechtsprechung zu § 249 S. 2 BGB, nach der der Geschädigte die Reparaturkosten selbst dann verlangen kann, wenn er die beschädigte Sache tatsächlich gar nicht reparieren läßt[255], regelmäßig zu überhöhten Ersatzleistungen und zur Bereicherung des Geschädigten[256]. Nur unter hohen Kosten zu bewerkstelligen wäre auch der Ausgleich entgangenen Gewinns bzw. des Verdienstausfalls in Fällen, in denen die beschädigte oder zerstörte Sache die Existenzgrundlage des Geschädigten war. Die dann notwendige laufende Anpassung der Rente an die geänderten wirtschaftlichen Verhältnisse wäre sehr aufwendig[257]. Gegen den Ersatz entgan-

---

246 BGHZ 62, 361 (371); *Ossenbühl*, Staatshaftungsrecht, S. 140; *Papier*, Staatshaftung, in: Handbuch des Staatsrechts, Bd.VI, Rn. 62; RGRK-Kreft, Vor § 839 Rn. 85; *Staudinger-Roth*, § 906 Rn. 227.

247 RGRK-*Kreft*, Vor § 839 Rn. 117; *Staudinger-Roth*, § 906 Rn. 227.

248 *Ossenbühl*, Staatshaftungsrecht, S. 138 ff.; *Papier*, Staatshaftung, in: Handbuch des Staatsrecht, Bd.VI, Rn. 62; RGRK-*Kreft*, Vor § 839 Rn. 84 f.; *Staudinger-Roth*, § 906 Rn. 227.

249 *Ossenbühl*, Staatshaftungsrecht, S. 138.

250 *Papier*, Staatshaftung, in: Handbuch des Staatsrechts, Bd.VI, Rn. 62; RGRK-*Kreft*, Vor § 839 Rn. 116.

251 RGRK-*Kreft*, Vor § 839 Rn. 124 ff.; weitergehend *Staudinger-Roth*, § 906 Rn. 227.

252 *Bogs*, Sozialversicherung, S. 467 f.

253 Vgl. oben, D II 3 b.

254 *Medicus*, SR AT, § 55 IV 2 c, S. 272 f.

255 BGHZ 63, 182 (184); 66, 239 (241); NJW 1985, 2469 f.

256 Vgl. nur *Adams*, Ökonomische Analyse der Gefährdungs- und Verschuldenshaftung, S. 213 ff., der allerdings auch das geltende Privatversicherungsrecht verantwortlich macht.

257 Diese Argumentation deckt sich mit den Gründen für die Beibehaltung des abstrakten Schadensausgleichs bei Personenschäden. Vgl. dazu sogleich unten, unter b cc.

genen Gewinns spricht weiter, daß eine Entschädigungsregelung den Betroffenen nicht zu einem dauernden Rentenempfänger machen, sondern ihn in die Lage versetzen sollte, mit dem Ausgleichsbetrag eine neue wirtschaftliche Existenz aufzubauen. Haftungsrecht sollte auch dem Opfer Anreize zur Minimierung der Folgekosten vermitteln[258].

Die Beschränkung des von einer Genossenschaft zu erbringenden Schadensersatzes auf den eingetretenen Verkehrswertverlust erscheint daher sachgerecht. Der Entschädigungsumfang ließe sich so leicht berechnen und der Schaden wäre in seinem Kern ausgeglichen. Grobe Ungerechtigkeiten wären nicht zu erwarten, weil der Maßstab der Enteignungsentschädigung für Erweiterungen in Richtung auf eine umfassende Entschädigung offen ist[259].

b) Personenschäden

Anders als bei Verletzungen des Rechtsguts Eigentum bestehen nach geltendem Recht Entschädigungspflichten der Berufsgenossenschaften beim Eintritt eines Personenschadens. Zu prüfen ist daher, inwieweit unfallversicherungsrechtliche Grundsätze in ein kollektives Umwelthaftungsrecht übernommen werden könnten. Bei den Personenschäden ist zwischen fünf Schadenskategorien zu differenzieren: Heilungskosten, Verdienstausfall, Rentenleistungen bei Erwerbsunfähigkeit, Schmerzensgeld und schließlich Leistungen im Falle des Todes eines Menschen.

aa) Heilungskosten

Wie oben bereits angedeutet, kommt die Einrichtung eines umfassenden genossenschaftseigenen Heilbehandlungssystems aus Kostengründen nicht in Frage. Die Begründungsbedürftigkeit dieses Vorschlags ergibt sich vor allem daraus, daß der Gesetzgeber soeben im Wege des GRG vom 20. 12. 1988 mit Wirkung vom 1. 1. 1991 die alleinige Zuständigkeit der Unfallversicherung für die Heilbehandlung arbeitsbedingt Kranker angeordnet hat[260]. In Zukunft werden die Unfallversicherungsträger also selbst zur Gewährleistung einer umfassenden Krankenversorgung verpflichtet sein. Wie bisher im eher als Ausnahmefall geltenden berufsgenossenschaftlichen Heilverfahren, werden sie diese Aufgabe durch die Unterhaltung genossenschaftseigener Spezialkliniken, durch Verträge mit Krankenhäusern und Fachärzten sowie Durchgangsärzten, denen die tatsächliche Durchführung der Heilbehandlung obliegt, wahrnehmen[261]. Die Genossenschaf-

---

258 *Adams*, Ökonomische Analyse der Gefährdungs- und Verschuldenshaftung, S. 201 f.

259 *Staudinger-Roth*, § 906 Rn. 227.

260 Vgl. Art. 5 Nr. 20, 79 Abs. 4 GRG, im übrigen oben, D II 3 a aa bbb.

261 Vgl. oben, D II 3 a aa aaa.

ten sind zur Gewährleistung der Krankenversorgung also imstande. Ihre Verpflichtung zur Bereitstellung der erforderlichen Krankenversorgung auch bei umweltbedingten Krankheiten hätte den Vorteil, die Risikobereiche von Krankenversicherung und genossenschaftlicher Umwelthaftung klar zu trennen sowie eine Regreßregelung überflüssig zu machen. Dementsprechend ist in der Diskussion um die Einführung einer allgemeinen Volksversicherung gegen die Folgen von Verkehrsunfällen die gegenüber den Krankenkassen vorrangige und alleinige Leistungspflicht dieser Verkehrsunfallversicherung befürwortet worden[262].

Bedenken bestehen aber hinsichtlich der Praktikabilität einer solchen, scheinbar glatten, Lösung. Ihr Funktionieren setzt vor allem voraus, daß deutlich erkennbar ist, ob sich das eine oder das andere Risiko verwirklicht hat[263]. Diese Möglichkeit mag im Verhältnis der Zuständigkeiten von Kranken- und Unfallversicherung bestehen. Wenn es in einem Betrieb während der Arbeitszeit zu einem Gesundheitsschaden kommt, wird in aller Regel auch ein Arbeitsunfall vorliegen. Bei Berufskrankheiten besteht wegen des Rechts auf Zahlung von Verletztenrente für den Geschädigten ein Anreiz, die Anerkennung einer Erkrankung als Berufskrankheit zu erreichen und sich selbst an die Unfallversicherungsträger zu wenden. Trotz dieser günstigen Bedingungen wird es in Zukunft noch oft zu Leistungen der Krankenkassen in Fällen arbeitsbedingter Leiden kommen. Das Vorliegen eines Arbeitsunfalls etwa mag wegen Trunkenheit des Verletzten zweifelhaft sein. Bis zum Abschluß des Anerkennungsverfahrens wäre die Heilbehandlung dann von den Krankenkassen zu gewährleisten. In noch viel größerem Maße wird das auf Berufskrankheiten zutreffen. Den Krankenkassen bleiben dann Erstattungsansprüche gegen die Träger der Unfallversicherung aus § 105 SGB X[264]. So glatt, wie der durch das GRG bewirkte Schnitt zwischen Unfall- und Krankenversicherung scheinbar ist, ist er bei näherem Zusehen also nicht.

Entscheidend für die alleinige Zuständigkeit der Krankenkassen zur Durchführung der Heilbehandlung derjenigen, die an umweltbedingten Krankheiten leiden, spricht die mangelnde Erkennbarkeit des Vorliegens eines solchen Leidens. Arbeitsunfälle sind allein wegen des Unfallortes in der Regel leicht identifizierbar. Meistens wird der Verletzte an einen Durchgangsarzt verwiesen werden. Sogar wenn die Anerkennung eines Unfalls als Arbeitsunfall strittig ist, so ist doch stets bekannt, daß die Leistungspflicht eines Unfallversicherungsträgers in Betracht kommt. Ähnliches gilt für Berufskrankheiten. Für umweltbedingte Krankheiten trifft all dies nicht zu. Atemwegserkrankungen etwa können auch durch zahlreiche nicht umweltbezogene Ursachen hervorgerufen werden. Eine Eingrenzung auf die in Betracht kommenden Fälle ergibt sich natürlich auch nicht aus dem Ort des Krankheitsausbruchs. Die Verpflichtung der Genossenschaften zur Durchführung der Behandlung umweltbedingter Erkrankungen in Eigenregie

---

262 *Von Hippel,* Schadensausgleich, S. 91.

263 *Schäfer,* Soziale Schäden, S. 180 f.

264 Vgl. dazu *Bley,* Sozialrecht, S. 92 f.

würde praktisch bedeuten, daß jeder Kassenarzt, an den ein Erkrankter sich zunächst wendet, nicht behandeln dürfte, sondern zunächst nach den Ursachen der Krankheit zu forschen hätte. Würden sich Anhaltspunkte für die Umweltbedingtheit der Erkrankung ergeben, hätte er den Patienten an einen Vertragsarzt der Genossenschaften zu überweisen. Ein derartiges Verfahren wäre weder gegenüber der Gesundheit der Versicherten noch im Interesse von Umweltvorsorge und Allokationseffizienz vertretbar. De facto käme es wohl doch zur Durchführung der Heilbehandlung durch die Krankenkassen, denen zur Liquidation ihrer Aufwendungen bei den Genossenschaften dann nur ein kaum praktikabler Regreßanspruch aus § 105 Abs. 1 SGB X zur Verfügung stände.

Die tatsächliche Zuständigkeit für die Heilbehandlung sollte also bei den Krankenkassen verbleiben. Ob in der gegenwärtigen Situation die separate fachärztliche und stationäre Behandlung von Umweltkranken in genossenschaftseigenen Einrichtungen therapeutische Vorteile und Kosteneinsparungen verspricht, ist kaum zu beurteilen. Nichts spricht indessen dagegen, den Genossenschaften nach dem Vorbild des noch bis zum 1. 1. 1991 geltenden § 565 Abs. 2 RVO die Befugnis zur Behandlung umweltbedingter Krankheiten in Eigenregie einzuräumen. Das Eigeninteresse der Genossenschaften an der Minimierung der Folgekosten von Krankheiten könnte die Entwicklung einer auf Umweltkrankheiten spezialisierten Medizin fördern.

Bei der Mehrzahl der Fälle wird es indessen bei der kassenärztlichen Betreuung bleiben. In Frage steht dann nur noch der Regreß der Krankenversicherungsträger, dessen grundsätzliche Notwendigkeit soeben schon begründet wurde. Hier soll es deshalb nur noch um den Umfang des Rückgriffsanspruchs gehen. Die ökonomisch richtige Kostenzuordnung, die auch die stärksten Präventionsanreize verspräche, wäre die volle Überwälzung aller durch umweltbedingte Krankheiten veranlaßter Aufwendungen auf die Genossenschaften. Grenzen des Rückgriffs könnten sich allein aus dem Gesichtspunkt der Minimierung von Transaktionskosten ergeben. Die Vorstellung, jeder Kassenarzt hätte bei jedem Bronchitis-Patienten nach der Auslösung der Krankheit durch Luftschadstoffe zu forschen, zeigt, wo die Möglichkeiten umweltpolitisch und ökonomisch richtiger Kostenanlastung enden. Eine Begrenzung des Regresses auf bestimmte Leistungsarten ab einer bestimmten Krankheitsdauer nach Art des früheren § 1504 RVO ist indessen willkürlich und verringert den Aufklärungsaufwand wenig. Prohibitiv hohe Transaktionskosten werden immer dann entstehen, wenn die Kosten von Einzelfällen abgerechnet werden müssen. Deshalb sollte der Rückgriff der Krankenkassen von vornherein auf Teilungsabkommen umgestellt werden. Nach der gegenwärtigen, im Verhältnis zwischen Krankenkassen und privaten KFZ-Haftpflichtversicherern üblichen Praxis setzt aber auch der Rückgriff im Wege eines Teilungsabkommens noch die Anmeldung von Einzelfällen voraus. Dies entspricht der bis zum 1. 1. 1991 geltenden Regelung des Regresses der Krankenkassen gegen die Unfallversicherungsträger durch Art. 63 GRG, der in Abs. 2 S. 1 Nr. 1 die Spitzenverbände der Leistungsträger der beiden Sozialversicherungszweige zur Vereinbarung einer Fallpauschale ermächtigt[265]. Noch kostengünstiger wären aber pauschale, auf einen bestimmten Abrechnungszeitraum bezogene Ausgleichszahlungen der Genossenschaften an die Krankenversicherer nach Art des Art. 63 Abs. 2 S. 1 Nr. 2 GRG, die ebenfalls über die jeweiligen Spitzenverbände abzuwickeln wären[266]. Eine solche Lösung entspräche auch den Besonderheiten umweltbedingter Gesundheitsschäden. Diese werden nur unter beträchtlichem Aufwand mit entsprechend hohen Aufklärungskosten einzelnen Verursachern zurechenbar sein. Die Abgeltung aller Regreßansprüche durch eine Pauschale würde also nicht nur Verwaltungskosten, sondern vor allem auch Aufklärungskosten einsparen. Zudem bietet sie ideale Möglichkeiten zur Verwertung von epidemiologischen Untersuchungen, deren Resultate nur schwer auf einen Einzelfall bezogen werden können[267]. Erste Ansätze zur Bewertung der den Krankenkassen infolge der Luftverschmutzung entstehenden Kosten liegen bereits vor[268]. Durch epidemiologische Untersuchungen und ihre ökonomische Auswertung wären also die notwendigen Daten für die Bemessung der Pauschale zu gewinnen.

Offen ist noch die Lastenverteilung bei der Aufbringung der von den Genossenschaften zu zahlenden Summe sowie der Schlüssel ihrer Verteilung auf die Krankenkassen. Art. 63 Abs. 2 S. 2 GRG verteilt die Finanzierungslast auf die Träger der Unfallversicherung nach Maßgabe ihres Anteils an der Zahl der Arbeitsunfälle. Auch im Verhältnis der für die Umwelthaftung zuständigen Kollektive untereinander sollte das von den einzelnen Genossenschaften je zu verantwortende Risiko für die Lastenverteilung maßgebend sein. Die Maßstäbe risikogerechter Beitragsbemessung werden unten noch zu erarbeiten sein[269]. Schon hier kann jedoch gesagt werden, daß sich die Höhe des Beitrags und damit der Umfang des Anteils an der Aufbringung der an die Krankenkassen zu zahlenden Regreßpauschale an der Gefährlichkeit und der Menge der von den Mitgliedsunternehmen emittierten Schadstoffe zu orientieren hat. Die gleichen Maßstäbe wären dann auch bei der Verteilung des Anteils einer Genossenschaft auf ihre Mitglieder anzuwenden.

Die Verteilung der von den Genossenschaften geleisteten Pauschale auf die einzelnen Krankenkassen könnte, wie in der Regelung des Art. 63 Abs. 2 S. 3

---

265 Vgl. oben, D II 3 a aa bbb.

266 In diese Richtung schon früher: *von Hippel*, ZRP 1972, S. 49 (50 f.); *Weyers*, Unfallschäden, S. 653 f., der einen „Globalausgleich" zwischen Sozial- und KFZ-Haftpflichtversicherern alternativ zur Abschaffung des Regresses vorschlägt.

267 Rat von Sachverständigen für Umweltfragen, Umweltgutachten 1987, BT-Drucks. XI/1568, Tz. 1646.

268 Vgl. dazu die ersten Versuche zur ökonomischen Bewertung der Aufwendungen der Krankenkassen für die Behandlung von Atemwegserkrankungen bei *Marburger*, Zur ökonomischen Bewertung gesundheitlicher Schäden durch Luftverschmutzung, in: Umweltbundesamt, Kosten der Umweltverschmutzung, S. 51 (56): 1,3 Milliarden DM pro Jahr.

269 Vgl unten, E IX.

GRG, an der Zahl der Mitglieder orientiert werden. Dieses Verfahren hätte den Nachteil, daß das Ausmaß der Belastung einer Kasse durch Aufwendungen für umweltbedingte Krankheiten nicht erfaßt werden könnte. Da die Finanzierung einer Kasse den Versicherten und ihren Arbeitgebern obliegt, käme es zu einer Verzerrung der Kostenstruktur, also zu Fehlallokationen. Fraglich ist indessen, ob eine praktikable Alternative besteht. Dies ist im gegenwärtigen Zeitpunkt wohl zu verneinen. Von der Einführung eines Systems genossenschaftlicher Umwelthaftung, das den Krankenkassen durchsetzbare Rückgriffsansprüche einräumen würde, wären jedoch starke Anreize zu epidemiologischer Forschung zu erwarten. In der Folge könnten bestimmte Krankheitsarten als umweltbedingt identifiziert und bestimmte Morbiditätszentren erkannt werden[270]. Letztere könnten etwa für die Verteilung der Pauschale auf die regional zuständigen Allgemeinen Ortskrankenkassen maßgeblich sein, u. U. wäre hier auch ein Kurzschluß mit den regionalen Entschädigungsbüros der Genossenschaften möglich. Die Gelderzuweisungen an überregional aktive Kassen hätte sich dann an der Häufigkeit bestimmter Krankheitsarten in ihrem Mitgliederbestand zu orientieren.

bb) Vorübergehender Verdienstausfall

Nach geltendem Recht wird ein vorübergehender Verdienstausfallschaden eines Kranken durch drei Institute verhindert[271]. Gemäß § 1 LFZG hat der Arbeitgeber einem erkrankten Arbeiter den Lohn für die Dauer von 6 Wochen weiterzuzahlen. Danach besteht gemäß §§ 44 Abs. 1, 48 Abs. 1, 49 Abs. 1 Nr. 1 SGB V für die Dauer von 78 Wochen ein Anspruch auf Zahlung von Krankengeld durch die Krankenkasse. Wegen § 565 Abs. 1 RVO bisher in der Regel subsidiär und teilweise ergänzend, ab 1. 1. 1991 voranggig, besteht ein Anspruch auf Zahlung von Verletztengeld gegen die Berufsgenossenschaft. Da das Krankengeld gemäß § 47 Abs. 1 SGB V 80 % des Regellohns beträgt, ist dem Schadensausgleichszweck ausreichend Rechnung getragen. Die teilweise Deckung der verbliebenen 20 % durch Einführung eines von den Genossenschaften zu zahlenden Verletztengeldes ist nicht geboten.

Praktisch geht es also auch in bezug auf den infolge von Umweltkrankheiten eingetretenen Verdienstausfall nicht um eine primäre Leistungspflicht der Genossenschaften, sondern um den Regreß. Der Regreß der Krankenkassen ist im vorstehenden bereits erläutert worden. In den pauschalen Ausgleich zwischen diesen und den für umweltbedingte Krankheiten zuständigen Genossenschaften wären die Kosten des Krankengeldes einzubeziehen.

---

270 So wäre etwa die schon heute vom AOK-Bundesverband erstellte, auch regional ausgewertete Krankheitsartenstatistik um umweltbezogene Fragestellungen zu erweitern, vgl.: AOK-Bundesverband, Krankheitsartenstatistik 1987.

271 Vgl. oben, D II 3 b.

Zweifelhaft ist, wie der Regreßanspruch des Lohn fortzahlenden Arbeitgebers nach § 4 LFZG in ein System genossenschaftlicher Umwelthaftung integriert werden könnte. Gegen jeglichen Regreß spricht, daß die Arbeitgeber nicht nur die Verpflichtung zur Lohnfortzahlung im Krankheitsfall, sondern auch die Finanzierungslast der Genossenschaften zu tragen hätten. Ein Regreß innerhalb des Kollektivs könnte deshalb sinnlos sein. Dagegen sind die gleichen Einwände zu erheben, die schon gegen die Versagung des Regresses zwischen Krankenkassen und Genossenschaften geltend gemacht wurden[272]. Der Umfang der von einem Arbeitgeber zu leistenden Lohnfortzahlungen wird sich mit seinem Beitrag zur Umweltverschmutzung in aller Regel nicht decken. Die Kosten von Arbeitsunfähigkeit infolge umweltbedingter Atemwegserkrankungen werden auf ca. 4 Milliarden DM pro Jahr geschätzt[273]. Sollen von einer kollektiven Umwelthaftung auch Steuerungswirkungen ausgehen, ist eine Umverteilung der Lasten nach dem Grad der Umweltbelastung geboten.

Aus Kostengründen kommt die gesonderte Abwicklung jedes Einzelfalls indessen nicht in Betracht. Einzig sinnvoll ist auch hier ein Globalausgleich, dessen Umfang nach den von den Krankenkassen vorzunehmenden epidemiologischen Untersuchungen zu bestimmen wäre. Dabei liegt eine Abwicklung über das Genossenschaftssystem selbst nahe. So könnten etwa Genossenschaften, deren Mitglieder für einen relativen großen Anteil der Luftverschmutzung verantwortlich sind, zu Ausgleichszahlungen an solche Genossenschaften verpflichtet werden, die relativ umweltfreundliche Betriebe zu Mitgliedern haben. Die von letzteren auf die ihr angehörenden Unternehmen zu verteilende Umlagesumme würde dadurch vermindert. Um zu verhindern, daß das umweltschädlichste Unternehmen davon am meisten profitiert, wäre die Ausgleichszahlung allerdings je nach der Umweltgefährdung umgekehrt proportional auf die Mitglieder umzulegen.

cc) Rentenleistungen

Die Kostennachteile einer konkreten Schadensberechnung sind bereits oben angedeutet worden[274]. Gerade, wenn dauernde Nachteile ausgeglichen werden sollen, fallen sie besonders ins Gewicht[275]. Die Rente muß den geänderten Umständen über Jahre hinweg immer wieder neu angepaßt werden. Um Mißbräuche durch Rentenempfänger zu verhindern, wäre weiter die permanente Kontrolle des tatsächlich von diesen erzielten Einkommens erforderlich[276]. Schließlich

---

272 Vgl. oben, E V 3 c aa.

273 *Marburger*, Zur ökonomischen Bewertung gesundheitlicher Schäden durch Luftverschmutzung, in: Umweltbundesamt, Kosten der Umweltverschmutzung, S. 51 (56).

274 Vgl. oben, E V 4 a.

275 *Gitter*, Schadensausgleich, S. 174 ff.; *ders.*, VersR 1976, S. 505 (509); *Krasney*, FS Lauterbach, Bd. 2, S. 273 (278).

276 *Gitter*, Schadensausgleich, S. 174 f.; *Krasney*, FS Lauterbach, Bd. 2, S. 273 (278).

bedürfte es irgendeiner Regelung des Berufschancenausgleichs[277]. Die bei konkreter Schadensberechnung anfallenden Transaktionskosten wären also zu hoch. Aber noch weitere Gründe sprechen gegen eine konkrete Schadensberechnung. Die mit dieser Methode verbundene Automatik von Steigerung des persönlichen Einkommens und Rentenkürzung würde dem Verletzten jeden Anreiz zu beruflichen Anstrengungen nehmen[278]. Dieser Effekt sollte sowohl aus sozialpolitischen wie auch aus wirtschaftspolitischen Gründen vermieden werden. Schließlich hätten Schwankungen der Konjunktur unmittelbare Auswirkungen auf die Rentenlast der Genossenschaften[279]. Die Entwicklung von Konjunktur-Überhitzungen und Krisen würde dadurch gefördert anstatt gebremst.

Zu der Methode abstrakter Schadensberechnung bei Berufsunfähigkeitsrenten gibt es daher keine Alternative. Gegen ihre gegenwärtige Handhabung ist eingewandt worden, sie führe zu einer übermäßigen Entschädigung Leichtverletzter und zur unzureichenden Entschädigung Schwerverletzter[280]. Die im Einzelfall u.U. eintretende Entschädigung im Übermaß kann, außer mit der Mitabgeltung immaterieller Einbußen, damit gerechtfertigt werden, daß ein Behinderter, der durch forcierte eigene Anstrengungen keine Einkommensverluste infolge seiner Verletzung erleidet, die zusätzlich gezahlte Rente verdient hat[281]. Schwerer wiegt das Argument, Schwerverletzte würden nur unzureichend entschädigt, weil sie zur Sicherung ihres materiellen Unterhalts tatsächlich auf die Rente angewiesen seien, Schmerzensgeld aber von den Unfallversicherungsträgern nicht gewährt würde und auch ein Schadensersatzanspruch gegen den Arbeitgeber an der Rechtsprechung zu § 636 RVO scheitere[282]. Dieser Einwand trifft jedoch nicht das System der abstrakten Schadensberechnung, sondern die Versagung immateriellen Schadensausgleichs für Arbeitsunfälle[283]. Auf dieses Problem ist sogleich einzugehen.

dd) Schmerzensgeld

Der durch einen Arbeitsunfall Verletzte erhält nach geltender Rechtslage kein Schmerzensgeld. Der Ausschluß des Schmerzensgeldanspruchs ist früher mit der Beschränkung immateriellen Schadensausgleichs auf Fälle der Schuldhaftung gerechtfertigt worden. Diese Begründung war angesichts des § 833 S. 1 BGB

---

277 *Krasney*, FS Lauterbach, Bd. 2, S. 273 (278). Allgemein zu den Schwierigkeiten eines praktikablen Berufschancen-Ausgleichsverfahrens *Schäfer*, Soziale Schäden, S. 195 f.

278 *Gitter*, Schadensausgleich, S. 174 f.; *Krasney*, FS Lauterbach, Bd. 2, S. 273 (275).

279 Der Grund dafür sind die bei schlechter Konjunkturlage vergleichsweise geringen Beschäftigungschancen Behinderter, vgl. *Gitter*, Schadensausgleich, S. 175.

280 Vgl. oben, D II 3 b.

281 *Krasney*, FS Lauterbach, Bd. 2, S. 273 (275 f.).

282 *Gitter*, Schadensausgleich, S. 167; *Kötz*, Deliktsrecht, Rn. 600.

283 *Gitter*, VersR 1976, S. 505 (509); *Krasney*, FS Lauterbach, Bd. 2, S. 273 (282).

von Anfang an zweifelhaft. Verstärkt wurden die Bedenken durch Erlaß von § 53 Abs. 3 LuftVG. Heute ist allgemein anerkannt, daß der Ausgleichszweck des Schmerzensgeldes auch bei verschuldensunabhängigen Haftungsnormen zutrifft[284]. Fraglich ist aber, ob zusätzlich zur Rentenzahlung ein Ausgleich immaterieller Schäden geboten ist. Das BGB hat den Ersatz immaterieller Schäden durch §§ 253, 847 unter anderem deshalb beschränkt, weil Nachteile dieser Art kaum quantifizierbar seien[285]. Diese Erwägung trifft zum einen bei vorübergehenden leichteren Verletzungen zu. Umweltbedingte, aber kurzfristige, nicht übermäßig störende Schmerzen und Einbußen an Lebensfreunde sind als allgemeines Lebensrisiko in Kompensation der Vorteile und Annehmlichkeiten einer Industriegesellschaft nicht ausgleichsbedürftig[286]. Bei langfristigen, aber relativ leichten Verletzungen wird der immaterielle Schaden durch die großzügig-abstrakte Berechnung der Verletztenrente mitausgeglichen[287]. Auch in diesen Fällen ist die Gewährung eines Schmerzensgeldes also nicht geboten.

Anders ist die Lage jedoch bei schweren Verletzungen, die zu dauerhaften und signifikanten Einbußen an Lebensqualität führen und auch durch die Verletztenrente nicht gleichsam mitausgeglichen werden[288]. Die exakte Quantifizierung schwerer körperlicher Einbußen ist zwar ebenfalls unmöglich, die Gewährung eines Ausgleichsbetrags deshalb aber nicht willkürlich. Unüberwindliche Schwierigkeiten bestehen jedenfalls nicht, zumal die Bestimmung des Leistungsumfangs durch Erstellung einer Tabelle objektiviert werden kann. Das Schmerzensgeld könnte dann als laufende Leistung neben der Verletztenrente gewährt werden[289]. Nach allem sollten die Genossenschaften auch für die immateriellen Folgen schwerster Gesundheitsschäden einen Ausgleich leisten.

ee) Verletzungen des Rechtsguts Leben

Zu bestimmen ist schließlich der Entschädigungsumfang im Falle der Tötung eines Menschen. Im Einklang mit den §§ 844 f. BGB macht auch das Unfallversicherungsrecht für diesen Fall eine Ausnahme von der Versagung von Ersatzan-

---

284 *Gitter*, Schadensausgleich, S. 191 m. w. N.; *ders.*, VersR 1976, S. 505 (509); *Kötz*, Gefährdungshaftung, in: BMJ, Gutachten und Vorschläge zur Reform des Schuldrechts, S. 1779 (1824 f.) mit weiteren Nachweisen der zivilrechtlichen Literatur.

285 *Larenz*, SR AT, § 29 I c, S. 486; *Staudinger-Medicus*, § 253 Rn. 1.

286 *Schäfer*, Soziale Schäden, S. 201; *Weyers*, Unfallschäden, S. 658: „Es ist zu bezweifeln, daß von den zahllosen Unannehmlichkeiten, Einschränkungen und Beschwernissen, die ein Zusammenleben im technischen Zeitalter bei der Bevölkerungsdichte Mitteleuropas mit sich bringt, die vorübergehenden unfallbedingten Schmerzen und Mißhelligkeiten eine so hervorgehobene Stellung einnehmen, daß gerade für sie ein Ausgleich in Geld unerläßlich scheint".

287 Vgl. soeben, E V 4 b cc.

288 *Schäfer*, Soziale Schäden, S. 201 ff.; *Weyers*, Unfallschäden, S. 658 f.

289 Genauso: *Schäfer*, Soziale Schäden, S. 201 ff.

sprüchen mittelbar Geschädigter. Durch Gewährung einer Rente soll der Wegfall des vom Getöteten bisher geleisteten Unterhalts ausgeglichen werden. Ferner besteht ein Anspruch auf Sterbegeld bzw. Ersatz der Beerdigungskosten[290]. Ersatzansprüche des Getöteten selbst, die auf die Erben übergehen könnten, bestehen nicht. Die Tötung nicht unterhaltsverpflichteter Personen ist damit also „kostenlos“. Diese Rechtsfolge ist neuerdings vehement kritisiert worden, weil die Tötung nicht Unterhaltsverpflichteter zum Nulltarif die Chance der Steuerung lebensgefährlichen Verhaltens durch Haftungsrecht vergebe und zu einem Ansteigen der Mortalitätsziffern führe[291]. Die Steuerungsfunktion des Haftungsrechts erfordere deshalb die Einführung einer Pflicht zur Zahlung eines bestimmten Geldbetrags an die Erben im Falle der Tötung eines Menschen[292].

Zur Verteidigung des traditionellen Ausschlusses von Ersatzansprüchen der Erben allein wegen der Tötung des Erblassers können zuerst ethische Bedenken gegen eine monetäre Bewertung menschlichen Lebens angeführt werden[293]. Zum anderen erscheint es doch sehr fraglich, ob die Steuerungsfunktion der Haftung eine solche Lösung tatsächlich erfordert. Sie setzt implizit voraus, daß der Schädiger die Folgen seiner Handlung kennt und rational im Sinne der Optimierung eigenen Nutzens kalkuliert. Die grundsätzliche Möglichkeit der Anreizwirkung von Haftungsrecht ist oben jedenfalls für planende, an rationalen Kriterien orientierte und ohne Zeitdruck ablaufende Entscheidungsprozesse bejaht worden[294]. Die Annahme, bei der Entscheidung über den Umfang einer gefährlichen Aktivität und die dabei zu treffenden Sicherheitsvorkehrungen würde der Tod von Menschen bewußt einkalkuliert und das Entscheidungsergebnis vom Alter des in seinem Leben Bedrohten sowie vom Bestehen von Unterhaltsverpflichtungen abhängig gemacht, geht jedoch von völlig unrealistischen Feinsteuerungsfähigkeiten des Haftungsrechts aus.

An der unfallversicherungsrechtlichen Lösung der Rentenzahlung an Hinterbliebene im Fall der Tötung eines Menschen ist daher festzuhalten.

---

290 Vgl. dazu oben, D II 3 b sowie *Kötz*, Delitksrecht, Rn. 540; *Larenz*, SR BT, § 75 II, S. 678 f.

291 *Adams*, Ökonomische Analyse der Gefährdungs- und Verschuldenshaftung, S. 174 ff. (177); *Schäfer / Ott*, Ökonomische Analyse des Zivilrechts, S. 122 ff.

292 *Adams*, Ökonomische Analyse der Gefährdungs- und Verschuldenshaftung, S. 174 ff. (182 f.). Für eine Pigou-Steuer dagegen *Schäfer / Ott*, Ökonomische Analyse des Zivilrechts, S. 125. Angesichts der großen moral-hazard-Probleme der Erben ist dieser Vorschlag vorzugswürdig.

293 *Kötz*, Deliktsrecht, Rn. 542.

294 Vgl. oben, C II 2 b.

5. Mitverschulden

Grundsätzlich und für alle Schadensarten stellt sich die Frage, ob ein Mitverschulden des Verletzten den Entschädigungsanspruch mindern bzw. ausschließen soll. Die Notwendigkeit der Berücksichtigung eines Mitverschuldens des Opfers ist oben bereits begründet worden[295]. Die Mitverantwortlichkeit des Opfers sollte im Rahmen der Kausalitätsprüfung bei der Frage nach der Wesentlichkeit der Umwelteinwirkungen der Genossenschaftsmitglieder für den Eintritt des Schadens beachtet und abgewogen werden. Konsequenterweise darf das Verhalten des Opfers dann nicht noch einmal im Rahmen des Haftungsumfangs in Ansatz gebracht werden. Mitverschulden des Geschädigten sollte den Umfang des ihm zu gewährenden Schadensersatzes also nicht mindern, wenn die Hürde der Kausalitätsprüfung schon genommen wurde.

6. Zusammenfassung

Der Schutzbereich genossenschaftlicher Umwelthaftung sollte sich auf Schäden erstrecken, die unmittelbar über den Umweltpfad an den Rechtsgütern Leben, Gesundheit oder Vermögen entstehen. Der Umfang der Entschädigung ist zu pauschalieren. Maßgeblich für den Ausgleich von Vermögensschäden ist der dadurch eingetretene Wertverlust. Bei Personenschäden ist ein pauschaler, vom Einzelfall unabhängiger Regreßanspruch der Krankenkassen gegen die Genossenschaften zu begründen. Zur richtigen Verteilung der Kosten der Lohnfortzahlung im Krankheitsfall ist ein genossenschaftsinternes Ausgleichsverfahren zu schaffen. Bei den Rentenleistungen nach Minderung der Erwerbsfähigkeit kann an die bestehenden unfallversicherungsrechtlichen Regelungen angeknüpft werden. Schwerverletzten ist darüber hinaus ein Schmerzensgeld zu gewähren. Die Einbeziehung ökologischer Schäden in den Schutzbereich der genossenschaftlichen Umwelthaftung sollte erwogen werden. Ein Mitverschulden des Geschädigten sollte nicht den Schadensersatzumfang mindern, sondern ist schon auf Tatbestandsebene im Rahmen der Kausalitätsprüfung zu berücksichtigen.

VI. Verhältnis des Systems genossenschaftlicher Umwelthaftung zum Individual-Umwelthaftungsrecht

Nachdem die Voraussetzungen und der Umfang der von einer Genossenschaft zu erbringenden Leistungen erarbeitet worden sind, stellt sich nunmehr das Problem des Verhältnisses gegen das Kollektiv gerichteter Ansprüche zum zivilen Schadensersatzrecht. Unter Individual-Haftungsrecht werden dabei allerdings

---

295 Vgl. oben, E III 4 c dd.

nicht nur die geltenden Regelungen zum Ersatz von Umweltschäden, also vor allem die §§ 823 BGB, 22 WHG, verstanden, sondern es wird die Verwirklichung der Reform des Umwelthaftungsrechts, etwa nach Art des Diskussionsentwurfs von BMJ und BMU vorausgesetzt[296].

Die Möglichkeiten der Koordination des Individual-Haftungsrechts mit einem kollektiven Entschädigungssystem sind zahlreich. Im folgenden sollen das Subsidiaritätsprinzip, das Versicherungsprinzip, das Ablöseprinzip sowie ein Modell erörtert werden, das beide Haftungsregime nebeneinander bestehen läßt.

1. Das Versicherungsprinzip

Die Abstimmung des Systems genossenschaftlicher Umwelthaftung mit dem zivilen Haftungsrecht nach Maßgabe des Versicherungsprinzips könnte sich an der Rechtslage im Verkehrsunfallrecht orientieren. Hier besteht ein Verbund von Individualhaftung und privater Pflichtversicherung. Gemäß § 3 Nr. 1 PflVG kann der im Straßenverkehr Geschädigte einen aufgrund Zivilrechts gegen den Fahrzeughalter bestehenden Schadensersatzanspruch auch direkt gegen den Haftpflichtversicherer geltend machen, der nach § 3 Nr. 2 PflVG zusammen mit dem Versicherungsnehmer als Gesamtschuldner haftet.

Im Umweltrecht würden die Genossenschaften an die Stelle der privaten Haftpflichtversicherer treten. Die Kombination von zivilem Haftungsrecht und privater Pflichtversicherung im Verkehrsunfallrecht ist allerdings scharf kritisiert und eine Ablösung dieses Systems durch ein haftungsersetzendes, kollektives, öffentlich-rechtliches Entschädigungsmodell vorgeschlagen worden[297]. Zur Begründung ist das Bestehen von Haftungslücken, die Koordinationsprobleme mit den bestehenden Systemen sozialer Sicherung, die Schwerfälligkeit und Kostspieligkeit des Zivilrechtswegs sowie schließlich die Kostenintensität des Verbunds von zivilrechtlicher Individualhaftung und kollektiver, aber von auf Gewinnmaximierung ausgerichteten Privatversicherungsgesellschaften bereitgestellter Vorsorge geltend gemacht worden[298]. Die Begründetheit dieser Argumente im einzelnen mag hier dahinstehen[299]. Gegen die Entscheidung für das Versicherungsprinzip spricht schon, daß es die Ausgestaltung des Gesamtsystems genossenschaftlicher Umwelthaftung auf die Prinzipien des Individual-Haftungsrechts festlegen würde. Die strukturellen Schwierigkeiten des Zivilrechts mit der Begründung einer Umwelthaftung sind oben dargestellt worden[300]. Sie sollten durch die Verla-

---

[296] BMJ/BMU, Diskussionsentwurf eines Gesetzes über die Haftung für Umweltschäden vom 16. 5. 1989.

[297] *Von Hippel*, Schadensausgleich, S. 42 ff.

[298] *Von Hippel*, Schadensausgleich, S. 3-41.

[299] Vgl. dazu: *Schmeer*, VersR 1973, S. 390 ff.; *Weyers*, Unfallschäden, S. 443 ff., besonders S. 604 ff.

[300] Vgl. oben, B III.

gerung der Haftung auf ein Kollektiv gerade gemildert oder beseitigt, die Grenzen der Schadenszurechnung weiter nach vorne verlegt werden. Im Falle der Implementierung des Versicherungsprinzips wäre im übrigen auch der Haftungsumfang auf das zivile Schadensersatzrecht festgelegt. Zeit und Kosten sparende Pauschalierungsregelungen, wie sie hier befürwortet worden sind, könnten nicht verwirklicht werden[301]. Anlaß der Überlegungen zum kollektiven Haftungsrecht war die Erkenntnis der strukturellen Schwächen des Zivilrechts beim Ausgleich von Umweltschäden. Ihr Ziel sollte die Verminderung dieser Defizite sein. Das Versicherungsprinzip ist zur Erreichung dieses Ziels ungeeignet.

2. Das Subsidiaritätsprinzip

Die Verwirklichung des Subsidiaritätsprinzips würde die Ersatzpflicht der Genossenschaften vom Nichtbestehen eines zivilrechtlichen Schadensersatzanspruchs gegen einen oder mehrere Schädiger abhängig machen. Diese Regelungsalternative ist in den Niederlanden bei der Koordination des dort errichteten Fonds zum Ausgleich von Luftverschmutzungsschäden mit dem Zivilrecht gewählt worden[302]. Sie hat dazu geführt, daß der Fonds kaum in Anspruch genommen wurde und nur geringe praktische Bedeutung erlangt hat[303]. Gerade im Bereich der Umweltschäden ist die Verursachungsfrage regelmäßig die komplizierteste Haftungsvoraussetzung überhaupt. Die Leistungspflicht der Genossenschaften vom Nichtbestehen eines zivilrechtlichen Schadensersatzanspruchs abhängig zu machen, führte zu schwierigen und langwierigen Ermittlungen bei der Prüfung der Haftungsfrage[304]. Dem Geschädigten würden während der u.U. langen Wartezeit sog. sekundäre Schadenskosten entstehen[305]. Letztere werden durch die plötzliche Belastung eines Wirtschaftssubjekts mit einem hohen Schaden verursacht. Besteht keine Versicherung, muß der Geschädigte durch Kreditaufnahmen und/oder massive Einschränkungen des Konsums die Einbuße auffangen. Um diese Folgekosten von Schäden zu vermeiden, wäre die Verwirklichung einer Haftungsregelung zu empfehlen, die dem Geschädigten schnell und ohne langwierige Prüfungen Ausgleich gewährt[306].

Um die geschilderten Unzuträglichkeiten zu vermeiden, ist vorgeschlagen worden, das Kollektiv solle den Geschädigten auf den Zivilprozeß gegen einen

---

301 Vgl. oben, E V 4 a, b.

302 Vgl. dazu: BMJ-Bericht, S. 345 f.; ausführlich *Lummert / Thiem*, Rechte des Bürgers, S. 198 ff. m. w. N.

303 *Lummert / Thiem*, Rechte des Bürgers, S. 201, 213.

304 *Schäfer*, Soziale Schäden, S. 181.

305 Vgl. dazu: *Adams*, Ökonomische Analyse der Gefährdungs- und Verschuldenshaftung, S. 210 f.; *Calabresi*, The Costs of Accidents, S. 27 f., 39 ff.; *Schäfer / Ott*, Ökonomische Analyse des Zivilrechts, S. 87 ff.

306 Im Ergebnis genauso: *Lummert / Thiem*, Rechte des Bürgers, S. 213 f.; *Schäfer*, Soziale Schäden, S. 181.

bestimmten Schädiger verweisen dürfen und dabei das Prozeßkostenrisiko übernehmen[307]. Nach einem anderen Vorschlag sollte das Kollektiv nur die Entschädigung eindeutig vom Zivilrecht erfaßter Fälle ablehnen, in Zweifelsfällen leisten und beim Schädiger Regreß nehmen[308]. Durch derartige Regelungen ließen sich die eben geschilderten Unzuträglichkeiten sicher zum Teil vermeiden. Zudem scheint einer subsidiären Kollektivhaftung ein höherer Präventiveffekt zuzukommen als einer kompletten Schadensüberwälzung auf das Kollektiv[309].

Für die Koordination eines Fonds mit dem zivilen Umwelthaftungsrecht mögen diese Erwägungen zutreffen. Für ein System genossenschaftlicher Umwelthaftung muß die Entscheidung anders ausfallen. Wie oben dargestellt, beruht die Grundidee des Genossenschaftsmodells auf dem Prinzip der Haftungsersetzung durch Versicherungsschutz[310]. Die Subsidiarität der genossenschaftlichen Einstandspflicht ist damit von vornherein ausgeschlossen. Allerdings ist Prinzipientreue noch keine Begründung. Das Hauptargument für die weitreichende Ablösung der zivilen Haftung und gegen das Subsidiaritätsprinzip ist der Präventionszweck der Umwelthaftung. Die Erfolge der Berufsgenossenschaften im Bereich der Verhütung von Arbeitsunfällen sind bekannt[311]. Hoffnungen auf ähnliche Leistungen im Umweltbereich können nur dann erfüllt werden, wenn die Genossenschaften auch für die Aufklärung und Abwicklung der Schadensfälle und für die Bereitstellung der dazu erforderlichen Mittel verpflichtet sind. Nur dann besteht der Zusammenhang von Prävention und Restitution, der die Akkumulation von know-how im Bereich der Schadensvorsorge begünstigt und wirksame Prävention erst ermöglicht. Nur dann besteht auch ein ins Gewicht fallendes wirtschaftliches Eigeninteresse der Mitglieder an schadensverhütenden Maßnahmen und an der Mitarbeit in der genossenschafltichen Selbstverwaltung. Einer wirksamen Umweltvorsorge abträgliche moral-hazard-Effekte wären von einer völligen Schadensüberwälzung auf Genossenschaften nicht zu erwarten. Die scheinbare Freistellung des Verursachers von den externen Effekten seiner Aktivität könnte durch flankierende Maßnahmen wie Regresse, Geldbußen, Beitragszuschläge und/oder -nachlässe kompensiert werden. Das Genossenschaftsmodell bietet hier eine Fülle von Instrumenten. Die Subsidiarität des Genossenschaftsmodells wäre auch aus allokativer Perspektive nicht empfehlenswert. Die Unternehmen hätten sowohl Beiträge an die Genossenschaften zu zahlen, als auch Prämien an eine private Versicherungsgesellschaft, die das verbleibende signifikante individualrechtliche Haftungsrisiko abzudecken hätte. Im Ergebnis bestünde eine kostspielige Doppelversicherung. Schließlich würde der Geschädigte in vielen Fällen auf

---

307 *Westermann,* Welche gesetzlichen Maßnahmen zur Luftreinhaltung und zur Verbesserung des Nachbarrechts sind erforderlich?, S. 73 f.

308 *Rehbinder,* NuR 1989, S. 149 (161).

309 So unter Ablehnung des Genossenschaftsmodells insgesamt: *Knebel,* JbUTR 1988, S. 261 (280).

310 Vgl. dazu oben, D II; genauso *Knebel,* JbUTR 1988, S. 261 (280).

311 Vgl. oben, D II 8 d.

den zeitraubenden, langwierigen und teuren Zivilrechtsweg verwiesen, in dem er sein Entschädigungsbegehren in einer informationellen David-gegen-Goliath-Konstellation zu vertreten und durchzusetzen hätte[312]. Der Schadensausgleichszweck würde von einem System lückenloser genossenschaftlicher Haftung besser verwirklicht als in einem Modell subsidiärer Kollektivhaftung.

Insgesamt sprechen damit die Funktionen des Umwelthaftungsrechts gegen das Subsidiaritätsprinzip und für die Ablösung der individuellen Haftung durch die Einstandspflicht der Genossenschaften. Wie weit diese Haftungsablösung reichen soll, ist damit jedoch noch nicht gesagt und wird sogleich zu klären sein.

3. Haftungsablösung oder Lückenbüßer-Rolle des Zivilrechts?

Nach Ablehnung des Versicherungs- und des Subsidiaritätsprinzips bleiben noch zwei Möglichkeiten zur Koordination der hier vorgeschlagenen genossenschaftlichen Umwelthaftung mit dem Individual-Haftungsrecht. Nach dem Vorbild der unfallversicherungsrechtlichen Regelung des § 636 RVO könnte die zivilrechtliche Verantwortlichkeit der Mitgliedsunternehmen der Berufsgenossenschaften auch für von ihnen verursachte umweltbedingte Schäden ausgeschlossen werden[313]. Möglich ist aber auch, eine etwaige Verantwortlichkeit eines Genossenschaftsmitglieds nach zivilem Delikts- oder reformiertem Umwelthaftungsrecht neben der Leistungsverpflichtung der Berufsgenossenschaften bestehen zu lassen. Die eben vorgenommene Entgegensetzung der beiden Lösungsalternativen verdunkelt hingegen die eigentliche Fragen, um die es geht. Um diese herauszuarbeiten ist in folgenden zwei Schritten vorzugehen.

a) Leistungen der Genossenschaften und privatrechtlicher Schadensersatzanspruch

Zum einen geht es um die Frage des Umfangs privatrechtlicher Schadensersatzansprüche, wenn eine Genossenschaft den durch Umwelteinwirkungen ihrer Mitglieder entstandenen Schaden eines Dritten durch Leistungen in dem oben beschriebenen Umfang ausgleicht. Dieses Problem stellt sich im Unfallversicherungsrecht dann, wenn eine der Ausnahmen des § 636 Abs. 1 S. 1 RVO eingreift, der Arbeitsunfall also durch vorsätzliches Handeln des Arbeitgebers oder bei der Teilnahme am allgemeinen Verkehr eingetreten ist. § 636 Abs. 1 S. 2 RVO schreibt dann die Anrechnung der von den Unfallversicherungsträgern tatsächlich erbrachten Leistungen auf den Schadensersatzanspruch vor. Die Nicht-Anrechnung der Leistungen der Genossenschaften würde zur doppelten Entschädigung

---

312 *Lummert / Thiem*, Rechte des Bürgers, S. 213 f.; vgl. auch oben, unter B I.

313 Vgl. oben, D II 4.

des Verletzten führen, ein auch im Umweltrecht nicht zu begründendes Resultat[314]. Die Anrechnung der von Genossenschaften zum Ausgleich eines umweltbedingten Schadens erbrachten Leistungen auf den Umfang eines etwaigen zivilrechtlichen Schadensersatzanspruchs des Betroffenen gegen den oder die Umweltverschmutzer steht daher nicht in Zweifel. De facto kommt es damit im Umfang der Leistungen des Kollektivs zur Ablösung der Individual-Haftung.

b) Die Abgeltung von Schadensspitzen

Die Leistungen der Genossenschaften zum Ausgleich von Umweltschäden können hinter dem Umfang zivilrechtlich zu gewährenden Schadensersatzes zurückbleiben. Bei Personenschäden etwa wird nach dem hier vorgetragenen Vorschlag nur in schweren Fällen ein Schmerzensgeld gewährt. Vor allem aber bei der Schädigung von Eigentum kann es zu erheblichen Diskrepanzen zwischen kollektivem Umwelthaftungs- und zivilem Schadensersatzrecht kommen. Beeinträchtigungen von Eigentum, die kein Sonderopfer des Geschädigten darstellen, bleiben gänzlich unentschädigt. Der Umfang der Entschädigungsleistungen in Sonderopferfällen ist zudem auf einen Ausgleich des Wertverlusts beschränkt. Die Kosten der Wiederherstellung des beschädigten Gegenstandes sowie etwa entgangener Gewinn bei gewerblich genutzten Sachen können nicht verlangt werden. Fraglich ist, ob dem Geschädigten zur Geltendmachung dieser Schadensspitzen der Zivilrechtsweg offenstehen soll.

Die Verwirklichung des unfallversicherungsrechtlichen Ablöseprinzips würde die Möglichkeit zur Geltendmachung von Schadensspitzen scheinbar ausschließen. Dies trifft jedoch nur zu, wenn der Haftungsausschluß auch auf solche Schadensposten und -teile ausgedehnt wird, die nicht durch Leistungen der Versicherungsträger ausgeglichen werden. So verfährt die h.M. im Unfallversicherungsrecht, die den Ausschluß zivilrechtlicher Schadensersatzansprüche auch bezüglich des Schmerzensgeldes und unfallbedingten Minderungen der Erwerbsfähigkeit unterhalb von 20 % bejaht, obwohl unfallversicherungsrechtliche Ansprüche hier gerade nicht bestehen[315].

Im vorliegenden Zusammenhang geht es wegen der Restriktion des Ersatzumfangs auch im Rahmen eines reformierten Umwelthaftungsrechts praktisch vor allem um Ansprüche aufgrund des Deliktsrechts der §§ 823 ff. BGB[316]. Zu begründen ist, warum einem Geschädigten, der die rechtswidrige und schuldhafte

---

314 *Gitter,* Schadensausgleich, S. 203, 205 ff.

315 Kritisch zu diesem Verstoß gegen das Kongruenzprinzip auch *Gitter,* Schadensausgleich, S. 218 f.; *Kötz,* Deliktsrecht, Rn. 600.

316 Zur Beschränkung des Haftungsumfangs im Rahmen der Reform des Individual-Umwelthaftungsrechts vgl. etwa §§ 6, 15 des Diskussionsentwurfs von BMJ und BMU sowie § 10 Abs. 1 AE-BMU.

Herbeiführung seines Schadens durch einen oder mehrere individuelle Schädiger nachweisen kann, der Anspruch auf Ausgleich seiner ungedeckten Schadensspitzen genommen werden soll. Der umfassende Anspruchsausschluß wird im Unfallversicherungsrecht mit dem Finanzierungs- und dem Friedensargument begründet[317]. Nach letzterem ist der Ausschluß der zivilrechtlichen Ansprüche im Interesse der Erhaltung des Betriebsfriedens, dem die Einführung der gesetzlichen Unfallversicherung insgesamt dienen sollte, erforderlich. Im Umweltrecht hat diese Erwägung keine Entsprechung. Der Ausschluß der zivilrechtlichen Ansprüche könnte aber wegen der Finanzierung der Unfallversicherung alleine durch die Unternehmer gerechtfertigt und geboten sein. Diese Finanzierungsregelung erfordert jedoch nur die Anrechnung der von den Genossenschaften erbrachten Leistungen auf den zivilrechtlichen Schadensersatzanspruch, nicht aber die Verhinderung des Ausgleichs der durch diese Leistungen nicht kompensierten Schadensposten. Letztere sind mit Hilfe der Beiträge der Unternehmer gerade nicht ausgeglichen worden. Damit haben sich beide Argumente für die Erstreckung des Haftungsausschlusses auch auf die durch Genossenschaftsleistungen ungedeckten Schadensspitzen als im Umweltrecht unzutreffend oder unhaltbar erwiesen.

Im Zusammenhang mit Überlegungen zur Reform und Harmonisierung der Haftungs- und Vorsorgesysteme im Bereich der Verkehrsunfallschäden und ganz allgemein bei Personenschäden ist der Ausschluß auch der Ansprüche auf Ausgleich der durch kollektive Schadenstragungssysteme ungedeckt gelassenen Schadensspitzen mit dem Gedanken der Gleichbehandlung aller Geschädigten begründet worden[318]. Worin die Ungleichbehandlung liegen soll, wenn das Zivilrecht stets die konkrete, tatsächlich eingetretene Einbuße erfaßt und kompensiert, ist indessen nicht zu erkennen. Das zivile Haftungsrecht verteilt keine staatlichen Leistungen, die in der Tat an Art. 3 Abs. 1 GG zu orientieren wäre, sondern ist auf den individuellen und konkreten Schadensausgleich zwischen eigenverantwortlich handelnden Individuen zugeschnitten[319]. Für zivilrechtliche Ansprüche auf Ausgleich von genossenschaftlichen Leistungen nicht gedeckter Schadensposten trifft dieser Grundgedanke nach wie vor zu[320].

Für den völligen Ausschluß der privatrechtlichen Haftung der Genossenschaftsmitglieder für über den Umweltpfad verursachte Schäden könnte schließlich eine ökonomische Erwägung sprechen. Wie oben bereits ausgeführt, wäre aus Kostengründen eine Doppelversicherung jedes Unternehmens nicht zu empfehlen. Zu einer solchen könnte es de facto aber kommen, wenn ein Unternehmen zum einen verpflichtet würde, Beiträge zu einer den Großteil des Schadenspotentials

---

317 Vgl. oben, D II 4 a.

318 *Von Hippel*, Schadensausgleich, S. 72; *Schäfer*, Soziale Schäden, S. 182 f.

319 *Brüggemeier*, Deliktsrecht, Rn. 87 ff. (89); MK-*Mertens*, Vor § 823 Rn. 51.

320 *Deutsch*, Haftungsrecht, S. 415 f.; *Kötz*, Sozialer Wandel im Unfallrecht, S. 46 f., Fßn. 66.

abdeckenden Genossenschaft zu zahlen und zum anderen auch zivilrechtlichen Ersatzansprüchen über den Umweltpfad Geschädigter ausgesetzt würde, für die ebenfalls eine versicherungsmäßige Deckung erforderlich wäre. Indessen muß bezweifelt werden, ob der Umfang der von den Genossenschaften nicht ausgeglichenen Schadensarten den Abschluß einer privaten Haftpflichtversicherung für Umweltschäden erforderlich macht. Die Haftungssummen dürften so gering sein, daß die Höhe der bei der Haftungsanlastung entstehenden sekundären Kosten immer noch weit unter den Verwaltungskosten einer Haftpflichtversicherung läge[321]. Zur freiwilligen Versicherung auch des Risikos, auf Schadensspitzen in Anspruch genommen zu werden, wird es daher nicht kommen.

Für die Zulassung zivilrechtlicher Ansprüche spricht der Vorsorgezweck der Umwelthaftung[322]. Praktisch würde von der Möglichkeit zum Beschreiten des Zivilrechtswegs nur Gebrauch gemacht, wenn die Rechtslage klar und eindeutig ist, insbesondere der oder die Schädiger leicht identifizierbar sind und das Verschulden der Verursacher auf der Hand liegt. Gerade an der Verhinderung voraussehbar schädlichen Verhaltens und leicht verhinderbarer Schäden besteht ein besonders dringendes Interesse. Die Androhung einer Haftung wird in diesen Fällen besonders wirksam sein, weil das Verhaltensmuster ohne weiteres geändert werden kann. Das Risiko, der Publizität eines Zivilprozesses ausgesetzt zu werden, kann zusätzliche Anreize zu umweltschonendem Verhalten vermitteln. Im Interesse wirksamer Abschreckung sollte deshalb eine zivilrechtliche Klage des Geschädigten gegen den oder die Schädiger zugelassen werden[323]. Die Genossenschaft könnte dieser Klage u.U. beitreten und, bei Vorliegen der Regreßvoraussetzungen, vom Täter auch den Ersatz ihrer Aufwendungen verlangen[324]. In Fällen eindeutigen Fehlverhaltens könnte der Schaden somit gänzlich dem Verursacher angelastet werden. Schließlich erfordert das Gebot der Gleichbehandlung aller durch schuldhaftes Verhalten anderer Geschädigten die Zulassung zivilrechtlicher Schadensersatzansprüche auf Ausgleich der durch genossenschaftliche Leistungen ungedeckten Schadensspitzen[325].

Problematisch und klärungsbedürftig bleibt nunmehr noch eine Fallkonstellation, in der die Voraussetzungen eines Regreßanspruchs der Genossenschaft nicht

---

321 Vgl. zu diesem Zusammenhang: *Schäfer / Ott*, Ökonomische Analyse des Zivilrechts, S. 90 ff.

322 Für das Arbeitsschutzrecht genauso *Gitter*, Schadensausgleich, S. 241; allgemein für das Verhältnis sozialer Ausgleichsleistungen zu deliktsrechtlichen Ansprüchen genauso wohl *Kötz*, Sozialer Wandel, S. 46 f., Fßn. 66, der „sozialpsychologische Gründe" anführt.

323 Genauso für die Reform des Verkehrsunfallrechts *Deutsch*, Haftungsrecht, S. 415 f., der eine von einer obligatorischen Versicherung zu gewährende Grundsicherung mit der Möglichkeit zur Restitution der ungedeckten Schadensposten im Wege des Zivilrechts kombinieren will; *Kötz*, Sozialer Wandel, S. 46 f., Fßn. 66.

324 Vgl. zu den Regreßfragen sogleich unten, unter VII.

325 *Hartung*, 25 Jahre Karlsruher Forum, S. 105 (107).

vorliegen, der Geschädigte sich aber gleichwohl unmittelbar und erfolgreich an den Schädiger wendet, ohne Leistungen der Genossenschaft in Anspruch zu nehmen. Der Versicherungscharakter des genossenschaftlichen Haftungssystems erfordert in diesem Fall die Übernahme der Kosten der vom Schädiger unmittelbar an den Geschädigten erbrachten Leistungen durch die Genossenschaft insoweit, als sie sich mit den sonst von dem Kollektiv zu erbringenden Entschädigungsleistungen decken. Ein einfacher und praktikabler Weg zu diesem Reslutat ist die Verrechnung der Kosten der vom Schädiger unmittelbar erbrachten, kongruenten Schadensersatzleistungen mit dem Beitragsanspruch der Genossenschaft.

4. Ergebnis

Ohne Rücksicht auf die Identifizierbarkeit individueller Verursacher und das Bestehen zivilrechtlicher Schadensersatzansprüche sollten die Genossenschaften jeden Schaden, der die Voraussetzungen des Tatbestandes genossenschaftlicher Umwelthaftung erfüllt, ausgleichen. Soweit ein solcher Ausgleich tatsächlich stattfindet, sind die gewährten Leistungen auf einen etwa bestehenden zivilrechtlichen Schadensersatzanspruch des Geschädigten anzurechnen. Im Interesse der Prävention sollte dem Geschädigten die Möglichkeit der Geltendmachung seines Schadens auch im Wege des Zivilprozesses nicht genommen werden. Falls der Geschädigte genossenschaftliche Leistungen nicht in Anspruch nimmt, der Schädiger den eingetretenen Nachteil unmittelbar ausgleicht und die Voraussetzungen eines Regreßanspruchs der Genossenschaft nicht vorliegen, sind die Kosten der vom Schädiger erbrachten Leistungen, soweit sie kongruente Leistungsansprüche gegen die Genossenschaft abdecken, auf die Beitragsverpflichtung des Schädigers anzurechnen.

VII. Regreßansprüche der Genossenschaften

Das Problem der Ausgleichsansprüche der Genossenschaften untereinander nach Ausgleich eines Schadens, für den mehrere Genossenschaften verantwortlich sind, durch Leistungen nur eines Kollektivs ist bereits oben im Zusammenhang mit der Haftung mehrerer Genossenschaften behandelt worden. Im folgenden werden also nur die Regreßansprüche der Genossenschaften gegen Dritte erörtert. Als Regreßschuldner kommen damit zwei Personengruppen in Betracht[326]. Zum einen steht der Rückgriff des Kollektivs gegen eines seiner Mitglieder, das nachweislich eine durch das Kollektiv entschädigte Verletzung herbeigeführt hat, in Frage. Ferner geht es um Ausgleichsansprüche gegen externe Dritte, die weder selbst eine Genossenschaft sind noch einer solchen angehören.

326 Vgl. die entsprechende Darstellung zum Unfallversicherungsrecht, oben, D II 5.

1. Der Mitgliederregreß

§ 640 RVO begründet Regreßansprüche der Berufsgenossenschaften gegen ihre Mitglieder, wenn diese den Versicherungsfall vorsätzlich oder grob fahrlässig herbeigeführt haben. Der Unternehmer haftet in diesem Fall auf den Ersatz aller Aufwendungen, die der Berufsgenossenschaft entstanden sind; der Rückgriff ist also nicht auf denjenigen Betrag beschränkt, den der Geschädigte ohne Rücksicht auf § 636 Abs. 1 S. 1 RVO von seinem Arbeitgeber hätte verlangen können[327]. Fraglich ist, ob diese Regelung in ein neu zu schaffendes genossenschaftliches Umwelthaftungsrecht übernommen werden sollte.

a) Pro und contra Mitgliederregreß

Nach Schäfer und Weitnauer verstößt jeder Regreß, den ein Kollektiv, das Schäden Dritter ausgleicht, gegen die eigenen beitragspflichtigen Mitglieder nimmt, gegen das Versicherungsprinzip. Letztere hätten sich den Vericherungsschutz durch das Kollektiv erkauft und dürften nicht im Fall der Realisierung des Risikos mit den Schadenskosten belastet werden[328].

Gegen das Versicherungsprinzip verstößt die Zulassung eines Rückgriffs bei vorsätzlicher oder grob fahrlässiger Herbeiführung des Versicherungsfalls durch den Versicherungsnehmer indessen nicht. Gemäß §§ 152 VVG, 4 Ziff.II Nr. 1 AHB ist auch die Leistungspflicht einer privaten Haftpflichtversicherung bei vorsätzlicher Herbeiführung des Schadens ausgeschlossen.

Angesichts der geringen Regreßeinnahmen der Berufsgenossenschaften ist der Rückgriff gegen den individuellen Schädiger zur Aufbringung der notwendigen Mittel sicher nicht erforderlich[329]. Um die Erzielung von Einnahmen geht es bei Regressen jedoch nicht oder nur an letzter Stelle. Der Präventionszweck steht ganz im Vordergrund[330]. Wird die Einstandspflicht für einen Schaden von Täter oder Opfer weg auf Dritte verlagert, werden de facto Anreize zu sorglosem und gefährlichem Verhalten gegeben[331]. Diese Gefahr besteht auch bei der Übernahme der Schadenskosten durch eine Versicherung. Da den Genossenschaften die Funktion einer Haftpflichtversicherung für umweltbedingte Schäden zukommt, besteht auch im vorliegenden Zusammenhang die Gefahr, daß die durch den Haftungstatbestand vermittelten Präventionsanreize wieder zunichte gemacht werden und

---

327 Vgl. oben, D II 5 a.

328 *Schäfer*, Soziale Schäden, S. 176; *Weitnauer*, Karlsruher Forum 1964, Diskussionsbeitrag, S. 37.

329 Zum Umfang der Regreßeinnahmen der Berufsgenossenschaften vgl. oben, unter D II 5 d.

330 So auch *von Hippel*, Schadensausgleich, S. 83 f.; *Lummert / Thiem*, Rechte des Bürgers, S. 216 f.; *Weyers*, Unfallschäden, S. 451 f.

331 Vgl. oben, C II 2 a, IV.

die Allokationsneutralität des Haftungsrechts beeinträchtigt wird. Flankierende Maßnahmen sind dann notwendig, um die Steuerungswirkungen des Haftungsrechts zu erhalten[332]. Die Begründung eines Regreßrechts der Versicherung ist ein Instrument, das zur Eindämmung des moral-hazard-Problems bei Versicherungen geeignet ist[333]. Im Interesse wirksamer Präventionsanreize sollte der Regreßanspruch die gesamten Entschädigungskosten umfassen[334]. Etwa auftretenden Härten kann durch eine Reduktionsklausel nach der Art des § 640 Abs. 2 RVO Rechnung getragen werden. Dieser Beurteilung entspricht es, daß auch der subjektive Risikoausschluß des § 61 VVG mit der Notwendigkeit der Eindämmung des moral-hazard bei Schadensversicherungen begründet wird[335]. Dieser Effekt wird hier wegen § 152 VVG auch nicht durch die Betriebshaftpflichtversicherung des Unternehmers unterminiert.

Auch dem Instrument der Geldbuße ist der Regreß vorzuziehen. Die Höhe einer Geldbuße ist kalkulierbar und noch dazu der Höhe nach durch § 710 Abs. 2 RVO auf 20000. —DM begrenzt. Die allgemeine Regelung des Ordnungswidrigkeitenrechts sieht eine Höchstbuße von sogar nur 1000. —DM vor[336]. Das schwerer zu kalkulierende und noch dazu in der Höhe unbegrenzte Risiko, nach Verursachung eines Schadens im Rückgriffswege in Anspruch genommen und mit den tatsächlichen Kosten eigenen Fehlverhaltens belastet zu werden, wird einen weit größeren Abschreckungseffekt erzielen als die Androhung einer Geldbuße.

Im Interesse der Prävention sollte der Mitgliederregreß also beibehalten werden.

b) Die Voraussetzungen des Mitgliederregresses

Fraglich ist, ob der Rückgriff der Genossenschaft gegen den Unternehmer erst bei vorsätzlicher Schadensverursachung oder bereits bei grob fahrlässiger Herbeiführung des Verletzungserfolgs zugelassen werden sollte. Die Regelung des § 640 RVO ist von Gitter kritisiert und die Zulassung des Regresses schon bei grober Fahrlässigkeit des Unternehmers abgelehnt worden[337]. Die Inanspruchnahme des Unternehmers bei grob fahrlässiger Herbeiführung des Unfalls verstoße gegen das Versicherungsprinzip, das die Überwälzung der infolge des Eintritts eines Versicherungsfalles entstehenden Kosten auf denjenigen, der sich durch Prämienleistungen Versicherungsschutz erkauft hat, verbiete[338]. Die Zulassung des Rück-

---

332 Vgl. oben, C II 4.

333 *Adams,* Ökonomische Analyse der Gefährdungs- und Verschuldenshaftung, S. 228 ff.

334 *Adams,* Ökonomische Analyse der Gefährdungs- und Verschuldenshaftung, S. 228 f.

335 *Prölls,* in: *Prölls / Martin,* VVG § 61, Anm. 1.

336 So § 17 Abs. 1 OWiG.

337 *Gitter,* Schadensausgleich, S. 252 ff. (254).

338 *Gitter,* Schadensausgleich, S. 252.

griffs in Fällen grober Fahrlässigkeit sei auch im Interesse der Prävention nicht geboten. Weil die Betriebshaftpflicht des Unternehmers auch den Regreß bei grob fahrlässiger Schadensverursachung decke, käme dem Rückgriff keinerlei Abschreckungswirkung und Erziehungsfunktion zu[339]. Letztere sollte anstatt durch Regresse durch Verhängung von Geldbußen gemäß § 710 RVO bei grob fahrlässiger Herbeiführung des Unfalls durch den Unternehmer verwirklicht werden. Der Regreß sei nur bei Vorsatz des Unternehmers ein angemessenes Präventionsinstrument. Auch von Hippel will in seinem Modell einer Volksversicherung gegen Verkehrsunfälle den Regreß des Kollektivs gegen individuelle Verursacher auf Fälle „unverzeihlichen Verschuldens" begrenzen und sogar von einer strafgerichtlichen Verurteilung abhängig machen[340].

Für die private Schadensversicherung enthält § 61 VVG eine als subjektiven Risikoausschluß qualifizierte Freistellung des Versicherers von seiner Leistungspflicht bei vorsätzlicher oder grob fahrlässiger Herbeiführung des Versicherungsfalls durch den Versicherungsnehmer[341]. Für die Haftpflichtversicherung beschränkt § 152 VVG den Risikoausschluß auf Fälle vorsätzlich-widerrechtlicher Schadenszufügung. Aber auch bei Haftpflichtversicherungen kann die Leistungspflicht des Versicherers durch Individualvertrag auf leicht fahrlässig oder schuldlos verursachte Schadensfälle begrenzt werden[342]. Gegen das Versicherungsprinzip verstößt auch die Ausdehnung des Mitgliederregresses auf Fälle grob fahrlässiger Schadenszufügung also nicht. Im übrigen ist, wie soeben ausgeführt, der Regreß als Präventionsinstrument der Geldbuße überlegen.

Zuzugestehen ist jedoch, daß die präventive Wirkung des Regresses gemindert wird, wenn der Regreßschuldner gegen die Inanspruchnahme versichert ist. Deshalb wäre es wünschenswert, die Voraussetzungen des Mitgliederregresses mit den Ausschlußtatbeständen der Betriebshaftpflichtversicherung der Unternehmer zur Deckung zu bringen. Weil der Anspruch aus § 640 RVO als originärer bürgerlich-rechtlicher Anspruch der Berufsgenossenschaften auf Ersatz mittelbaren Schadens qualifiziert wird, fällt er in den gemäß § 1 Abs. 1 AHB durch eine Betriebshaftpflichtversicherung gedeckten Risikobereich[343]. Fraglich ist indessen, ob die Betriebshaftpflichtversicherung auch die grob fahrlässige Verursachung

---

339 *Gitter,* Schadensausgleich, S. 253 f. Besonders grotesk ist es nach *Gitter,* a. a. O., daß die Berufsgenossenschaft u.U. selbst das Geschäft der Betriebshaftpflichtversicherung betreibt und so „als Unfallversicherer fordert, was sie als Haftpflichtversicherer zu gewähren hat". Daran ist richtig, daß § 762 Abs. 1 RVO die Berufsgenossenschaften zur Errichtung von Haftpflichtversicherungsanstalten zur Versicherung der ihr angehörenden Unternehmer ermächtigt. Derartige Haftpflichtversicherungsanstalten bestehen bei den Berufsgenossenschaften tatsächlich aber nicht. Die von *Gitter* befürchtete paradoxe Situation tritt in der Praxis also nicht ein. Vgl. *Lauterbach-Watermann,* UV, § 762 Anm. 5.

340 *Von Hippel,* Schadensausgleich, S. 83 ff.

341 *Prölls,* in: Prölls / Martin, VVG, § 61 Anm. 1.

342 *Voit,* in: Prölls / Martin, VVG, § 152 Anm. 3.

343 *Voit,* in: Prölls / Martin, VVG, § 1 AHG, Anm. 2 c m. w. N. aus der Rechtsprechung.

von Schäden über den Umweltpfad deckt. Von der Leistungspflicht der Versicherung ausgenommen sind gemäß § 4 Ziff.I Nr. 5 AHB Sachschäden, die allmählich durch Einwirkungen von Imponderabilien entstehen[344]. Damit werden die durch den Normalbetrieb verursachten Langzeitschäden aus dem versicherten Risikobereich ausgeschlossen. Nach den Bestimmungen der Versicherungswirtschaft über die erweiterte Versicherung von Umweltschäden im Rahmen der Betriebshaftpflichtversicherung werden diejenigen Allmählichkeitsschäden in den Versicherungsschutz wieder einbezogen, die Folge einer vorübergehenden Störung des ordnungsgemäßen Anlagebetriebs sind[345]. Im Ergebnis ist die grob fahrlässige Verursachung von Schäden über den Umweltpfad also von der Betriebshaftpflichtversicherung des Unternehmers gedeckt[346]. Die Anknüpfung des Regresses der Genossenschaften an die Ausschlußtatbestände der AHB kommt jedoch nicht in Betracht. Gerade im Bereich der allmählich eintretenden Langzeitschäden besteht ein unabweisbares Bedürfnis nach einer Versicherung. Die Harmonisierung der Regreßvoraussetzungen mit den Ausschlußklauseln der Betriebshaftpflichtversicherungen ist nach allem nicht möglich.

Trotzdem sollte es dabei bleiben, daß grob fahrlässiges Verhalten ausreicht, um den Regreßanspruch der Genossenschaft auszulösen. Zwar kommen einer versicherten Haftung geringere Steuerungswirkungen zu als einer unversicherten[347]. Auf die Möglichkeiten zur Eingrenzung des moral-hazard-Problems durch risikogerechte Prämiengestaltung, Selbstbehalte oder Bonus/Malus-Systeme ist bereits hingewiesen worden. Die Annahme, die Versicherung eines Haftungsrisikos hebe jeden Präventiveffekt der Haftungsandrohung auf, ist jedenfalls unbegründet. Im übrigen erspart die Einbeziehung der groben Fahrlässigkeit in die Regreßvoraussetzungen mühsame und zweifelhafte Abgrenzungen zwischen dolus eventualis und bewußter Fahrlässigkeit. Deshalb sollte auch die grob fahrlässige Schadensverursachung einen Rückgriffsanspruch der Genossenschaften auslösen können.

c) Ergebnis

Nach allem könnte es bei der unfallversicherungsrechtlichen Regelung des Mitgliederregresses auch in einem System kollektiver Umwelthaftung bleiben.

---

344 Vgl. dazu *Voit*, in: Prölls / Martin, VVG, § 4 AHB Anm. 5; *Wagner*, Haftpflichtversicherung, S. 166.

345 Vgl. *Wagner*, Haftpflichtversicherung, S. 267 ff.

346 Dies verkennen *Lummert / Thiem*, Rechte des Bürgers, S. 217, die annehmen, gerade die Allmählichkeitsschäden würden regelmäßig durch krass schuldhaftes Verhalten des Anlagebetreibers verursacht. Bei Langzeitschäden liegt gerade das Gegenteil nahe. Vgl. nur *Voit*, in: Prölls / Martin, VVG, § 4 AHB, Anm. 5 a „Zweck [des § 4 Ziff.II Nr. 5 AHB] ist es, Gefahrenlagen auszuschließen, deren Eintritt, Ablauf und Folgen oft unberechenbar sind und bei denen der Nachweis der Schadensursache und der Verantwortlichkeit oft schwierig ist".

347 Vgl. oben, C II 4.

2. Der Ausgleichsanspruch gegen Dritte

Für den Bereich des gesamten Sozialrechts bestimmt § 116 SGB X den Übergang von Schadensersatzansprüchen des Geschädigten gegen Dritte auf den jeweiligen Versicherungsträger, soweit der durch Sozialleistungen ausgeglichene Schaden und der Schaden, derentwegen der Ersatzanspruch gewährt wird, kongruent sind[348]. Die Schwerfälligkeit und Kostspieligkeit dieser Regelung ist viel kritisiert worden[349]. Die Kritik bezog sich allerdings auf die als sinnlos empfundene und noch dazu teuere Kostenüberwälzung von einem Kollektiv, den Sozialversicherungsträgern, auf ein anderes, nämlich die Kraftfahrzeug-Haftpflichtversicherer. Der Regreß zwischen zwei Kollektiven ist bereits oben für den Ausgleich zwischen der gesetzlichen Krankenversicherung und den Genossenschaften erörtert worden. Hier geht es indessen um den Regreß der Genossenschaften gegen Dritte. Wegen der gesonderten Regelung des Mitgliederregresses scheiden die Mitglieder der in Anspruch genommenen Genossenschaft als potentielle Schuldner aus. Eine eigene Regelung gilt ferner für den Regreß der Genossenschaften untereinander, wenn mehrere Mitglieder verschiedener Genossenschaften einen Schaden verursacht haben[350].

Zur Debatte stehen also nur noch Ersatzansprüche gegen Privatpersonen, die ebenfalls an der Entstehung des Schadens mitgewirkt haben und aufgrund Zivilrechts dem Geschädigten haften würden, wenn die Genossenschaft die Einbuße nicht schon ausgeglichen hätte. Gegen die Gewährung eines Regreßanspruchs sprechen die bei einem Rückgriff gegen individuelle Privatpersonen anfallenden hohen Verwaltungskosten[351]. Mit dem Zweck der Einnahmeerzielung kann also auch der Regreß gegen externe Dritte nicht gerechtfertigt werden. Im Interesse einer wirksamen Schadensverhütung sollte allerdings jeder Mitverursacher einer Rechtsgutsverletzung in die Anreizwirkungen des Haftungsrechts einbezogen werden. Die vollständige und endgültige Internalisierung aller Schadenskosten bei einer Genossenschaft wäre auch aus allokativer Perspektive nicht zu rechtfertigen. Die Aktivität des externen Drittschädigers bliebe zu Lasten der vom Kollektiv zu verantwortenden Umweltbeeinträchtigungen von der Anlastung ihrer externen Effekte verschont. Die Präventions- und Allokationsfunktion des Haftungsrechts sprechen also für die Übernahme der Regelung des § 116 SGB X in ein System genossenschaftlicher Umwelthaftung. Soweit ein Regreß im Einzelfall unverhältnismäßige Kosten verursachte, würde die jeweilige Genossenschaft von der Geltendmachung des Anspruchs ohnehin absehen.

---

348 Vgl. oben, D II 5 b.

349 Vgl. oben, E V 3 c aa.

350 Vgl. dazu oben, E IV 3.

351 Vgl. nur *von Hippel*, ZRP 1972, S. 49 f.

3. Ergebnis

Auch nach Übertragung der Aufgabe des Umweltschutzes auf die Berufsgenossenschaften könnte es bei den Regreßregelungen der §§ 640 RVO, 116 SGB X bleiben.

VIII. Organisation, Gliederung und Verfassung der Träger eines Systems genossenschaftlicher Umwelthaftung

Eine wichtige Vorklärung der sich nunmehr stellenden Probleme der Organisation, Gliederung und Verfassung eines Systems genossenschaftlicher Umwelthaftung hat oben bereits stattgefunden[352]. Dort wurde die Etablierung neuer, regional zuständiger Umweltgenossenschaften aus Kostengründen zugunsten einer Anknüpfung an die bestehenden berufsgenossenschaftlichen Strukturen abgelehnt. Deshalb sind den folgenden Erörterungen von vornherein bestimmte Grenzen gezogen. Tauglich sind nur solche Vorschläge, die mit den herkömmlichen berufsgenossenschaftlichen Organisationsprinzipien kompatibel sind. Allerdings sind Modifikationen der bestehenden Institutionen bereits oben angedeutet worden. Ihnen wird im folgenden besonders nachzugehen sein.

1. Die Gliederung des Systems genossenschaftlicher Umwelthaftung

Die gesetzliche Unfallversicherung ist in die drei Bereiche der allgemeinen, der landwirtschaftlichen und der See-Unfallversicherung gegliedert. Aus umweltpolitischer Perspektive besteht hier kein Änderungsbedarf. Im Mittelpunkt des Interesses und auch der vorliegenden Arbeit steht jedoch die allgemeine Unfallversicherung, die Handel, Gewerbe, Industrie sowie alle Einrichtungen der öffentlichen Hand umfaßt.

Andererseits kann nicht verkannt werden, daß auch im Bereich der Landwirtschaft und der Seeschiffahrt umweltpolitischer Handlungsbedarf bestehen kann. Beispielhaft sind die Belastung des Trinkwassers mit Rückständen von Schädlingsbekämpfungs- und Düngemitteln und die Gefährdung des Meerwassers durch Unfälle auf Schiffen, die gefährliche Stoffe transportieren, zu nennen. Für die Unfallversicherung der Seefahrt ist nur eine einzige Berufsgenossenschaft, die See-Berufsgenossenschaft zuständig. Die landwirtschaftlicher Unfallversicherung wird von einer Vielzahl landwirtschaftlicher Berufsgenossenschaften regionalen Zuschnitts wahrgenommen. In beiden Fällen ist die Ankoppelung der Umweltschutzaufgabe relativ einfach möglich. Die folgende Erörterung konzentriert sich daher auf den problematischen Bereich der allgemeinen Unfallversiche-

---

[352] Vgl. oben, E II.

rung. Die dafür entwickelten Lösungen könnten bei Bedarf auf die Bereiche Landwirtschaft und Seefahrt übertragen werden.

2. Genossenschaften und Eigenunfallversicherungsträger

Die gesetzliche Unfallversicherung kennt drei Arten von Versicherungsträgern, die Berufsgenossenschaften, die Eigenunfallversicherungsträger und die Gemeindeunfallversicherungsverbände, also die Gebietskörperschaften. Immerhin wird der Großteil der Unternehmen der öffentlichen Hand in Berufsgenossenschaften organisiert sein, nämlich dann, wenn sie rechtlich selbständige Privatrechtssubjekte, etwa Kapitalgesellschaften, sind. Bedauerlich ist es trotzdem, wenn etwa kommunale Heizwerke, die in der Rechtsform des Regie- oder des Eigenbetriebs geführt werden, nicht der für Kraftwerke zuständigen Berufsgenossenschaft der Feinmechanik und Elektrotechnik angehören würden. Die Einführung eines kollektiven Haftungssystems für Umweltschäden sollte an der Unterscheidung von Berufsgenossenschaften und Eigenunfallversicherungsträgern aber nichts ändern. Gemildert werden die Nachteile der Differenzierung immerhin dadurch, daß gemäß § 767 Abs. 2 Nr. 5 RVO auch die Eigenunfallversicherungsträger die Unfallverhütungsvorschriften der einschlägigen Berufsgenossenschaft zu berücksichtigen haben.

Im Rahmen der Regelung einer genossenschaftlichen Umwelthaftung besteht eine weitere Möglichkeit zur Einbeziehung der Gebietskörperschaften in die Arbeit der Berufsgenossenschaften. Möglich wäre es, die Kommunen an den gemeinsamen, regional zuständigen Entschädigungsstellen der Berufsgenossenschaften zu beteiligen. Darauf ist sogleich zurückzukommen.

3. Gliederung der Berufsgenossenschaften

Die Entscheidung für das Festhalten am Prinzip fachlicher Gliederung auch der für den Bereich des Umweltschutzes zuständigen Genossenschaften ist oben mit Präventions- und Kostenerwägungen begründet worden. Von den vorhandenen 34 gewerblichen Berufsgenossenschaften ist also im folgenden auszugehen[353].

Auf notwendige Modifizierungen an dem heute bestehenden System ist gleichfalls schon oben hingewiesen worden[354]. Jedenfalls für den weiten Bereich der emittentennahen Schäden wären regionale Genossenschaften an sich das richtige Haftungssubjekt. Bliebe es bei der überregionalen, zentralen Organisation der

---

353 Vgl. die in der Anlage zu § 646 Abs. 1 RVO aufgeführten Berufsgenossenschaften.

354 Vgl. oben, E II 3.

Berufsgenossenschaften, so würde die Abwicklung eines jeden Umweltschadens umfangreiche und kostspielige Aufklärungsarbeit der Zentrale vor Ort und die mühselige Aufhellung der Verursachungsanteile unterschiedlicher Gewerbezweige zur Durchführung des Binnenregresses erfordern. Aus Kostengründen, wie auch zur Gewährleistung eines schnellen Entschädigungsverfahrens, ist deshalb ein Teil der Organisation der Berufsgenossenschaften zur Wahrnehmung der Aufgabe des Ausgleichs von Umweltschäden zu regionalisieren. Möglich wäre etwa eine Zusammenarbeit der regionalen Untergliederungen der Berufsgenossenschaften, also der Bezirksverwaltungen.

Schon aus den eben dargestellten Kostenüberlegungen heraus besteht grundsätzlich ein Eigeninteresse der in einem Raum vertretenen Genossenschaften an Zusammenarbeit im Bereich der Umweltschutzaufgabe. Zu erwägen ist deshalb, in diesem Bereich Spielraum zur Eigeninitiative zu gewähren. Den Emittenten eines Gebiets könnte etwa die Möglichkeit eingeräumt werden, eine regional zuständige Umweltgenossenschaft zu gründen. Um eine Doppelmitgliedschaft der Unternehmen zu vermeiden und um den Sachverstand und die Erfahrung der Berufsgenossenschaften zu nutzen, könnte eine solche Organisation von den Bezirksverwaltungen der Berufsgenossenschaften der in dem jeweiligen Raum vertretenen Gewerbezweige getragen und verwaltet werden. Voraussetzung der Zulassung auf einem freiwilligen Zusammenschluß beruhender, regionaler Organisationen sollte aber die Vertretung aller Emittenten eines Raums sein. Zu beteiligen wären also die Berufsgenossenschaften sämtlicher Gewerbezweige, die in dem jeweiligen Gebiet vertreten sind. Andernfalls existiert wieder keine Stelle, die Schadensersatzbegehren aller über den Umweltpfad Geschädigten bearbeitet und abwickelt sowie die dabei entstehenden Kosten auf die Berufsgenossenschaften der an der Schadensentstehung beteiligten Unternehmen umlegt. Weiterhin könnte das Trittbrettfahrerverhalten der Berufsgenossenschaften einzelner Emittenten die Effektivität des Zusammenschlusses mindern, wenn diese hoffen, durch Fernbleiben von dem regionalen Zusammenschluß von Ersatzansprüchen gänzlich verschont zu bleiben und die Früchte der gemeinsamen Bemühungen um die Verminderung der Schadstoffbelastung mitgenießen zu können[355]. Diese Überlegungen haben auch zur Abschaffung der im Preußischen Gesetz über die Bildung von Wassergenossenschaften vom 1. 4. 1879[356] noch vorgesehenen freien Wassergenossenschaften ohne Beitrittszwang durch § 151 WVVO geführt[357].

Um die freiwillige Bildung regionaler, von den zuständigen Berufsgenossenschaften getragener, Zusammenschlüsse der in einem Gebiet vertretenen Emittenten anzuregen und als Ersatz im Falle des Nichtzustandekommens derartiger

355 Zum free-rider-Problem vgl. nur: *Schäfer / Ott*, Ökonomische Analyse des Zivilrechts, S. 74.

356 PrGS, S. 297.

357 *Bochalli / von Arenstorff*, Wasserverbandrecht, S. 2.

Vereinigungen sollte legislatorisch ihre zwangsweise Etablierung vorgesehen werden. Die Wirksamkeit einer solchen Verfahrensweise zur Stimulierung von Eigenintiative zeigt etwa die Regelung des § 13 PflVG. Nachdem der Staat in § 13 Abs. 1 PflVG die Schaffung einer öffentlich-rechtlichen Anstalt zur Entschädigung von Verkehrsopfern vorgesehen hatte, die durch Beiträge der KFZ-Haftpflichtversicherer zu finanzieren gewesen wäre, kam es aufgrund der in § 13 Abs. 2 PflVG eröffneten Möglichkeiten zur Gründung eines von den KFZ-Haftpflichtversicherern getragenen Vereins, der die Entschädigungsaufgabe in Eigenregie durchführt[358].

Zu klären bleiben noch die Einzelheiten dieses subsidiären, gesetzlichen Organisationsmodells. Um Verwaltungskosten zu sparen und den berufsgenossenschaftlichen Sachverstand zu nutzen, sind die Berufsgenossenschaften der Emittenten eines Raumes durch ihre Bezirksverwaltungen zur Bildung einer Organisation zu verpflichten, die die Aufgabe der Entschädigung von Umweltschäden wahrnimmt. Auch die Eigenunfallversicherungsträger und die Gemeindeunfallversicherungsverbände, also die Gebietskörperschaften, wären zu beteiligen. Das für den Zusammenschluß maßgebende Gebiet sollte sich durch eine relative Homogenität der Immissionsbedingungen auszeichnen, um die Zuordnung eines Schadens zu den wirklichen Verursachern zu erleichtern. Zu den Aufgaben der regionalen Stellen sollte zählen, Entschädigungsbegehren Betroffener entgegenzunehmen und zu prüfen, ggfs. Kompensationsleistungen zu erbringen und schließlich die dabei entstehenden Kosten nach Maßgabe der Verursachungsanteile der jeweiligen Gewerbezweige auf die beteiligten Berufsgenossenschaften umzulegen.

4. Verfassung und Selbstverwaltung der Berufsgenossenschaften und der regionalen Stellen zum Ausgleich von Umweltschäden

Bei der Erörterung der Verfassung und Selbstverwaltung der mit der Wahrnehmung der Aufgabe der Entschädigung von Umweltschäden betrauten Organisationen ist einerseits zwischen den Berufsgenossenschaften und den regionalen Entschädigungsstellen, andererseits zwischen der Art und den Kompetenzen der Organe sowie ihrer Zusammensetzung zu unterscheiden.

a) Verfassung und Selbstverwaltungsrecht der Berufsgenossenschaften

Die Organe der Berufsgenossenschaften, also Vertreterversammlung, Vorstand und Geschäftsführer, sind mit ihren Kompetenzen oben dargestellt worden[359].

[358] BMJ-Bericht, S. 345.

[359] Vgl. oben, D II 6 e bb.

Umweltspezifische Besonderheiten bestehen hinsichtlich der Verwaltung der Berufsgenossenschaften durch die genannten drei Organe nicht.

Problematisch ist allerdings die Zusammensetzung der Selbstverwaltungsorgane, also von Vorstand und Vertreterversammlung. Zwar sind gemäß § 658 Abs. 1 RVO nur die Unternehmer Mitglieder der Berufsgenossenschaften, jedoch sind die Selbstverwaltungsorgane wegen § 44 Abs. 1 Nr. 1 SGB IV paritätisch durch Vertreter der Arbeitgeber und der Arbeitnehmer zu besetzen[360]. Während diese Regelung für das Unfallversicherungsrecht, das ausschließlich die Unternehmer und die Arbeitnehmer betrifft, sachgerecht ist, scheint die Erweiterung der Aufgaben der Berufsgenossenschaften um die des Umweltschutzes eine Änderung der Zusammensetzung der Organe zu erfordern.

Die Mitwirkung der Betroffenen an der Verwaltung der eigenen Angelegenheiten ist der Inhalt der sog. politischen Selbstverwaltung[361]. Die Partizipation der Betroffenen gibt Raum zur Eigeninitiative, weckt das Interesse an der gemeinsamen Aufgabe und gestattet auch eine wirksame Kontrolle der Verbandstätigkeit[362]. Soll die politische Selbstverwaltung der Berufsgenossenschaften auch nach Erweiterung ihrer Aufgaben um die des Umweltschutzes erhalten werden, wären also die von Umweltbeeinträchtigungen potentiell Betroffenen an der Verwaltung der Berufsgenossenschaften zu beteiligen. Opfer eines umweltbedingten Schadens kann jedoch grundsätzlich jeder Bürger der Bundesrepublik Deutschland werden. Um echte politische Selbstverwaltung herzustellen, wären also Vertreter der Gesamtgesellschaft an der Verwaltung der Berufsgenossenschaften zu beteiligen. Repräsentanten der Bevölkerung insgesamt sind gemäß Art. 38 Abs. 1 S. 2 GG vor allem die Mitglieder des Bundestages. Die Vertreterversammlungen und Vortände von 34 gewerblichen Berufsgenossenschaften teilweise mit Bundestagsabgeordneten zu besetzen, dürfte jedoch nicht möglich sein. Möglich wäre aber, auch die Mitglieder der Landesparlamente einzubeziehen. Denkbar wäre auch, Vertretern von Naturschutzverbänden das Partizipationsrecht zu übertragen. Wege zur Beteiligung von Repräsentanten der Gesamtbevölkerung an der Verwaltung der Berufsgenossenschaften bestehen also.

Sehr fraglich ist dagegen, ob eine Änderung der Verfassung der Berufsgenossenschaften im Interesse der Aufgaben der Verhütung und Entschädigung von Umweltschäden auch praktisch möglich und zu empfehlen ist. Die paritätische Selbstverwaltung aller Sozialversicherungsträger ist einheitlich im Vierten Buch des Sozialgesetzbuchs festgeschrieben worden. Sonderrecht für bestimmte Sozialversicherungszweige existiert jedoch seit jeher. So bestehen im Bereich der Unfallversicherung Sonderregeln für die landwirtschaftlichen Berufsgenossen-

---

360 Vgl. oben, D II 6 e bb.

361 Vgl. oben, D II 6 e bb, dd.

362 *Hendler*, SRH, 6, Rn. 17 ff.; Selbstverwaltungsbericht der Bundesregierung, BT-Drucks. VII/4244, S. 5 ff.

schaften. Deren Organe sind nicht je zur Hälfte mit Vertretern der Arbeitgeber und der Versicherten, sondern drittelparitätisch mit Repräsentanten der Arbeitgeber, der Selbständigen ohne fremde Arbeitskräfte und der Arbeitnehmer besetzt (§ 44 Abs. 1 Nr. 2 SGB IV). Entsprechend könnte die Zusammensetzung der Organe der gewerblichen Berufsgenossenschaften im Sinne der Drittelparität geändert und zusätzlich zu den Arbeitgebern und Arbeitnehmern könnten Repräsentanten der Gesamtbevölkerung beteiligt werden. Indessen besteht zwischen einer solchen Regelung der Verfassung einer Genossenschaft und der für die landwirtschaftliche Unfallversicherung geltenden ein wesentlicher Unterschied. Die in den Organen der landwirtschaftlichen Berufsgenossenschaften repräsentierten Gruppen sind sämtlich und insgesamt von der Tätigkeit und den Regelungen der Versicherungsträger betroffen. Die Entscheidungen über Unfallverhütung, Erste Hilfe und Entschädigung von Unfällen im Bereich der Landwirtschaft berühren sowohl die Unternehmer und Arbeitnehmer als auch die Selbständigen. Völlig anders wäre die Situation, wenn die Organe der gewerblichen Berufsgenossenschaften um Repräsentanten der Allgemeinheit erweitert würden. Der Umweltschutz und die Entschädigung umweltbedingter Einbußen wären alleinige Angelegenheiten der Unternehmer und der Vertreter der Bevölkerung, die Arbeitnehmer hätten hier kein Mitspracherecht. Genau umgekehrt ist es im Bereich des Arbeitsschutzes; hier hätte der Vertreter der Allgemeinheit kein Recht, bei Angelegenheiten von Arbeitgebern und Arbeitnehmer mitzubestimmen. Die Entsendung von Vertretern der Allgemeinheit in die Organe der Berufsgenossenschaften hätte also zur Konsequenz, daß de facto jeweils zwei Organe zu bilden wären, nämlich eine Vertreterversammlung und ein Vorstand aus den Repräsentanten der Unternehmer und der Bevölkerung zur Regelung der Fragen des Umweltschutzes sowie die herkömmlichen Organe für die Angelegenheiten des Arbeitsschutzes. Eine solche Verdoppelung der Organe ist schwerfällig und unpraktikabel[363]. Ob sie gleichwohl verwirklicht werden sollte, hängt von der Einschätzung der Aufgaben der Selbstverwaltungsorgane und den tatsächlichen Schwerpunkten ihrer Tätigkeit ab.

Vorstand und Vertreterversammlung obliegt die Verwaltung des Versicherungsträgers und die Entscheidung über alle grundsätzlichen Fragen der Verbandspolitik. Der Spielraum beider Organe wird indessen durch die über die Sozialversicherungsträger wachende Staatsaufsicht stark eingeschränkt[364]. Insbesondere die Kontrollfunktion der Vertreterversammlung ist in zunehmenden Maße auf die Aufsichtsbehörden übergegangen[365]. Gemäß § 87 Abs. 1 SGB IV unterliegen die Sozialversicherungsträger zwar nur der Rechtsaufsicht, die Einbe-

---

363 Gegen die Einführung der Drittelparität zur Beteiligung der Versicherten, die nicht Arbeitnehmer sind, auch der Selbstverwaltungsbericht der Bundesregierung, BT-Drucks. VII/4244, S. 11.

364 Vgl. oben, D II 6 e cc.

365 Selbstverwaltungsbericht der Bundesregierung, BT-Drucks. VII/4244, S. 9.

ziehung von Verwaltungsvorschriften in den Prüfungsmaßstab hat diese Beschränkung jedoch praktisch wieder aufgehoben[366]. Vor allem aber die immer detailliertere Regelung des Sozialrechts durch den Gesetzgeber hat den Handlungsspielraum der Selbstverwaltungsorgane immer weiter eingeschränkt und auf Randzonen abgedrängt[367]. Das BVerfG hat die Sozialversicherungsträger als „dem Staat eingegliederte Körperschaften des öffentlichen Rechts" bezeichnet, deren Aufgabe der „Vollzug einer detaillierten Sozialgesetzgebung, gleichsam nach Art einer übertragenen Staatsaufgabe" sei[368]. Diese Einschätzung legt es nahe, den Spielraum der Selbstverwaltung in der Sozialversichrung nicht überzubewerten. Nach dem Urteil der Literatur tendiert der Spielraum der Sozialversicherungsträger „de facto gegen Null"[369], hat die Rede von der Selbstverwaltung der Sozialversicherung „keinen Sinn" mehr[370].

Für den Bereich der Unfallversicherung kann dieser pessimistischen, teilweise am Ideal privatautonomer genossenschaftlicher Selbstverwaltung im letzten Jahrhundert orientierten[371], Einschätzung nicht zugestimmt werden. Spielräume zu eigenverantwortlichen Entscheidungen bestehen hier insbesondere im Bereich der Präventionsmaßnahmen[372]. Die Einengung des Entscheidungsspielraums auf der Leistungsseite durch detaillierte gesetzliche Regelungen ist allerdings wegen Art. 3 Abs. 1 GG unvermeidlich[373]. Gleichwohl bleiben auch hier Spielräume, insbesondere bei der Entscheidung über die Anerkennung eines Schadens als Versicherungsfall. Gerade bei umweltbedingten Schäden, die in der Regel auf einer Vielzahl komplexer Ursachenketten beruhen[374], wird für die tatsächliche Praxis eines Entschädigungssystems viel von der Art und Zusammensetzung derjenigen Stellen abhängen, die über das Vorliegen der Entschädigungsvoraussetzungen im Einzelfall entscheiden. Bei den Berufsgenossenschaften wird diese Aufgabe von den sog. Rentenausschüssen wahrgenommen, die paritätisch durch einen Arbeitgeber- und einen Versichertenvertreter besetzt sind und verbindlich darüber zu entscheiden haben, ob ein Arbeitsunfall oder eine Berufskrankheit vorliegt[375]. Wird der Ausgleich eines Schadens abgelehnt und legt der Geschädigte Widerspruch ein, entscheidet eine wiederum paritätisch besetzte Widerspruchsstelle[376].

---

366 *Schnapp,* FS von Unruh, S. 881 (896).

367 *Schnapp,* FS von Unruh, S. 881 (892 f.); *Wertenbruch,* FS Peters, S. 203 (214).

368 BVerfGE 39, 302 (313 f.).

369 *Schnapp,* FS von Unruh, S. 881 (884).

370 *Wertenbruch,* FS Peters, S. 203 (216).

371 So *Wertenbruch,* FS Peters, S. 203 (208 ff.).

372 Vgl. oben, D II 6 e dd.

373 Selbstverwaltungsbericht der Bundesregierung, BT-Drucks. VII/4244, S. 5.

374 Vgl. oben, A V 2.

375 Selbstverwaltungsbericht der Bundesregierung, BT-Drucks. VII/4244, S. 17.

376 Selbstverwaltungsbericht der Bundesregierung, BT-Drucks. VII/4244, S. 17.

Die zuletzt genannten Aufgaben sollen nach dem hier unterbreiteten Regelungsvorschlag jedoch nicht den bundesweit operierenden Berufsgenossenschaften, sondern den regionalen Zusammenschlüssen ihrer Bezirksverwaltungen obliegen. Dort sind Gremien zu bilden, die über das Vorliegen der Voraussetzungen des Entschädigungstatbestandes zu entscheiden haben. Auf dieser Ebene wäre dann auch die Partizipation der Betroffenen zu verwirklichen. Ein Bedürfnis nach Beteiligung der Öffentlichkeit an der berufsgenossenschaftlichen Selbstverwaltung auf Bundesebene könnte dann nur noch im Bereich der Prävention bestehen. In diesem Bereich erscheint es jedoch als vertretbar, auf das Eigeninteresse der Unternehmer an der Minimierung der Entschädigungslasten zu vertrauen und im übrigen die Fachaufsicht im Bereich der Unfallverhütung nach § 87 Abs. 2 SGB IV auf die Überwachung der Anstrengungen der Berufsgenossenschaften um die Vermeidung von Umweltschäden zu erstrecken.

Auf die Erweiterung der Selbstverwaltungsorgane der Berufsgenossenschaften um Vertreter der Allgemeinheit sollte nach allem verzichtet werden.

b) Verfassung und Selbstverwaltung der regionalen Entschädigungsstellen

Wie soeben angedeutet, ist die Partizipation der Allgemeinheit auf der Ebene der regionalen Zusammenschlüsse der Berufsgenossenschaften, die über die Gewährung einer Entschädigung und die Lastenverteilung auf die beteiligten Genossenschaften zu befinden hätten, geboten. Während die Interessen von Arbeitgebern und Arbeitnehmern bei Angelegenheiten, die den Arbeitsschutz betreffen, oft entgegengesetzt sind, können sie im Bereich des Umweltschutzes, vermittelt durch die jeweiligen Interessen an Gewinnerzielung und sicheren Arbeitsplätzen, gleichgerichtet sein. In Japan ist es im Zusammenhang mit der Minamata-Katastrophe zur Kollusion von Unternehmern und Arbeitern des Methylquecksilber ableitenden Chemiewerks bei der Vertuschung der Urheberschaft der Gesundheitsschäden gekommen[377]. Die Besetzung der für Entschädigungsfragen zuständigen Entscheidungsgremien allein mit den Betreibern umweltbelastender Unternehmen und ihren Angestellten begründet also die Gefahr eines Zusammenspiels der beiden Gruppen zu Lasten der Opfer von Umweltschäden. Die Partizipation der potentiell Betroffenen ist in diesem Bereich also geboten.

Fraglich ist, wie sie gewährleistet werden kann. Denkbar wäre die unmittelbare Wahl der Vertreter der Allgemeinheit in die Gremien der regionalen Entschädigungsstellen, etwa im Zusammenhang mit der Kommunalwahl. Dagegen spricht jedoch, daß die Entsendung qualifizierter und sachkundiger Repräsentanten angesichts der Komplexität der zu beurteilenden Fragen gesichert sein sollte. Allgemeine Wahlen gewährleisten in der Regel aber nicht die Auswahl gerade beson-

---

377 *Tsuru / Weidner*, Ein Modell für uns, S. 28 f.

ders sachkundiger Kandidaten. Auch ein Bedürfnis der Bevölkerung nach Wahl eines Vertreters in ein Gremium einer Entschädigungsstelle besteht wohl nicht. Die deprimierenden Erfahrungen, die mit den Sozialwahlen nach §§ 45 ff. SGB IV gemacht wurden, und das durch Umfragen deutlich gewordenen Desinteresse der Allgemeinheit an der Arbeit der Selbstverwaltungsorgane der Sozialversicherungsträger raten dringend von einer Vermehrung unmittelbarer Wahlrechte zur direkten Beeinflussung der Arbeit unterstaatlicher Organisationen ab[378].

Die Beteiligung der Öffentlichkeit könnte aber durch die Entsendung von Vertretern der Gebietskörperschaften in die Gremien einer regional zuständigen Entschädigungsstelle der Berufsgenossenschaften sichergestellt werden. Diese Verfahrensweise hat sich im Wasserverbandrecht bewährt. Die Beteiligung der Kommunen an der Verwaltung des Großen Erftverbandes etwa diente erklärtermaßen dem Ziel, die Umsetzung des durch die Verbandsgründung bezweckten Interessenausgleichs zwischen dem Braunkohlebergbau und der Allgemeinheit zu überwachen[379]. Die Wahrnehmung der Interessen der Opfer von Umweltschäden durch Vertreter von Kommunen und Landkreisen ist auf der Ebene der regionalen Entschädigungsstellen möglich. Einzubeziehen wären alle Kommunen und Kreise, auf deren Gebiet sich die Zuständigkeit einer regionalen Entschädigungsstelle erstreckt. Die Gemeinden und Landkreise sind für diese Aufgabe geeignet, weil in ihrem Bereich Wissen über die örtlichen Verhältnisse und den regionalen Umweltstandard vorhanden ist. Zudem sind sie mit der Durchführung der Umweltverwaltung betraut. Die Entsendung kompetenter Personen in die Entscheidungsgremien ist damit sichergestellt. Auch die Beteiligung der Gebietskörperschaften als Eigenunfallversicherungsträger auf der Gegenseite spricht nicht gegen die effektive Wahrnehmung der Interessen der Opfer. Zum einen sind die meisten Gemeinden und Landkreise in Gemeindeunfallversicherungsverbänden nach § 656 Abs. 2 RVO organisiert, wären also an den regionalen Entschädigungsstellen gar nicht direkt auf der Seite der Schädiger beteiligt. Zum anderen ist die Wahrnehmung gegenläufiger Interessen durch verschiedene Teile eines Verbandes möglich. Die Wasserbehörde eines Landkreises etwa kann andere Vorstellungen von Umweltschutz vertreten als das für den Betrieb eines Heizkraftwerks zuständige Amt. Eine Doppelstellung der Gemeinden in den regionalen Entschädigungsstellen erweckt also keine Bedenken in bezug auf die Vernachlässigung der Interessen der Opfer der Umweltverschmutzung[380]. Bei etwaigen Mißbräuchen bestünde immer noch die Kontrolle durch die politische Öffentlichkeit, die durch Kommunalwahlen unmittelbaren Einfluß auf die Politik der Gemeinde nehmen kann.

---

378 Vgl. den Selbstverwaltungsbericht der Bundesregierung, BT-Drucks. VII/4244, S. 12, 24 f.

379 Vgl. oben, E II 1 b.

380 *Westermann*, Welche gesetzlichen Maßnahmen zur Luftreinhaltung und zur Verbesserung des Nachbarrechts sind erforderlich?, S. 71.

Insgesamt ist die Beteiligung von Vertretern der Gemeinden und Landkreise an den über die Gewährung einer Entschädigung entscheidenden Gremien ein geeignetes Mittel, die Partizipation der potentiellen Opfer von Umweltschäden an der Verwaltung der Genossenschaften sicherzustellen[381]. Die Entscheidungsinstanzen der regionalen Entschädigungsstellen wären also paritätisch mit Vertretern der Gemeinden und Landkreise und solchen der beteiligten Berufsgenossenschaften zu besetzen.

Offen ist noch, welche Organe bei den regionalen Entschädigungsstellen gebildet werden sollten. Die Unterhaltung von zwei Selbstverwaltungsorganen, Vertreterversammlung und Vorstand, wird schon für bundesweit operierende Sozialversicherungsträger als zu viel des Guten empfunden[382]. Im Interesse der Minimierung der durch ein System genossenschaftlicher Umwelthaftung verursachten Transaktionskosten sollte auf der Ebene der regionalen Entschädigungsstellen so wenig Aufwand wie möglich betrieben werden. Die Beschränkung auf eine paritätisch besetzte Vertreterversammlung ist ausreichend. Die laufenden Verwaltungsgeschäfte sollten einem Hauptverwaltungsbeamten, ähnlich dem Geschäftsführer der Berufsgenossenschaften, übertragen werden. Die Sicherstellung einer neutralen Entschädigungspraxis erfordert schließlich die Partizipation von Vertretern der Allgemeinheit auch in denjenigen Ausschüssen, die über die Gewährung einer Entschädigung bzw. über Widersprüche gegen ablehnende Entschädigungsbescheide zu befinden haben.

Das Selbstverwaltungsrecht der regionalen Entschädigungsstellen wäre auf die Angelegenheiten der Entschädigungsstelle beschränkt. Dazu zählt vor allem die Abwicklung eines Entschädigungsbegehrens einschließlich der Lastenverteilung auf die beteiligten Genossenschaften. Möglich erscheint auch die selbstverantwortliche Regelung der gesamten Finanzierungsseite[383]. Die Präventionsaufgaben sollten dagegen im Zuständigkeitsbereich der nach Branchen gegliederten Berufsgenossenschaften verbleiben. Nur so kann der fachspezifische Sachverstand voll für den Umweltschutz mobilisiert werden.

5. Ergebnis

Die Erweiterung der berufsgenossenschaftlichen Selbstverwaltungsorgane um Repräsentanten der potentiellen Opfer von Umweltschäden, also um Vertreter der Allgemeinheit, empfiehlt sich nicht.

Von den Berufsgenossenschaften sind auf regionaler Ebene Entschädigungsstellen zu schaffen, die mit der Abwicklung von Entschädigungsbegehren und

---

381 Genauso *Westermann*, Welche gesetzlichen Maßnahmen zur Luftreinhaltung und zur Verbesserung des Nachbarrechts sind erforderlich?, S. 71.

382 Selbstverwaltungsbericht der Bundesregierung, BT-Drucks. VII/4244, S. 8 ff.

383 Vgl. dazu unten, E X 6.

mit der Organisation des Binnenregresses unter den beteiligten Genossenschaften zu betrauen sind. Für diese reichen eine Vertreterversammlung und ein Hauptverwaltungsbeamter als Organe aus. Die Vertreterversammlung sowie diejenigen Gremien, die über die Gewährung einer Entschädigung zu entscheiden haben, sind paritätisch mit Repräsentanten der Berufsgenossenschaften und Vertretern der jeweiligen Gemeinden und Landkreise zu besetzen. Die Verhinderung einer opferfeindlichen Entschädigungspraxis ist damit gewährleistet.

IX. Finanzierung des Systems genossenschaftlicher Umwelthaftung

Das Funktionieren eines Modells genossenschaftlicher Umwelthaftung hängt entscheidend von einer praktikablen und wirksamen Finanzierungsregelung ab. Um die Entwicklung ihrer Grundsätze soll es im folgenden gehen.

1. Der finanzierungspflichtige Personenkreis

Die Berufsgenossenschaften werden allein von den Unternehmern finanziert, die Versicherten sind nicht beitragspflichtig[384]. Begründet wird die Konzentration aller Lasten auf die Unternehmer mit der Haftungsersetzungsfunktion der Unfallversicherung. Für den Bereich der Umwelthaftung ist dem in § 636 RVO positivierten Ablöseprinzip jedoch nicht gefolgt worden[385]. Trotzdem ist die Anrechnung der Leistungen der Genossenschaften auf einen u.U. bestehenden zivilrechtlichen Schadensersatzanspruch befürwortet worden. Praktisch kommt es damit also auch im Rahmen der genossenschaftlichen Umwelthaftung im Umfang der Leistungen der Genossenschaften zur Ablösung der zivilrechtlichen Haftung des Emittenten. Zur Finanzierung eben dieser Leistungen sind deshalb allein die Unternehmen der gewerblichen Wirtschaft zu verpflichten. Soweit die Kollektivhaftung über den Umfang einer erweiterten Individual-Haftung für umweltbedingte Schäden hinausgeht, beruht die Pflicht der Umweltverschmutzer zur Tragung der Kosten der Entschädigungsleistungen auf dem oben erarbeiteten Zurechnungsprinzip.

2. Das Finanzierungsverfahren eines Systems kollektiverUmwelthaftung

Die soziale Unfallversicherung finanziert sich durch nachträgliche Umlage der in einem Geschäftsjahr angefallenen Kosten auf die Mitgliedsunternehmen[386].

384 Vgl. oben, D II 7 a.

385 Vgl. oben, E VI 3 b.

386 Vgl. oben, D II 7 b.

Für ein Umlageverfahren spricht zunächst, daß es sehr einfach zu handhaben ist und nur geringe Verwaltungskosten verursacht[387]. Vorauskalkulationen sind nicht erforderlich.

Die Hauptalternative zum Umlageverfahren sind unterschiedliche Spielarten des sog. Kapitaldeckungsverfahrens. Bei diesem wird zusätzlich zu den tatsächlich angefallenen Ausgaben auch der Kapitalwert der in der Zukunft zu befriedigenden Rentenansprüche auf die Mitgliedsunternehmen umgelegt[388]. Dadurch werden Vermögensrücklagen zur Abdeckung absehbarer zukünftiger Ansprüche angesammelt[389]. Der Hauptvorteil von Kapitaldeckungsverfahren im Vergleich zum Umlageverfahren ist die Gewährleistung eines Höchstmaßes an Beitragsgerechtigkeit. Bei einem reinen Umlageverfahren tragen die in einem bestimmten Zeitpunkt beitragspflichtigen Unternehmen die Altlasten ihrer Vorgänger mit[390]. So ist es etwa gang und gäbe, daß die Berufsgenossenschaften Entschädigungsleistungen für Unfälle erbringen, die 70 bis 80 Jahre zurückliegen[391]. Die Überwälzung dieser Kosten auf die heute aktiven Unternehmen ist volkswirtschaftlich falsch und begünstigt Fehlallokationen. Andererseits wird die Chance, Anreize zu schadensvermeidendem Verhalten zu geben, vertan, wenn ein Unternehmen darauf hoffen kann, von den künftigen Folgen seiner Aktivitäten verschont zu werden. An diesen Mängeln ändert auch ein etwaiger Ausgleich über die Unternehmensgenerationen hinweg, nach dem jede Unternehmensgeneration die Altlasten ihrer Vorgänger abträgt und ihren Nachfolgern die eigenen hinterläßt[392], nichts.

Der Nachteil des reinen Umlageverfahrens in bezug auf Altschäden ist gerade im Zusammenhang mit der Unfallversicherung deutlich geworden. Die Bergbau-Berufsgenossenschaft war seit Anfang der 60er Jahre nicht mehr in der Lage, die von ehemaligen und heute noch bestehenden Unternehmen des Bergbaus zu verantwortenden Entschädigungslasten aufzubringen. Noch 1980 überstieg die Belastungsquote der Bergbau-Berufsgenossenschaft, also die Summe der auf 100 DM Entgelt entfallenden Entschädigungslasten, den Durchschnittssatz aller übrigen gewerblichen Berufsgenossenschaften um das 16,5-fache[393]. Zum Teil jedenfalls ist die Höhe der Entschädigungsverpflichtungen der Bergbau-Berufsgenossenschaft auch die Folge laxer Sicherheitsvorkehrungen in Boomzeiten des

---

387 *Schulz*, Gefahrtarif und Risikoausgleich, S. 41.

388 *Brackmann*, Hdb. der Sozialversicherung, S. 540 c; *Rengert*, FS Lauterbach, S. 95 (98); *Schmähl*, SRH, 4, Rn. 30 f.; *Schulz*, Gefahrtarif und Risikoausgleich, S. 37 ff. Zu versicherungstheoretischen Fragen alternativer Finanzierungsprinzipien der Rentenversicherung *Thullen*, ZVersWiss 69, S. 89 ff.

389 *Schmähl*, SRH, 4, Rn. 30 f.; *Schulz*, Gefahrtarif und Risikoausgleich, S. 37 f.

390 *Schulz*, Gefahrtarif und Risikoausgleich, S. 38 f.

391 *Schulz*, Gefahrtarif und Risikoausgleich, S. 134.

392 *Schulz*, Gefahrtarif und Risikoausgleich, S. 39.

393 *Wohlberedt*, FS Lauterbach, Bd. 2, S. 315 (321).

Bergbaus Ende der 40er und Anfang der 50er Jahre[394]. Die Kosten dieser Verfahrensweise fallen nun nicht mehr den damaligen Bergbau-Unternehmen, sondern der Wirtschaft insgesamt zu Last. Der Fall der Bergbau-Berufsgenossenschaft und die zu seiner Bewältigung eingesetzten Mittel begünstigen ein Verhalten, das im Interesse kurzfristiger Vorteile langfristige Verpflichtungen auf spätere Unternehmensgenerationen und schließlich die Wirtschaft insgesamt abzuwälzen versucht.

Neben seinen Vorteilen müssen allerdings auch die Nachteile des Kapitaldeckungsverfahrens gesehen werden. Zu diesen zählt, daß die angesammelte Kapitalreserve ständig dem Risiko unterliegt, durch eine Inflation vernichtet zu werden[395]. Die deutsche Rentenversicherung etwa hat ihre gesamten Reserven zwei Mal verloren. Nach dem zweiten Mal, nach dem zweiten Weltkrieg, blieb dann nichts anderes übrig, als zum Umlageverfahren überzugehen[396]. Praktisch werden die Kosten der Leistungen dann von zwei Generationen doppelt aufgebracht[397].

Neben diesen abstrakten Vor- und Nachteilen der beiden Verfahren sind vor allem die Besonderheiten eines kollektiven Haftungssystems für Umweltschäden zu berücksichtigen. Umweltbedingte Schäden unterscheiden sich von Arbeistsunfällen. Im Zusammenhang mit den für ein Entschädigungssystem für Umweltschäden zu wählenden Finanzierungsprinzipien ist die hohe Latenzzeit vieler Umweltschäden von besonderer Bedeutung. Es wäre theoretisch möglich, den Kapitalwert der in einem Geschäftsjahr infolge von Arbeitsunfällen begründeten Rentenansprüche zu berechnen und auf die in diesem Zeitraum beitragspflichtigen Unternehmen umzulegen. Bei Berufskrankheiten ist dieses Prinzip schon nicht mehr vollständig durchführbar, weil die Mehrzahl der Krankheiten nicht plötzlich innerhalb eines Geschäftsjahres entsteht, sondern sich über lange Zeiträume entwickelt und u.U. erst lange nach Ausübung der gesundheitsschädlichen Tätigkeit zum Ausbruch kommt. Hier, und in noch stärkerem Maße bei Schäden infolge von Umwelteinwirkungen, sind Fehlzurechnungen unvermeidlich. Um eine größtmögliche Nähe zur periodengerechten Kostenanlastung zu wahren, könnte bei Krankheiten immerhin aber im Zeitpunkt ihres Ausbruchs eine Kapitalisierung der Rente erfolgen. Dieser Wert wäre dann auf die Beitragszahler umzulegen[398]. Je weiter jedoch der Zeitpunkt der Manifestation einer Krankheit vom Zeitpunkt des Beginns der Exposition des Geschädigten entfernt ist, desto zweifelhafter werden die Gewinne an Beitragsgerechtigkeit, die ein Kapitaldeckungsverfahren verspricht.

---

394 *Schulz*, Gefahrtarif und Risikoausgleich, S. 246.

395 *Schulz*, Gefahrtarif und Risikoausgleich, S. 38.

396 *Thullen*, ZVersWiss 69, S. 89 (93).

397 *Schulz*, Gefahrtarif und Risikoausgleich, S. 38.

398 Diese Vorgehensweise entspräche etwa dem sog. Rentenwertumlageverfahren, vgl. dazu *Thullen*, ZVersWiss 69, S. 89 (96 f.).

Insgesamt ist deshalb auch für die Finanzierung der durch Umweltbeeinträchtigungen ausgelösten Entschädigungsleistungen vom Umlageverfahren auszugehen. Die mit der Emission von Schadstoffen verbundenen langfristigen Gefahren dürfen allerdings nicht unberücksichtigt bleiben. Aus präventiver und allokativer Perspektive wäre die Umlage allein der laufenden Kosten auf die Beitragszahler unvertretbar. Von einer solchen Regelung gingen keinerlei Anreize zur Minimierung langfristiger Umweltrisiken aus. Zukünftige Aktivitäten würden im Interesse der Entlastung gegenwärtiger Aktivitäten von den Kosten ihrer externen Effekten verteuert. Neben dem im Umweltbereich unpraktikablen Kapitaldeckungsverfahren kommt eine andere Verfahrensweise in Betracht, die ebenfalls auf langfristige Beitragsgerechtigkeit im Interesse von Prävention und Allokationseffizienz hinwirken kann. Eine verursachergerechte, auch langfristige Risiken einkalkulierende Lastenverteilung kann durch die Verpflichtung zur Bildung hoher Rücklagen angestrebt werden[399]. Darauf ist zurückzukommen[400].

3. Grundsätze der Beitragsbemessung

Im folgenden geht es um den Maßstab, nach dem die Kosten der zur Kompensation umweltbedingter Schäden zu erbringenden Entschädigungsleistungen auf den Kreis der Genossenschaftsmitglieder umgelegt werden sollen. Die Voraussetzungen der genossenschaftlichen Einstandspflicht für umweltbedingte Schäden sind oben unter steter Beachtung der Ziele der Umweltvorsorge und Allokationseffizienz erarbeitet worden. Dabei ist fingiert worden, es gehe um die Haftung des einzelnen Emittenten selbst. Tatsächlich geht es aber um den Tatbestand einer kollektiven Umwelthaftung. Auf die Gefahr, daß die Anreizwirkungen des Haftungsrechts durch Verlagerung der Schadenskosten auf eine Versicherung wieder zunichte gemacht wird, ist bereits mehrfach hingewiesen worden[401].

Die Vorgehensweise, bei der Bestimmung der Haftungsvorsaussetzungen anstelle des Kollektivs fiktiv den Einzelverursacher zu setzen, war gleichwohl gerechtfertigt. Die Erhaltung der Anreize des Schadensersatzrechts auch bei Einschaltung einer Haftpflichtversicherung ist möglich. Eine unter Steuerungsgesichtspunkten vollkommene Versicherung ist so ausgestaltet, daß die Höhe der von einem Versicherungsnehmer zu leistenden Prämie genau dem erwarteten durch ihn verursachten Schaden zuzüglich der Verwaltungskosten der Versicherung entspricht[402]. Für den danach entscheidenden Wert des „erwarteten Schadens" sind zwei Faktoren maßgeblich: die Schadenshöhe und die Eintrittswahr-

---

399 *Schulz,* Gefahrtarif und Risikoausgleich, S. 40, 44, 47.

400 Vgl. unten, unter 5.

401 Vgl. oben, C II 4.

402 *Adams,* Ökonomische Analyse der Gefährdungs- und Verschuldenshaftung, S. 212 f.; *Schäfer / Ott,* Ökonomische Analyse des Zivilrechts, S. 101 f.

scheinlichkeit[403]. Nach dem Recht der gesetzlichen Unfallversicherung richtet sich die Höhe des von einem Unternehmen zu leistenden Beitrags nach der Lohnsumme und dem Grad der Unfallgefahr[404]. Von beidem hängt die Wahrscheinlichkeit des Schadenseintritts und die Höhe des Schadens ab. Eine risikogerechte Festsetzung der Beitragshöhe wird also auch im Unfallversicherungsrecht angestrebt.

Die Umlage der Aufwendungen für den Ausgleich von Umweltschäden kann nicht nach den genannten unfallversicherungsrechtlichen Kriterien erfolgen. Die Anzahl der durch ein Verhalten gefährdeten Personen sowie der Umfang der im Schadensfall zu erbringenden Leistungen hängt nicht von der Anzahl der Beschäftigten eines Unternehmens und der Summe des ihnen gezahlten Entgelts ab. Von Umwelteinwirkungen der Genossenschaftsmitglieder ist die Gesamtbevölkerung und nicht nur die Belegschaft der Unternehmen bedroht. Die Lohnsumme scheidet daher als Bestimmungsfaktor der Beitragshöhe aus. Da jedermann Umweltrisiken ausgesetzt ist, kommt auch die Anknüpfung des Beitragsmaßstabs an die wirtschaftlichen Verhältnisse der durch ein Unternehmen potentiell Geschädigten nicht in Betracht.

Als einziger möglicher Bestimmungsfaktor bleibt dann das Schadensrisiko, das sich aus der Multiplikation der potentiellen Schadenshöhe mit der Eintrittswahrscheinlichkeit ergibt. Bei der Einschätzung des mit einem Unternehmen verbundenen umweltbezogenen Schadensrisikos sind allerdings zwei Arten von Risiken auseinanderzuhalten. Zum einen ist das mit einer Anlage verbundene Störfallrisiko zu erfassen. Mit der Versicherung dieser Gefahr sind die privaten Betriebshaftpflichtversicherer schon seit langem befaßt. Die von ihnen bei der Einschätzung des Störfallrisikos gemachten Erfahrungen sollte sich ein System kollektiver Umwelthaftung zu Nutze machen.

Der zweite Bestimmungsfaktor für die Höhe des Beitrags ist das von einer Anlage im Normalbetrieb ausgehende Schadensrisiko. Für seine Einschätzung sind zwei Gesichtspunkte maßgebend, nämlich die Schädlichkeit der freigesetzten Stoffe und sonstigen Umwelteinwirkungen einerseits, zum anderen die Menge der Emissionen. Von beidem zusammen hängt die Höhe des potentiellen Schadens sowie die Wahrscheinlichkeit seines Eintritts ab. Im Ergebnis wären die Aufwendungen der Genossenschaften zum Ausgleich umweltbedingter Schäden also durch Umweltabgaben zu finanzieren, auf die allerdings Zuschläge zur Erfassung der Störfallrisiken zu erheben wären. Die Umweltökonomie hat die Geeignetheit von Umweltabgaben zur Steuerung umweltbezogenen Verhaltens im Interesse von Umweltvorsorge und Allokationseffizienz herausgearbeitet[405]. Die Übernut-

---

403 *Schäfer / Ott*, Ökonomische Analyse des Zivilrechts, S. 101 f.

404 Vgl. oben, D II 7 c.

405 Vgl.: *Frowein*, Emissionsabgaben; *Lepperdinger*, Umweltsteuer; *Meßerschmidt*, Umweltabgaben; Rat von Sachverständigen für Umweltfragen, Umweltgutachten 1978, BT-Drucks. VIII/1938 Tz. 1791 ff.; *Siebert*, Ökonomische Theorie der Umwelt, S. 43 ff.

zung der Umweltgüter könnte auf ein volkswirtschaftlich sinnvolles Maß reduziert werden, wenn Abgaben auf Schadstoffemissionen Anreize zur Verminderung der Umweltbelastung vermittelten. Die bei der Bemessung der Abgabenhöhe auftretenden Informationsprobleme in bezug auf das angemessene Gesamtaufkommen bestünden nicht[406], wenn das Instrument der Umweltabgabe zur Finanzierung eines Haftungssystems eingesetzt würde. Das Abgabeaufkommen insgesamt wäre dann der Höhe nach durch die Kosten der tatsächlich zu erbringenden Entschädigungsleistungen zuzüglich den Rücklagezuführungen, den Verwaltungskosten und den Aufwendungen der Genossenschaften für die Schadensverhütung begrenzt. Die Umlage der Gesamtkosten auf die einzelnen Umweltnutzer macht dann keine großen Schwierigkeiten.

Alternativ zu der eben vorgeschlagenen Beitragsbemessung nach Art und Menge des emittierten Stoffs käme eine Koppelung der zur Versicherung des Normalbetriebs zu leistenden Beiträge an den Energieverbrauch eines Unternehmens in Betracht. Die Heranziehung dieser Größe hätte den Vorteil, u.U. schwierige Differenzierungen nach dem Gefährdungsgrad des freigesetzten Stoffes sowie damit verbundene kostspielige Kontrollen überflüssig zu machen. Die Anknüpfung an den Energieverbrauch eines Genossenschaftsmitglieds ist jedoch nicht dazu geeignet, den Grad der Umweltgefährdung angemessen zu erfassen und auszudrücken. Wie neuere Statistiken zeigen, sind die die Luft verunreinigenden Schadstoffe nur zum Teil auf Energieumwandlungsprozesse zurückzuführen. Ein großer Teil vor allem der Freisetzungen flüchtiger organischer Verbindungen und Stäube wird durch Produktionsprozesse, etwa die Herstellung von Metallen oder bei der Verwendung chemischer Produkte, zum Beispiel beim Einsatz von Lösungsmitteln oder Farben, verursacht[407]. Zum anderen ist die Erzeugung und der Verbrauch von Energie nicht notwendig mit Schadstoffemissionen verbunden, wie das Beispiel der Wasserkraft zeigt[408]. Gänzlich untauglich ist der Maßstab des Energieverbrauchs bei der Erfassung der von Schadstoffeinleitungen in Gewässer ausgehenden Gefahren.

Im Ergebnis besteht also zur Abdeckung der Normalbetriebsrisiken durch stoff- und mengenrelative Abgaben keine Alternative. Der damit verbundene Verwaltungs- und Kontrollaufwand kann hingenommen werden, weil die Pflicht zur Deckung aller Kosten des Systems den Emittenten Anreize gibt, bei der Erarbeitung sachgerechter Differenzierungen und wirksamer Kontrollmechanismen mitzuarbeiten. Auch hier zeigt sich der Vorteil des Selbstverwaltungsprinzips, das die Betroffenen in den Normvollzug einbindet und damit Widerstände verringert. Der genossenschaftlichen Selbstverwaltung sollte es, wie im Recht

---

406 Zu den bei der Umsetzung des Emissionsabgaben-Konzepts entstehenden Informationsproblemen vgl. nur: Rat von Sachverständigen für Umweltfragen, Umweltgutachten 1978, BT-Drucks. VIII/1938, Tz. 1693.

407 Vgl.: Umweltbundesamt, Daten zur Umwelt, S. 264 f., 270 f.; 276 f.

408 Umweltbundesamt, Daten zur Umwelt, S. 267.

der gesetzlichen Unfallversicherung, auch überlassen bleiben, die Einzelheiten der Beitragsbemessung festzusetzen und dabei weitere Kriterien zur Erfassung des einem Unternehmen innewohnenden umweltbezogenen Gefährdungsgrades zu entwickeln. Anlaufschwierigkeiten bei der richtigen Bemessung der Beiträge sollten einkalkuliert werden. Hier kann jedoch ein iteratives, sich schrittweise an die risikogerechte Beitragshöhe herantastendes Verfahren bei der Überwindung von Wissenslücken und ad hoc und ex ante nicht zu lösender Probleme helfen[409].

Nach allem sollten die den Genossenschaften im Zusammenhang mit den Aufgaben der Verhütung und Entschädigung von Umweltschäden entstehenden Kosten also je nach dem umweltbezogenen Risikopotential eines Unternehmens auf die Mitglieder umgelegt werden. Die Höhe des Beitrags sollte von dem mit dem Betrieb einer Anlage verbundenen Störfallrisiko sowie von der Gefährlichkeit und der Menge der im Noramlbetrieb emittierten Schadstoffe abhängig sein.

4. Bonus-Malus-Verfahren

Die Regelung des § 725 Abs. 2 RVO verpflichtet die Berufsgenossenschaften, nach Anzahl, Schwere und Kosten der in einem Unternehmen auftretenden Arbeitsunfälle Zuschläge zum Beitrag zu erheben oder Beitragsnachlässe bzw. Prämien zu gewähren. Diese Regelung soll den Unternehmen wirtschaftliche Anreize zur Intensivierung der Präventionsanstrengungen vermitteln. Diese sind insbesondere deshalb erforderlich, weil das bei der Berechnung der Beiträge angewendete Gewerbszweigprinzip der Bemessung des Beitrags nach dem individuellen Risikopotential eines Unternehmens entgegensteht[410]. Das damit verbundene moral-hazard-Problem scheint groß gewesen zu sein, denn ein Gutteil der Erfolge der Berufsgenossenschaften bei der Verhütung von Arbeitsunfällen wird der Regelung des § 725 Abs. 2 RVO zugeschrieben[411]. Auch der Gesetzgeber des UVNG bezweckte mit der Verpflichtung der Berufsgenossenschaften zur Durchführung eines Beitragsausgleichsverfahrens die Verstärkung der den Unternehmen vermittelten wirtschaftlichen Anreize zur Unfallverhütung[412].

Beim Entwurf der Finanzierungsregelung einer genossenschaftlichen Umwelthaftung ist von vornherein vom Gewerbszweigprinzip Abstand genommen worden. Seine Nachteile im Vergleich zu dem die individuelle Unfallgefahr relativ genau erfassenden Tätigkeitstarif sind auch im Unfallversicherungsrecht erkannt, im

409 *Meßerschmidt*, Umweltabgaben, S. 170 f.

410 Vgl. oben, D II 7 c.

411 *Lauer*, Prävention und genossenschaftliche Haftung, in: Nicklisch, Prävention, S. 249 (260).

412 Begründung zum UVNG, BT-Drucks. IV/938 S. 23; *Lauterbach-Watermann*, UV, § 725 Anm. 1 a, 8.

Interesse der Minimierung des Verwaltungsaufwands aber hingenommen worden[413]. Wegen der hier vorgeschlagenen strikten Einhaltung des Grundsatzes individuell-risikogerechter Beitragsbemessung besteht für ein zusätzliches Bonus-Malus-Verfahren ein geringeres Bedürfnis als in der Unfallversicherung. Trotzdem ist die Installierung eines Bonus-Malus-Verfahrens auch bei der Regelung der Finanzierung der Umweltschutzaufgaben der Genossenschaften sinnvoll. Die vollständige und fehlerfreie Messung des mit einem Unternehmen verbundenen umweltbezogenen Risikopotentials ist unmöglich. Insbesondere wird der tatsächliche Grad der Schadensneigung immer auch vom Verhalten des Unternehmers, von seinen Sorgfaltsanstrengungen, abhängen. Wegen der Verlagerung der Haftung auf das Kollektiv besteht fortwährend der Anreiz zur Minimierung der kostenintensiven Schadensvermeidungsmaßnahmen, jedenfalls soweit die Genossenschaft dies nicht erkennen und den Beitrag der vergrößerten Gefahr anpassen kann[414]. Die Minimierung des Sorgfaltsniveaus der Genossenschaftsmitglieder wäre vor allem in bezug auf Störfallrisiken zu erwarten, da die Normalbetriebsrisiken durch Emissionsmessungen relativ gut kontrolliert werden können und, wegen des hier vorgeschlagenen Finanzierungssystems, auch müssen. Die gesetzliche Anordnung eines Bonus-Malus-Systems ist schließlich auch neben der Begründung eines Regreßanspruchs der Genossenschaft gegen einen individuellen Verursacher sinnvoll. Der Rückgriffsanspruch ist von dem Nachweis eines schweren Verschuldens des Unternehmers abhängig und deshalb ungeeignet, sorgfältiges Verhalten generell zu stimulieren. Eines Bonus-Malus-Systems zur Schließung der infolge der Haftungsverlagerung auf das Kollektiv bestehenden Anreizlücken bedarf es aber gerade auch in Fällen, in denen krasses Fehlverhalten nicht nachweisbar ist.

Die Ausgestaltung des Bonus-Malus-Systems sollte wiederum der genossenschaftlichen Selbstverwaltung überlassen bleiben. Denkbar wäre etwa die Erhebung von Beitragszuschlägen bzw. die Gewährung von Nachlässen nach Art des § 725 Abs. 2 RVO, aber auch die Heraufstufung in einem das Störfallrisiko einer Anlage erfassenden Gefahrtarif.

5. Rücklage

Auf die Bedeutung der Verpflichtung zur Bildung einer angemessenen Rücklage für die Gerechtigkeit einer Finanzierungsregelung im kollektiven Umweltschadensrecht ist bereits hingewiesen worden. Nur wenn auch die langfristigen Risiken eines Anlagebetriebs beitragsmäßig erfaßt werden, bestehen wirksame Anreize zu umweltschonendem Verhalten. Die Internalisierung der zukünftigen Kosten einer bestimmten Aktivität liegt auch im volkswirtschaftlichen Interesse.

---

413 Vgl. oben, D II 7 c.

414 Vgl. zu diesen Zusammenhängen *Adams*, Ökonomische Analyse der Gefährdungs- und Verschuldenshaftung, S. 225 ff.

Deshalb sollte die von einer Genossenschaft bereitzuhaltende Rücklage großzügig dimensioniert werden. Sie sollte nicht wie in der Unfallversicherung eine Schwankungsreserve für Zeiten schlechter Konjunktur, sondern ein Sondervermögen zur Abdeckung zukünftiger Leistungspflichten sein, die von den heutigen Verursachern sich erst in Zukunft manifestierender Schäden aufgebracht wird.

Letzteres ist durch die für die Rücklage geltende Finanzierungsregelung des § 21 Nr. 2 SGB IV sichergestellt. Danach müssen die Beitragseinnahmen auch zur Auffüllung und Bereithaltung der gesetzlich vorgeschriebenen Rücklage ausreichen. Für die Aufbringung der Rücklage sind also die oben erarbeiteten Grundsätze der Beitragsbemessung maßgebend. Die risikogerechte Heranziehung der Unternehmen ist damit gewährleistet.

6. Regionalisierung der Lastentragung

§ 736 RVO ermächtigt die Berufsgenossenschaften zur Verlagerung der Lastenverteilung auf die Ebene der Bezirksverwaltungen. Diese Möglichkeit ist für die Ausgestaltung der Finanzierungsregelung einer genossenschaftlichen Umwelthaftung besonders interessant. Für den Umweltbereich ist eine verstärkte Aktivierung der Bezirksverwaltungen und eine Zusammenarbeit der in einem Gebiet durch Mitgliedsunternehmen vertretenen Berufsgenossenschaften sinnvoll. Die Schadensabwicklung sollte grundsätzlich gemeinsam durch eine regionale Entschädigungsstelle vorgenommen werden. Dabei wäre auch der von jeder Berufsgenossenschaft zu tragende Anteil an den Kosten eines Schadensfalls zu ermitteln. Statt die Aufwendungen dergestalt auf die beteiligten Genossenschaften zu verteilen, sollte auch die Möglichkeit bestehen, die Finanzierung der in einem Gebiet anfallenden Umweltschäden vor Ort selbst in die Hand zu nehmen und eine regional begrenzte Risikogemeinschaft aller ansässigen Unternehmen zu schaffen. Die freiwillige Zusammenlegung der Entschädigungslasten mehrerer Genossenschaften ist auch dem Unfallversicherungsrecht bekannt (§ 737 RVO). Für den Umweltbereich ist sie nur sinnvoll, wenn sie auf den Bereich einer regionalen Entschädigungsstelle begrenzt wird. Die autonome Regelung der Finanzierung der Entschädigungsleistungen auf regionaler Ebene erspart dann die zeitraubende und kostenintensive Ermittlung der Finanzierungsanteile im Innenverhältnis unter den Genossenschaften in jedem Einzelfall. Weiter wird die Verantwortung aller in einem Raum ansässigen Unternehmen für die örtliche Umweltqualität sichtbar und für die einzelnen Unternehmen spürbar. Die Hoffnung auf vermehrte und aufeinander abgestimmte Anstrengungen zur Schadensverhütung durch Verminderung gerade derjenigen Schadstoffemissionen, die zu kritischen Konzentrationen führen, ist dann berechtigt. Die Regionalisierung der Finanzierung der genossenschaftlichen Umwelthaftung würde also nicht nur Transaktionskosten ersparen, sondern könnte auch einen verbesserten Umweltschutz bewirken.

Die eben erarbeiteten Grundsätze der Beitragsbemessung könnten für die Verteilung der Ausgaben einer regionalen Entschädigungsstelle auf die ansässigen Unternehmen beibehalten werden.

7. Finanzausgleich zwischen mehreren Genossenschaften

Von erheblicher wirtschaftlicher Bedeutung ist das Finanzausgleichsverfahren im Unfallversicherungsrecht nach Art. 3 UVNG, durch das jährlich Entschädigungslasten der Bergbau-Berufsgenossenschaft in Höhe von nahezu 1 Milliarde DM auf die anderen Berufsgenossenschaften umgelegt und damit sozialisiert werden[415]. Diese Regelung kann verfassungsrechtlich mit dem Hinweis auf die Gesamtverantwortung der Wirtschaft und die Ausklammerung des Prinzips fachlicher Gliederung im Unfallversicherungsrecht aus dem Kreis verfassungsrechtlich geschützter Organisationsprinzipien gerechtfertigt werden[416].

Umweltpolitische und wirtschaftspolitische Gründe sprechen gegen eine Übernahme des Finanzausgleichsverfahrens nach Art. 3 UVNG in ein neu zu schaffendes kollektives Umwelthaftungsrecht. Die Verlagerung der von einem Wirtschaftszweig verursachten Schadenskosten auf einen anderen internalisiert Kosten bei falschen Adressaten, verzerrt so die Preisstruktur und führt zu Fehlallokationen. Die Schaffung eines Lastenausgleichsverfahrens wirkt auch umweltpolitisch kontraproduktiv, weil keine Anreize zur Vermeidung von Langzeitschäden, sondern im Gegenteil solche zur Minimierung kurzfristig zu manifesten Nachteilen führender Emissionen durch Ausweitung der Freisetzungen langfristig schädlicher Schadstoffe gegeben werden.

Im Unfallversicherungsrecht hat die Schaffung des Lastenausgleichsverfahrens durch Art. 3 UVNG überdies ein Nachdenken über die Höhe der gesetzlichen Rücklage, die im Zeitpunkt der Erkennbarkeit der Schieflage der Bergbau-Berufsgenossenschaft wirkungslos verpuffte, verhindert. Im Rahmen des hier unterbreiteten Regelungsvorschlags ist versucht worden, insbesondere durch den Ausbau der Rücklage zu einem Instrument echter Risikovorsorge, das Eintreten ähnlicher Mißstände wie im Unfallversicherungsrecht von vornherein zu verhindern. Um nicht mühsame Anstrengungen einzelner Wirtschaftszweige um die Ansammlung einer ausreichend hohen Rücklage im Interesse langfristiger Risikovorsorge bereits im Ansatz zu unterminieren, sollte von der Schaffung eines Lastenausgleichsverfahrens abgesehen werden.

---

415 Vgl. oben, D II 7 f.

416 BVerfGE 36, 383 (392 ff.).

X. Kompetenzen und Instrumente zur Verhütung von Umweltschäden

1. Einschätzung der berufsgenossenschaftlichen Leistungen auf dem Gebiet der Schadensprävention

Die von den Trägern der Unfallversicherung eingesetzten Instrumente zur weitestmöglichen Verhinderung von Schadensfällen sind oben ausführlich dargestellt worden[417]. Die beiden Hauptcharakteristika des berufsgenossenschaftlichen Präventionssystems sollen hier aber noch einmal hervorgehoben werden. Diese bestehen in der Integration der Präventions- und Kompensationsaufgaben in einer Hand und der Kompetenz des Trägers dieser beiden Aufgaben zum Einsatz einer Vielzahl von Instrumenten.

Zum einen stehen den Berufsgenossenschaften sämtliche denkbaren Mittel zur Verfügung, mit denen auf die Verhütung von Schäden hingewirkt werden kann. Auf diese Instrumente ist auch die Umweltpolitik beschränkt[418]. Infolge der Verpflichtung der Unternehmen zur Finanzierung der Berufsgenossenschaften und durch ein Präventionsanreize förderndes Finanzierungssystem besteht für die Unternehmen ein wirtschaftlicher Anreiz zur Senkung der gemeinsamen Kosten durch Intensivierung der Anstrengungen um weitestmögliche Schadensverhütung. Dieser Impuls wirkt aber nicht nur isoliert auf das einzelne Unternehmen, sondern wird im Rahmen der genossenschaftlichen Selbstverwaltung aufgenommen und umgesetzt. Zusätzlich zu dem nur mittelbar wirkenden Präventionsinstrument ökonomischer Anreize besteht die Möglichkeit, das Verhalten der Unternehmer unmittelbar durch sanktionsbewehrte Rechtsnormen zu steuern. So kommt es zur autonomen Verhaltensregulierung durch die Normadressaten selbst. Dieser Mechanismus ist ein Hauptgrund für die Effektivität der Berufsgenossenschaften. Weiter unterhalten die Berufsgenossenschaften einen Stab von Fachpersonal, das die Unternehmen im Bereich der Unfallverhütung kontrolliert und vor allem sachkundig berät. Schließlich gibt es eine Vielzahl freiwillig initiierter Gemeinschaftsprojekte, die Informationen bündeln, dem branchenübergreifenden Erfahrungsaustausch dienen, Forschung auf dem Gebiet der Arbeitssicherheit betreiben und die Arbeit der Berufsgenossenschaften unterstützen.

Die zweite Seite der Integration von Entschädigungs- und Präventionsaufgabe betrifft die Auswahl der Mittel und die Einzelheiten der angeordneten Maßnahmen. Schon die Selbstverwaltung der Berufsgenossenschaften und die damit gewährleistete Einbindung der Unternehmen wirkt in Richtung auf sachnahe und kompetente Maßnahmen zur Unfallverhütung. In diesem Zusammenhang von

---

417 Vgl. oben, D II 8.

418 Zu den Instrumenten der Umweltpolitik vgl.: Rat von Sachverständigen für Umweltfragen, Umweltgutachten 1987, BT-Drucks. XI/1568 Tz. 145 ff. Vgl. im übrigen oben, C II 5.

größter Bedeutung ist aber die Zuständigkeit der Berufsgenossenschaften für den Ausgleich von Schäden. Die Wahrnehmung dieser Aufgabe setzt die Aufklärung jedes Unfalles voraus. Die damit stets verbundene Suche nach den Schadensursachen ermöglicht einen einzigartigen Einblick in die Bedingungen und die Genese von Schadensfällen. Die aufgrund dieses Wissens ins Werk gesetzten Unfallverhütungsmaßnahmen werden an Sachnähe und Effizienz denjenigen jeder anderen Stelle überlegen sein.

Die eben angestellten theoretischen Überlegungen werden in der Realität durch den drastischen Rückgang der Anzahl der Arbeitsunfälle und Berufskrankheiten bestätigt. Die Anzahl der Arbeitsunfälle je 1000 Vollarbeiter wurde seit ihrem Höchststand der Nachkriegszeit im Jahre 1961 um 54 %, diejenige der Berufskrankheiten um 55 % vermindert[419].

Im folgenden soll zunächst untersucht werden, ob Hoffnungen auf die Wiederholung dieser Erfolge bei Einführung einer genossenschaftlichen Haftung für Umweltschäden berechtigt sind. Schließlich sind die Kosten eines berufsgenossenschaftlichen Präventionssystems im Umweltschutz abzuschätzen.

2. Übertragbarkeit der Präventionserfolge der Berufsgenossenschaften

Könnte mit dem Genossenschaftsmodell im Umweltschutz ein ähnlicher Erfolg wie im Arbeitsschutz erzielt werden, wäre dies ein starkes Argument für die Einführung eines Systems genossenschaftlicher Umwelthaftung. Fraglich ist nur, ob sich ein ähnlicher Erfolg im Umweltschutz tatsächlich einstellen wird.

a) Bedenken gegen die Wiederholbarkeit der Präventionserfolge

Bedenken gegen die Wiederholbarkeit der Präventionserfolge des Genossenschaftsmodells im Bereich des Umweltschutzes stützen sich auf die Unterschiede zwischen Arbeitsunfällen und Umweltschäden[420]. Im Arbeitsschutz gehe es um die Steuerung konventioneller Produktionsverfahren und die Kontrolle relativ homogener, wenig komplexer und statischer Gefahrenquellen. Der Umweltschutz habe es dagegen mit heterogenen, hochkomplexen und dynamischer Entwicklung unterliegenden Verfahren und Risiken zu tun.

---

419 BMA, Arbeitssicherheit 1987, S. 52, 55.
420 *Rehbinder*, NuR 1989, S. 149 (151).

b) Argumente für die Sachkompetenz der Berufsgenossenschaften im Umweltschutz

Gegen die eben vorgetragenen Bedenken spricht die Identität der Gefahrenquellen im Arbeits- wie im Umweltschutz. Da das System der gesetzlichen Unfallversicherung die gesamte gewerbliche Wirtschaft und die Gebietskörperschaften umfaßt, bestehen aus umweltpolitischer Sicht keine Lücken.

Soweit es um den Bereich der gewerblichen Wirtschaft und der öffentlichen Hand geht, sind Anlagen für Umwelteinwirkungen verantwortlich, die von Menschen bedient werden und an denen es zu Arbeitsunfällen kommen kann. Jedoch werden die Ursachen des durchschnittlichen Arbeitsunfalls oft relativ gut identifizierbar und isolierbar sein, Präventionsmaßnahmen daher relativ leichtes Spiel haben. Die Genese von Berufskrankheiten ist jedoch sicher nicht weniger komplex als diejenige von Umweltkrankheiten, in vielen Fällen wird es sich sogar um gleiche oder ähnliche Krankheitsbilder handeln. Die im Arbeitsschutz einerseits, im Umweltschutz andererseits, zu kontrollierenden und zu minimierenden Risiken unterscheiden sich also nicht fundamental, sondern sind mit denselben Anlagen und Stoffen verbunden. Einzugestehen ist aber, daß im Umweltrecht, im Gegensatz zum Arbeitsschutzrecht, Summationsschäden durch additives oder synergistisches Zusammenwirken mehrerer Schadstoffe eine große Rolle spielen. Hier scheint das arbeitsschutzrechtliche, auf einfach strukturierte, lokalisierte Kausalverläufe eingespielte Instrumentarium überfordert. Andererseits zeigt auch hier das Berufskrankheitenrecht, daß im Arbeitsschutz multikausale, von mehreren zu verantwortende Gesundheitsschäden ebenfalls vorkommen und bewältigt werden.

Weiter ist auf die schon bis heute angesammelten Erfahrungen und die gegenwärtig durchgeführten Aktivitäten der Berufsgenossenschaften im Bereich des Umweltschutzes hinzuweisen. Lange bevor die mit der Industrialisierung verbundenen Umweltprobleme sichtbar wurden, sind Maßnahmen zum Schutz der Arbeiter vor gefährlichen Stoffen ergriffen wurden. Anstrengungen zur Verhütung arbeitsbedingter Gesundheitsschäden durch Einwirkung von Chemikalien begannen praktisch mit dem Aufkommen der Chemieindustrie in der zweiten Hälfte des 19. Jahrhunderts[421]. Die besondere Aufmerksamkeit aller Berufsgenossenschaften haben die mit gefährlichen Stoffen verbundenen Risiken aber erst in jüngerer Zeit erlangt. So sind 37 der 55 in der Berufskrankheitenverordnung aufgeführten Erkrankungen auf Stoffwirkungen zurückzuführen[422]. Der technische Aufsichtsdienst der Berufsgenossenschaften verwendet immerhin 5 % seiner Arbeitszeit auf die Kontrolle von Stoffrisiken und damit mehr als die Gewerbeaufsichtsbeamten[423]. Die mit der Beratung und Kontrolle der Unternehmen befaßten

---

421 *Henschler*, in: DFG, Wissenschaftliche Grundlagen zum Schutz von Gesundheitsschäden durch Chemikalien am Arbeitsplatz, S. 29.

422 *Schütz*, FS Lauterbach, Bd. 2, S. 172 (174).

Fachkräfte der Berufsgenossenschaften erwarten für die Zukunft eine Ausweitung ihrer Aktivitäten in diesem Bereich[424].

Dieser Einschätzung entspricht die Initiative der Berufsgenossenschaft der keramischen und Glas-Industrie zur Sammlung von Daten betreffend die in den von ihr betreuten Betrieben vorkommenden Gefahrstoffe[425]. Die mit einem einzelnen Stoff verbundenen Gefährdungen sollen erfaßt werden, mögliche Schutzmaßnahmen oder produktionstechnisch gleich geeignete, aber weniger gefährliche, Ersatzstoffe aufgezeigt werden. Dabei wird stets die Rückkoppelung mit den Betrieben und die Mitarbeit der Praktiker gesucht. Die dort gesammelten Informationen sollen an die Betriebe auf dem Wege besonderer Schulungen oder unmittelbar durch verwendergerechte Produkt-Infos weitergegeben werden. Anlaß für die Einführung dieses sog. GeSi-Systems war ein steiler Anstieg der Zahl der durch Stoffwirkungen verursachten Berufskrankheiten im Bereich der Berufsgenossenschaft der keramischen und Glas-Industrie. Der Hauptverband der gewerblichen Berufsgenossenschaften e.V. hat diese Initiative inzwischen aufgegriffen und arbeitet an der Erstellung eines Informationssystems, das sämtliche in der gewerblichen Wirtschaft verwandten Gefahrstoffe umfassen und GESTIS heißen soll[426].

Die mit Stoffgefahren zusammenhängenden Probleme bilden auch den Schwerpunkt der Forschungstätigkeit des Berufsgenossenschaftlichen Instituts für Arbeitssicherheit[427]. Gearbeitet wird an der Entwicklung von Meß- und Probenahmetechniken und vor allem an Techniken zur Verminderung der Schadstoffemissionen von Arbeitsmitteln sowie an Möglichkeiten der Energieeinsparung[428]. Schließlich wurden Prüfverfahren für Staub- und Gasfilter entwickelt. In diesem Zusammenhang werden auch epidemiologische Untersuchungen sowie Schadstoffmessungen in Betrieben durchgeführt[429].

Umweltpolitisch interessante Aktivitäten der Berufsgenossenschaften finden sich nicht nur bei den Maßnahmen zur Kontrolle von Stoffrisiken, sondern auch in dem Bereich Lärmschutz[430]. Gerade hier liegt auch ein Schwerpunkt der

---

423 Bundesanstalt für Arbeitsschutz und Unfallforschung, Arbeitsschutzsystem, Bd. 2, S. 559 f.

424 Bundesanstalt für Arbeitsschutz und Unfallforschung, Arbeitsschutzsystem, Bd. 2, S. 577.

425 Vgl. zum folgenden: Mitteilungen der Berufsgenossenschaft der keramischen und Glas-Industrie, Nr. 3/1987 S. 118 ff.; 4/1987 S. 181 ff.; 1/1988 S. 1 ff; 2/1988 S. 64 ff.; 1/1989 S. 3 ff.

426 Mitteilungen der Berufsgenossenschaft der keramischen und Glas-Industrie, Nr. 1/1989 S. 3.

427 *Schütz*, FS Lauterbach, Bd. 2, S. 172 (174 ff.).

428 *Schütz*, FS Lauterbach, Bd. 2, S. 172 (175 f.).

429 *Schütz*, FS Lauterbach, Bd. 2, S. 172 (175 ff.).

430 *Stolz*, Arbeitsschutz ist Umweltschutz am Arbeitsplatz, in: *ders.*; Unfallverhütung und Arbeitsschutz aktuell, S. 233 (240 ff.).

Forschungstätigkeit des Berufsgenossenschaftlichen Instituts für Arbeitssicherheit[431].

Die eben genannten Beispiele sollen nicht suggerieren, die Berufsgenossenschaften wären schon umfassend mit der Aufgabe des Umweltschutzes befaßt. Es sollte lediglich gezeigt werden, daß die Tätigkeit der Berufsgenossenschaften oft auch einen Bezug zum Umweltschutz hat. Gefahrstoffe und Anlagen stellen nicht nur eine Gefährdung für die Belegschaft dar, sondern bedrohen in der Regel auch die Nachbarschaft und die Umwelt. Dieser Zusammenhang besteht etwa beim Lärmschutz. Lärm gefährdet nicht nur die Gesundheit der Arbeiter eines Betriebes, sondern auch diejenige seiner Nachbarn. Von einer Verbindung zwischen Arbeits- und Umweltschutz geht offenbar auch der Gesetzgeber aus. So hat die Gefahrstoffverordnung eine doppelte Zielrichtung; sie bezweckt den Schutz der Arbeitnehmer wie auch der Gesamtbevölkerung vor den mit dem Herstellen, Be- und Verarbeiten, Inverkehrbringen und Verwenden gefährlicher Stoffe verbundenen Gefahren[432].

Insgesamt erscheint die Hoffnung auf spürbare Fortschritte bei den Bemühungen um die Verhinderung von Umweltschäden bei Befassung der Berufsgenossenschaften mit den Präventions- und Entschädigungsaufgaben im Umweltbereich also berechtigt.

3. Nutzen und Kosten eines Einsatzes der Berufsgenossenschaften im Umweltschutz

Gegen die Aktivierung der Unfallversicherungsträger für den Schutz der Umwelt ist geltend gemacht worden, eine Verdoppelung der Zuständigkeiten und der Bürokratien im Umweltschutz lohne wegen der damit verbundenen Kompetenzüberschneidungen den für die Etablierung eines berufsgenossenschaftlichen Präventionssystems erforderlichen Aufwand nicht[433].

Tatsächlich sind heute schon die Gewerbeaufsichtsämter in allen Bundesländern außer Bayern und Berlin nicht nur mit dem Arbeitsschutz, sondern auch mit dem Umweltschutz befaßt[434]. Nach Angaben der zuständigen Beamten steht allerdings der Arbeitsschutz im Vordergrund der Tätigkeiten der Gewerbeaufsicht, etwa zwei Drittel ihrer Arbeitszeit ist dieser Aufgabe gewidmet[435]. Der

---

431 *Schütz*, FS Lauterbach, Bd. 2, S. 172 (178 ff.).

432 *Semmler*, Grundzüge der Gefahrstoffverordnung, in: Stolz, Unfallverhütung und Arbeitssicherheit aktuell, S. 1.

433 *Kinkel*, ZRP 1989, S. 293 (296).

434 Bundesanstalt für Arbeitsschutz und Unfallforschung, Arbeitsschutzsystem, Bd. 2, S. 481 ff.

435 Bundesanstalt für Arbeitsschutz und Unfallforschung, Arbeitsschutzsystem, Bd. 2, S. 483.

wachsenden Bedeutung des Umweltschutzes stehen die Gewerbeaufsichtsbeamten eher ablehnend gegenüber[436]. Dieser Befund korrespondiert mit den allseits beklagten Vollzugsdefiziten im Umweltrecht, also mit den Schwierigkeiten, die an die Industrie adressierten Normen des Umweltschutzrechts auch durchzusetzen[437].

Der Vorschlag der Einbindung der industriellen Umweltnutzer selbst in die Organisationen und Bürokratien, denen der Schutz der Umwelt anvertraut ist, sollte angesichts dieser Erfahrungen mit der Gewerbeaufsicht nicht aus Kostengründen unbesehen vom Tisch gewischt werden. Vor allem sollte eine Kalkulation über die tatsächlich zu erwartenden Kosten eines berufsgenossenschaftlichen Apparats zur Verhütung von Umweltschäden erstellt werden. Diese hätte von den Kosten der berufsgenossenschaftlichen Präventionsmaßnahmen auszugehen. Angesichts der Kosten der Umweltverschmutzung und des von staatlichen Bürokratien verursachten Aufwands muten diese eher bescheiden an. Die Gesamtkosten der Unfallverhütungsmaßnahmen aller Berufsgenossenschaften beliefen sich im Jahre 1987 auf 500 Millionen DM, davon entfielen auf den technischen Aufsichtsdienst 276 Millionen DM. Die Erweiterung der Präventionsaufgabe der Berufsgenossenschaften um den Bereich des Umweltschutzes würde sicherlich nicht noch einmal soviel kosten. Beispielsweise müßte der technische Aufsichtsdienst einen Betrieb nicht häufiger aufsuchen, sondern könnte die Verfahrensweise der meisten Gewerbeaufsichtsämter übernehmen, nach der ein Beamter für den Arbeits- und Umweltschutzstandard eines Betriebes zuständig ist[438]. Die Mehrkosten werden sich dann in Grenzen halten.

Die kombinierte Zuständigkeit des technischen Aufsichtsdienstes für Arbeits- und Umweltschutz wäre auch umweltpolitisch wünschenswert. In den oben genannten Bereichen Gefahrstoffe und Lärm besteht nicht nur ein zufälliger Zusammenhang zwischen Arbeits- und Umweltschutz. Vielmehr dienen Maßnahmen zur Kontrolle von Stoffgefahren und zum Schutz vor Lärm oft Arbeits- und Umweltschutz zugleich[439]. Andererseits können auch Konflikte zwischen Arbeits- und Umweltschutz bestehen, zum Beispiel wenn Gefahrstoffe aus der Werkshalle nach draußen abgeführt werden und dort nicht mehr die Arbeiter, sondern die Nachbarn gefährden[440]. Aus diesem Befund den Schluß zu ziehen, Arbeitsschutz und Umweltschutz seien institutionell zu trennen, wäre umweltpolitisch kontra-

---

436 Bundesanstalt für Arbeitsschutz und Unfallforschung, Arbeitsschutzsystem, Bd. 2, S. 489.

437 Vgl. dazu: Rat von Sachverständigen für Umweltfragen, Umweltgutachten 1974, BT-Drucks. VII/2802, Tz. 660 ff.; Umweltgutachten 1978, BT-Drucks. VIII/1938, Tz. 1521 ff.; *Rehbinder*, RabelsZ 40, S. 363 (404 ff. m.w.N.).

438 Vgl. Bundesanstalt für Arbeitsschutz und Unfallforschung, Arbeitsschutzsystem, Bd. 2, S. 482.

439 *Stolz*, in: *ders.*, Unfallverhütung und Arbeitsschutz aktuell, S. 233 (239).

440 Vgl. zu diesem Problem den Beitrag von *Stolz*, in: *ders.*, Unfallverhütung und Arbeitsschutz aktuell, S. 233 ff. mit Beispielen auf S. 238 ff.

produktiv. Im Gegenteil, da Maßnahmen zur Verhütung arbeitsbedingter Schäden Gesundheitsbeeinträchtigungen in der Nachbarschaft des Betriebs verursachen können und umgekehrt, ist die Integration der beiden Ziele erforderlich[441]. Ein echter Ausgleich zwischen den Erfordernissen des Arbeits- und denjenigen des Umweltschutzes ist aber nur möglich, wenn beide Aufgaben von einer Stelle wahrgenommen werden[442]. Diese Überlegungen dürften den Gesetzgeber auch veranlaßt haben, die Gewerbeaufsicht mit der Durchführung des Arbeitsschutz- und des Umweltschutzrechts zu betrauen.

Eine weitgehende Überschneidung der Aufgaben der Gewerbeaufsicht und des technischen Aufsichtsdienstes der Berufsgenossenschaften dürfte sich in der Praxis dagegen nicht einstellen. Zunächst besteht, wie im Arbeitsschutzrecht, die Möglichkeit einer Abgrenzung der Aufgabenkreise durch Rechtsverordnungen oder Verwaltungsvorschriften. Zum anderen ist die Gewerbeaufsicht mit derart vielen Aufgaben belastet, daß eine Entlastung gerade auf dem schwierigen Gebiet des Umweltschutzes effizienzfördernde Wirkungen haben könnte. Jedenfalls hat sich auch in der Praxis des Arbeitsschutzes eine Arbeitsteilung zwischen Gewerbeaufsicht und technischem Aufsichtsdienst stillschweigend herausgebildet[443]. Ähnliches könnte sich bei der Umweltschutzaufgabe wiederholen. Im übrigen stehen einige Zuständigkeiten der Gewerbeaufsicht, vor allem die Kompetenz zur Genehmigung von Anlagen nach dem BImSchG, nicht zur Debatte. Dem technischen Aufsichtsdienst bliebe vor allem die Kontrolle der Unternehmen überlassen. Gerade in diesem Bereich hat die Gewerbeaufsicht wenig Aktivität entfaltet und dementsprechend wenig Erfolge verbuchen können[444]. Die Betriebe werden nur selten besichtigt und technische Hilfsmittel zur Emissionskontrolle fehlen[445]. Der Rat von Sachverständigen für Umweltfragen empfiehlt in dieser Lage unter anderem die Ausgliederung der für das Umweltmedium Luft zuständigen Verwaltung aus der allgemeinen inneren Staatsverwaltung und ihre Etablierung als Sonderverwaltung, eine verbesserte personelle Ausstattung sowie die Entwicklung und Beschaffung von Meßgeräten[446]. Die Forderung nach personellem Ausbau wird auch für die Wasserverwaltung erhoben[447]. Die Vermutung, Berufsgenossenschaften könnten die erforderliche Kontrolle der Unternehmen im Bereich des Umweltschutzes kostengünstiger gewährleisten, als eine personell

---

441 Genauso: *Stolz,* in: *ders.*, Unfallverhütung und Arbeitsschutz aktuell, S. 233 (242).

442 *Stolz,* in: *ders.*, Unfallverhütung und Arbeitsschutz aktuell, S. 233 (242).

443 Vgl. oben, D II 8 b.

444 Rat von Sachverständigen für Umweltfragen, Umweltgutachten 1978, BT-Drucks. VIII/1938, Tz. 1550: „Unter den gegenwärtigen Bedingungen besteht eine staatliche Überwachungsaktivität im Immissionsschutz nur in sehr begrenztem Umfang."

445 Vgl. die vorherige Anmerkung.

446 Rat von Sachverständigen für Umweltfragen, Umweltgutachten 1978, BT-Drucks. VIII/1938, Tz. 1560 ff.

447 Rat von Sachverständigen für Umweltfragen, Umweltgutachten 1978, BT-Drucks. VIII/1938, Tz. 1611 ff.

und sachlich aufgeblähte Gewerbeaufsicht, die der Rat von Sachverständigen für Umweltfragen empfiehlt, ist berechtigt. Da die Berufsgenossenschaften von der Industrie selbst verwaltete Einrichtungen sind, besteht zwischen dem berufsgenossenschaftlichen technischen Aufsichtsdienst und den Unternehmen ein freundlicheres Verhältnis als zwischen Industrie und staatlicher Gewerbeaufsicht. Zweitens werden die Berufsgenossenschaften von den gewerblichen Umweltnutzern finanziert, so daß ein Anreiz zur Minimierung der Kontrollkosten besteht. Zumindest teilweise wird dieses Ziel durch Verringerung der Kontrollwiderstände verfolgt werden.

Insgesamt ist also die Betrauung der Berufsgenossenschaften mit der Aufgabe der Verhütung von Umweltschäden effizient und erfolgversprechend.

4. Kompetenzen der Berufsgenossenschaften im Umweltschutz

Die RVO ermächtigt und verpflichtet die Berufsgenossenschaften im Bereich der Unfallverhütung ausdrücklich zum Erlaß von Unfallverhütungsvorschriften und zur Schulung der Unternehmer und der Versicherten[448]. Im übrigen sollen sie gemäß § 546 Abs. 1 RVO „mit allen geeigneten Mitteln" auf ein Höchstmaß an Schadensverhütung hinwirken.

Auch zur Wahrnehmung der Aufgabe des Umweltschutzes sollte den Berufsgenossenschaften die Kompetenz zur Setzung rechtsverbindlicher Verhaltensnormen gewährt werden. Auf ordnungsrechtliche Mittel kann das Umweltrecht nicht verzichten[449]. Hier bietet sich die Möglichkeit, auf unterster Ebene und damit sachnah, Recht zum Schutz der Umwelt zu setzen, mit den Sanktionen des Ordnungswidrigkeitenrechts zu bewehren und durch von den Betroffenen selbst unterhaltene Institutionen durchsetzen zu lassen. Von dieser Chance sollte Gebrauch gemacht werden.

Im übrigen sollte sich der Gesetzgeber einer eingehenden Normierung einzelner Präventionsmaßnahmen und -mittel enthalten und sich mit einer § 546 Abs. 1 RVO entsprechenden Generalklausel begnügen. Durch die Pflicht zur Finanzierung der Entschädigungsleistungen besteht ein starkes Eigeninteresse der Unternehmen an effektiver Umweltvorsorge. Im Arbeitsschutzrecht hat dasselbe Eigeninteresse zur Errichtung einer Vielzahl von Einrichtungen und Institutionen geführt. Zu deren Aufgabenkreis zählt die Unterstützung der Unternehmen bei Maßnahmen der Unfallverhütung, die Erforschung der Genese von Arbeitsunfällen und Berufskrankheiten, die Entwicklung von Meß- und sonstigen Kontrolltechnologien, von Schutzeinrichtungen, Reinigungseinrichtungen usw. Die Hoff-

---

[448] Vgl. oben, D II 8.

[449] Vgl. Rat von Sachverständigen für Umweltfragen, Umweltgutachten 1987, BT-Drucks. XI/1568, Tz. 148.

nung auf ähnlich erfolgreiche Aktivitäten der berufsgenossenschaftlichen Selbstverwaltung im Umweltschutz ist nach dem Gesagten berechtigt. Kreativität und Eigeninitiative sollten deshalb nicht durch gesetzgeberische Vorgaben eingeengt werden.

5. Ergebnis

Die Berufsgenossenschaften sind zur effizienten Wahrnehmung der Umweltschutzaufgaben in der Lage. Ihnen sollte deshalb die Kompetenz zum Erlaß von Verhaltensnormen eingeräumt und die Pflicht zur Ergreifung aller erfolgversprechenden Präventionsmaßnahmen auferlegt werden.

XI. Die Bewältigung der emittentenfernen Schäden, insbesondere der neuartigen Waldschäden, durch das Genossenschaftsmodell

Von dem nunmehr erarbeiteten Modell genossenschaftlicher Umwelthaftung würden die emittentenfernen Immissionsschäden, also vor allem die politisch besonders brisanten neuartigen Waldschäden, weiterhin nicht erfaßt. Das Genossenschaftsmodell begründet eine kollektive Haftung der gewerblichen Wirtschaft und der öffentlichen Hand für die von ihren Emissionen verursachten Schäden. Rechtsgutsverletzungen, die durch Emissionen von Kraftwerken, Industrie, Hausfeuerungsanlagen und Kraftfahrzeugen zusammen verursacht werden, bleiben ausgeklammert. Der Ausschluß eines Großteils der emittentenfernen Schäden aus dem Wirkungsbereich eines genossenschaftlichen Haftungssystems ist konsequent und unvermeidlich, weil die gewerbliche Wirtschaft nur zu etwa einem Drittel zu der Verschmutzung der Luft durch die ubiquitären Schadstoffe Schwefeldioxid und Stickoxid beiträgt. Die Belastung der Industrie allein mit den Gesamtkosten der Luftverschmutzung ist deshalb nicht gerechtfertigt[450].

1. Gewichtung der von dem Genossenschaftsmodell gelassenen Lücke im Bereich der emittentenfernen Schäden

Die Bedeutung der eben beschriebenen Lücke des Genossenschaftsmodells kann nur anhand der drei Funktionen des Umwelthaftungsrechts eingeschätzt werden.

Die durch wirtschaftliche Anreize bewirkten Steuerungseffekte eines Haftungssystems sind stets von der Höhe der Kostenanlastungen, also von dem Umfang der erfaßten Schäden abhängig. Die von einem System genossenschaftlicher Umwelthaftung erfaßten Kosten sind bisher auf die Einbußen infolge emit-

---

450 Vgl. oben, unter E IV 1 b.

tentennaher, durch Emissionen der gewerblichen Wirtschaft einschließlich der Kraftwerke und staatlicher Einrichtungen verursachter Beeinträchtigungen, beschränkt. Emittentenferne Schäden, an deren Entstehung die durch Hausbrand und KFZ-Verkehr verursachte Luftverschmutzung wesentlich mitbeteiligt ist, verblieben weiter im Bereich externalisierter Zusatzkosten umweltbelastender Aktivitäten. Bei der Einschätzung dieser Lücke in bezug auf die Ziele Umweltvorsorge und Allokationseffizienz ist zwischen Personen- und Sachschäden zu differenzieren. Der Ausgleich umweltbedingter Gesundheitsschäden durch Leistungen der gesetzlichen Krankenversicherung wird von den Beitragspflichtigen dieses Sozialversicherungsteilsystems finanziert. Dies sind gemäß § 249 Abs. 1 SGB V je zur Hälfte die Arbeitgeber, also die gewerbliche Wirtschaft, und die in Privatunternehmen Beschäftigten. Dieses Kollektiv dürfte sich von demjenigen, das für die emittentenfernen, einzelnen Kollektiven nicht zurechenbaren Schäden verantwortlich ist, im Hinblick auf seine personelle Zusammensetzung wenig unterscheiden. Praktisch jedermann ist krankenversichert, betreibt oder nutzt eine Wohnungsheizung und ein KFZ. Entscheidend ist jedoch, daß die Höhe der Beiträge zur Krankenversicherung nach §§ 226 Abs. 1, 241 SGB V lohnabhängig ist und natürlich in keiner Relation zum Beitrag der Wirtschaftssubjekte zur Umweltverschmutzung steht. Insofern ist die Krankenversicherung das falsche Kollektiv zum Ausgleich umweltbedingter Gesundheitsschäden[451]. Anreize zur Schadensvermeidung und darüber hinaus Wirkungen in Richtung auf eine effiziente Allokation der Ressourcen der bundesrepublikanischen Volkswirtschaft entfallen daher, solange die Krankenversicherung die Kosten umweltbedingter Krankheiten endgültig trägt[452]. In noch stärkerem Maße als für Gesundheitsschäden trifft dieses Urteil für den Bereich der emittentenfernen, nicht zurechenbaren Sachschäden zu, die de lege lata unentschädigt bleiben und weder von einem fortentwickelten Individual-Haftungsrecht noch von dem hier entwickelten Modell genossenschaftlicher Umwelthaftung erfaßt würden. Eine Steuerung derjenigen umweltbelastenden Aktivitäten, die das Eigentum anderer über den Umweltpfad bedrohen, durch Kostenanlastungen im Umfang der verursachten Schäden findet nicht statt.

Ob die Steuerungswirkungen, die von einer Belastung der Kleinemittenten mit den Kosten der durch den Betrieb von Hausfeuerungsanlagen und Kraftfahrzeugen verursachten Schäden an Rechtsgütern anderer ausgehen könnten, spürbar sein werden, ist indessen mehr als zweifelhaft. Die zu Schäden an Rechtsgütern auskristallisierten externen Effekte der genannten Aktivitäten machen nur einen Bruchteil aller ihrer sozialen Zusatzkosten aus[453]. Bei den neuartigen Waldschäden beträgt der Nutzenentgang der Waldeigentümer nur etwa ein Drittel der volkswirtschaftlichen Gesamtkosten[454]. Der den Waldeigentümern entstehende

---

451 *Rehbinder,* NuR 1989, S. 149 (151).

452 *Kinkel,* ZRP 1989, S. 193 (196).

453 Vgl. oben, C II 3 b, III 2.

Schaden wird, eine konsequente Fortführung der Luftreinhaltepolitik unterstellt, auf 1,7 bis 4,8 Milliarden DM pro Jahr geschätzt[455]. Von dieser Summe könnte aber nur ein Teil den Kleinemittenten angelastet werden, weil die emittentenfernen Waldschäden nicht allein auf Schadstoffemissionen von Kraftfahrzeugen und Hausfeuerungsanlagen zurückzuführen sind[456]. Es ist wenig wahrscheinlich, daß die Anlastung nur eines Bruchteils der externen Effekte tatsächlich zu Verhaltensänderungen führen wird. So wird beispielsweise eine Erhöhung des Benzinpreises auf 6-10 DM für erforderlich gehalten, um eine spürbare Einschränkung des Individualverkehrs zu bewirken[457]. Die Umlage eines Teiles der den Waldeigentümern infolge des Waldsterbens entstehenden Kosten auf die Mineralölsteuer wird aber nicht im entferntesten zu einer Steigerung des Benzinpreises auf solche Höhen führen. Insgesamt sollten die umwelt- und wirtschaftspolitischen Nachteile der Ausklammerung der Kleinemittenten aus der Anreizstruktur des Umwelthaftungsrechts also nicht überbewertet werden[458].

Für die Beurteilung der vom Genossenschaftsmodell gelassenen Lücke anhand der Schadensausgleichsfunktion ist wiederum zwischen Personen- und Sachschäden zu differenzieren. Personenschäden, also umweltbedingte Gesundheitsschäden, werden schon de lege lata durch ein Kollektiv, nämlich die gesetzliche Krankenversicherung aufgefangen. Allein aus dem Gesichtspunkt des Schadensausgleichs wäre die Abgeltung der durch die allgemeine Luftverschmutzung verursachten Gesundheitsschäden durch ein spezifisch umweltrechtliches kollektives Entschädigungssystem also nicht erforderlich. Anders ist die Lage indessen bei den emittentenfernen Sachschäden, für die nach geltendem Recht und auch nach Reform des Individual-Umwelthaftungsrechts keine Entschädigungsregelung besteht. Soweit es sich bei diesen um Waldschäden handelt, hat der BGH sie ausdrücklich als entschädigungswürdig und entschädigungsbedürftig bezeichnet[459]. Unter Umständen wird dem das BVerfG folgen und auf die Verfassungsbeschwerde des vor dem BGH gescheiterten Waldbauern hin die Notwendigkeit der legislatorischen Schaffung einer Entschädigungsgrundlage bejahen. Dann ergäbe sich die Notwendigkeit, die Waldschäden entweder aus allgemeinen Steuermitteln zu entschädigen oder einen Fonds einzurichten, der aus Umweltabgaben der vier Emittentengruppen Kraftwerke, Industrie, Haushalt und KFZ-Verkehr gespeist würde.

---

454 Vgl. *Ewers*, Zur Monetarisierung der Waldschäden in der Bundesrepublik, in: Umweltbundesamt, Kosten der Umweltverschmutzung, S. 121 (133, 141).

455 *Ewers*, Zur Monetarisierung der Waldschäden in der Bundesrepublik, in: Umweltbundesamt, Kosten der Umweltverschmutzung, S. 121 (133).

456 Vgl. oben, A II, IV 2.

457 Vgl. die Äußerungen von Prof. *Dziadkowski* vor dem Finanzausschuß des Deutschen Bundestages laut DER SPIEGEL, Nr. 34 vom 21. 8. 1989, S. 22.

458 In diese Richtung wohl auch *Rehbinder*, NuR 1989, S. 149 (161).

459 BGHZ 102, 350 (362 f.).

Aus der Perspektive der Schadensausgleichsfunktion ist die Ausklammerung derjenigen umweltbedingten Nachteile, die der Industrie und dem Staat allein nicht zurechenbar sind, ein schwerwiegender Nachteil des Genossenschaftsmodells. Gerade diese Gruppe von Schäden bildet heute nämlich das politisch drängenste Problem, obwohl nach dem eben Gesagten die Steuerungseffekte einer Einbeziehung der wesentlich durch die Umwelteinwirkungen von Kleinemittenten verursachten Schäden in die Anreizstruktur des Haftungsrechts als gering veranschlagt werden müssen. Diese Gewichtung wird schlaglichtartig dadurch beleuchtet, daß die neuartigen emittentenfernen Waldschäden, die auch nach Einführung einer genossenschaftlichen Umwelthaftung unentschädigt blieben, heute ein ungleich größeres Problem darstellen, als die emittentennahen, Wald- bzw. Rauchschäden. Letztere sind in Nordrhein-Westfahlen durch waldbauliche Maßnahmen bewältigt worden und stellen kein Zentralproblem des Umweltschadenskomplexes mehr dar[460]. Weiter könnte sich durch ein Urteil des BVerfG die Notwendigkeit zur Schaffung einer Entschädigungsregelung für die neuartigen Waldschäden ergeben. Ein kollektives Entschädigungssystem für Umweltschäden sollte eine Lösung des Problems der emittentenfernen Waldschäden anbieten können[461]. Das Versagen des Genossenschaftsmodells in diesem Bereich wiegt schwer. Abschließend soll deshalb eine Möglichkeit aufgezeigt werden, die Entschädigung der von den neuartigen Waldschäden Betroffenen im Rahmen des Genossenschaftsmodells zu gewährleisten.

2. Möglichkeiten zur Entschädigung der emittentenfernen Schäden

Da die neuartigen Waldschäden im Mittelpunkt des öffentlichen Interesses stehen und sich durch ein Urteil des BVerfG in Kürze die Notwendigkeit zur Bereitstellung einer Ausgleichsregelung ergeben könnte, orientieren sich die weiteren Ausführungen beispielhaft an diesem Schadenstypus. Über das Einzelproblem der Waldschäden hinaus soll eine allgemeine Entschädigungsregelung für solche Schäden vorgeschlagen werden, die der gewerblichen Wirtschaft und dem Staat allein nicht zugerechnet werden können.

Hierzu kommen grundsätzlich zwei Wege in Betracht.

a) Entschädigung aus dem Staatshaushalt

Möglich ist die Zahlung einer Entschädigung an die betroffenen Waldeigentümer aus dem Staatshaushalt[462]. Gegen die Zahlung einer Entschädigung aus dem

---

460 Vgl. oben, A IV 1.

461 *Kinkel,* ZRP 1989, S. 293 (295).

462 Vgl. dazu BMJ-Bericht, S. 337 ff.; *Kinkel,* ZRP 1989, S. 293 (295).

Staatshaushalt wird geltend gemacht, sie verstoße gegen das Verursacherprinzip[463]. Tatsächlich wäre die Zahlung einer Entschädigung aus allgemeinen Steuermitteln nicht geeignet, Anreize zu umweltschonendem Verhalten zu vermitteln und auf richtige Preise und eine effiziente Produktions- und Konsumstruktur in der Bundesrepublik hinzuwirken. Andererseits dürfen die Steuerungswirkungen, die von einer Überwälzung eines Teiles der Kosten der Waldschäden auf die Kleinemittenten zu erwarten wären, nicht überschätzt werden[464]. Weiter ist zu bedenken, daß auch der Staatshaushalt von denjenigen Wirtschaftssubjekten, die für die allgemeine Luftverschmutzung verantwortlich sind, finanziert wird. Schließlich handelt es sich bei den Waldschäden zum großen Teil um Altschäden, also externe Effekte vergangener Wirtschaftsperioden. Die Belastung der heutigen Emittenten mit den damals unvorhergesehenen Kosten umweltbelastender Aktivitäten der Vergangenheit ist jedenfalls aus allokativer Sicht nicht geboten[465]. Aus umwelt- und wirtschaftspolitischen Erwägungen sollte die Gewährung einer Entschädigung aus dem Staatshaushalt also nicht tabuisiert werden[466].

Andererseits setzt die Entschädigung der Waldeigentümer aus allgemeinen Steuermitteln die Errichtung einer entsprechenden, u.U. kostspieligen, Bürokratie voraus[467]. Ferner würde die Staatshaftung für emittentenferne Schäden zu einer politischen Frage, die überdies mit der Aufstellung des Haushaltsplans jährlich neu diskutiert und entschieden werden müßte[468]. Die damit verbundenen Verteilungskämpfe sollten nach Möglichkeit vermieden werden.

b) Inanspruchnahme des Hauptverbandes der gewerblichen Berufsgenossenschaften e.V.

Wegen der eben genannten Nachteile der Entschädigung der Waldeigentümer aus dem Staatshaushalt soll hier eine Möglichkeit aufgezeigt werden, das Problem der Waldschäden innerhalb des Genossenschaftsmodells zu lösen. Nach dem oben Ausgeführten erfordert die Lösung des Problems der neuartigen Waldschäden lediglich die Schaffung einer Entschädigungsregelung[469]. Die Konstruktion genossenschaftlicher Strukturen ist weder möglich noch erforderlich. In Betracht kommt deshalb die Erweiterung des Genossenschaftsmodells um einen beim Hauptverband der gewerblichen Berufsgenossenschaften e.V. zu bildenden

463 BMJ-Bericht, S. 339 f.; *Kinkel*, ZRP 1989, S. 293 (295).

464 Vgl. soeben, unter 1.

465 *Schäfer / Ott*, Ökonomische Analyse des Zivilrechts, S. 110 f.; *Hansmeyer / Schneider*, Zur Fortentwicklung der Umweltpolitik unter marktsteuernden Aspekten, S. 37.

466 *Rehbinder*, NuR 1989, S. 149 (161).

467 *Kinkel*, ZRP 1989, S. 293 (295).

468 Vgl. die vorherige Anmerkung.

469 Vgl. oben E I 3; genauso: *Kinkel*, ZRP 1989, S. 293 (296).

Fonds, der von allen für die Entstehung der neuartigen Waldschäden verantwortlichen Emittentengruppen zu finanzieren wäre.

aa) Wahrnehmung öffentlicher Aufgaben durch den Hauptverband

Der Hauptverband der gewerblichen Berufsgenossenschaften e.V. ist bereits mehrfach für Aufgaben legislatorisch in Anspruch genommen worden, die der gewerblichen Wirtschaft insgesamt obliegen. So ist er für die Durchführung des Finanzausgleichs unter den Berufsgenossenschaften nach Art. 3 UVNG zuständig[470].

Während es sich dabei noch um eine genossenschaftsinterne Angelegenheit handelt, ist der Hauptverband aufgrund der §§ 186 b, 186 c AFG zum Transfer von Geldleistungen aller Berufsgenossenschaften auf Dritte, in diesem Fall den Staat, verpflichtet worden. Die Arbeitnehmer eines zahlungsunfähigen Unternehmens haben einen Anspruch gegen die Bundesanstalt für Arbeit auf Ausgleich des ausgefallenen Arbeitsentgelts nach Maßgabe der §§ 141 a ff AFG. Gemäß § 186 b Abs. 1 AFG haben die Berufsgenossenschaften die von der Bundesanstalt für Arbeit verauslagten Konkursausfallgelder einschließlich aller Verwaltungs- und sonstigen Kosten aufzubringen. Die Höhe der jährlichen Ausgleichsforderung legt der Bundesminister für Arbeit und Sozialordnung nach Anhörung der BfA und der Berufsgenossenschaften fest. Zahlungspflichtig sind gemäß § 186 c AFG die gewerblichen Berufsgenossenschaften einschließlich der See-Berufsgenossenschaft, nach § 186 d AFG auch die landwirtschaftlichen Berufsgenossenschaften. Die Höhe der Ausgleichspflicht einer Berufsgenossenschaft richtet sich nach dem Verhältnis der Lohnsumme ihrer Mitgliedsunternehmen zu der Lohnsumme aller Berufsgenossenschaften (§ 186 c Abs. 2 AFG). Die Verteilung der Ausgleichslast einer Berufsgenossenschaft auf ihre Mitglieder richtet sich wiederum nach dem Anteil der Lohnsumme eines Unternehmens an der Gesamtlohnsumme der Genossenschaft (§ 186 c Abs. 3 S. 1 AFG). Zur Vereinfachung des genossenschaftsinternen Verteilungsverfahrens kann für die Anteilsberechnung auch auf die Zahl der Versicherten eines Unternehmens abgestellt werden (§ 186 c Abs. 3 S. 2 Nr. 1 AFG) oder auf die gesonderte Verteilung der Kosten des Konkursausfallgeldes gänzlich verzichtet werden (§ 186 c Abs. 3 S. 2 Nr. 3 AFG). In diesem Fall geht der von einer Berufsgenossenschaft zu tragende Anteil in ihre jährliche Umlageforderung ein und wird im Rahmen der Beitragsberechnung anhand der Lohnsumme und der Gefahrklasse des Unternehmens auf dieses umgelegt.

Die Abwicklung des Ausgleichsverfahrens zwischen den Berufsgenossenschaften und der Bundesanstalt für Arbeit obliegt dem Hauptverband der gewerblichen Berufsgenossenschaften (§ 186 c Abs. 4 AFG). Die einzelnen Berufsgenossenschaften haben dem Hauptverband die für die Berechnung ihrer Anteile

---

470 Vgl. oben, D II 7 f.

erforderlichen Daten, also vor allem die Lohnsummen, mitzuteilen. Der Hauptverband ermittelt dann die Anteile und teilt sie dem BMA mit. Im Jahr 1987 wurden von den gewerblichen Berufsgenossenschaften einschließlich der See-Berufsgenossenschaft aufgrund der §§ 186 b f AFG Zahlungen in Höhe von 538 Millionen DM geleistet[471].

bb) Die Inanspruchnahme des Hauptverbandes zur Verwaltung eines Fonds für den Ausgleich der Waldschäden

Der Hauptverband der gewerblichen Berufsgenossenschaften e.V. könnte auch mit der Entschädigung der Waldeigentümer befaßt werden.

aaa) Die Einrichtung eines Fonds beim Hauptverband der gewerblichen Berufsgenossenschaften e.V.

Der Betrauung des Hauptverbandes mit der Verwaltung eines Fonds, der die den Eigentümern geschädigter Waldgrundstücke entstandenen Einbußen, u.U. auch andere emittentenferne Schäden ausgleicht, könnte der Rechtsstatus des Verbandes als eingetragener Verein bürgerlichen Rechts entgegenstehen. In den Fällen der Art. 3 UVNG, §§ 186 b f AFG ist der Hauptverband zwar hoheitlich, nämlich als Beliehener, tätig geworden[472]. Fraglich ist, ob dieses Organisationsmuster auch die dauerhafte Verwaltung eines Fonds einschließlich der Leistungs- und Finanzierungsaufgaben tragen könnte. Vorzuziehen wäre jedenfalls die Organisation der Fonds-Verwaltung nach Art des früheren Gesamtverbandes der Familienausgleichskassen. Durch das Kindergeldgesetz vom 13. 11. 1954 errichtete der Bund beim Hauptverband der gewerblichen Berufsgenossenschaften e.V. einen Gesamtverband der Familienausgleichskassen als bundesunmittelbare, öffentlich-rechtliche Körperschaft[473]. Mitglieder waren die bei den gewerblichen und landwirtschaftlichen Berufsgenossenschaften einschließlich der See-Berufsgenossenschaft gebildeten Familienausgleichskassen. Aufgabe des Gesamtverbandes war, einen Lasten- und Finanzausgleich herbeizuführen, der insbesondere den landwirtschaftlichen Kassen zugute kommen sollte. Art. 87 Abs. 2 GG ermächtigt den Bund zur Errichtung einer bundesunmittelbaren Körperschaft öffentlichen Rechts beim Hauptverband der gewerblichen Berufsgenossenschaften e.V., die mit der Aufgabe der Verwaltung des Fonds zur Entschädigung emittentenferner, den Genossenschaften nicht zurechenbarer Schäden betraut werden

---

[471] Hauptverband der gewerblichen Berufsgenossenschaften e.V., Übersicht über die Geschäfts- und Rechnungsergebnisse der gewerblichen Berufsgenossenschaften im Jahre 1987, S. 33, 82.

[472] BSGE 43, 282 (283); *Lauterbach-Watermann*, UV, § 738 Anm. 10 a.

[473] BGBl. I S. 333; vgl. dazu: BVerfGE 11, 105 ff. sowie unten, unter G III 2, in Anm. 81.

könnte[474]. Mitglieder einer solchen Körperschaft sollten die 34 gewerblichen Berufsgenossenschaften sein, wobei die spätere Erweiterung auf die See-Berufsgenossenschaft und die landwirtschaftlichen Berufsgenossenschaften bei entsprechendem Bedarf möglich wäre. Die Geschädigten könnten in den Selbstverwaltungsgremien dieser Körperschaft von Repäsentanten anerkannter Naturschutzverbände vertreten werden.

bbb) Die Voraussetzungen von Entschädigungsleistungen des Fonds

Aufgabe des Fonds sollte es sein, umweltbedingte Schäden, die den Genossenschaften allein nicht zugerechnet werden können, auszugleichen. Erste Voraussetzung eines Leistungsanspruchs gegen den Fonds ist also die Verursachung des Schadens über den Umweltpfad[475].

Problematisch ist jedoch das zweite Merkmal des Anspruchstatbestandes, das die Abgrenzung des Fondssystems von dem Verantwortungs- und Zuständigkeitsbereich der Genossenschaften zu leisten hätte. Der Fonds sollte nur dann zahlen, wenn eine Leistungspflicht einer oder mehrerer Genossenschaften nicht besteht. Keinesfalls darf es über den Fonds zur Sozialisierung von Schäden kommen, für die eigentlich die Genossenschaften verantwortlich sind. Eine solche Praxis wäre sowohl umwelt- als auch wirtschaftspolititsch kontraproduktiv. Ein Anreiz zur Abwälzung von Entschädigungsfällen besteht jedoch sowohl für die Genossenschaften, die dadurch Kosten sparen, als auch für den Geschädigten, der sich mit der Darlegung eines Umweltschadens begnügen kann, um die Fondsleistungen zu erhalten.

Dieser Tendenz zur Abschiebung der Entschädigungsbegehren an den Fonds ist auf zweierlei Weise zu begegnen. Zuerst bedarf es einer rechtlichen Regelung, die die erfolgreiche Inanspruchnahme des Fonds von der vergeblichen Geltendmachung des Schadens gegenüber den Genossenschaften abhängig macht. Der Fonds sollte also nur leisten, wenn eine Genossenschaft bzw. Entschädigungsstelle den Ausgleich des Schadens wegen Nichterweislichkeit einer wesentlichen Mitverursachung durch die Wirtschaft abgelehnt hat. Über einen förmlichen Ablehnungsbescheid hinausgehende Anforderungen sollten indessen nicht gestellt werden. Um den Fonds nicht völlig in den Hintergrund zu drängen, dem Betroffenen möglichst schnell Hilfe zuteil werden zu lassen und keine weiteren Transaktionskosten zu verursachen, sollte auf das Erfordernis einer erfolglosen Klage gegen die Genossenschaften verzichtet werden. Für den Fall, daß sich die Ablehnung eines Entschädigungsbegehrens durch die jeweilige Genossenschaft als unbegründet erweist, ist dem Fonds allerdings ein Regreßanspruch gegen die verantwortlichen Genossenschaften einzuräumen. Im Interesse wirksamer Ab-

---

474 Zur Gesetzgebungskompetenz des Bundes vgl. näher unten, unter G III 2.

475 Vgl. dazu oben, unter A sowie unter E III 3 a.

schreckung von Mißbräuchen sollte die ungerechtfertigte Verweisung eines über den Umweltpfad Geschädigten an den Fonds mit einem Zuschlag belegt werden, der zusammen mit dem Regreßanspruch geltend gemacht werden sollte. Da es im Verhältnis zwischen Fonds und Genossenschaften um das interne Verhältnis unter den Berufsgenossenschaften geht, kommt die Bestimmung einer Schiedsstelle in Betracht, die im Zusammenhang mit Regreßbegehren des Hauptverbandes entstehende Streitfragen zu klären hätte. Dies entspräche der hier vorgeschlagenen Regelung des Binnenregresses unter mehreren für einen Schaden verantwortlichen Genossenschaften und § 15 der „Vereinbarung der Berufsgenossenschaften über den Lastenausgleich bei Berufskrankheiten“[476]. Aufwendige und teuere Gerichtsverfahren könnten so weitestgehend vermieden werden. Durch die beschriebenen Regelungen könnte der für eine Genossenschaft bestehende Anreiz, einen über den Umweltpfad Geschädigten unter Verneinung der eigenen Verantwortlichkeit einfach an den Fonds zu überweisen, abgeschwächt werden.

Daneben darf auch der Geschädigte nicht belohnt werden, wenn er den anspruchsvolleren Weg zur Genossenschaft scheut und sich direkt an den Fonds wendet. Wird die Leistungspflicht des Fonds von der Vorlage eines Ablehnungsbescheids einer Genossenschaft abhängig gemacht, besteht diese Gefahr unmittelbar nicht. Dem Anspruchsteller sollten jedoch weitere wirtschaftliche Anreize gegeben, werden, sein Entschädigungsbegehren den Genossenschaften gegenüber wirkungsvoll zu vertreten. Dazu eignet sich insbesondere eine Kürzung des Umfangs der vom Fonds zu erbringenden Leistungen gegenüber demjenigen des Genossenschaftsmodells.

ccc) Der Umfang der von einem Fonds zu erbringenden Leistungen

Ein Bedürfnis nach Ausgleich umweltbedingter Gesundheitsschäden durch den Fonds besteht nicht. Voraussetzungen und Umfang des Regresses der Krankenkassen gegen die für den Umweltschutz zuständigen Genossenschaften sind oben dargelegt worden[477]. Als sachgerecht hat sich dabei die Vereinbarung jährlicher Pauschalzahlungen der Genossenschaften an die Krankenkassen herausgestellt. Maßstäbe für die Bestimmung dieser Summe sollten epidemiologische Untersuchungen über Umweltkrankheiten und die ökonomische Bewertung der den Krankenkassen durch die industrielle Umweltverschmutzung entstehenden Aufwendungen sein. Im Bereich der Personenschäden kommt es daher bereits zu einem Globalausgleich, der den Eintritt eines wesentlich den Genossenschaften zuzurechnenden Einzelschadens gerade nicht voraussetzt. Diese Lösung des Problems der emittentenfernen, den Genossenschaften allein nicht zurechenbaren Personen-

---

[476] Vgl. oben, unter E IV 2 und D II 2 b; *Lauterbach-Watermann,* UV, § 551 Anm. 10 e und Anhang, Nr. 3.

[477] Vgl. oben, unter E V 4 b aa.

schäden im Rahmen des Regresses der Krankenkassen ist vertretbar, weil das bundesrepublikanische Sozialversicherungssystem im Bereich der Personenschäden kaum Entschädigungslücken läßt. Des Einsatzes eines Fonds zum Ausgleich nicht zurechenbarer Personenschäden bedarf es deshalb nicht.

Geboten ist indessen der Ausgleich von Sachschäden, wobei nach dem eben Gesagten eine Einschränkung des Leistungsumfangs gegenüber demjenigen des Genossenschaftsmodells erforderlich ist. Hier bestehen zwei Möglichkeiten. In Betracht kommt die Beschränkung der Leistungspflicht des Fonds auf existenzgefährdende Sachschäden unter Verzicht auf weitere Kürzungen beim Haftungsumfang. Die Alternative dazu wäre die Einschränkung des Haftungsumfangs und das Absehen von der weiteren Heraufsetzung der Entschädigungsschwelle über das Sonderopferkriterium hinaus. Im Interesse der Gleichbehandlung aller und zur Verhinderung eines Sonderrechts für einige wenige besonders intensiv Betroffene ist der weiteren Kürzung des Entschädigungsumfangs der Vorzug zu geben. Das Genossenschaftsmodell gewährt bei Zufügung eines Sachschadens den Ausgleich des eingetretenen Wertverlusts. Möglich wäre, die von dem Fonds zu erbringenden Leistungen auf einen Bruchteil des Wertverlusts zu beschränken, also eine bestimmte Quote zu Lasten des Geschädigten zu diskontieren. Ein solcher Abzug wäre dem Anspruchsteller gegenüber gerechtfertigt. Der beim Hauptverband der gewerblichen Berufsgenossenschaften zu bildende Fonds gewährt Ausgleich für unverschuldete und unvorhergesehene Kosten der Industrialisierung. Da der Betroffene deren Vorteile mitgenießt, ist seine Beteiligung an den Transaktionskosten des Fondssystems zumutbar.

ddd) Finanzierung des beim Hauptverband der gewerblichen Berufsgenossenschaften einzurichtenden Fonds

Die für die Leistungen des Fonds benötigten Mittel könnten durch eine Umlage der Kosten der Entschädigungsleistungen und der Transaktionskosten auf die Berufsgenossenschaften aufgebracht werden. Die einzelne Berufsgenossenschaft hätte ihren Anteil dann auf ihre Mitglieder zu verteilen. Dies kann zusammen mit der Beitragsberechnung geschehen; eines besonderen Verteilungsverfahrens für die Zahlungen an den Fonds bedarf es nicht. Der hier vorgeschlagene emissionsbezogene Gefahrtarif erfaßt das umweltbezogene Risikopotential der Unternehmen[478], das auch für die Verteilung der Kosten der emittentenfernen Schäden maßgeblich ist.

Die Finanzierung der Kompensation von Schäden, die der gewerblichen Wirtschaft nicht allein zugerechnet werden können, darf allerdings auch nicht durch diese allein erfolgen. Im Interesse des Umweltschutzes und einer volkswirtschaftlich richtigen Kostenzurechnung sind auch die Kleinemittenten zur Aufbringung

---

478 Vgl. dazu oben, unter E IX 3.

der für Entschädigungszahlungen notwendigen Mittel heranzuziehen. Kleinemittenten könnten etwa durch Erhebung von Abgaben auf Otto- und Dieselkraftstoff, auf leichtes Heizöl sowie auf zur Wohnungsheizung benutzte Kohle und Erdgas in Anspruch genommen werden. Die Erhebung der Abgaben auf die genannten Produkte könnte von Staats wegen erfolgen. Möglich wäre ein Waldschadens-Zuschlag zur Mineralölsteuer und die Erhebung einer entsprechenden Kohle- und Erdgas-Abgabe. Der Staat könnte das Aufkommen dieser Abgaben dem beim Hauptverband der gewerblichen Berufsgenossenschaften errichteten Fonds zur Finanzierung der Entschädigungszahlungen an die Waldeigentümer zur Verfügung stellen. Die Höhe des Anteils dieser Abgaben am Finanzierungsbedarf des Fonds insgesamt sollte dem Verursachungsbeitrag der Schadstofffreisetzungen von Hausbrand und KFZ-Verkehr entsprechen.

Alternativ zur Einhebung der Abgaben auf Kohle, Öl und Gas durch den Staat kommt die Einziehung entsprechender Beiträge durch die Berufsgenossenschaften selbst in Frage. Die Einziehung der Abgaben durch den Kohle- und Mineralölhandel, der, je nach Stufe, der Großhandels- und Lagerei-Berufsgenossenschaft oder der Berufsgenossenschaft für den Einzelhandel angehört, wäre möglich. Die mit Hilfe der Abgabe erzielten Einnahmen könnten von diesen Berufsgenossenschaften an den Hauptverband abgeführt werden.

3. Ergebnis

Die Kompensation der emittentenfernen, nicht zurechenbaren Schäden ließe sich nach allem auch im Rahmen des Genossenschaftsmodells sicherstellen. Das System genossenschaftlicher Umwelthaftung ist um einen Fonds erweiterungsfähig, der innerhalb der genossenschaftlichen Strukturen arbeiten könnte. Die umfassende Bewältigung der durch Umweltschäden aufgeworfenen Probleme im Rahmen eines Systems genossenschaftlicher Umwelthaftung ist damit möglich.

F. Würdigung des Modells genossenschaftlicher Haftung für umweltbedingte Schäden

In dieser Untersuchung ist versucht worden, die Grundlinien eines Modells genossenschaftlicher Haftung für umweltbedingte Schäden herauszuarbeiten. Als Orientierungspunkte und Entscheidungskriterien dienten dabei stets die drei Funktionen des Umwelthaftungsrechts, nämlich die Gewährleistung gerechten Schadensausgleichs sowie die Förderung von Umweltschadensvorsorge und effizienter Allokation der Ressourcen der Volkswirtschaft. Zusätzlich ist, insbesondere bei Organisationsfragen, auch der von der Wahl einer Lösungsalternative ausgelöste Verwaltungsaufwand berücksichtigt worden.

Abschließend ist anhand der eben genannten vier Kriterien eine abschließende Bewertung des Modells kollektiver Umwelthaftung auf genossenschaftlicher Grundlage vorzunehmen. Im Mittelpunkt steht dabei die Frage, ob die Einführung eines solchen Systems sich lohnt oder nicht. Im Seitenblick und vergleichend wird dabei das Abschneiden des Fondsmodells mituntersucht, das von unterschiedlicher Seite zur Lösung eines Teilbereichs der Probleme des Umwelthaftungsrechts vorgeschlagen wurde[1].

I. Die Gewährleistung gerechten Schadensausgleichs

Anlaß, über kollektive Haftungssysteme im Umweltschadensrecht nachzudenken, war die strukturbedingte Lückenhaftigkeit des individuellen Haftungsrechts im Umweltschutz. Ein weiter Bereich über den Umweltpfad verursachter Schäden läßt sich nicht erfassen und bleibt unausgeglichen. Die damit verbundenen Nutzeneinbußen fallen also endgültig den Geschädigten zur Last. So sind die Mittel des Individual-Haftungsrecht zur Restititution von emittentenfernen Schäden, etwa der neuartigen Waldschäden, ungeeigent. Aber auch längst nicht alle Summationsschäden im Emittenten-Nahbereich sind mit Hilfe eines reformierten Individual-Haftungsrechts zu erfassen. Stets bleibt das zivile Haftungsrecht an den Zivilprozeß und an den Zwei-Parteien-Streit gebunden. Informations-Asym-

---

1 Entwurf der GRÜNEN zum Umwelthaftungsrecht, BT-Drucks. XI/4247, S. 7 ff.; BMJ-Bericht, S. 352 ff.; *Ebersbach,* NuR 1985, S. 165 (167 ff.); *Ganten / Lemke,* UPR 1989, S. 1 (11 f.); *von Hippel,* NJW 1985, S. 30 (32); *ders.,* ZRP 1986, S. 233 (234); *ders.,* NJW 1988, S. 482; *Kinkel,* ZRP 1989, S. 293 (296 ff.); *Knebel,* JbUTR 1988, S. 261 (278 f.); *Ladeur,* DÖV 1986, S. 445 (453 f.); *Lummert / Thiem,* Rechte des Bürgers, S. 209 ff.; *Rehbinder;* NuR 1989, S. 149 (161); *Reiner Schmidt,* ZRP 1987, S. 345 (348 f.).

metrien zwischen Schädiger und Geschädigtem schlagen wegen der zivilprozessualen Verhandlungsmaxime voll zu Lasten des Klägers aus. Neben den damit verbundenen Durchsetzungsschwierigkeiten besteht für denjenigen, der Ersatz für einen umweltbedingten Schaden begehrt, noch ein erhebliches Prozeßkostenrisiko. Auskunfts- und Einsichtsrechte nach Art der Regelungen der §§ 10, 11 des Diskussionsentwurfs können diese Schwierigkeiten zwar mildern, aber nicht umfassend beheben[2].

Im Bereich der prozessualen Schwierigkeiten eines über den Umweltpfad Geschädigten und für die Fallgruppe der emittennahen Schäden würde ein genossenschaftliches Haftungssystem deutliche Verbesserungen bringen. Der hier vorgeschlagene Haftungstatbestand erleichtert die Geltendmachung von Schäden gegenüber dem Diskussionsentwurf zum Individualhaftungsrecht erheblich. Der Entschädigungsanspruch ist begründet, wenn eine oder mehrere Genossenschaften für die Verursachung des Schadens verantwortlich sind. Eine Einstandspflicht besteht immer dann, wenn der Schaden wesentlich auf Umwelteinwirkungen der gewerblichen Wirtschaft beruht. Unerheblich und nur für den genossenschaftsinternen Ausgleich interessant ist, welche Unternehmen welcher Branche für die schädlichen Einwirkungen verantwortlich sind. Einer Klärung, wer genau und zu welchen Anteilen den Schaden verursacht hat, bedarf es also nicht. Weiter setzt die Gewährung von Schadensersatz auch nicht voraus, daß der Schaden zu 100 % durch das Verhalten von Genossenschaftsmitgliedern verursacht worden ist. Vielmehr reicht es aus, wenn eine wesentliche Bedingung für den Erfolgseintritt gesetzt wurde. Im Prozeß muß der Geschädigte die Verursachung seines Schadens durch das Kollektiv nicht zur vollen Überzeugung des Gerichts nachweisen. Der Nachweis der Kausalität, der zentralen Voraussetzung des Haftungstatbestandes, ist schon dann geführt, wenn die Ursache-Wirkung-Beziehung zwischen den Emissionen der Genossenschaftsmitglieder und dem Schaden überwiegend wahrscheinlich ist. Diese allgemeine Beweismaßreduktion geht über die von der Rechtswidrigkeit der Emissionen abhängige Beweislastumkehr nach §§ 7 des Diskussionsentwurfs, 12 Abs. 1 AE-BMU weit hinaus. Ferner würde durch das Genossenschaftsmodell der Ausgleich über den Umweltpfad verursachter Schäden vom Erfordernis des Obsiegens in einem zeitraubenden, risikoreichen und kostenintensiven Zivilprozeß abgekoppelt. Schließlich bedeutet die Begründung einer genossenschaftlichen Umwelthaftung zugleich eine Versicherung aller gegen das Kollektiv gerichteten Schadensersatzansprüche. Die private Versicherungswirtschaft leugnet die Versicherbarkeit von Risiken aus dem Normalbetrieb von Anlagen und wendet sich deshalb gegen eine Ausdehnung der Individualhaftung in diese Richtung[3]. Die Versicherung auch der Normalbetriebsgefahren durch die öffentlich-rechtlichen Berufsgenossenschaften würde die Ausgestaltung

---

2 BMJ/BMU, Diskussionsentwurf eines Gesetzes über die Haftung für Umweltschäden vom 16. 5. 1989.

3 *Grell*, VersW 1987, S. 1509 (1511 f.); *Mehlhorn*, VersW 1987, S. 688.

der Umwelthaftung von der Zustimmung und Mitwirkung der Versicherungsbranche abkoppeln und einer autonomen Lösung zuführen. Für die gewerbliche Wirtschaft wirkt sich die Abdeckung der Umweltrisiken durch die von ihr selbst getragenen und finanzierten Berufsgenossenschaften wie eine Selbstversicherung aus. Da Kosten für Werbung und Außendienst nicht entstehen und die Berufsgenossenschaften auch keine Gewinne anstreben, bedeutet die genossenschaftliche Lösung für die Unternehmen auch einen Kostenvorteil[4].

Nach dem hier vorgeschlagenen Modell besteht keine Haftung der Genossenschaften für emittentenferne Schäden, für deren Entstehung die gewerbliche Wirtschaft und die öffentliche Hand nicht allein verantwortlich gemacht werden kann. Dieses Ergebnis folgt zwangsläufig aus der Entscheidung für die Ausklammerung von Kleinemittenten, die in die Wirkungsmechanismen des Genossenschaftsprinzips nicht einbezogen werden können. Die Beschränkung des Mitgliederkreises auf die relativ homogenen Branchen der gewerblichen Wirtschaft und die Gebietskörperschaften ermöglicht erst die Entfesselung der in dem Prinzip genossenschaftlicher Selbstverwaltung enthaltenen Kräfte. Die indirekte Einbeziehung von Kleinemittenten in das Genossenschaftsmodell wird dadurch nicht ausgeschlossen; die Erfassung der unzurechenbaren emittentenfernen Schäden, zu denen insbesondere die neuartigen Waldschäden zählen, bleibt möglich. Der beim Hauptverband der gewerblichen Berufsgenossenschaften einzurichtende Fonds zur Entschädigung der neuartigen Waldschäden würde Kleinemittenten zur Finanzierung mit heranziehen und die lückenlose Erfassung aller über den Umweltpfad verursachten und entschädigungsbedürftigen Einbußen gewährleisten. Dem Ausgleichszweck der Umwelthaftung wäre damit in umfassender Weise Genüge getan.

II. Umweltvorsorge und Allokationseffizienz

1. Schadensverhütung und Korrektur der Preisstruktur durch Anlastung der Kosten umweltbelastender Aktivitäten

Über die Gewährleistung von Schadensausgleich hinaus sollte ein System kollektiver Umwelthaftung die in Haftungsregeln steckenden Lenkungspotentiale nutzen. Wie oben ausgeführt, kann die Belastung der Umweltverschmutzer mit den externen Kosten ihrer Aktivitäten zur Einschränkung des Aktivitätsumfangs sowie zu erhöhten Sorgfaltsanstrengungen führen. Diese Effekte wären sowohl aus umweltpolititschen wie auch aus wirtschaftspolitischen Gründen anzustreben. Vermehrte Anstrengungen um die Reduktion der mit bestimmten Aktivitäten verbundenen Umweltbelastung sowie die Einschränkung des Umfangs umweltbe-

---

[4] Zu den Kostenvorteilen der Berufsgenossenschaften im Vergleich zu den privaten Haftpflichtversicherern vgl. auch *Schmeer*, VersR 1973, S. 390 (393).

lastenden Verhaltens würde zum einen die Umweltqualität in der Bundesrepublik verbessern. Damit einher ginge eine Belastung aller umweltschädlichen Aktivitäten mit den Kosten ihrer externen Effekte, soweit sich diese zu Beeinträchtigungen von Individualrechtsgütern aufsummieren und auskristallisieren. In einer Marktwirtschaft ist zu erwarten, daß die Wirtschaftssubjekte auf die Verteuerung umweltbelastender Aktivitäten durch Änderung ihres Verhaltens reagieren werden. Die Nachfrage nach verteuerten umweltbelastenden Gütern würde nachlassen, diejenige nach nunmehr vergleichsweise billigen umweltschonenden Gütern steigen. Auf die gesamte Volkswirtschaft bezogen käme es dadurch zu einer Reallokation der Ressourcen. Da die Güterpreise nunmehr nicht nur die Kosten von Kapital, Arbeit und Rohstoffen, sondern auch einen Teil der sozialen Zusatzkosten enthielten, wären Wohlfahrtsgewinne gegenüber dem früheren Zustand der Externalisierung der sozialen Zusatzkosten zu verzeichnen. In Bezug auf diese beiden Aspekte der Schadensverhütung und der Förderung einer effektiven Ressourcenallokation ist das Genossenschaftsmodell nunmehr zu überprüfen.

Die durch wirtschaftliche Anreize bewirkten Steuerungseffekte eines Haftungssystems sind stets von der Höhe der Kostenanlastungen, also von dem Umfang der erfaßten Schäden abhängig. Die von einem System genossenschaftlicher Umwelthaftung erfaßten Kosten sind zunächst auf den Wert der Einbußen infolge emittentennah auftretender, den Genossenschaften zurechenbarer Beeinträchtigungen beschränkt. Emittentenferne Schäden, an deren Entstehung auch die durch Hausbrand und KFZ-Verkehr verursachte Luftverschmutzung beteiligt ist, würden jedoch durch einen beim Hauptverband der gewerblichen Berufsgenossenschaften einzurichtenden Fonds ausgeglichen, der sich durch eine Umlage der Genossenschaften sowie Abgaben auf KFZ-Treibstoff und zur Wohnungsheizung eingesetzte Brennstoffe finanzierte. Eine gegenüber diesem Standard weitergehende Anlastung externer Effekte mit dem Instrumentarium des Haftungsrechts ist nicht möglich. Das Genossenschaftsmodell trägt den Zielen der effizienten Ressourcenallokation und der Umweltvorsorge durch wirtschaftliche Anreize zu umweltschonendem Verhalten damit in optimaler Weise Rechnung.

2. Sonstige Vorsorgeinstrumente

Der eben untersuchte Mechanismus zur Stimulierung von Schadensverhütungsmaßnahmen und von umweltschonendem Verhalten durch Anlastung der Schadenskosten ist nicht das einzige Mittel zur Durchsetzung von mehr Umweltschutz. Der Umweltpolitik steht eine ganze Palette von Instrumenten zur Verfügung, die von ordnungsrechtlichen Mitteln der direkten Verhaltenssteuerung über wirtschaftliche Anreize bis zu informellen Steuerungsmechanismen reichen[5]. Alle

[5] Vgl. Rat von Sachverständigen für Umweltfragen, Umweltgutachten 1987, BT-Drucks. XI/1568, Tz. 145 ff.; *Rehbinder,* Verursacherprinzip, S. 121 ff.

diese Mittel stehen in der gesetzlichen Unfallversicherung zur Verfügung. Die Berufsgenossenschaften haben die Befugnis zur Setzung strafbewehrter Verhaltensnormen. Sie unterhalten einen hochqualifizierten technischen Aufsichtsdienst zur Durchsetzung des Verbandsrechts. Die Unternehmen werden über die bestehenden Möglichkeiten zur Verhütung von Schäden fachmännisch aufgeklärt und beraten. Die Bildung von selbstverwalteten Verantwortungsgemeinschaften der Verschmutzer vermittelt zusätzliche soziale Anreize zu sorgfältigem, risikoarmem Verhalten. Gemeinsame Forschungsaktivitäten sind möglich und werden durchgeführt. Vor allem aber führt die Zuständigkeit der Genossenschaften für Prävention und Kompensation zur Akkumulation von Wissen um Schadensverläufe und Schadensursachen. Der gezielte, sachgerechte und abgestimmte Einsatz der eben aufgezählten Instrumente wird dadurch erst möglich gemacht. Die Pflicht der Unternehmen zur Finanzierung der Genossenschaften stimuliert aber nicht nur eigene Anstrengungen zur Vermeidung von Schäden, sondern gibt auch Anreize zur engagierten Mitarbeit in der genossenschaftlichen Selbstverwaltung. Die bestehenden Instrumente und Möglichkeiten zur Minimierung der Schadenskosten werden deshalb auch tatsächlich eingesetzt.

Im Rahmen der vorliegenden Arbeit ist versucht worden, diese Vorteile des Genossenschaftsmodells im Hinblick auf die Schadensverhütung auch für den Umweltbereich fruchtbar zu machen[6]. In Bezug auf die praktische Wirksamkeit einer solchen Transplantation ist eingewandt worden, das Funktionieren der berufsgenossenschaftlichen Selbstverwaltung und Selbstkontrolle im Bereich der vergleichsweise wenig komplexen Arbeitssicherheit ließe keine Rückschlüsse auf ähnliche Erfolge im hochkomplexen, heterogenen und sich schnell weiterentwickelnden Umweltbereich zu[7]. Die Erwägungen und Argumente, die gegen eine derart pessimistische Einschätzung der Möglichkeiten des Genossenschaftsmodells sprechen, sind oben zusammengestellt worden[8]. Die Etablierung genossenschaftlicher Selbstverwaltung und Selbststeuerung im Umweltschutz würde die Setzung und Durchsetzung von Verhaltensnormen zu einer Aufgabe der Betroffenen selbst machen. Ihr Sachverstand und Eigeninteresse könnte so für den Umweltschutz mobilisiert werden. Die Implementierung und Durchsetzung des Ordnungsrechts obliegt bisher der staatlichen Umweltverwaltung, deren Versagen allenthalben beklagt wird[9]. Die Hoffnung, Genossenschaften der gewerblichen Wirtschaft könnten dem Umweltschutz zu Effizienzsteigerungen verhelfen, ist deshalb begründet.

Die über wirtschaftliche Präventionsanreize durch Kostenanlastung hinausgehenden Instrumente zur Stimulierung umweltschonenden Verhaltens stehen

---

6 Vgl. oben, E X.

7 *Rehbinder,* NuR 1989, S. 149 (151).

8 Vgl. im einzelnen oben, E X 2 b.

9 Zum Vollzugsdefizit im Umweltrecht vgl.: Rat von Sachverständigen für Umweltfragen, Umweltgutachten 1974, BT-Drucks. VII/2802, Tz. 660 ff.; Umweltgutachten 1978, BT-Drucks. VIII/1938, Tz. 1521 ff.; *Rehbinder,* RabelsZ 40, S. 363 (404 ff.) m. w. N.

einem Fondsmodell nicht zur Verfügung. Zwar ist die Organisation des Fonds als vom Staat getrennte, selbständige Anstalt des öffentlichen Rechts möglich und wird von den Befürwortern einer Fondslösung auch angestrebt[10]. Die Vorteile einer mitgliedschaftlichen Selbstverwaltung können damit aber nicht erschlossen werden[11]. Ein Fonds bliebe doch immer eine reine Geldverteilungsstelle, die auf der einen Seite Gelder bei den Verursachern einhebt, um sie auf der anderen Seite an die Geschäditen zu verteilen[12]. Steuerungswirkungen, die über den Lenkungseffekt von Kostenanlastungen hinausgehen, sind im Rahmen eines Fondsmodells nicht zu erzielen. Das Genossenschaftsmodell kann unter dem Gesichtspunkt des Umweltschutzes also gewichtige Vorteile gegenüber dem Fondsmodell aufweisen.

III. Der für ein System genossenschaftlicher Umwelthaftung erforderliche Aufwand

Während im vorstehenden die durch ein Genossenschaftsmodell zu verfolgenden Ziele sowie das Ausmaß ihrer tatsächlichen Förderung untersucht wurden, soll nunmehr der dafür erforderliche Aufwand ermittelt werden. In der Terminologie der Wohlfahrtsökonomie geht es also um die tertiären Kosten des hier entwickelten Schadensüberwälzungssystems[13]. Mangels empirischer Daten zu der Arbeitsweise von Genossenschaften im Umweltschadensrecht können allerdings nur begründete Vermutungen angestellt werden.

Das hier entwickelte System genossenschaftlicher Umwelthaftung knüpft weitestgehend an die bestehende Struktur der gewerblichen Berufsgenossenschaften und ihre Einrichtungen an. Die Neuschaffung von Organisationen wäre nicht erforderlich. Die Ausweitung schon bestehender Einrichtungen, etwa des technischen Aufsichtsdienstes, könnte erforderlich werden, würde sich aber in Grenzen halten. Neu zu errichten wären nur die regionalen Entschädigungsstellen der Bezirksverwaltungen und die beim Hauptverband der gewerblichen Berufsgenossenschaften anzusiedelnde Fondsverwaltung. Diese Institutionen sollen indessen Gemeinschaftseinrichtungen aller Genossenschaften sein. Ihre Organe sind auf ein Minimum beschränkt worden. Ihre Aufgabe besteht allein in der Abwicklung der Entschädigung und der Verteilung der Kosten auf die verantwortlichen Genossenschaften. Im übrigen ist hier, wie auch generell bei der Beurteilung des Genossenschaftsmodells, der mit der Finanzierungsstruktur verbundene Anreiz zur Minimierung der Kosten zu berücksichtigen. Die Relation zwischen Leistun-

---

10 BMJ-Bericht, S. 369 ff. (372); *Ganten / Lemke*, UPR 1989, S. 1 (11 f.); § 1 Abs. 1 des Entwurfs der GRÜNEN, BT-Drucks. XI/4247, S. 7.

11 *Forsthoff*, Allg. VerwR, S. 496; *Wolff / Bachof*, VerwR II, S. 368.

12 Explizit in diesem Sinne *Kinkel*, ZRP 1989, S. 293 (296).

13 Vgl. oben, unter C IV.

gen und Verwaltungskosten der Berufsgenossenschaften wird als vorbildlich gelobt[14]. Auch in einem Modell genossenschaftlicher Umwelthaftung bestünden starke Anreize zur Minimierung der Verwaltungskosten, da für diese die Verursacher unmittelbar selbst aufzukommen hätten.

Dieser Effektivitätsvorteil dürfte sich nicht nur in bezug auf die Kosten der Leistungserbringung einstellen. Auch die Finanzierung des Systems selbst obläge den Emittentenkollektiven zur Selbstorganisation und -verwaltung. Die aufwendige staatliche Abgabenverwaltung müßte nicht herangezogen werden.

IV. Abwägung des Nutzens und der Kosten eines Systems genossenschaftlicher Umwelthaftung

Die eben vorgenommene Einschätzung des Nutzens und der Kosten des Genossenschaftsmodells ist wenig aussagekräftig, solange die beiden Größen nicht zueinander in Beziehung gesetzt werden. So wäre etwa eine Bevorzugung des Fondsmodells gegenüber dem Genossenschaftsmodell mit der Begründung, es sei insgesamt billiger, unredlich, weil die Aufgabenkreise und dementsprechend die Leistungen von Fonds- und Genossenschaftsmodell sich nicht decken[15]. Während der Fonds eine reine Geldverteilungsmaschine ist, obläge den Genossenschaften zusätzlich auch ein Teil der Aufgaben der Umweltverwaltung. Klar ist, daß die Erbringung dieser zusätzlichen Leistungen nicht völlig kostenlos zu haben ist. Soll der Effektivitätsgrad des Genossenschaftsmodells ermittelt werden, ist zwischen dem Bereich der Entschädigungs- und dem der Präventionsaufgaben sowie Finanzierungsfragen zu unterscheiden.

1. Verhütung von Umweltschäden

Im Bereich der Präventionsaufgaben wäre die Alternative zur Begründung der Zuständigkeit der Genossenschaften die Stärkung der Umweltverwaltung in Richtung auf mehr Effektivität[16]. Dies ist natürlich möglich, dürfte jedoch mit hohen Kosten verbunden sein[17]. Für Bürokratien besteht kein Anlaß zur Steigerung der eigenen Effektivität und zur Minimierung der eigenen Kosten. Von den Emitten-

---

14 *Von Hippel,* Schadensausgleich, S. 100; *Schmeer,* VersR 1973, S. 390 (392). Im Jahr 1987 betrugen die Verwaltungskosten ca. 10 % der Kosten der erbrachten Versicherungsleistungen. Vgl.: Hauptverband der gewerblichen Berufsgenossenschaften e. V., Übersicht über die Geschäfts- und Rechnungsergebnisse der gewerblichen Berufsgenossenschaften, S. 29, 32.

15 So tendenziell aber *Kinkel,* ZRP 1989, S. 293 (296).

16 Dies entspricht der Empfehlung des Rates von Sachverständigen für Umweltfragen, Umweltgutachten 1978, BT-Drucks. VIII/1938, Tz. 1560 ff.; 1611 ff.

17 Vgl. dazu im einzelnen oben, E X 3.

ten unterhaltene und selbstverwaltete Genossenschaften stehen dagegen unter dem ständigen Druck ihrer Mitglieder zur Kostenminimierung. Zudem ist die Kontrolle der Industrie durch von ihr selbst verwaltete und finanzierte Einrichtungen mit erheblich weniger Konfrontationen und Konflikten verbunden, als die Überwachung der Unternehmen durch staatliche Stellen[18]. Das Versagen der Umweltverwaltung dürfte zum Teil jedenfalls auf die hohen Widerstände zurückzuführen sein, auf die die Anordnung kostenintensiver Maßnahmen im Interesse des Umweltschutzes stößt. Das Selbstverwaltungsprinzip aktiviert die Betroffenen, mobilisiert ihren Sachverstand und ihr Verantwortungsbewußtsein im Interesse des Selbstverwaltungsträgers und der ihm obliegenden Aufgaben. Eine flexible, sachlichen und örtlichen Eigenarten Rechnung tragende Arbeit wird damit gewährleistet. Dementprechend wenden die gewerblichen Berufsgenossenschaften lediglich 500 Millionen DM pro Jahr für die Aufgabe der Unfallverhütung auf[19]. Diese Summe umfaßt die Kosten des technischen Aufsichtsdienstes, die Aufwendungen für Aus- und Fortbildung der Unternehmer und Versicherten und schließlich auch die Kosten der Erstellung von Unfallverhütungsvorschriften. Daß eine staatliche Bürokratie hier billiger sein könnte, ist mehr als unwahrscheinlich.

Insgesamt wird durch das Genossenschaftsmodell der Abstand zwischen Normgebung, Normvollzug und Normadressat bzw. zwischen Verwaltung und Verwalteten verkleinert[20]. Gerade im Bereich des Umweltschutzes sollte diese Möglichkeit einer Effizienzsteigerung genutzt werden.

2. Abwicklung der Entschädigungsleistungen

Im Bereich der Entschädigungsaufgaben wäre der Vergleich des Genossenschafts- mit einem Fondssystem möglich. Kostenvorteile zugunsten des letzteren könnten wegen der Möglichkeit einer einheitlichen, zentralen Verwaltung bestehen. Jedoch ist fraglich, ob ein zentral organisierter Fonds tatsächlich ohne regionale Untergliederungen auskäme. So ist etwa die Befassung der regional und medial zuständigen Umweltfachbehörden mit der Abwicklung der Entschädigungsleistungen[21] bzw. die Schaffung meherer Einzelfonds für die verschiedenen Umweltmedien vorgeschlagen worden[22]. Kostenvorteile gegenüber dem Genossenschaftsmodell aus dem Gesichtspunkt einer zentralen, einheitlichen Verwaltung entfallen dann gänzlich.

---

18 Vgl. oben, E X 3.

19 Hauptverband der gewerblichen Berufsgenossenschaften e. V., Übersicht über die Geschäfts- und Rechnungsergebnisse der gewerblichen Berufsgenossenschaften im Jahre 1987, S. 79.

20 BVerfGE 33, 125 (156 f.).

21 *Lummert / Thiem,* Rechte der Bürgers, S. 218.

22 *Knebel,* JbUTR 1988, S. 261 (279).

Umgekehrt erlaubt das Genossenschaftsmodell im Gegensatz zum Fonds den Rückgriff auf bestehende, sehr effizient arbeitende Institutionen. Die genossenschaftliche Organisation dieser Strukturen, also die Finanzierungspflicht der Mitglieder und ihre Kontroll- und Selbstverwaltungsrechte sind ein Garant für eine effiziente und kostengünstige Aufgabenwahrnehmung. Genossenschaftliche Institutionen sind mit anderen Bürokratien deshalb nicht vergleichbar, sondern diesen gegenüber im Vorteil.

3. Finanzierung

Effizienzvorteile des Genossenschaftsmodells wären nicht auf die Vorsorge- und Entschädigungsaufgaben beschränkt, sondern bestehen schließlich auch im Bereich der Finanzierung. Durch die Selbstorganisation der Mittelbeschaffung im Genossenschaftsmodell würde die Staatsverwaltung von der schwierigen und konfliktträchtigen Aufgabe der Festsetzung der von einzelnen Emittenten zu zahlenden Abgaben verschont. Dieser Vorteil wiegt besonders schwer, weil die Abgabenhöhe immer wieder revidiert und neu festgesetzt werden müßte. Das Genossenschaftsmodell nimmt dem Staat sowohl die Festsetzung der Beitragshöhe als auch die Eintreibung der Beiträge selbst ab[23]. Auch nach japanischen Erfahrungen ist die staatliche Finanzverwaltung wesentlich teurer als ein selbstverwaltetes Finanzierungssystem[24].

4. Ergebnis

Insgesamt spricht die Kosten-Nutzen-Abwägung sowohl bei den Präventions- als auch bei den Entschädigungsaufgaben für das Genossenschaftsmodell.

V. Gesellschaftspolitische Gesichtspunkte

Neben den bisherigen Kosten-Nutzen-Analysen sind bei der Entscheidung über die Einführung eines Systems genossenschaftlicher Umwelthaftung auch gesellschaftspolitische Gesichtspunkte zu berücksichtigen.

Durch die Übertragung von Staatsaufgaben auf von den Betroffenen selbst verwaltete Körperschaften kann nicht nur die Effizienz der Aufgabenwahrnehmung gesteigert, sondern der Staat auch von schwierigen Aufgaben entlastet

---

[23] Zu entsprechenden Überlegungen der Japaner bei der Ausgestaltung ihres Fonds für Luftverschmutzungsschäden vgl. *Tsuru / Weidner*, Ein Modell für uns, S. 129 f.

[24] *Tsuru / Weidner*, Ein Modell für uns, S. 129 f. Genauso die Überlegungen von *Ganten / Lemke*, UPR 1989, S. 1 (11 f.).

werden[25]. Dies ist insbesondere dann wünschenswert, wenn es um Bereiche geht, die mit einem relativ hohen gesellschaftlichen Konfliktpotential belastet sind. Um ein solches Politikfeld handelt es sich bei der Setzung von Rechtsnormen im Interesse des Umweltschutzes und zur Verhütung von Umweltschäden, bei der Kontrolle der Adressaten im Hinblick auf die Normbefolgung und bei den sonstigen Anstrengungen zur Vermeidung von Umweltschäden. Gleiches gilt für die Aufgabe der Festsetzung und Beitreibung von Beiträgen zur Finanzierung eines Schadensausgleichssystems. Der Entlastungseffekt von Selbstverwaltung ist aber nicht nur unter den Gesichtspunkten der Effizienzsteigerung und der Staatsentlastung positiv zu bewerten, sondern aktualisiert zugleich das gesellschaftspolitische Subsidiaritätsprinzip[26].

Weiter ermöglicht die genossenschaftliche Selbstverwaltung die Partizipation der Betroffenen. Dies bedeutet einen Gewinn an demokratischer Mitbestimmung der Bürger in Angelegenheiten des Staates[27]. Insofern trägt die Ermöglichung von Selbstverwaltung zur Integration des Staates bei. Die mit Selbstverwaltung auch verbundene Einbindung unterschiedlicher Interessengruppen führt weiter zur Disziplinierung und Mäßigung der Art und Intensität der Interessenverfolgung[28].

Diese gesellschaftspolitischen Vorteile des Genossenschaftsmodells kann sich ein Fonds nicht erschließen. Wegen den überwiegend negativen Erfahrungen mit Bürokratien im Umweltschutz sollten die eben angestellten gesellschaftspolitischen Überlegungen in die Kalkulation der Vor- und Nachteile des Genossenschaftsmodells einbezogen werden.

VI. Abschließende Würdigung

Das voraussichtliche Ausmaß der Zielerreichung durch ein Modell genossenschaftlicher Umwelthaftung sowie der durch die Einführung eines solchen Systems verursachte Aufwand sind nunmehr zusammengetragen worden. Abschließend sollen diese beiden Größen einander gegenüberzustellt und gefragt werden, ob dasjenige, was ein Genossenschaftsmodell leisten könnte, den dafür erforderlichen Aufwand und damit seine Einführung lohnt.

Das Genossenschaftsmodell besticht, weil es über die bloße Beitreibung und Verteilung von Entschädigungssummen einen substantiellen Beitrag zur Verbesserung der Umweltqualität und zur Entlastung der Umweltgesetzgebung und

---

25 Zum Entlastungseffekt von Selbstverwaltung vgl.: BVerfGE 33, 125 (156 f.); *Hendler*, Selbstverwaltung, S. 356 f. m.w.N; *Maunz*, in: *Maunz / Dürig*, GG, Art. 80 Rn. 48; *Stern*, Staatsrecht, Bd.I, § 12 I 7 a, S. 403.

26 *Hendler*, Selbstverwaltung, S. 340 ff. m.w.N.

27 *Hendler*, Selbstverwaltung, S. 345 ff. m.w.N.

28 *Hendler*, Selbstverwaltung, S. 351 ff. m.w.N.

-verwaltung zu leisten vermag. Die dabei anfallenden Kosten dürften vertretbar sein. Jedenfalls wäre die Wahrnehmung der Präventions- und Kompensationsaufgaben im Umweltbereich durch staatliche Bürokratien vermutlich teuerer. Dazu kommen gesellschaftspolitische Vorzüge des Genossenschaftsmodells. Die betroffenen Personengruppen würden in die Wahrnehmung der Umweltschutzaufgaben einbezogen, Partizipation ermöglicht und der Staat von schwierigen und konfliktträchtigen Aufgaben entlastet.

Auf der Entschädigungsseite dehnt das Genossenschaftsmodell den Bereich der erfaßten und einem Ausgleich zugeführten Schäden gegenüber dem Individual-Haftungsrecht weiter aus. Praktisch würden alle Rechtsgutsverletzungen, die durch Emissionen einer Anlage oder durch Summation der Emissionen einer Mehrzahl von Anlagen im Nahbereich der Emissionsquellen auftreten, erfaßt. Dem Geschädigten würde der für ihn schwierige, risikoreiche und kostenintensive Zivilprozeß erspart. Schließlich würde ihm auch das Risiko abgenommen, trotz Bestehens eines Schadensersatzanspruchs wegen Insolvenz des Schädigers leer auszugehen. Die Funktion einer Haftpflichtversicherung wird durch die Genossenschaften also miterfüllt. Die Verwirklichung einer erweiterten Haftung für Umweltschäden wird damit von der Mitwirkung der Versicherungsbranche abgekoppelt.

Im Interesse der Erhaltung der Vorteile des Genossenschaftsprinzips kann das hier vorgeschlagene Modell allerdings einen Teil der Umweltschäden, vor allem auch die neuartigen Waldschäden, zunächst nicht erfassen. Die Erweiterung des Genossenschaftsmodells um einen beim Hauptverband der gewerblichen Berufsgenossenschaften zu bildenden Entschädigungsfonds, der auch durch Abgaben der Kleinemittenten zu finanzieren wäre, ist jedoch zwanglos möglich.

Die durch ein System genossenschaftlicher Umwelthaftung verursachten Kosten werden sich in Grenzen halten. Die Neuschaffung von Bürokratien ist nicht oder nur in geringem Umfang erforderlich. Der Ausbau bestehender Institutionen findet im Bereich genossenschaftlicher Selbstverwaltung statt. Die Pflicht der Verursacher zur Finanzierung des Kollektivs einerseits, ihre Mitwirkungs- und Kontrollrechte andererseits, werden die Verschwendung von Mitteln und eine Explosion der Vewaltungskosten verhindern. Diese Prognose wird durch die Sparsamkeit und Effektivität der bestehenden Berufsgenossenschaften bestätigt.

VII. Endergebnis

Die Befassung der Berufsgenossenschaften mit den Präventions- und Kompensationsaufgaben im Umweltschutz ist sinnvoll. Die Kosten der Berufsgenossenschaften in den Bereichen Schadensverhütung, Finanzierung und Abwicklung der Entschädigung sind gering. Vergleichslösungen, also die staatliche Umweltverwaltung bei der Verhütung von Umweltschäden, die Finanzverwaltung bei der Aufbringung der Mittel eines Entschädigungssystems und ein Fonds bei der Abwicklung der Schadensfälle wären jeweils teurer.

Auf der Leistungsseite ist der Hauptvorteil des Genossenschaftsmodells sein Hinausgreifen über die bloße Transaktion von Geldern von Schädigern an Geschädigte. Die Einbindung der Umweltverschmutzer in ein Kompensationsmodell, dem zahlreiche direkte und indirekte Instrumente zur Förderung von Schadensvermeidungsmaßnahmen zur Verfügung stehen, läßt auf spürbare Verbesserungen der Umweltqualität in der Bundesrepublik hoffen.

Das Genossenschaftsmodell ist aber nicht nur umweltpolitisch effizient, sondern auch gesellschaftspolitisch vorteilhaft. In einem Bereich, in dem die staatliche Bürokratie auf erhebliche Schwierigkeiten beim Vollzug der Gesetze stößt, würden den Betroffenen Partizipationschancen eröffnet. Die Wahrnehmung der Umweltschutzaufgabe würde dezentralisiert und demokratisiert. Ein solches Arrangement verspricht nicht nur Effizienzsteigerungen, sondern entlastet den Staat und verwirklicht das Subsidiaritätsprinzip.

G. Die Kompetenz des Bundes zur Einführung eines Systems genossenschaftlicher Umwelthaftung

Wegen der weiten räumlichen Verteilung industrieller Emissionen sind partikulare Regelungen der Länder zur Lösung der Probleme des Umweltschadensrechts ungeeignet. Im übrigen würden die durch die Erweiterung der berufsgenossenschaftlichen Aufgaben um diejenige des Umweltschutzes ausgelösten Beitragspflichten von Gewerbe und Industrie zu ungerechtfertigten regionalen Wettbewerbsvor- bzw. -nachteilen führen, wenn das Haftungsmodell nicht bundesweit eingeführt würde. In Frage steht deshalb die Kompetenz des Bundes zur Einführung eines Systems genossenschaftlicher Umwelthaftung.

I. Allgemeines zur Systematik der grundgesetzlichen Zuordnung der Bundes- und Länderkompetenzen

Bei der Abgrenzung der Bundes- von den Länderkompetenzen differenziert das Grundgesetz in seinen Art. 70 ff., 83 ff. zwischen dem Recht zur Gesetzgebung und der Zuständigkeit zur Regelung und Durchführung der Verwaltung. Letztere umfaßt, wie aus Art. 84 Abs. 1 GG hervorgeht, auch sämtliche Regelungen über die Behördeneinrichtung, worunter auch die Zuweisung von Aufgaben an bestehende Behörden verstanden wird[1], und das Verwaltungsverfahren. Folglich begründen die Art. 70 ff. GG Bundeszuständigkeiten allein für materielles Recht, das einem oder mehreren der in Art. 73 - 75 GG enumerierten Sachgebiete unterfällt. An dieser Unterscheidung hat sich auch die folgende Untersuchung zur Gesetzgebungskompetenz des Bundes zu orientieren.

Das Bestehen einer Verwaltungskompetenz des Bundes setzt das Eingreifen einer Gesetzgebungszuständigkeit voraus; der Vollzug von Landesgesetzen erfolgt gemäß Art. 30 GG zwingend durch eigene Behörden und in eigener Regie der Länder[2]. Im folgenden ist deshalb zunächst die Zuständigkeit des Bundes zur Setzung materiellen Rechts zu prüfen. Sollte sich dabei die Zuständigkeit des Bundes zur gesetzlichen Regelung eines genossenschaftlichen Vorsorge- und Entschädigungssystems im Umweltschutz ergeben, wären sodann die Befugnisse des Bundes in bezug auf Zuständigkeits- und Verfahrensvorschriften zu erörtern.

---

1 BVerfGE 75, 108 (150); *Lerche,* in: Maunz / Dürig, GG, Art. 84 Rn. 25; *Broß,* in: *von Münch,* GG, Art. 84 Rn. 6.

2 *Broß,* in: *von Münch,* GG, Art. 84 Rn. 3 a; *Lerche,* in: Maunz / Dürig, GG, Art. 83 Rn. 25.

Die Sachgebiete, für die dem Bund die Gesetzgebungszuständigkeit zukommt, sind in den Sachgebietskatalogen der Art. 73-75 GG aufgezählt. Soweit eine Materie mehreren Sachgebieten unterfällt, kann sich der Bund auf mehrere Gesetzgebungskompetenzen stützen[3].

II. Materielles Recht

1. Art. 74 Nr. 1 GG, 1. Sachgebiet: Bürgerliches Recht

Die Zuweisung der Kompetenz zur Gesetzgebung für das Gebiet des bürgerlichen Rechts an den jeweils umfassenden Staatsverband ist eine Tradition der jüngeren deutschen Verfassungsgebung. Das GG ist durch Art. 74 Nr. 1 GG seinen Vorläufern, Art. 7 Nr. 1 WRV und Art. 4 Nr. 13 der Verfassung des Deutschen Reichs von 1871, gefolgt. Das BVerfG mißt dementsprechend bei der Auslegung des Art. 74 Nr. 1 GG der historischen und genetischen Interpretation sowie der bisherigen deutschen Staatspraxis besondere Bedeutung zu[4]. Der Begriff „bürgerliches Recht" bezeichnet danach die Gesamtheit aller Normen, die herkömmlicherweise dem Zivilrecht zugerechnet werden. Ihr Kernbestand betrifft die Ordnung der Individualrechtsverhältnisse, schafft einen rechtlichen Rahmen für die Beziehungen zwischen Privatpersonen[5].

Das Haftungsrecht gehört traditionell zum bürgerlichen Recht; seine Grundregeln, das Deliktsrecht, finden sich in den §§ 823 ff. des Bürgerlichen Gesetzbuchs. Normen, die Schadensersatzpflichten einer Person im Fall der Verletzung der Rechtsgüter einer anderen Person anordnen, sind daher „bürgerliches Recht" i.S.d. Art. 74 Nr. 1 GG.

Das hier vorgeschlagene System genossenschaftlicher Umwelthaftung bedeutet wirtschaftlich die Ausweitung der Haftung der öffentlichen Hand und des Gewerbes für Schäden, die über den Umweltpfad verursacht werden. Die Erweiterung der Einstandspflicht für umweltbedingte Schäden soll rechtstechnisch jedoch nicht durch die Schaffung entsprechender Anspruchsgrundlagen für Schadensersatzbegehren gegen die Verursacher umgesetzt werden, sondern durch die Verlagerung der Einstandspflicht auf Sozialversicherungsträger, denen die eigentlich Verantwortlichen als Mitglieder und Beitragszahler angehören. In die Rechtsbeziehungen zwischen einem gewerblichen Umweltverschmutzer und einem Geschädigten wird also unmittelbar nicht eingegriffen; stattdessen werden Pflichten des Schädigers gegenüber einer öffentlich-rechtlichen Zwangskörperschaft be-

---

3 BVerfGE 23, 12 (22); 36, 382 (392); *Maunz*, in: Maunz / Dürig, GG, Art. 70 Rn. 42, Art. 74 Rn. 51 f.; *von Münch*, GG, Art. 74 Rn. 120.

4 BVerfGE 33, 125 (152 f.); 42, 20 (29); 61, 149 (174 f.).

5 BVerfGE 42, 20 (30 ff.); *Maunz*, in: Maunz / Dürig, GG, Art. 74 Rn. 53; *von Münch*, GG, Art. 74 Rn. 5.

gründet, die ihrerseits zur Erfüllung der Entschädigungsansprüche des Betroffenen verpflichtet wird. Die dabei entstehenden Rechte und Pflichten sind dem öffentlichen Recht zuzurechnen.

Im Rahmen eines Modells genossenschaftlicher Umwelthaftung wird das an sich zivilrechtliche Haftungsproblem also einer öffentlich-rechtlichen Lösung zugeführt. Das ein solches Modell realisierende Recht wäre deshalb kein „bürgerliches Recht" i.S.d. Art. 74 Nr. 1 GG.

2. Art. 74 Nr. 12 GG, 2. Sachgebiet: Sozialversicherungsrecht

Art. 74 Nr. 12 GG verleiht dem Bund die konkurrierende Gesetzgebungszuständigkeit auf dem Gebiet der Sozialversicherung. Die bundesgesetzliche Erweiterung der Aufgaben der Unfallversicherungsträger um diejenige des Ausgleichs über den Umweltpfad verursachter Schäden wäre durch Art. 74 Nr. 12 GG gedeckt, wenn die Kompensation von Umweltschäden durch die Unfallversicherungsträger als ein neuer Zweig der Sozialversicherung gelten könnte. Die Heranziehung des Art. 74 Nr. 12 GG kommt in Betracht, weil es sich bei einem System genossenschaftlicher Umwelthaftung um eine öffentlich-rechtliche Zwangsversicherung der in den Berufsgenossenschaften zusammengeschlossenen Unternehmer zugunsten der potentiell Geschädigten handelt und die Wahrnehmung der damit verbundenen Aufgaben den Trägern der traditionellen Unfallversicherung zugewiesen wird.

a) Der Begriff der Sozialversicherung in Art. 74 Nr. 12 GG

aa) Grundsätzliches zur Auslegung von Art. 74 Nr. 12 GG

Die klassischen Bereiche der Sozialversicherung betreffen die Absicherung von Arbeitnehmern gegen die Risiken Krankheit, Unfall, Invalidität und Alter. Das Grundgesetz hat diesen Katalog um das Risiko der Arbeitslosigkeit erweitert. Daraus schließt die allgemeine Meinung, daß Art. 74 Nr. 12 GG die Gesetzgebungskompetenz des Bundes nicht von vornherein auf die hergebrachten Sozialversicherungszweige begrenzt[6]. Der Begriff der Sozialversicherung wird vielmehr im Sinne eines verfassungsrechtlichen Gattungsbegriffs verstanden, der grundsätzlich weit auszulegen ist[7]. Die Einbeziehung neuer Lebenssachverhalte

---

6 BVerfGE 11, 105 (111 f.); 75, 108 (146); *von Mangoldt-Klein*, GG, Art. 74 Anm. XXVI 2 a; *Maunz*, in: Maunz / Dürig, GG, Art. 74 Rn. 170; *Papier*, SRH, 3, Rn. 12.

7 BVerfGE 11, 105 (112); 75, 108 (146); *Bogs*, Die Sozialversicherung im Staat der Gegenwart, S. 454; *von Mangoldt-Klein*, GG, Art. 74 Anm. XXVI 2 a; *Maunz*, in: Maunz / Dürig, GG, Art. 74 Rn. 170; *Papier*, SRH, 3, Rn. 13.

in die Sozialversicherung durch ein auf Art. 74 Nr. 12 GG gestütztes Gesetz ist daher möglich[8].

Andererseits ermächtigt das GG den Bund nicht schrankenlos zur Begründung öffentlich-rechtlicher Zwangsversicherungen. Eine Grenze in dieser Richtung markiert Art. 74 Nr. 11 GG, der dem Bund die Gesetzgebungszuständigkeit für das Recht der Wirtschaft verleiht und diesen Begriff u.a. durch Hinweis auf das privatrechtliche Versicherungswesen erläutert. Aus der ausdrücklichen Beschränkung auf die Privatversicherung ist zu folgern, daß der Bund nicht zur Einführung öffentlich-rechtlicher Zwangsversicherungen befugt ist[9]. Sollte es sich bei dem hier vorgeschlagenen System genossenschaftlicher Umwelthaftung also um eine öffentlich-rechtliche Zwangsversicherung handeln, die nicht Sozialversicherung ist, wären aufgrund von Art. 70 GG ausschließlich die Länder gesetzgebungsbefugt.

bb) Konstitutive Merkmale des Begriffs der Sozialversicherung

Der geschilderten Systematik des GG entspricht es, wenn das BVerfG die Zulässigkeit der Berufung auf Art. 74 Nr. 12 GG davon abhängig macht, daß die in das Sozialversicherungssystem neu einbezogenen Lebenssachverhalte in ihren wesentlichen Strukturelementen dem durch die klassische Sozialversicherung geprägten Bild entsprechen[10]. In der Rechtsprechung des BVerfG sind diese Strukturelemente zu zwei Kriterien verdichtet worden, die für den Umfang der Kompetenz aus Art. 74 Nr. 12 GG entscheidend sind. Sie betreffen den Charakter des versicherten Risikos und die Art der organisatorischen Durchführung der Versicherung[11]. Erstens muß es sich um einen Fall der gemeinsamen Bedarfsdekkung durch Lastenverteilung auf eine organisierte Vielheit handeln. Zweitens gehört eine besondere Art der organisatorischen Bewältigung zu den Strukturmerkmalen der Sozialversicherung. Die Prüfung dieser beiden Kriterien beantwortet die Frage nach dem sozialversicherungsrechtlichen Charakter des hier entwickelten Leistungssystems.

---

[8] BVerfGE 11, 105 (112); 75, 108 (146); *Maunz,* in: Maunz / Dürig, GG, Art. 74 Rn. 170; *von Münch,* GG, Art. 74 Rn. 62; *Papier,* SRH, 3, Rn. 13.

[9] BVerfGE 41, 205 (228 f., 224); *Maunz,* in: *Maunz-Dürig,* GG, Art. 74 Rn. 148; *von Münch,* GG, Art. 74 Rn. 50.

[10] BVerfGE 11, 105 (112); 75, 108 (146); *Maunz,* in: Maunz / Dürig, GG, Art. 74 Rn. 171; *von Münch,* GG, Art. 74 Rn. 62; *Papier,* SRH, 3, Rn. 13.

[11] BVerfGE 11, 105 (112 f.); 75, 108 (146); *von Mangoldt-Klein,* GG, Art. 74 Anm. XXVI 2 c; *Maunz,* in: Maunz / Dürig, GG, Art. 74 Rn. 171; *von Münch,* GG, Art. 74 Rn. 62.

aaa) Die spezifisch sozialversicherungsrechtliche Art der Organisation

Für die Sozialversicherung kennzeichnend ist die Betrauung selbständiger öffentlich-rechtlicher Körperschaften und deren Finanzierung durch Mitgliedsbeiträge. Das hier erarbeitete Modell einer berufsgenossenschaftlichen Haftung für umweltbedingte Schäden lehnt sich organisatorisch eng an die bisherigen Institutionen der Unfallversicherung an. Dementsprechend werden auch nur die Mitglieder der Genossenschaften zur Finanzierung der Umwelthaftung herangezogen. Ein Kriterium der Begriffs der Sozialversicherung ist hier also erfüllt.

bbb) Sozialer Risikoausgleich

Zu klären bleibt, ob es sich bei der genossenschaftlichen Umwelthaftung auch um eine spezifisch sozialversicherungsrechtliche Art der Lastenverteilung handelt. Das vorliegende Modell schützt die Rechtsgütern Leben, Körper, Gesundheit, Eigentum und Vermögen gegenüber den Risiken, die mit der gewerblichen und staatlichen Umweltverschmutzung verbunden sind. Der Risikoausgleich orientiert sich dabei ganz am Vorbild der gesetzlichen Unfallversicherung: Dem Schädiger wird das zivilrechtliche Haftungsrisiko weitgehend abgenommen, dafür werden ihm die Kosten der Sozialleistungen auferlegt.

Der Schutz vor umweltbedingten Gefahren ist jedoch kein klassisches Risiko der Sozialversicherung. Nach einer Meinung liegt ein spezifisch sozialversicherungsrechtliches Leistungssystem nur vor, wenn ein Bezug zur Arbeits- und Berufswelt nachweisbar ist[12]. Die Sozialversicherung sei auf die Absicherung sozialer Notlagen der Arbeiter beschränkt[13]. Unverkennbar liegt in dem Bedürfnis nach Absicherung im Zusammenhang mit der Berufsausübung stehender Risiken der Ursprung etwa der Unfallversicherung. Schon bei der Krankenversicherung ist ein derartig eindeutiger Bezug zur Arbeitswelt aber nicht herzustellen. Der final definierte Versicherungsfall der Krankenversicherung, der gerade keine arbeits- oder berufsbedingte Krankheit voraussetzt, umschreibt dementsprechend keine Risiken des Arbeitslebens. Die hälftige Zurechnung der Kosten der Heilbehandlung an den Arbeitgeber läßt sich nur mit Hilfe der arbeitsrechtlichen Fürsorgepflicht und mit sozialpolitischen Erwägungen rechtfertigen. Weiterhin kann seit der Schaffung des Sozialversicherungssystems im Kaiserreich eine stetige Ausweitung des Kreises der in seinen Schutzbereich einbezogenen Risiken beobachtet werden[14]. Der Zusammenhang sowohl der Einführung der Sozialversicherung als auch des gegenwärtig im Zentrum des Interesses stehenden Problems

---

12 *André*, ZRP 1976, S. 177 (179); *Isensee*, ZRP 1982, S. 137 (140); *Weber*, FS Möller, S. 499 (508).

13 Dafür: *André*, ZRP 1976, S. 177 (179); *Isensee*, Umverteilung durch Sozialversicherungsbeiträge, S. 51 f.; *ders.*, ZRP 1982, S. 137 (139 f.); *Weber*, FS Möller, S. 499 (508).

14 *Schnapp*, FS von Unruh, S. 881 (883).

der Umweltschäden mit den Folgen der Industrialisierung ist bereits angesprochen worden[15]. Das BVerfG hat die Erweiterung der Sozialversicherung mit dem Bedürfnis nach „Ausgleich der durch die moderne gesellschaftliche Entwicklung entstehenden Belastungen“ legitimiert und eine Beschränkung auf die Absicherung echter Notlagen abgelehnt[16]. Zu solchen besonderen Belastungen gehören sicher auch die Umweltschäden. Wie das Beispiel der Unfallversicherung deutlich zeigt, ist dem Begriff der Sozialversicherung auch eine kausale Definition des Versicherungsfalles, bei der bestimmte Rechtsgüter allein gegen Risiken bestimmter Herkunft geschützt werden, keineswegs fremd. Wird mit der allseits postulierten Offenheit des Begriffs der Sozialversicherung Ernst gemacht, bestehen gegen die Einbeziehung umweltbedingter Schäden keine Bedenken[17].

Gegen die Einbeziehung eines Sicherungssystems gegen Umweltrisiken in den Begriff der Sozialversicherung könnte weiter der Umstand sprechen, daß in einem solchen Modell prinzipiell die gesamte Bevölkerung beitragsverpflichtet und leistungsberechtigt ist, es also scheinbar nicht um den sozialen Ausgleich besonderer Risiken geht[18]. Im Gegensatz zu dem schon länger diskutierten Fall der Einführung einer allgemeinen Volksversicherung gegen Unfälle oder Prozeßkosten[19], der Anlaß zu dem zuletzt genannten Bedenken gegeben hat, befindet sich im hier vorgeschlagenen Modell jedoch allein auf der Empfängerseite praktisch die gesamte Bevölkerung. Der Kreis der Beitragspflichtigen ist dagegen auf einen vergleichsweise kleinen Personenkreis beschränkt. Die Ausweitung des durch einen Zweig der Sozialversicherung begünstigten Personenkreises auf die gesamte Bevölkerung ist indessen kein Spezifikum eines Systems genossenschaftlicher Umwelthaftung. In der gesetzlichen Krankenversicherung zum Beispiel sind heute an die 90 % der Gesamtbevölkerung versichert[20]. Die bloße Anzahl der geschützten Personen nimmt dem hier vorgeschlagenen Modell also nicht den Charakter einer Sozialversicherung.

---

15 Vgl. oben, D I.

16 BVerfGE 11, 105 (112 f.); 75, 108 (146); *Maunz*, in: Maunz / Dürig, GG, Art. 74 Rn. 171; *Papier*, SRH, 3, Rn. 14.

17 Vgl. soeben, Anm. 7, 8.

18 Zu diesem Bedenken *Maunz*, in: Maunz / Dürig, GG, Art. 74 Rn. 172.

19 Gegen die Kompetenz zur Einführung einer Volksversicherung aus Art. 74 Nr. 12 GG haben sich ausgesprochen: *André*, ZRP 1976, S. 177 (179); *von Einem*, DVBl 1979, S. 979 (980); *Isensee*, Umverteilung durch Sozialversicherungsbeiträge, S. 49 ff.; *ders.*, ZRP 1982, S. 137 (139 f.); *Weber*, FS Möller, S. 499 (508 f.).
Für die Kompetenz aus Art. 74 Nr. 12 dagegen: *Wannagat*, Sozialversicherungsrecht, S. 223.

20 *Nicolay / Knieps*, SRH, 14, Rn. 1; *Schulin*, Sozialversicherungsrecht, Rn. 74. Vgl. auch: Statistisches Bundesamt, Statistisches Jahrbuch 1989 für die Bundesrepublik Deutschland: Bei einer Gesamtbevölkerung von ca. 61,1 Millionen (S. 43) waren 1988 56,7 Millionen entweder selbst oder als Familienmitglied in der gesetzlichen Krankenversicherung versichert (S. 402). Unfallversicherungsrechtlichen Schutz genossen 38,85 Millionen Beschäftigte und 12,14 Millionen Schüler (S. 404 f.).

Eine entsprechende Einordnung könnte aber schließlich daran scheitern, daß der hier begünstigte Personenkreis inhomogen und keine Solidargemeinschaft zur Abdeckung gemeinsamer Risiken ist[21]. Gegen eine solche Beschränkung spricht zum einen die oben begründete Ablehnung der Verengung des Begriffs der Sozialversicherung auf die Absicherung von Risiken der Arbeitswelt. Dementsprechend erlaubt Art. 74 Nr. 12 GG die Einbeziehung Selbständiger in den Schutzbereich der Sozialversicherung ebenso wie den Schutz von Nothelfern, Blutspendern, Kindern, Schülern, Studenten und Gefangenen vor Unfällen durch §§ 539 Abs. 1 Nr. 9, 10, 14, 540 RVO[22]. Zum anderen trifft das Kriterium der Solidargemeinschaft selbst in den klassischen Zweigen der Sozialversicherung nicht immer zu. Die Rede von einer Solidargemeinschaft unter den Versicherten ist nur bei der Renten- und Krankenversicherung angebracht. Wie die eben genannten Vorschriften der §§ 539, 540 RVO zeigen, ist die Unfallversicherung keine Einrichtung der Arbeitnehmer zur gemeinsamen Abdeckung des Arbeitsunfallrisikos, sondern wird von den Unternehmern und Gebietskörperschaften zugunsten der Arbeiter und vieler anderer Personengruppen unterhalten. Von einer Solidargemeinschaft unter den Versicherten kann keine Rede sein.

Zutreffend ist allerdings, daß die Heranziehung bestimmter Bevölkerungsgruppen zur Finanzierung von Transferleistungen an andere Interessengruppen unter der Fahne der Sozialversicherung unzulässig ist. Die vom BVerfG an die Erhebung von Sonderabgaben angelegten, strengen Kriterien gelten für die Erhebung von Sozialversicherungsbeiträgen indessen nicht[23]. Dem Gericht genügt für die Zulässigkeit einer solchen Inpflichtnahme ein sachlicher Anknüpfungspunkt, der nicht außerhalb der für die Sozialversicherung bestimmenden Vorstellungen liegt. Dabei ist der Kreis der möglichen Anknüpfungspunkte nicht auf solche aus der Sphäre des Arbeitslebens beschränkt[24]. Der oben für die Umwelthaftung der von den Unternehmern finanzierten Genossenschaften erarbeitete Zurechnungsgrund reicht als sachlicher Anknüpfungspunkt der Beitragspflicht sicher aus[25]. Die Nähe des umwelthaftungsrechtlichen Zurechnungsprinzips zu denjenigen der Sozialversicherung ergibt sich aus ihrem gemeinsamen Ursprung und aus ihrer identischen Funktion, nämlich die Folgen der Industrialisierung sozial abzufedern[26].

---

21 Für ein solches Kriterium: *von Einem*, DVBl 1979, S. 979 (980); *Isenssee*, Umverteilung durch Sozialversicherungsbeiträge, S. 17 ff., 51 f.; *ders.*, ZRP 1982, S. 137 (140).

22 BVerfGE 11, 105 (112 f.); 75, 108 (146); *Maunz*, in: Maunz / Dürig, GG, Art. 74 Rn. 171; *Papier*, SRH, 3, Rn. 14.

23 BVerfGE 75, 108 (147 ff.); *Papier*, SRH, 3, Rn. 15.

24 Vgl. die vorherige Anmerkung.

25 Vgl. oben, E III 4 b.

26 Vgl. soeben sowie unter D I.

cc) Ergebnis

Das hier erarbeitete System einer genossenschaftlichen Umwelthaftung erfüllt beide Merkmale des Begriffs der Sozialversicherung. Der Bund könnte sich bei der Einführung eines solchen Modells auf Art. 74 Nr. 12 GG berufen.

b) Der Umfang der Kompetenz aus Art. 74 Nr. 12 GG

Zu untersuchen bleibt, ob die Regelungskompetenz des Bundes aus Art. 74 Nr. 12 GG sämtliche der zur Erweiterung der berufsgenossenschaftlichen Aufgaben um diejenige des Umweltschutzes erforderlichen Regelungen decken würde. Bedenken bestehen insoweit im Hinblick auf die Ermächtigung der Unfallversicherungsträger zur Setzung autonomen Satzungsrechts im Interesse des Umweltschutzes.

Die Beantwortung dieser Frage setzt zunächst eine Klärung des Begriffs der Satzung und der Rechtsnatur der autonomen Rechtsetzung durch selbstverwaltete Körperschaften öffentlichen Rechts voraus. Satzungen sind Rechtsnormen, die von einer jurisitschen Person des öffentlichen Rechts im Rahmen ihres gesetzlich verbürgten Selbstverwaltungsrechts mit Bindungswirkung gegenüber den ihr angehörenden und unterworfenen Personen erlassen werden[27]. Entgegen einer früher vertretenen Meinung, die die Satzungsgewalt selbstverwalteter Körperschaften als ihr natürlich-vorstaatliches Recht ansah[28], herrscht heute Einigkeit, daß die Befugnis zur Setzung autonomen Rechts einer gesetzlichen Ermächtigung bedarf[29]. Die gesetzliche Ermächtigungsgrundlage braucht dabei zwar nicht den Anforderungen des Art. 80 Abs. 1 S. 2 GG genügen, der Gesetzgeber muß jedoch die Voraussetzungen für Grundrechtseingriffe sowie die sonstigen wesentlichen Entscheidungen selbst treffen[30].

Die danach erforderliche gesetzliche Ermächtigungsgrundlage bedürfte der Absicherung durch eine grundgesetzliche Kompetenzzuweisung an den Bund. Fraglich ist, ob die Kompetenz aus Art. 74 Nr. 12 GG eine solche Ermächtigung legitimieren kann. Dies wäre zu bejahen, wenn der Begriff des Sozialversicherungsrechts Regelungen über Präventionsmaßnahmen der Sozialversicherungsträger mitumfaßte. Im Unfallversicherungsrecht spielt diese Problematik keine

[27] BVerfGE 33, 125 (156); *Forsthoff*, Allg. VerwR, S. 141; *Wolff / Bachof*, VerwR I, S. 136.

[28] Vgl. zu den verschiedenen Meinungen zum Verhältnis des Satzungsrechts zur staatlichen Verfassung und Rechtsetzung: *Friehe*, Autonome Satzungen und Geltungsanspruch der Grundrechte, JuS 1979, S. 465 ff.

[29] BVerfGE 33, 125 (156 ff.); *Ossenbühl*, Satzung, in: Handbuch des Staatsrechts, Bd.III, § 66, Rn. 21; *Wolff / Bachof*, VerwR I, S. 137.

[30] BVerfGE 33, 125 (157 ff.); *Maurer*, Allg. VerwR, S. 49 f; *Ossenbühl*, Satzung, in: Handbuch des Staatsrechts, Bd.III, § 66, Rn. 30 ff., 37.

Rolle, weil dem Bund aufgrund von Art. 74 Nr. 12 GG ausdrücklich auch die Kompetenz zur Regelung des Arbeitsschutzrechts zukommt. Das GG verleiht dem Bund aber keine umfassende Gesetzgebungskompetenz für das Umweltschutzrecht[31]. Im Wege einer entsprechenden Regelung würden die Berufsgenossenschaften de facto zur Setzung von Umweltschutzrecht ermächtigt.

Die Pflicht der Unfallversicherungsträger zu Aktivitäten auf dem Gebiet der Unfallverhütung gehört traditionell zu ihren Aufgaben. Seit jeher steht ihnen dazu das Instrument der autonomen Satzung zur Verfügung. Zwischen der Aufgabe der Kompensation arbeitsbedingter Schäden und der Präventionsaufgabe besteht jedoch kein zufälliger, sondern ein funktionaler Zusammenhang, den sich der Gesetzgeber bei der Befassung der Berufsgenossenschaften mit beiden Bereichen gerade zunutze machen wollte[32]. Die Einheit von Prävention und Kompensation ist geradezu die Idee der Unfallversicherung, die Zuständigkeit der Berufsgenossenschaften für den Arbeitsschutz gehört zu den elementaren Prinzipien des Unfallversicherungsrechts. Die Befassung mit der Aufgabe der Schadensverhütung ist Essential nicht nur des Unfallversicherungsrechts. Auch die gesetzlichen Krankenkassen sind seit jeher im Bereich der Krankheitsvorsorge aktiv[33]. Die Neuregelung des Rechts der gesetzlichen Krankenversicherung durch das GRG hat die Präventionsaufgabe der Krankenkassen hervorgehoben und die entsprechenden Leistungen in den §§ 20 ff. SGB V gesetzlich normiert. Eine Art. 74 Nr. 12 GG („Arbeitsschutz") entsprechende grundgesetzliche Zuständigkeitsnorm findet sich für die Präventionsanstrengungen der Krankenkassen nicht. Insbesondere verleiht Art. 74 Nr. 19, 19 a GG dem Bund keine umfassende Zuständigkeit im Bereich des Gesundheitsschutzes[34]. Die §§ 20 ff. SGB V lassen sich deshalb allein auf die Kompetenz des Art. 74 Nr. 12 GG stützen. Dieser Befund spricht dafür, die Ermächtigung der Sozialversicherungsträger zu Präventionsmaßnahmen zum Sozialversicherungsrecht zu rechnen.

Das Unfallvericherungsrecht räumt den Berufsgenossenschaften aber nicht nur die Kompetenz zum Erlaß von Satzungen ein, sondern erlaubt durch § 710 RVO auch die Bewehrung der Unfallverhütungsvorschriften. Verstöße können als Ordnungswidrigkeit mit einem Bußgeld geahndet werden. Die Zuständigkeit des Bundes für das Ordnungswidrigkeitenrecht folgt nicht aus Art. 74 Nr. 12 GG, sondern aus Art. 74 Nr. 1 GG, der dem Bund die Zuständigketi für das Strafrecht verleiht. Zum Strafrecht in diesem Sinne zählt auch das Ordnungswidrigkeitenrecht[35].

---

31 *von Münch,* GG, Art. 74 Rn. 116.

32 Vgl. dazu im einzelnen oben, D II 8 d.

33 Vgl. dazu nur *Nicolay / Knieps,* SRH, 14, Rn. 51.

34 *Maunz,* in: Maunz / Dürig, GG, Art. 74 Rn. 209 f.

35 BVerfGE 23, 113 (124); 31, 141 (144); *Maunz,* in: Maunz / Dürig, GG, Art. 74 Rn. 65; *von Münch,* GG, Art. 74 Rn. 7.

c) Ergebnis

Der Bund hat aufgrund von Art. 74 Nr. 12 GG die Kompetenz zur Schaffung eines Leistungs- und Präventionssystems im Bereich der Umweltschäden.

3. Art. 74 Nr. 11 GG: Recht der Wirtschaft

Zur weiteren kompetenzrechtlichen Absicherung des hier entwickelten Modells genossenschaftlicher Umwelthaftung soll im folgenden die Kompetenz aus Art. 74 Nr. 11 GG erörtert werden.

a) Umweltschutz und Art. 74 Nr. 11 GG

Der Begriff „Recht der Wirtschaft" ist weit auszulegen[36]. Er umfaßt alle Normen, die sich auf die Erzeugung, Herstellung und Verteilung von Gütern oder sonst auf die wirtschaftliche Betätigung beziehen[37]. Art. 74 Nr. 11 GG ermächtigt den Bund auch zum Erlaß von Regelungen, die ordnend und lenkend in das Wirtschaftsleben eingreifen, sich also praktisch gegen die Wirtschaft richten[38]. Insbesondere ist aufgrund von Art. 74 Nr. 11 GG der Erlaß von Sonderordnungsrecht für die Wirtschaft zulässig, ohne daß es dazu der Konstruktion einer sog. Annexkompetenz bedarf[39].

Wegen seiner außerordentlichen Weite und praktischen Bedeutung dient die Zuständigkeit aus Art. 74 Nr. 11 GG auch zur kompetenzrechtlichen Deckung einiger Umweltschutzgesetze. Beispielsweise hat sich der Bund bei Erlaß des Waschmittelgesetzes auf seine Kompetenz zur Regelung des Rechts der Wirtschaft berufen[40]. Das Gesetz bestimmt in seinem § 1 Abs. 1, daß Wasch- und Reinigungsmittel nur so in den Verkehr gebracht werden dürfen, daß nach ihrem Gebrauch jede vermeidbare Beeinträchtigung der Beschaffenheit der Gewässer, insbesondere im Hinblick auf den Naturhaushalt, unterbleibt. Trotz dieser explizit umweltrechtlichen Zielsetzung und obwohl dem Bund gemäß Art. 75 Nr. 4 GG auf dem Gebiet des Wasserhaushaltsrechts nur eine Rahmenkompetenz zusteht, ist Art. 74 Nr. 11 GG herangezogen worden[41]. Gleiches gilt für das Altölgesetz,

---

[36] BVerfGE 5, 25 (28 f.); 28, 119 (146); 29, 402 (409); 41, 344 (352); 55, 274 (308); *Maunz*, in: Maunz / Dürig, GG, Art. 74 Rn. 130; *von Münch*, GG, Art. 74 Rn. 39.

[37] Vgl. die vorherige Anmerkung.

[38] BVerfGE 29, 402 (409); *Maunz*, in: Maunz / Dürig, GG, Art. 74 Rn. 132; *von Münch*, Art. 74 Rn. 40; *Rengeling*, BK, GG, Art. 74 Nr. 11, Rn. 39.

[39] BVerfGE 41, 344 (352 ff.); *Götz*, Polizei- und Ordnungsrecht, Rn. 42.

[40] Gesetz über die Umweltverträglichkeit von Wasch- und Reinigungsmitteln vom 20. 8. 1975, BGBl I, S. 2255.

[41] BT-Drucks. V/3075, S. 4; V/3286, S. 6; *Roth*, in: Das deutsche Bundesrecht, IL 25, S. 10.

dessen § 2 Abs. 1 S. 1 die Bezuschussung der gewässer- und bodenunschädlichen Beseitigung von Altölen regelt[42].

b) Ein Vorsorge- und Entschädigungsmodell für Umweltschäden als Wirtschaftsrecht

Nach dem bisher Gesagten ermächtigt Art. 74 Nr. 11 den Bund also zur Setzung und Modifizierung des rechtlichen Ordnungsrahmens für die Wirtschaft. Die gesetzliche Regelung eines genossenschaftlichen Vorsorge- und Entschädigungssystems im Umweltschutz wäre Recht der Wirtschaft, wenn es zu diesem rechtlichen Ordnungsrahmen zu zählen wäre.

Die Qualifizierung eines sozialversicherungsrechtlichen Vorsorge-und Entschädigungssystems für umweltbedingte Schäden als „Recht der Wirtschaft" erscheint auf den ersten Blick ungewöhnlich. Die generalklauselartige Weite der Kompetenz aus Art. 74 Nr. 11 GG, die sie zum praktisch bedeutsamsten Titel der grundgesetzlichen Ordnung der bundesstaatlichen Gesetzgebungskompetenzen macht[43], umfaßt jedoch zahlreiche Sachgebiete, für die Art. 73, 74 GG besondere Regelungen enthalten[44]. Gäbe es beispielsweise Art. 74 Nr. 12 GG nicht, könnte das Arbeits- und Sozialrecht durchaus auch auf Art. 74 Nr. 11 GG gestützt werden. Die Qualifikation des berufsgenossenschaftlichen Vorsorge- und Entschädigungssystems für Umweltschäden als Sozialversicherungsrecht schließt eine zusätzliche kompetenzrechtliche Absicherung durch Art. 74 Nr. 11 GG daher nicht aus[45]. Für die weitere Untersuchung dieser Problematik ist zwischen der Entschädigungs- und Vorsorgeseite des Systems zu differenzieren.

Die Regelung der Entschädigungs- und Finanzierungsseite der berufsgenossenschaftlichen Umweltschutzaufgabe geht über die unmittelbare Modifizierung des rechtlichen Ordnungsrahmens der Wirtschaft hinaus. Gleichwohl gestattet Art. 74 Nr. 11 GG dem Bund die Auferlegung zweckgebundener Geldleistungspflichten, sog. Sonderabgaben[46]. Die Schaffung der gesetzlichen Grundlagen für die Finanzierung der berufsgenossenschaftlichen Leistungen im Umweltschutz wäre also kompetenzrechtlich durch Art. 74 Nr. 11 GG gedeckt.

---

42 *Roth,* in: Das deutsche Bundesrecht, IL 25, S. 10.

43 *Von Münch,* GG, Art. 74 Rn. 39; *Rengeling,* BK, GG, Art. 74 Nr. 11, Rn. 14.

44 Vgl. die Zusammenstellungen der Überschneidungen bei: *von Mangoldt-Klein,* GG, Art. 74 Anm. XIX 5 b; *Maunz,* in: Maunz / Dürig, GG, Art. 74 Rn. 149 ff.

45 Auch das BVerfG hat bei der Überprüfung unfallversicherungsrechtlicher Normen die kompetenzrechtliche Abstützung in Art. 74 Nr. 11 oder Nr. 12 GG bisweilen offen gelassen und beide Vorschriften zur Begründung der Gesetzgebungszuständigkeit des Bundes herangezogen: BVerfGE 23, 12 (22); 36, 383 (392).

46 BVerfGE 55, 274 (298 ff.); 57, 139 (166 ff.); 67, 256 (274 ff.); *Maunz,* in: Maunz / Dürig, GG, Art. 74 Rn. 150.

Auch der Erlaß gesetzlicher Entschädigungstatbestände könnte auf Art. 74 Nr. 11 GG gestützt werden. Schon heute existieren ähnliche Regelungen. Nach § 1 des Altölgesetzes ist beim Bundesamt für gewerbliche Wirtschaft ein „Rückstellungsfonds zur Sicherung der Altölbeseitigung" zu bilden, dem die Bezuschussung der gewässer- und bodenunschädlichen Altölbeseitigung nach Maßgabe des § 2 Altölgesetz obliegt. Die erforderlichen Mittel werden aufgrund von § 4 Altölgesetz durch eine Ausgleichsabgabe zusammen mit der Mineralölsteuer eingehoben. In Anbetracht dieser Regelung ist es nicht ausgeschlossen, auch die Regelung der Leistungsseite des berufsgenossenschaftlichen Systems, das ausschließlich von der Wirtschaft finanziert wird, subsidiär zur Zuständigkeit aus Art. 74 Nr. 12 GG, auch auf den Kompetenztitel des Rechts der Wirtschaft zu stützen.

Die Berufung auf Art. 74 Nr. 11 GG liegt aber vor allem im Bereich der Regelung der Präventionsaufgaben der Genossenschaften im Umweltschutz nahe. Insbesondere die Ermächtigung zum Erlaß von Satzungen, die die zulässige Belastung von Umweltmedien festlegen, könnte neben Art. 74 Nr. 12 GG auch auf Nr. 11 gestützt werden.

Im Bereich der Luftreinhaltung geht Art. 74 Nr. 24 GG allerdings der Generalklausel des Art. 74 Nr. 11 GG vor[47]. Die Kompetenz des Bundes zur Ermächtigung der Genossenschaften zur autonomen Rechtsetzung in bezug auf das Umweltmedium Luft ist also nicht auf Art. 74 Nr. 11 GG, sondern auf Nr. 24 zu stützen. In diesem Zusammenhang ist die Zuständigkeit des Bundes zur Ermächtigung der Genossenschaften allerdings unproblematisch. Klärungsbedürftig bleibt dann noch die Ermächtigung zu Präventionsmaßnahmen, einschließlich dem Erlaß von Satzungen, in bezug auf die Umweltmedien Boden und Wasser.

Wie oben bereits angedeutet, sind aufgrund von Art. 74 Nr. 11 GG schon einige Gesetze zum Schutz der Gewässer ergangen. Besondere Bedenken erregt diese Praxis vor allem im Licht von Art. 75 Nr. 4 GG, der dem Bund eine Rahmenkompetenz auf dem Gebiet des Wasserhaushaltsrechts einräumt. Das übrige Wasserrecht zählt, soweit es nicht anderen Bundeskompetenzen unterfällt, gemäß Art. 70 GG zur Zuständigkeitssphäre der Länder[48]. Die Zuständigkeit aus Art. 74 Nr. 11 GG ist in Richtung auf diese beiden Rechtsgebiete hin abzugrenzen. Wasserhaushaltsrecht i.S.d. Art. 75 Nr. 4 GG sind die Regeln über die haushälterische Bewirtschaftung des in der Natur vorhandenen Wassers nach Menge und Güte[49]. Dazu zählen grundsätzlich auch die Vorschriften über den Schutz von Gewässern. Bezüglich des Gewässerschutzes kommt eine ausschließliche Zuständigkeit der Länder somit nicht in Betracht. Die danach noch erforderliche Abgrenzung zwischen Wirtschafts- und Wasserhaushaltsrecht erfolgt im Einzelfall je

---

[47] *Rengeling,* BK, GG, Art. 74 Nr. 11, Rn. 43.

[48] *Maunz,* in: Maunz / Dürig, GG, Art. 75 Rn. 144; *von Münch,* GG, Art. 75 Rn. 31.

[49] BVerfGE 15, 1 (15); *Maunz,* in: Maunz / Dürig, GG, Art. 75 Rn. 143; *von Münch,* GG, Art. 75 Rn. 31.

nach dem Adressatenkreis der jeweiligen Regelung[50]. An die Allgemeinheit gerichtete Normen zum Schutz der Gewässer unterfallen Art. 75 Nr. 4 GG, ausschließlich an die Wirtschaft gerichtete Gewässerschutzvorschriften Art. 74 Nr. 11 GG. Die von den Berufsgenossenschaften im Interesse des Umweltschutzes zu erlassenden Verhaltensnormen richteten sich allein an die Wirtschaft und an Betriebe der öffentlichen Hand. Die Einbeziehung auch staatlicher Einrichtungen in den Adressatenkreis hindert eine Berufung auf Art. 74 Nr. 11 GG indessen nicht[51]. Die von den Berufsgenossenschaften zu erlassenden Umweltschutz-Satzungen wären also Sonderrecht der Wirtschaft. Die Ermächtigung der Berufsgenossenschaften zum Erlaß wasser- und bodenschützender Verhaltensnormen ist demnach durch Art. 74 Nr. 11 GG gedeckt. Soweit eine Bewehrung der genossenschaftlichen Vorschriften stattfindet, ergibt sich die entsprechende Kompetenz des Bundes wiederum aus Art. 74 Nr. 1 GG, der auch das Ordnungswidrigkeitenrecht umfaßt.

c) Ergebnis

Die Kompetenz des Bundes zur gesetzlichen Verpflichtung der Berufsgenossenschaften zur Vorsorge in bezug auf die Umwelt und zum Erlaß umweltschützender Verhaltensnormen ergibt sich auch aus Art. 74 Nr. 11 GG. Subsidiär zu Art. 74 Nr. 12 GG kann die Regelung der Entschädigungsleistungs- und Finanzierungsseite des berufsgenossenschaftlichen Modells auch auf die Kompetenz zur Normierung des Rechts der Wirtschaft gestützt werden.

4. Sonstige Kompetenzen des Bundes im Bereich des Umweltschutzes

Eine umfassende Kompetenz des Bundes zur Gesetzgebund im Interesse des Schutzes der natürlichen Lebensgrundlagen und der Verhütung von Umweltschäden besteht nicht[52]. Das GG verleiht dem Bund jedoch zahlreiche Teilkompetenzen, die den weitaus größten Teil des Umweltschutzes bundesgesetzlicher Regelung zugänglich machen. Zu nennen sind die Nr. 11 a, 17, 18, 20 und 24 des Art. 74 GG. Die genannten Bestimmungen könnten weitere Bundeskompetenzen zur Regelung der Vorsorgeaufgaben der Genossenschaften im Umweltschutz verleihen. Für Regelungen in bezug auf das Umweltmedium Luft ist die Berufung auf Art. 74 Nr. 24 GG nach dem soeben Gesagten zulässig[53].

Art. 74 Nr. 11 a GG räumt dem Bund die Gesetzgebungskompetenz beim Schutz vor Gefahren der Kernenergie ein. Die Betreiber von Kernkraftwerken

---

50 *Maunz*, in: Maunz / Dürig, GG, Art. 74 Rn. 152, Art. 75 Rn. 147.
51 BVerfG, JZ 1982, S. 288 f.
52 Vgl. soeben, Anm. 31.
53 Vgl. soeben, unter 3 b.

gehören der Berufsgenossenschaft Feinmechanik und Elektrotechnik an. Die bundesgesetzliche Ermächtigung und Verpflichtung dieser Genossenschaft zur Vorsorge im Interesse des Umweltschutzes und in diesem Zusammenhang zum Erlaß von Verhaltensvorschriften wäre also auch aufgrund von Art. 74 Nr. 11 a GG gerechtfertigt.

Der Kompetenztitel der „Sicherung der Ernährung" in Art. 74 Nr. 17 deckt auch Vorschriften zur Gewährleistung der Versorgung der Bevölkerung mit Trink- und Brauchwasser[54]. Soweit genossenschaftliche Maßnahmen diesem Zweck dienen, stützt Art. 74 Nr. 17 GG eine entsprechende bundesgesetzliche Ermächtigung.

Die Absicherung der Ermächtigung zur Setzung autonomen Rechts im Interesse des Bodenschutzes in Art. 74 Nr. 18 wäre möglich, wenn der Begriff des Bodenrechts auch den Sachbereich des Bodenschutzes umfaßte. Zum Bodenrecht gehören alle Normen, die sich unmittelbar auf den Boden beziehen, indem sie die Rechte und Pflichten des Menschen in bezug auf den Boden regeln[55]. Insbesondere das städtebauliche Planungsrecht unterfällt demnach Art. 74 Nr. 18 GG[56], aber auch das Fluglärmgesetz[57]. Vorschriften über sorgfältiges Verhalten im Interesse der Schonung des Bodens als natürliche Ressource regeln die „rechtlichen Beziehungen des Menschen zum Grund und Boden"[58]. Soweit durch ein System genossenschaftlicher Umwelthaftung das Umweltmedium Boden geschützt wird, ist die Abstützung der entsprechenden Regelungen in Art. 74 Nr. 18 GG möglich.

Die Kompetenz des Bundes zur Ermächtigung der Genossenschaften zu Maßnahmen im Interesse des Schutzes von Konsumenten sowie von Tieren und Pflanzen folgt schließlich auch aus Art. 74 Nr. 20 GG.

III. Zuständigkeitsregelungen und Verfahrensrecht

Nachdem die Zuständigkeit des Bundes zur Regelung des materiellen Rechts eines genossenschaftlichen Vorsorge- und Entschädigungssystems im Umweltschutz bejaht wurde, stellt sich nunmehr die Frage nach den Befugnissen des Bundes im Bereich des Gesetzesvollzuges. Einer diesbezüglichen Klärung bedarf es, weil die legislatorische Umsetzung des hier vorgeschlagenen Modells Regelungen erforderlich macht, die dem Regime der Art. 83 ff. GG unterfallen. Dies

---

[54] BVerfGE 58, 45 (61); BVerfG, JZ 1982, S. 288 (289); *Maunz*, in: Maunz / Dürig, GG, Art. 75 Rn. 148.

[55] BVerfGE 3, 407 (424); 31, 138 (144), *Maunz*, in: Maunz / Dürig, GG, Art. 74 Rn. 200; *von Münch*, GG, Art. 74 Rn. 77.

[56] BVerfGE 3, 407 (424 f.); *Maunz*, in: Maunz / Dürig, GG, Art. 74 Rn. 200; *von Münch*, GG, Art. 74 Rn. 77.

[57] BVerfGE 56, 298 (311).

[58] So die Formulierung in BVerfGE 3, 407 (424).

gilt vor allem für Regelungen über Behördenorganisation und Zuständigkeiten. Der Bund ist nur nach Maßgabe der Art. 83 ff. GG zur Befassung der Berufsgenossenschaften auch mit der Aufgabe des Umweltschutzes befugt.

1. Normative Grundlagen

Das GG geht in Art. 83 von der Ausführung der Bundesgesetze durch die Länder aus. Diese Kompetenzzuweisung an die Länder gilt nicht nur im Bereich der unmittelbaren Staatsverwaltung, sondern auch für die mittelbare Staatsverwaltung, bei der die Aufgaben durch rechtsfähige Körperschaften öffentlichen Rechts eigenverantwortlich wahrgenommen werden[59]. Die Sozialversicherungsträger sind selbständige, rechtsfähige Körperschaften öffentlichen Rechts, gehören also zur mittelbaren Staatsverwaltung[60]. Die Frage, welche Kompetenzen der Bund bei der Regelung des Vollzugs seiner Gesetze hat, wird im vorliegenden Zusammenhang von den Art. 84 Abs. 1, 86 i. V. m. 87 Abs. 2 GG beantwortet. Art. 87 Abs. 2 GG bestimmt, daß diejenigen Sozialversicherungsträger, deren Zuständigkeit sich über das Gebiet eines Landes hinaus erstreckt, als bundesunmittelbare Körperschaften des öffentlichen Rechts geführt werden. Alle übrigen Sozialversicherungsträger, deren Zuständigkeit sich nur auf das Gebiet eines Landes erstreckt, sind landesunmittelbare Körperschaften öffentlichen Rechts[61]. In beiden Fällen sind sie Teil der mittelbaren Staatsverwaltung; bundesunmittelbar heißt hier nur, daß die Sozialversicherungsträger direkt dem Bund, ohne Zwischenschaltung eines Landes, unterstehen[62].

Die bestehenden Berufsgenossenschaften sind Sozialversicherungsträger i. S. d. Art. 87 Abs. 2 GG. Der dort verwendete Begriff des „sozialen Versicherungsträgers“ verweist auf den in Art. 74 Nr. 12 GG verwendeten Begriff der Sozialversicherung und ist entsprechend auszulegen[63]. Wie oben dargelegt, unterfällt die Betrauung der Berufsgenossenschaften mit den Aufgaben der Verhütung und Entschädigung von Umweltschäden dem Sozialversicherungsrecht[64]. Art. 87 Abs. 2 GG bleibt also weiterhin auf die 34 gewerblichen Berufsgenossenschaften anwendbar. Von diesen unterstehen 32 unmittelbar dem Bund[65]. Auch für die

[59] *Broß*, in: von Münch, GG, Art. 84 Rn. 8; *Lerche*, in: Maunz / Dürig, GG, Art. 83 Rn. 13 f.; *von Mangoldt-Klein*, GG, Art. 84 Anm. III 4 c.

[60] *Maunz*, in: Maunz / Dürig, GG, Art. 87 Rn. 64 ff.; *Papier*, SRH, 3, Rn. 23.

[61] *Maunz*, in: Maunz / Dürig, GG, Art. 87 Rn. 74.

[62] *Von Mangoldt-Klein*, GG, Art. 87 Anm. V 5 b; *Maunz*, in: Maunz / Dürig, GG, Art. 87 Rn. 66.

[63] *Von Mangoldt-Klein*, GG, Art. 87 Anm. V 2 b; *Maunz*, in: Maunz / Dürig, GG, Art. 87 Rn. 67.

[64] Vgl. oben, II 2.

[65] *Lauterbach-Watermann*, UV, § 646 Anm. 6; *Maunz*, in: Maunz / Dürig, GG, Art. 87 Rn. 74.

See-Berufsgenossenschaft gilt Art. 87 Abs. 2 GG. Allein die Würtembergische Bau-Berufsgenossenschaft und die Bayerische Bau-Berufsgenossenschaft gehören zur Landesverwaltung[66]. Von den 19 landwirtschaftlichen Berufsgenossenschaften sind 5 bundesunmittelbare Körperschaften[67]. Gegenüber den bundesunmittelbaren Sozialversicherungsträgern verleiht Art. 86 GG dem Bund umfangreiche Regelungskompetenzen. Ausdrücklich ist bestimmt, daß der Bund die Einrichtung der Behörden regeln und allgemeine Verwaltungsvorschriften erlassen kann. Nach allgemeiner Meinung obliegt dem Bund aber auch die Regelung des Verwaltungsverfahrens[68]. Einer Zustimmung des Bundesrates bedarf es nicht[69].

Die verbleibenden 2 gewerblichen und 14 landwirtschaftlichen Berufsgenossenschaften, deren Zuständigkeitsberich sich auf das Gebiet nur eines Bundeslandes erstreckt, werden als landesunmittelbare, rechtlich selbständige Körperschaften geführt. Nach Art. 83, 84 Abs. 1 GG obliegt die Einrichtung der Behörden und die Regelung des Verwaltungsverfahrens in der Regel den Ländern. Der Bund hat aber auch hier die Möglichkeit, Behördeneinrichtung und Verwaltungsverfahren durch Gesetz zu regeln sowie allgemeine Verwaltungsvorschriften zu erlassen[70]. Macht er von dieser Kompetenz Gebrauch, muß gemäß Art. 84 Abs. 1, 2 GG der Bundesrat aber zustimmen[71].

2. Schlußfolgerungen

Aus dem Vorstehenden wird deutlich, daß der Bund auf dem Gebiet der Sozialversicherung umfangreiche Kompetenzen in bezug auf die Regelung der Ausführung der Gesetze hat. Die Regelungen unterscheiden sich lediglich in dem Erfordernis der Zustimmung des Bundesrates. Im Bereich der Unfallversicherung, deren Träger überwiegend fachlich, d. h. länderübergreifend, organisiert sind, ist die Mitwirkung des Bundesrates wegen Art. 87 Abs. 2, 86 GG in der Regel sogar entbehrlich. Zu klären bleibt, welche Bedeutung die in den genannten Vorschriften verwendeten Begriffe „Behördeneinrichtung" und „Verwaltungsverfahren" haben. Die erforderliche Auslegung kann dabei einheitlich erfolgen, weil die Ausdrücke im Kontext des Art. 86 GG die gleiche Bedeutung wie in Art. 84 Abs. 1 GG haben[72].

---

66 *Lauterbach-Watermann,* UV, § 646 Anm. 6.

67 *Lauterbach-Watermann,* UV, § 790 Anm. 2; *Maunz,* in: Maunz / Dürig, GG, Art. 87 Rn. 74.

68 *Broß,* in: von Münch, GG, Art. 86 Rn. 14; *Maunz,* in: Maunz / Dürig, GG, Art. 86 Rn. 18.

69 *Maunz,* in: Maunz / Dürig, GG, Art. 86 Rn. 4.

70 BVerfGE 11, 105 (124).

71 Offengelassen in: BVerfGE 11, 105 (124).

72 *Maunz,* in: Maunz / Dürig, GG, Art. 86 Rn. 15.

Die Befugnis zur Regelung der Behördeneinrichtung wird weit ausgelegt. Der Bund ist zur Errichtung der Behörde, d.h. also zur Gründung einer neuen Behörde, zur Einrichtung der Behörde, das bedeutet zur Ausstattung mit sachlichen und persönlichen Mitteln als auch schließlich zur Zuweisung von Aufgaben sowie zur Festlegung der sachlichen und örtlichen Zuständigkeit befugt[73]. Aufgrund von Art. 84 Abs. 1 GG kann der Bund daher neue Landesbehörden errichten, die auch der mittelbaren Staatsverwaltung angehören können[74]. Gestützt auf Art. 87 Abs. 2, 86 GG können auch neue Sozialversicherungsträger geschaffen werden[75]. Weiter steht Art. 87 Abs. 2 GG einer Untergliederung der bundesunmittelbaren Sozialversicherungsträger nicht entgegen[76]. Insgesamt ist der Bund aufgrund der Art. 84 Abs. 1, 86, 87 Abs. 2 GG also zur Zuweisung der Aufgaben der Verhütung und der Entschädigung von Umweltschäden an die bestehenden Berufsgenossenschaften befugt. Die Errichtung und Einrichtung regionaler Entschädigungsstellen der Genossenschaften sowie ihre Befassung mit der Abwicklung der in einem bestimmten Gebiet erhobenen Entschädigungsbegehren durch Bundesgesetz wäre verfassungsrechtlich zulässig.

Die Errichtung einer bundesunmittelbaren Körperschaft öffentlichen Rechts beim Hauptverband der gewerblichen Berufsgenossenschaften e. V. wäre aufgrund von Art. 87 Abs. 2 GG möglich. Nach Art. 86 GG könnte der Bund die Einrichtung dieser Behörde regeln und ihr die Aufgabe der Verwaltung des Fonds zur Entschädigung den Genossenschaften nicht zurechenbarer Umweltschäden zuweisen. Gegen die Bildung einer bundesunmittelbaren öffentlich-rechtlichen Körperschaft beim Hauptverband der gewerblichen Berufsgenossenschaften e. V. zum Zweck der Fondsverwaltung könnte allerdings das verfassungsrechtliche Verbot einer sog. Mischverwaltung sprechen[77]. Unzulässig ist danach eine Über- und Unterordnung von Bundes- und Landesbehörden. Im Hauptverband der gewerblichen Berufsgenossenschaften sind nicht nur die 32 bundesunmittelbaren gewerblichen Berufsgenossenschaften, sondern auch 2 landesunmittelbare Berufsgenossenschaften zusammengeschlossen. Der Mitgliederkreis der Fondsverwaltung entspräche demjenigen des Hauptverbandes. Das Verbot der Mischverwaltung gilt auch für den Bereich der mittelbaren Staatsverwaltung[78]. Das BVerfG bekennt sich indessen nicht zu einem verfassungsrechtlichen Verbot jedes Zusammenwirkens von Bundes- und Landesbehörden[79]. Die Inanspruch-

---

73 *Broß*, in: von Münch, GG, Art. 84 Rn. 6; *Lerche*, in: Maunz / Dürig, GG, Art. 84 Rn. 25; *von Mangoldt-Klein*, GG, Art. 84 Anm. III 4 b.

74 BVerfGE 11, 105 (123 f.); *Broß*, in: von Münch, GG, Art. 84 Rn. 8; *Lerche*, in: Maunz / Dürig, GG, Art. 84 Rn. 28; *von Mangoldt-Klein*, GG, Art. 84 Anm. III 4 c.

75 BVerfGE 11, 105 (123); *von Mangoldt-Klein*, GG, Art. 87 Anm. V 2 c; *Maunz*, in: Maunz / Dürig, GG, Art. 87 Rn. 68.

76 *Maunz*, in: Maunz / Dürig, GG, Art. 87 Rn. 71.

77 Vgl. dazu: BVerfGE 11, 105 (124 f.); 63, 1 (36 ff.); *Broß*, in: von Münch, GG, Art. 83 Rn. 7; *Lerche*, in: Maunz / Dürig, GG, Art. 83 Rn. 84 ff.

78 BVerfGE 11, 105 (124); *Broß*, in: von Münch, GG, Art. 83 Rn. 7.

nahme von Landesbehörden für Zwecke der obligatorischen Bundesverwaltung ist vielmehr ausnahmsweise zulässig, wenn ein sachlicher Grund für die Wahl der jeweiligen Organisationsform spricht[80]. Die Beteiligung von Landesbehörden ist danach verfassungsgemäß, wenn sie auf einen bestimmten und kleinen Bereich der Bundesverwaltung begrenzt ist und die Landesbehörden keinen wesentlichen Einfluß auf die Willensbildung der Bundesbehörde haben, sondern der Bundesbehörde eingegliedert sind. Diese Voraussetzungen sind hier erfüllt. Die Errichtung einer bundesunmittelbaren öffentlich-rechtlichen Körperschaft beim Hauptverband der gewerblichen Berufsgenossenschaften e. V. mit der Aufgabe der Verwaltung des Fonds zur Entschädigung emittentenferner, den Genossenschaften allein nicht zurechenbarer Schäden scheitert somit nicht an einem verfassungsrechtlichen Verbot der Mischverwaltung[81].

Die Kompetenz zur Regelung des Verwaltungsverfahrens betrifft diejenigen Vorschriften, die die Art und Weise, das „Wie" der Ausführung eines Gesetzes regeln, indem etwa die Form der behördlichen Willensbildung einschließlich verwaltungsinterner Mitwirkungs- und Kontrollbefugnisse, die Art der Prüfung und Vorbereitung der Entscheidung, ihr Zustandekommen, ihr Rechtscharakter und ihre Durchsetzung bestimmt werden[82]. Die bloße Auslösung eines Verwaltungshandelns durch die Zuweisung neuer Aufgaben gehört dagegen nicht zur Regelung des Verwaltungsverfahrens[83].

Insgesamt eröffnen Art. 84 Abs. 1, 86, 87 Abs. 2 GG dem Bund das Recht zur umfassenden Regelung der Art und Weise der tatsächlichen Umsetzung der Vorschriften eines Gesetzes über die genossenschaftliche Umweltvorsorge und -haftung.

---

79 BVerfGE 63, 1 (38); *Lerche*, in: Maunz / Dürig, GG, Art. 83 Rn. 90.

80 BVerfGE 63, 1 (41 ff.).

81 Das Kindergeldgesetz vom 3. 11. 1964 sah die Auszahlung des Kindergeldes durch bei den Berufsgenossenschaften zu bildende Familienausgleichskassen und einen Finanzausgleich unter den Kassen durch einen beim Hauptverband der gewerblichen Berufsgenossenschaften e. V. zu bildenden Gesamtverband vor. Ob dessen Errichtung gegen das Verbot der Mischverwaltung verstieß, ließ das BVerfG in seiner Entscheidung Bd. 11, S. 105 (124 f.) offen. Immerhin waren damals auch alle 14 landesunmittelbaren landwirtschaftlichen Berufsgenossenschaften in den Gesamtverband einbezogen. Hier beschränkt sich der Mitgliederkreis von vornherein auf die gewerblichen Berufsgenossenschaften. An den beiden landesunmittelbaren Bau-Berufsgenossenschaften wird die Errichtung einer Fonds-Verwaltung als bundesunmittelbare Körperschaft indessen sicher nicht scheitern.

82 BVerfGE 37, 363 (385, 390); 55, 274 (320 f.); 75, 108 (152); *Broß*, in: von Münch, GG, Art. 84 Rn. 10; *Lerche*, in: Maunz / Dürig, GG, Art. 84 Rn. 35.

83 BVerfGE 75, 108 (152 f.); *Broß*, in: von Münch, GG, Art. 84 Rn. 12.

IV. Zusammenfassung

Die Einführung eines genossenschaftlichen Vorsorge- und Entschädigungssystems im Umweltschutz durch Bundesgesetz wäre durch die bundesstaatliche Kompetenzordnung des GG gedeckt.

Die Zuständigkeit des Bundes zum Erlaß des erforderlichen materiellen Rechts ergibt sich aus seiner Kompetenz für das Sozialversicherungsrecht gemäß Art. 74 Nr. 12 GG. Subsidiär sind die Bundeszuständigkeiten für das Recht der Wirtschaft nach Art. 74 Nr. 11 GG bzw. für Abfallbeseitigung, Luftreinhaltung und Lärmbekämpfung nach Art. 74 Nr. 24 GG einschlägig. Die Befassung der Genossenschaften mit den Präventionsaufgaben im Umweltschutz kann weiterhin auf Art. 74 Nr. 11 a, 17, 18 und 20 GG gestützt werden.

Die Befugnis des Bundes zur Übertragung der Aufgaben der Verhütung und Entschädigung von Umweltschäden auf die bestehenden Berufsgenossenschaften ergibt sich für diejenigen Genossenschaften, deren Zuständigkeitsbereich nicht auf ein Bundesland begrenzt ist, aus Art. 87 Abs. 2, 86 GG. Die genannten Vorschriften verleihen dem Bund umfassende Kompetenzen zur Errichtung neuer Behörden, zur Regelung des Verwaltungsverfahrens und zum Erlaß allgemeiner Verwaltungsvorschriften. Der Zustimmung des Bundesrates bedarf es nicht. Entsprechende Kompetenzen in bezug auf die landesunmittelbaren Berufsgenossenschaften hat der Bund aufgrund von Art. 84 Abs. 1 GG. In diesem Fall bedürfen die Regelungen der Behördenorganisation und des Verwaltungsverfahrens allerdings der Zustimmung des Bundesrates.

Zusammenfassung

In der vorliegenden Arbeit ist versucht worden, das Vorsorge- und Entschädigungssystem der gesetzlichen Unfallversicherung auf das Umwelthaftungsrecht zu übertragen. Die Erweiterung der Haftung für Umweltschäden sollte nicht nur dem Ausgleich umweltbedingter Schäden dienen, sondern vor allem auch den Umweltschutz in der Bundesrepublik ein Stück voran bringen. Gerade die Schadensverhütung ist eine Domäne der gesetzlichen Unfallversicherung. Ihre Verdienste um den starken Rückgang der Zahl der Arbeitsunfälle und Berufskrankheiten sind unbestritten. Gründe dieses Erfolges sind die Prinzipien der gesetzlichen Unfallversicherung. Wegen der Pflicht der Unternehmen zur Finanzierung aller Entschädigungsleistungen der Berufsgenossenschaften besteht ein starkes Interesse an der Verminderung der Zahl der Versicherungsfälle. Dieses Interesse jedes einzelnen Unternehmens bleibt, anders als im zivilrechtlichen Haftungsrecht, nicht atomisiert und isoliert. Die Organisation der Unfallversicherungsträger, also vor allem der gewerblichen Berufsgenossenschaften, nach Branchen schließt nicht nur die Unternehmen eines Gewerbezweigs, sondern vor allem auch das dort vorhandene technische know-how zusammen. Hinzu kommt das aus der Entschädigungspraxis gewonnene Wissen der Berufsgenossenschaften um die Ursachen von Arbeitsunfällen und Berufskrankheiten. Auch bei der Wissensakkumulation bleibt das unfallversicherungsrechtliche System indessen nicht stehen. Die Operationalisierung der gewonnen Erkenntnisse wird nicht den Unternehmen selbst überlassen, sondern durch eine Palette von Instrumenten gefördert. Die Berufsgenossenschaften haben die Befugnis, selbst rechtlich bindende Verhaltensnormen, die Unfallverhütungsvorschriften, zu erlassen. Über ihre Befolgung wacht der berufsgenossenschaftliche technische Aufsichtsdienst, dem zur Wahrnehmung dieser Aufgabe Betretungs- und Kontrollrechte zur Verfügung stehen. Bei Verstößen gegen Unfallverhütungsvorschriften sowie bei sonstigen Verletzungen des Gebots der Arbeitssicherheit können die Berufsgenossenschaften von dem jeweiligen Unternehmen Abhilfe verlangen. Auch die Festsetzung einer Geldbuße ist möglich. Neben diesen ordnungsrechtlichen Instrumenten hat das Eigeninteresse der Unternehmen an der Verhütung von Arbeitsunfällen zu einer Vielzahl von Aktivitäten der Berufsgenossenschaften im Bereich der Verhütung von Arbeitsunfällen und Berufskrankheiten geführt. Insgesamt liegt der Erfolg der Berufsgenossenschaften bei der Schadensverhütung in ihrer kombinierten Zuständigkeit für Prävention und Kompensation arbeitsbedingter Schäden im Rahmen genossenschaftlicher Selbstverwaltung begründet.

Angesichts der Probleme der staatlichen Umweltverwaltung mit der Durchsetzung des Umweltschutzrechts ist der Versuch lohnend, die in den Prinzipien der

Unfallversicherung steckenden Kräfte für den Umweltschutz zu mobilisieren. Überdies fördert die Belastung der verantwortlichen Branchen mit den Kosten der Verhütung und Entschädigung von Umweltschäden die Bildung volkswirtschaftlich richtiger Preise und damit eine effiziente Wirtschafts- und Konsumstruktur. Schließlich könnten bei der Anknüpfung der Umwelthaftung an die Berufsgenossenschaften vorhandene Institutionen und Organisationen genutzt werden. Die Kosten eines kollektiven Entschädigungssystems im Umweltschutz können so gering gehalten werden.

Wegen der deutlichen Unterschiede zwischen Arbeits- und Umweltschutz konnte das bestehende System der Unfallversicherung allerdings nicht einfach um den Bereich des Umweltschutzes erweitert werden. Vielmehr waren neue, umweltspezifische Eigenarten berücksichtigende, Regelungen zu entwickeln. Im einzelnen ging es um die Konturierung des Tatbestandes genossenschaftlicher Umwelthaftung, den Umfang der Entschädigung, das Verhältnis des kollektiven zum zivilen Haftungsrecht, die Regreßansprüche der Genossenschaften, Organisationsfragen, Finanzierungsprinzipien und Präventionsinstrumente.

1. Der Tatbestand genossenschaftlicher Umwelthaftung sollte aus folgenden Elementen bestehen: Einwirkung von Genossenschaftsmitgliedern auf eines der drei Umweltmedien, Verletzung der Rechtsgüter Leben, Körper, Gesundheit oder des Vermögens eines anderen und Kausalität zwischen der Umwelteinwirkung und dem Schaden. Zur Begründung der vollen Einstandspflicht der Genossenschaften ist nicht erforderlich, daß der Schaden zu 100 % auf Umwelteinwirkungen der Genossenschaftsmitglieder beruht. Ausreichend ist, daß der Schaden wesentlich auf von Genossenschaften zu verantwortende Umwelteinwirkungen zurückzuführen ist.

Für den Nachweis der Kausalität ist das geforderte Beweismaß auf die überwiegende Wahrscheinlichkeit zu reduzieren. Bei den Gesundheitsschäden sollte eine schrittweise zu erstellende und auszubauende Krankheitsartenliste den Nachweis des Kausalzusammenhangs im Einzelfall erleichtern, ohne die Anerkennung einer Krankheit als umweltbedingt zu erschweren.

Mehrere Genossenschaften sollten gesamtschuldnerisch für diejenigen Schäden haften, die wesentlich durch Emissionen ihrer Mitglieder verursacht worden sind. Der Binnenausgleich unter den Genossenschaften sollte nach dem Prinzip abstrakter Gefährdung ausgestaltet werden. Jede Genossenschaft, deren Mitglieder in der Umgebung des Geschädigten Stoffe emittiert haben, die geeignet sind, den Schaden herbeizuführen, sollte im Innenverhältnis ausgleichspflichtig sein.

Aus der Beschränkung des Mitgliederkreises der Genossenschaften auf die Angehörigen der gewerblichen Wirtschaft und die Gebietskörperschaften folgen Zurechnungsgrenzen, die in vielen Fällen emittentenferner Schäden, so vor allem auch bei den neuartigen Waldschäden, erreicht werden. Soweit die Belastung der Genossenschaften allein mit den Kosten eines Schadens nicht gerechtfertigt ist, sollte zur Schließung dieser Lücke beim Hauptverband der gewerblichen Berufsgenossenschaften ein Fonds gebildet werden, der auch diese Einbußen ausgleicht. Über die Finanzierungsregelung des Fonds sind auch Kleinemittenten mit den sozialen Zusatzkosten ihres Verhaltens zu belasten.

2. Bei umweltbedingten Krankheiten sollten auch nach Einführung eines Systems genossenschaftlicher Umwelthaftung weiter die Krankenkassen zur Durchführung der Heilbehandlung verpflichtet sein. Der im Interesse von Umweltvorsorge und Allokationseffizienz gebotene Ausgleich zwischen den Genossenschaften und den Krankenkassen sollte nach Art des Art. 63 Abs. 2 S. 1 Nr. 2 GRG durch die Zahlung einer jährlichen Pauschale gewährleistet werden. Bei den Rentenleistungen in Fällen der Erwerbsunfähigkeit sollte auf die unfallversicherungsrechtlichen Regelungen zurückgegriffen werden. Anders als im Unfallversicherungsrecht sollte allerdings in schweren Fällen auch ein Schmerzensgeld gezahlt werden. Vermögensschäden sind in Höhe des Verkehrswertverlusts zu entschädigen, wenn sie für den Geschädigten ein unzumutbares Sonderopfer bedeuten. Die Verpflichtung der Genossenschaften zur Beseitigung ökologischer Schäden ist möglich.

3. Da die Vorteile des Genossenschaftsmodells von der Einheit von Prävention und Kompensation abhängen, sollte die genossenschaftliche Umwelthaftung den Bereich des Individual-Haftungsrechts mit umfassen. Die von den Genossenschaften gewährten Entschädigungsleistungen sind auf einen etwa bestehenden zivilrechtlichen Schadensersatzanspruch des Geschädigten gegen einen oder mehrere Emittenten anzurechnen. In diesem Umfang kommt es also zur Ablösung der individualrechtlichen Haftung. Zum Ausschluß auch der zivilrechtlichen Ansprüche auf Ersatz der Schadensspitzen besteht jedoch kein Anlaß.

4. Im Interesse der Prävention sollten den Genossenschaften Regreßansprüche gegen ihre Mitglieder eingeräumt werden, wenn diese den Schaden vorsätzlich oder grob fahrlässig verursacht haben. Ferner ist der Übergang kongruenter Schadensersatzansprüche des Geschädigten gegen Dritte anzuordnen.

5. Im Interesse der Minimierung der Errichtungskosten und der Zusammenfassung branchenspezifischen know-hows kommt die Neukonstruktion von Umweltgenossenschaften nicht in Betracht. Auch die Einbeziehung von Kleinemittenten in die Organisation und Verwaltung der Genossenschaften kommt wegen des eine homogene Mitgliederstruktur voraussetzenden Genossenschaftsprinzips nicht in Frage. Haftungssubjekte sollten also die Berufsgenossenschaften bleiben. Um die Abwicklung der emittentennahen Umweltschäden sowie den erforderlichen Ausgleich unter mehreren für einen Schaden verantwortlichen Genossenschaften zu erleichtern, sind regionale Entschädigungsbüros zu schaffen, in denen die Berufsgenossenschaften der in einem Gebiet ansässigen Gewerbezweige vertreten sind. Auf dieser Ebene ist auch die Repräsentation der Geschädigten in den Selbstverwaltungsgremien und den Entschädigungsausschüssen möglich und

geboten. Zur Entschädigung der emittentenfernen Schäden ist beim Hauptverband der gewerblichen Berufsgenossenschaften e. V. eine bundesunmittelbare öffentlich-rechtliche Körperschaft zu errichten, der die Berufsgenossenschaften als Mitglieder angehören. Die Geschädigten können in den Gremien dieser Körperschaft durch Repräsentanten von Naturschutzverbänden vertreten werden.

6. Die Finanzierung der genossenschaftlichen Umwelthaftung obliegt den Unternehmen, da es wegen der Anrechnung der Leistungen des Kollektivs auf zivilrechtliche Schadensersatzansprüche praktisch zu einer weitgehenden Ablösung der Emittentenhaftung kommt und weil der Zurechnungsgrund der Umwelthaftung die Überwälzung der Schadenskosten auf die Emittenten rechtfertigt. Die Beiträge sollten an der Gefährlichkeit und der Menge der Schadstoffausstöße sowie an den Störfallrisiken der Unternehmen orientiert werden, das umweltbezogene Schadensrisiko also möglichst genau erfassen. Zur weiteren Stimulierung von Schadensvermeidungsmaßnahmen ist darüber hinaus ein Bonus-Malus-System vorzusehen. Bei den Systemen zur Finanzierung eines kollektiven Umwelthaftungsrechts gibt es zum Umlageverfahren keine praktikable Alternative. Wegen der mit Umwelteinwirkungen verbundenen Langzeitrisiken sollte aber die Ansammlung einer hohen Rücklage gesetzlich vorgeschrieben werden. Auf ein das Verursacherprinzip negierendes Finanzausgleichsverfahren unter den Genossenschaften sollte dann verzichtet werden.

Kleinemittenten sind über den beim Hauptverband der gewerblichen Berufsgenossenschaften zu bildenden Fonds zur Finanzierung der Leistungen zum Ausgleich emittentenferner Schäden heranzuziehen.

7. Entgegen mancher Bedenken in bezug auf die Unterschiede zwischen Arbeits- und Umweltschutz, sind die Berufsgenossenschaften kompetente Organisationen auch zur Verhütung von Umweltschäden. Im Rahmen der Umweltschutzaufgabe sollten sie deshalb die Befugnis zur Setzung von Verhaltensnormen haben, die mit Hilfe des berufsgenossenschaftlichen technischen Aufsichtsdienstes durchzusetzen wären. Im übrigen ist im Bereich der Schadensverhütung legislatorische Zurückhaltung zu üben und auf das Eigeninteresse, den Sachverstand und die Eigeninitiative der Berufsgenossenschaften zu vertrauen.

Ziel der vorliegenden Arbeit war, ein möglichst effizientes, an den Grundgedanken der gesetzlichen Unfallversicherung orientiertes Vorsorge- und Entschädigungssystem für den Umweltbereich zu entwickeln, dessen Kosten sich in Grenzen halten und das nicht nur Mittel umverteilt, sondern auch den Umweltschutz ein Stück voran bringt.

Sollte dies gelungen sein und Interesse an der Realisierung eines solchen Modells bestehen, folgt eine entsprechende Kompetenz des Bundes aus Art. 74 Nr. 12, 11, 11 a, 17, 18, 20 und 24 GG für das materielle Recht, Art. 87 Abs. 2, 86 und 84 Abs. 1 GG für das Verwaltungs- und Verfahrensrecht.

Literaturverzeichnis

Adams, Michael: Ökonomische Analyse der Gefährdungs- und Verschuldenshaftung, Heidelberg 1985.

— Zur Aufgabe des Haftungsrechts im Umweltschutz, ZZP 99 (1986), S. 129 ff.

André, Helmut: Chancengleichheit im Rechtsschutz durch obligatorische Rechtsschutzversicherung?, ZRP 1976, S. 177 ff.

Alternativ-Kommentar ZPO: Alternativ-Kommentar zur Zivilprozeßordnung, Neuwied, Darmstadt 1987, zitiert: AK-ZPO.

Alexy, Robert: Theorie der Grundrechte, Frankfurt a. M. 1986.

AOK-Bundesverband: Krankheitsartenstatistik 1987, Bonn 1989.

Assmann, Heinz-Dieter: Rechtsfragen des Kausalitätsnachweises bei Umweltschäden, in: Nicklisch, Fritz (Hrsg.), Prävention im Umweltrecht, Heidelberg 1988, S. 155 ff.

Barta, Heinz: Kausalität im Sozialrecht, Berlin 1983.

Baumgärtl, Gottfried: Die Beweisverteilung bei der Produzentenhaftung, JA 1984, S. 660 ff.

— Anmerkung zum Urteil des BGH vom 18.9.1984 - VI ZR 223/82, JZ 1984, S. 1109 f.

Bender, Rolf: Das Beweismaß, FS Baur, Tübingen 1981, S. 247 ff.

Berufsgenossenschaftlicher Arbeitsmedizinischer Dienst: Berufsgenossenschaftlicher Arbeitsmedizinischer Dienst, Ihr Partner für Gesundheit am Arbeitsplatz, 4. Aufl., Bonn 1985, zitiert: BAD.

Bley, Helmar: Sozialrecht, 6. Aufl., Frankfurt a. M. 1988.

Bochalli, Alfred / *von Arenstorff*, Curt: Das Wasser- und Bodenverbandrecht, 4. Aufl. Köln, Berlin, Bonn, München 1972.

Bodewig, Theo: Probleme alternativer Kausalität bei Massenschäden, AcP 185 (1985), S. 505 ff.

Bogs, Harald: Die Sozialversicherung im Staat der Gegenwart, Berlin 1973.

— Soziale Entschädigung (§ 5 SGB) und gesetzliche Kollektivhaftungsfonds im deutschen Rechtssystem, FS Karl Sieg, Karlruhe 1976, S. 67 ff.

Bohne, Eberhard: Umweltschutzgenossenschaften, Maschinenschrift, vom 16.11.1987.

Bonner Kommentar: Kommentar zum Bonner Grundgesetz, Loseblatt, Heidelberg, Stand: 11/1988, zitiert: BK.

Bonus, Holger: Der Schutz des Schwächeren in der Umweltökonomie, RabelsZ 40 (1976), S. 409 ff.

Brackmann, Kurt: Handbuch der Sozialversicherung, Loseblatt, 10. Aufl., Sankt Augustin 1985 ff.

Breuer, Rüdiger: Die Selbstverwaltung der Wasser- und Bodenverbände, FS von Unruh, Heidelberg 1983, S. 855 ff.

— Öffentliches und privates Wasserrecht, 2. Aufl., München 1987.

Brüggemeier, Gert: Deliktsrecht, Baden-Baden 1986.

Bundesanstalt für Arbeitsschutz und Unfallforschung: Arbeitsschutzsystem, Forschungsbericht Nr.232, 5 Bände, Dortmund 1980.

Bundesminister für Arbeit und Sozialordnung: Arbeitssicherheit '87, Unfallverhütungsbericht, Bonn 1987, zitiert: BMA.

Bundesminister für Justiz: Bericht Umwelthaftungsrecht des Bundesministers für Justiz, Maschinenschrift, Stand: 19.4.1988, zitiert: BMJ-Bericht.

Bundesminister für Umwelt, Naturschutz und Reaktorsicherheit: Auswirkungen der Luftverunreinigungen auf die menschliche Gesundheit, Bonn 1987, zititert: BMU.

— Bericht Umwelthaftungsrecht des Bundesministers für Umwelt, Naturschutz und Reaktorsicherheit, Maschinenschrift, Stand: 14.3.1989, zitiert: BMU-Bericht.

Bundesregierung: Bericht der Bundesregierung zu Fragen der Selbstverwaltung in der Sozialversicherung, BT-Drucks. VII7/4244, zitiert: Selbstverwaltungsbericht.

Bydlinski, Franz: Probleme der Schadensverursachung nach deutschem und österreichischem Recht, Stuttgart 1964.

Calalresi, Guido: The Costs of Accidents, New Haven, London 1970.

— Die Entscheidung für oder gegen Unfälle: Ein Ansatz zur nichtverschuldensbezogenen Allokation von Kosten, in: Assmann, Heinz-Dieter; Kirchner, Christian; Schanze, Erich (Hrsg.): Ökonomische Analyse des Rechts, Kronberg/Taunus 1978, S. 259 ff.

von Chossy, August: Unfallverhütung als Aufgabe der Berufsgenossenschaften, FS Lauterbach, Berlin 1961, S. 253 ff.

Coase, Ronald H.: The Problem of Social Cost, Journal of Law & Economics 3 (1960), S. 1 ff.

Deutsch, Erwin: Zurechnung und Haftung im zivilen Deliktsrecht, FS Honig, Göttingen 1970.

— Haftungsrecht Bd.1, Allgemeine Lehren, Köln, Berlin, Bonn, München 1976.

Deutsch, Erwin / *von Bar*, Christian: Schutzbereich und wesentliche Bedingung im Versicherungs- und Haftungsrecht, MDR 1979, S. 536 ff.

Diederichsen, Uwe: Die Haftung für Umweltschäden BB 1973, S. 485 ff.

— Zivilrechtliche Probleme des Umweltschutzes, FS Reimer Schmidt, Karlsruhe 1976, S. 1 ff.

— Ausbau des Individualschutzes gegen Umweltbelastungen als Aufgabe des bürgerlichen und des öffentlichen Rechts, Referat zum 56. DJT, Bd.2, München 1986, S. L 48 ff.

— Stand und Entwicklungstendenzen des Umwelthaftungsrechts - Gefährdungshaftung und Umweltschutz, JbUTR 1988, Düsseldorf 1988, S. 189 ff.

Diederichsen, Uwe / *Scholz*, Andreas: Kausalitäts- und Beweisprobleme im zivilrechtlichen Umweltschutz, WiVerw 1984, S. 23 ff.

Dingle, Anthony E.: „Das schlimmste aller Übel“: Landbesitzer, Alkalifabrikanten und Luftverschmutzung (1828-1864) in: Sieferle, Rolf Peter (Hrsg.), Fortschritte der Naturzerstörung, Frankfurt/Main 1988, S. 61 ff.

Dornheim, Carl: Das Recht der Wasser- und Bodenverbände, 2. Aufl., Berlin 1980.

Ebersbach, Harry: Ausgleichspflicht des Staats bei neuartigen immissionsbedingten Waldschäden, NuR 1985, S. 165 ff.

von Einem, Hans-Jörg: Gestattet Art.104 a Abs. 3 GG die Übertragung versicherungsfremder Aufgaben auf die Sozialversicherungsträger?, DVBl 1979, S. 979 ff.

Elleser, Karl: Unternehmerhaftung und Unfallversicherung im Rahmen der höchstrichterlichen Rechtsprechung, FS Lauterbach, Berlin 1961, S. 173 ff.

Erlenkämper, Arnold: Sozialrecht, 2. Aufl., Köln, Berlin, Bonn, München 1988.

Erman: Handkommentar zum Bürgerlichen Gesetzbuch, 7. Aufl., Münster 1981.

Esser, Josef: Grundlagen und Entwicklung der Gefährdungshaftung, 2. Aufl., München 1969.

*Etmer,*Friedrich / *Schulz,* Werner: RVO, 3. Buch, Unfallversicherung, Loseblatt, München, Stand: 6/1989.

Ewers, H. J.: Zur Monetarisierung der Waldschäden in der Bundesrepublik Deutschland, in: Umweltbundesamt, Kosten der Umweltverschmutzung, Berlin 1986, S. 121 ff.

Feldhaus, Gerhard: Bundesimmissionsschutzrecht, 2. Aufl., Loseblatt, Wiesbaden, Stand: 6/1987.

Fikentscher, Wolfgang: Schuldrecht, 7. Aufl., Berlin, New York 1985.

Forsthoff, Ernst: Lehrbuch des Verwaltungsrechts, Bd.1, AT, 10. Aufl., München 1973.

Frey, Bruno S.: Umweltökonomie, Göttingen 1972.

Friehe, Heinz-Josef: Autonome Satzung und Geltungsanspruch der Grundrechte, JuS 1979 S. 465 ff.

Frowein, Stefan: Emissionsabgaben und Verschmutzungsrechte als Instrumente der Umweltpolitik, diss. rer. pol., Freiburg 1976.

Ganten, Reinhard H. / *Lemke,* Michael: Haftungsprobleme im Umweltbereich, UPR 1989, S. 1 ff.

Gassner, Erich: Der Ersatz des ökologischen Schadens nach geltendem Recht, NuR 1987, S. 370 ff.

Gemeinschaftskommentar zum Sozialgesetzbuch IV. Buch: Hrsg.: Maydell, Bernd Baron von; Merten, Detlef; Meydam, Jan; Krause, Peter, Neuwied Darmstadt 1978, zitiert: GemKom-SGB IV.

Gesamtkommentar: Sozialgesetzbuch, Sozialversicherung, Loseblatt, Wiesbaden 1959 ff., Stand:10/1988, zitiert: GK.

Gessner, Volkmar: Soziale Voraussetzungen des Selbstschutzes gegen Umweltschäden, RabelsZ 40 (1976), S. 430 ff.

Gieseke, Paul / *Wiedemann,* Werner / *Czychowski,* Manfred: Wasserhaushaltsgesetz, 4. Aufl., München 1985.

Gitter, Wolfgang: Schadensausgleich im Arbeitsunfallrecht, Tübingen 1969.

— Probleme der abstrakten Schadensberechnung im Sozialrecht, VersR 1976, S. 505 ff.

— Sozialrecht, 2. Aufl., München 1986.

Götz, Volkmar: Allgemeines Polizei- und Ordnungsrecht, 9. Aufl., Göttingen 1988.

Gottwald, Peter: Schadenszurechnung und Schadensschätzung, München 1979.

— Grundprobleme der Beweislastverteilung, Jura 1980, S. 225 ff.

— Sonderprobleme der Beweislastverteilung, Jura 1980, S. 303 ff.

— Kausalität und Zurechnung, Karlsruher Forum 1986, S. 3 ff.

Greiner, Dieter: Zentrales Informationssystem in der gesetzlichen Unfallversicherung, FS Lauterbach, Bd.2, Berlin 1981, S. 205 ff.

Grell, Dieter: Neue Schwerpunkte in der Haftpflichtversicherung, VersW 1987, S. 1509 ff.

Hager, Günter: Umweltschäden - ein Prüfstein für die Wandlungs- und Leistungsfähigkeit des Deliktsrechts, NJW 1986, S. 1961 ff.

Hanau, Peter: Ist der Haftungsausschluß bei Arbeitsunfällen (§§ 636, 637 RVO) noch gerechtfertigt?, JurA 1970, S. 112 ff.

Hansmeyer, K.-H. / *Schäfer*, H. K.: Zur Fortentwicklung der Umweltpolitik unter marktsteuernden Aspekten, Forschungsbericht Nr.101 03 107 des Umweltbundesamtes, Maschinenschrift, Köln 1989.

Hartung, Reinhard: Anmerkungen zur „Teilnahme am allgemeinen Verkehr" i. S. des Gesetzes vom 7.12.1943 und des § 636 RVO, in: 25 Jahre Karlsruher Forum, Karlsruhe 1983, S. 105 ff.

Hauptverband der gewerblichen Berufsgenossenschaften e. V.: Praxisgerechte Arbeitssicherheit, Bonn 1977.

— Übersicht über die Geschäfts- und Rechnungsergebnisse der gewerblichen Berufsgenossenschaften im Jahre 1987, Sankt Augustin 1988.

— Verzeichnis der Einzelunfallverhütungsvorschriften der gewerblichen Berufsgenossenschaften, Sankt Augustin, Stand: 4/1989.

Hendler, Reinhard: Selbstverwaltung als Ordnungsprinzip, Köln, Berlin, Bonn, München 1984.

Henschler, Dietrich: Maximale Arbeitsplatzkonzentrationen - Grundlagen, Entwicklung, Beratungsmodell, in: DFG, Wissenschaftliche Grundlagen zum Schutz vor Chemikalien am Arbeitsplatz, Bonn 1981, S. 29 ff.

Henseler, Paul: Grundlagen einer Umweltgefährdungshaftung, in: JbUTR 1988, Düsseldorf 1988, S. 205 ff.

von Hippel, Eike: Schadensausgleich bei Verkehrsunfällen, Berlin, Tübingen 1968.

— Reform des Regresses der Sozialversicherer?, ZRP 1972, S. 49 ff.

— Staatshaftung für Waldsterben?, NJW 1985, S. 30 ff.

— Reform des Ausgleichs von Umweltschäden?, ZRP 1986, S. 233 ff.

— Anmerkung zu BGH vom 10.12. 1987, III ZR 200/86, NJW 1988, S. 482.

Hopf, Rolf: Mit allen geeigneten Mitteln, BG 1978, S. 395 ff.

Hoppe, Werner: Die wirtschaftliche Vertretbarkeit im Umweltrecht, Köln, Berlin, Bonn, München 1984.

Hübner, Heinz: Allgemeiner Teil des Bürgerlichen Rechts, Berlin, New York 1985.

Hübner, Ulrich: Haftungsprobleme der technischen Kontrolle, NJW 1988, S. 441 ff.

Isecke, Bernd: Einfluß von Luftverunreinigungen auf das Korrosionsverhalten verschiedener Materialien, in: Umweltbundesamt, Kosten der Umweltverschmutzung, Berlin 1986, S. 67 ff..

Isensee, Josef: Umverteilung durch Sozialversicherungsbeiträge, Berlin 1973.

— Sozialversicherungsfreiheit bei geringfügiger Beschäftigung, ZRP 1982, S. 137 ff.

Jäger, Horst: Sozialversicherungsrecht, 10. Aufl., Berlin 1987.

Jakobs, Günther: Strafrecht, Allgemeiner Teil, Berlin, New York 1983.

Jantz, Kurt: Prinzipien der Gesetzgebung in der Unfallversicherung, FS Lauterbach, Berlin 1961, S. 15 ff.

Jauernig, Othmar: Zivilrechtlicher Rechtsschutz des Grundeigentümers in der neueren Rechtsentwicklung, JZ 1986, S. 605 ff.

ders. (Hrsg.): Bürgerliches Gesetzbuch, 4. Aufl., München 1987.

Kaiser, Paul / *Linckelmann,* Karl / *Schleberger,* Erwin: Wasserverbandverordnung, 3. Aufl. Berlin 1967.

Kindhäuser, Urs Konrad: Kausalanalyse und Handlungszuschreibung, GA 1982, S. 477 ff.

Kinkel, Klaus: Möglichkeiten und Grenzen der Bewältigung von umwelttypischen Distanz- und Summationsschäden, ZRP 1989, S. 293 ff.

Klingmüller, Ernst: Der Kausalitätsbegriff in der Rechtsprechung des BSG, in: Rechtsschutz im Sozialrecht, Hrsg.: Weber, Werner, Ule, Carl Hermann, Bachof, Otto, Köln, Berlin, Bonn, München 1965.

Knebel, Jürgen: Überlegungen zur Fortentwicklung des Umwelthaftungsrechts, JbUTR 1988, Düsseldorf 1988, S. 261 ff.

Knieper, Rolf: Soraya und die Schmerzensgeldrechtsprechung des BVerfG, ZRP 1974, S. 137 ff.

Knopp, Günther-Michael: Wiedergutmachung ökologischer Schäden nach § 22 WHG, ZfW 1988, S. 261 ff.

Koch, Hans-Joachim / *Rüßmann,* Helmut: Juristische Begründungslehre, München 1982.

Köndgen, Johannes: Überlegungen zur Fortbildung des Umwelthaftungsrechts, UPR 1983, S. 345 ff.

Kötz, Hein: Sozialer Wandel im Unfallrecht, Karlsruhe, Heidelberg 1976.

— Gefährdungshaftung, in: BMJ, Gutachten und Vorschläge zur Reform des Schuldrechts, Bd.2, Köln 1981, S. 1779 ff.

— Deliktsrecht, 4. Aufl., Frankfurt 1988.

Krasney, Otto Ernst: Zur erneuten Diskussion über die abstrakte Schadensberechnung im Recht der gesetzlichen Unfallversicherung, FS Lauterbach, Bd.2, Berlin 1981, S. 273 ff.

— Das System der Sozialversicherung als Ansatz für Lösungen im Umweltschutz, in: Nicklisch, Fritz (Hrsg.), Prävention im Umweltrecht, Heidelberg 1988, S. 233 ff.

Krohn, Johannes: Die Soziale Unfallversicherung im System des Rechts, FS Lauterbach, Berlin 1961, S. 23 ff.

Kutscheidt, Ernst: Öffentliches Immissionsschutzrecht, in: Salzwedel (Hrsg.), Grundzüge des Umweltrechts, Berlin 1982, S. 237 ff.

Ladeur, Karl-Heinz: Entschädigung für Waldschäden?, DÖV 1986, S. 445 ff.

— Schadensersatzansprüche des Bundes für die durch den Sandoz-Unfall entstandenen „ökologischen Schäden"?, NJW 1987, S. 1236 ff.

Lang / Weidmüller: Genossenschaftsgesetz, 32. Aufl., Berlin, New York 1988.

Lange, Hermann: Schadensersatz, in: Joachim Gernhuber (Hrsg.), Handbuch des Schuldrechts, Bd.1, Tübingen 1979.

Larenz, Karl: Präventionsprinzip und Ausgleichsprinzip im Schadensersatzrecht, NJW 1959, S. 865 ff.

— Die Schadenshaftung nach dem WHG im System der zivilrechtlichen Haftungsgründe, VersR 1963, S. 593 ff.

— Die Prinzipien der Schadenszurechnung, JuS 1965, S. 373 ff.

— Zur Beweislastverteilung nach Gefahrenbereichen, FS Hauß, Karlsruhe 1978, S. 225 ff.

— Schuldrecht, Bd.2, BT, 12. Aufl., München 1981.

— Schuldrecht, Bd.1, AT, 14. Aufl., München 1987.

Lauer, Hans Werner: Prävention und genossenschaftliche Haftung im Arbeitsschutz, in: Nicklisch, Fritz (Hrsg.), Prävention im Umweltrecht, Heidelberg 1988, S. 243 ff.

Lauterbach, Herbert: Finanzausgleich der fachlich gegliederten Unfallversicherung, FS Kurt Jantz, Stuttgart, Berlin, Köln, Mainz 1968, S. 107 ff.

Lauterbach, Herbert / *Watermann,* Friedrich: Gesetzliche Unfallversicherung, 3. Aufl., Loseblatt, Stuttgart, Berlin, Köln, Mainz 1967 ff, Stand: 11/1988.

Leipold, Dieter: Beweismaß und Beweislast im Zivilprozeß, Berlin, New York 1985.

Leopold, Dieter: Die Selbstverwaltung in der Sozialversicherung, 3. Aufl., Sankt Augustin 1980.

Lepperdinger, Hans-Jörg: Zur Konzeption einer Umweltsteuer, diss. rer. pol., München 1974.

Lummert, Rüdiger / *Thiem,* Volker: Rechte des Bürgers zur Verhütung und zum Ersatz von Umweltschäden, Berlin 1980.

Maassen, Bernhard M.: Beweismaßprobleme im Schadensersatzprozeß, Köln, Berlin, Bonn, München 1975.

Mädrich, Matthias: Das allgemeine Lebensrisiko, Berlin 1980.

Magoulas, Georgios: Staatseingriffe bei externen Effekten und asymmetrischer Informationsverteilung. Am Beispiel des Umwelt- und Konsumentenschutzes, in: Finsinger, Jörg; Simon, Jürgen (Hrsg.), Recht und Risiko, München 1988, S. 67 ff.

von Mangoldt, Hermann / *Klein,* Friedrich: Das Bonner Grundgesetz, Bd.II, 2. Aufl. Berlin, Frankfurt/Main 1964, Bd.III, 2. Aufl., München 1974.

Marburger, Peter: Ausbau des Individualschutzes gegen Umweltbelastungen als Aufgabe des bürgerlichen und des öffentlichen Rechts, in: Gutachten C zum 56. DJT, Bd.1, München 1986.

Marton, Géza: Versuch eines einheitlichen Systems der zivilrechtlichen Haftung, AcP 162 (1963), S. 1 ff.

Maunz, Theodor / *Dürig*, Günter: Grundgesetz, Kommentar Loseblatt, München 1958 ff, Stand 11/1988.

Maurer, Hartmut: Allgemeines Verwaltungsrecht, 5. Aufl., München 1986.

Mayer, Franz / *Kopp*, Ferdinand: Allgemeines Verwaltungsrecht, 5. Aufl., Stuttgart, München, Hannover 1985.

Medicus, Dieter: Schuldrecht, Bd.1, AT, 3. Aufl., München 1986.

— Schuldrecht, Bd.2, BT, 3. Aufl., München 1987.

Mehlhorn, Peter: Die Haftpflichtversicherung im Visier, VersW 1987, S. 688 ff.

Meßerschmidt, Klaus: Umweltabgaben als Rechtsproblem, Berlin 1986.

Möller, H.: Schadensersatzrecht und Sozialversicherung, JuS 1961, S. 10 ff.

Münchener Kommentar: Kommentar zum Bürgerlichen Gesetzbuch, 2. Aufl., München 1984 ff.

von Münch, Ingo (Hrsg.): Grundgesetz, Kommentar, Bd.1, 3. Aufl., München 1985, Bd.3, 2. Aufl., München 1983.

Mummenhoff, Winfried: Zum Beweismaß im Berufskrankheitenrecht, ZZP 100 (1987), S. 129 ff.

Musielak, Hans Joachim: Die Grundlagen der Beweislast im Zivilprozeß, Berlin, New York 1975.

Noell, Kurt: Die Interdependenzen von Unfallversicherung und Unfallverhütung, BG 1979, S. 508 ff.

Nowotny, Ewald: Wirtschaftspolitische Aspekte des Umweltschutzes, ZGesStW 128 (1972), S. 673 ff.

Ogus, A. I. / *Richardson*, G. M.: The Role Of Private Law In The Protection Of Pollution Victimes, RabelsZ 40 (1976), S. 449 ff.

Ossenbühl, Fritz: Die Struktur des Aufopferungsanspruchs - BGHZ 47, 327, JuS 1970, S. 276 ff.

— Staatshaftungsrecht, 3. Aufl., München 1983.

— Satzung, in: Isenssee, Josef; Kirchhof, Paul (Hrsg.), Handbuch des Staatsrechts der Bundesrepublik Deutschland, Bd.III, Heidelberg 1988, § 66.

Palandt: Bürgerliches Gesetzbuch, 49. Aufl., München 1990.

Papier, Hans-Jürgen: Staatshaftung, in: Isensee, Josef; Kirchhof, Paul (Hrsg.), Handbuch des Staatsrechts der Bundesrepublik Deutschland, Bd.VI, Heidelberg 1989, S. 1353 ff.

Peters, Horst: Die Geschichte der Sozialversicherung, Bad Godesberg 1959.

Pieroth, Bodo / *Schlink*, Bernhard: Grundrechte, 4. Aufl., Heidelberg 1988.

Plagemann, Jochen / *Plagemann,* Hermann: Gesetzliche Unfallversicherung, München 1981.

Podzun, Hanns: Die gesetzliche Unfallversicherung, Bonn-Bad Godesberg 1975.

Prölls, Jürgen / *Martin,* Anton: Versicherungsvertragsgesetz, 24. Aufl., München 1988.

Protokolle: Protokolle der Kommission für die zweite Lesung des Entwurfs des Bürgerlichen Gesetzbuchs, Bd.2, Berlin 1898.

Prütting, Hanns: Grundprobleme des Beweisrechts, JA 1985, S. 313 ff.

Rat von Sachverständigen für Umweltfragen: Umweltgutachten 1974, BT-Drucks. VII/ 2802.

— Umweltgutachten 1978, BT-Drucks. VIII/1938.

— Sondergutachten Waldschäden und Luftverunreinigungen, 1983, BT-Drucks. X/113.

— Umweltgutachten 1987, BT-Drucks. XI/1568.

Rehbinder, Eckard: Politische und rechtliche Probleme des Verursacherprinzips, Berlin 1973.

— Umweltrecht, RabelsZ 40 (1976), S. 367 ff.

— Ersatz ökologischer Schäden, Begriff, Anspruchsberechtigung und Umfang des Ersatzes unter Berücksichtigung rechtsvergleichender Erfahrungen, NuR 1988, S. 105 ff.

— Fortentwicklung des Umwelthaftungsrechts in der Bundesrepublik Deutschland, NuR 1989, S. 149 ff.

Reichs-Versicherungsamt: Das Reichs-Versicherungsamt und die Deutsche Arbeiterversicherung, FS des Reichs-Versicherungsamts zum Jubiläum der Unfall- und der Invalidenversicherung 1910, Berlin 1910.

RGRK: Kommentar der Reichsgerichtsräte zum Bürgerlichen Gesetzbuch, 12. Aufl., Berlin, New York 1974 ff.

Rengert, Joachim: Finanzierungsprobleme der Unfallversicherung, FS Lauterbach, Berlin 1961, S. 65 ff.

Römer, Horst: Ausbildungsaktiviktäten der gewerblichen Berufsgenossenschaften im Bereich der Arbeitsssicherheit, FS Lauterbach, Bd.2, Berlin 1981, S. 187 ff.

Rosenberg, Leo: Die Beweislast auf der Grundlage des Bürgerlichen Gesetzbuches und der Zivilprozeßordnung, 5. Aufl., München, Berlin 1965.

Rosenberg, Leo / *Schwab,* Karl Heinz: Zivilprozeßrecht, 14. Aufl., München 1986.

Roth, Günter H.: Materiellrechtliche und prozessuale Aspekte eines privatrechtlichen Umweltschutzes, NJW 1972, S. 921 ff.

Salje, Peter: Reform des Umwelthaftungsrechts, ZRP 1988, S. 153 ff.

— Zur Kritik des Diskussionsentwurfs eines Umwelthaftungsgesetzes, ZRP 1989, S. 408 ff.

Schäfer, Dieter: Soziale Schäden, soziale Kosten und soziale Sicherung, Berlin 1972.

Schäfer, Hans-Bernd / *Ott,* Claus: Lehrbuch der ökonomischen Analyse des Zivilrechts, Berlin, Heidelberg, New York, London, Paris, Tokyo 1986.

Schmalzl, Max: Die Haftung des Unternehmers nach dem Gesetz zur Neuregelung des Rechts der gesetzlichen Unfallversicherung, NJW 1963, S. 1704 ff.

Schmeer, Herbert: Haftungsersetzung durch Versicherungsschutz?, VersR 1973, S. 390 ff.

Schmidt, Reiner: Staatshaftung für Waldschäden, ZRP 1987, S. 345 ff.

Schnapp, Friedrich Eberhard: Die Selbstverwaltung in der Sozialversicherung, FS von Unruh, Heidelberg 1983, S. 881 ff.

Schneider, Egon: Beweis und Beweiswürdigung, 4. Aufl., München 1987.

Schönberger, Alfred: Entwicklung und Grenzen des Begriffs „Versicherungsfall", FS Lauterbach, Berlin 1961, S. 155 ff.

Schrader, Hermann: Zur rechtlichen Idee der sozialen Unfallversicherung, FS Johannes Krohn, Berlin 1954, S. 259 ff.

Schröder, o. N.: Die neue Rechtsprechung des Bundesgerichtshofs zur wasserrechtlichen Gefährdungshaftung, ZfW 1975, S. 155 f.

Schütz, Alfred: Forschungen und Prüfungen des Berufgenossenschaftlichen Instituts für Arbeitssicherheit, FS Lauterbach, Bd.2, Berlin 1981, S. 172 ff.

Schulin, Bertram: Der natürliche - vorrechtliche - Kausalitätsbegriff im zivilen Schadensersatzrecht, Berlin 1976.

— Sozialversicherungsrecht, 2. Aufl., Düsseldorf 1985.

Schulte, Hans: Zivilrechtsdogmatische Probleme im Hinblick auf den Ersatz ökologischer Schäden, JZ 1988, S. 278 ff.

Schulz, Udo: Gefahrtarif und Risikoausgleich bei den gewerblichen Berufsgenossenschaften, Bonn 1981.

— Tarifstellengliederung in den Gefahrtarifen der gewerblichen Berufsgenossenschaften, FS Lauterbach, Bd.2, Berlin 1981, S. 323 ff.

— Grundlagen des berufsgenossenschaftlichen Gefahrtarifs, Bonn 1986.

Schulz, Werner / *Wicke,* Lutz: Der ökonomische Wert der Umwelt, ZfU 1987, S. 109 ff.

Schwab, Karl Heinz: Das Beweismaß im Zivilprozeß, FS Fasching, Wien 1988, S. 451 ff.

Sellner, Dieter: Immissionsschutzrecht und Industrieanlagen, München 1978.

Semmler, Johannes: Grundzüge der Gefahrstoffverordnung, in: Stolz, Dietrich: Unfallverhütung und Arbeitsschutz aktuell, Ehbingen 1987, S. 1 ff.

Siebert, Horst: Ökonomische Theorie der Umwelt, Tübingen 1978.

— Regional Aspects of Environmental Allocation, ZGesStW 131 (1975), S. 496 ff.

— Haftung ex post versus Anreize ex ante : Einige Gedanken zur Umweltpolitik bei Unsicherheit, in: Nicklisch, Fritz (Hrsg.), Prävention im Umweltrecht, Heidelberg: 1988, S. 111 ff.

Sieder, Frank / *Zeitler,* Herbert / *Dahme,* Heinz: Wasserhaushaltsgesetz, Loseblatt, München, Stand: 1989.

Sieferle, Rolf Peter: Perspektiven einer historischen Umweltforschung, in: ders. (Hrsg.), Fortschritte der Naturzerstörung, Frankfurt/Main 1988, S. 307 ff.

Sieg, Karl: Haftungsersetzung durch Versicherungsschutz?, ZHR 113 (1950), S. 95 ff.

Soergel: Bürgerliches Gesetzbuch, Kommentar, 11. Aufl., Stuttgart, Berlin, Köln, Mainz 1987 ff.

SRH: Sozialrechtshandbuch, Hrsg.: Maydell, Bernd Baron von; Ruland, Franz, Neuwied 1988.

Statistisches Bundesamt (Hrsg.): Statistisches Jahrbuch 1989 für die Bundesrepublik Deutschland, Stuttgart 1989.

Statistisches Bundesamt / Wissenschaftszentrum Berlin für Sozialforschung: Aktualisierte Ergebnisse zum Anlagevermögen und zu Ausgaben für Umweltschutz 1975-1988, Maschinenschrift, Wiesbaden 1989.

Staudinger: J. von Staudinger's Kommentar zum Bürgerlichen Gesetzbuch, 12. Aufl., Berlin 1978 ff.

Stegmüller, Wolfgang: Probleme und Resultate der Wissenschaftstheorie und Analytischen Philosophie, Bd.1, Erklärung, Begründung, Kausalität, 2. Aufl., Berlin, Heidelberg, New York 1983.

Stein / Jonas: Kommentar zur Zivilprozeßordnung, 20. Aufl., Tübingen 1987.

Stoll, Hans: Haftungsverlagerung durch beweisrechtliche Mittel, AcP 176 (1976), S. 145 ff.

Stolz, Dietrich: Arbeitsschutz ist Umweltschutz am Arbeitsplatz, in: ders., Unfallverhütung und Arbeitssicherheit aktuell, Ehbingen 1987, S. 233 ff.

Thomas, Joachim: Die wirtschaftliche Vertretbarkeit nach dem Bundes-Immissionsschutzgesetz, WiVerw 1980, S. 244 ff.

Thullen, Peter: Das Finanzierungsverfahren der sozialen Rentenversicherung aus alter und neuer Sicht, ZVersWiss 69 (1980), S. 89 ff.

Tsuru, Shigeto / *Weidner,* Helmut: Ein Modell für uns: Die Erfolge der japanischen Umweltpolitik, Köln 1985.

Ule, Carl Hermann / *Laubinger,* Hans-Werner: Bundes-Immissionsschutzgesetz, Loseblatt, Neuwied, Stand: 1989.

Umweltbundesamt (Hrsg.): Kosten der Umweltverschutzung, Berlin 1986.

— Daten zur Umwelt 1988/89, Berlin 1989.

Vanberg, Viktor: Verbrechen, Strafe und Abschreckung, in: Recht und Staat, Bd.509, Tübingen 1982.

Wagner, Erich: Haftpflichtversicherung, 2. Aufl., Karlsruhe 1986.

Wallerath, Max: Die Kausalität im Recht der gesetzlichen Unfallversicherung, NJW 1971, S. 228 ff.

Walter, Gerhard: Anmerkung zu BGH vom 16.12.1977, V ZR 91/75, NJW 1978, S. 1158 f.

Wannagat, Georg: Lehrbuch des Sozialrechts, Bd.1, Tübingen 1965.

Watermann, Friedrich: Kausalität und Finalität im Recht der gesetzlichen Unfallversicherung, FS Lauterbach, Berlin 1961, S. 129 ff.

— Die Ordnungsfunktionen von Kausalität und Finalität im Recht, Berlin 1968.

Weber, Max: Objektive Möglichkeiten und adäquate Verursachung, in: Methodologische Schriften, Frankfurt/Main 1969, S. 130 ff.

— Die Modalität der Geltung objektiver Möglichkeitsurteile, in: Methodologische Schriften, Frankfurt/Main 1969, S. 142 ff.

Weber, Werner: Sozialversicherungsgesetzgebung als Universalkompetenz, FS Hans Möller, Karlsruhe 1972, S. 499 ff.

Weißhäupl, Karl: Die Kausalität in der Kriegsopferversorgung, Berlin, München 1958.

Wertenbruch, Wilhelm: Zur Selbstverwaltung im Sozialrecht, FS Horst Peters, Stuttgart, Berlin, Köln, Mainz 1975, S. 203 ff.

Westermann, Harry: Welche gesetzlichen Maßnahmen zur Luftreinhaltung und zur Verbesserung des Nachbarrechts sind erforderlich?, Köln, Opladen 1958.

Weyers, Hans-Leo: Unfallschäden, Frankfurt/Main 1971.

Wicke, Lutz: Die ökologischen Milliarden, München 1988.

— Umweltökonomie, 2. Aufl., München 1989.

Wiegand, Herbert: Wirkungen von Luftverunreinigungen auf den Menschen, in: Umweltbundesamt, Kosten der Umweltverschmutzung, Berlin 1986, S. 35 ff.

Wohlberedt, Friedrich: Finanzierungsprobleme der Unfallversicherung, FS Lauterbach Bd.2, Berlin 1981, S. 315 ff.

Wolff, Hans-Julius / Bachof, Otto: Verwaltungsrecht I, 9. Aufl., München 1974.

— Verwaltungsrecht II, 4. Aufl., München 1976.

Wussow, Werner: Unfallhaftpflichtrecht, 13. Aufl., Köln, Berlin, Bonn, München 1985.

— Teilungsabkommen zwischen Sozialversicherern und Haftpflichtversicherern, 4. Aufl., Frankfurt a. M. 1975.

FSC
www.fsc.org
MIX
Papier | Fördert gute Waldnutzung
FSC® C083411

Kolibri 360 GmbH
Ferdinand-Jühlke-Straße 7
99095 Erfurt, Deutschland
produktsicherheit@kolibri360.de

Druck:
CPI Druckdienstleistungen GmbH
im Auftrag der
Kolibri 360 GmbH
Ferdinand-Jühlke-Str. 7
99095 Erfurt